闻洁工作室 策划
www.wenjiebook.com 划

图解经济学丛书

王则柯　主编

DIAGRAM

图解宏观经济学

（修订版）

徐现祥　编著

孙洛平　校

中国人民大学出版社

·北京·

前言

公式和方程背得再熟，考试过后多半还是烟消云散；相反，几何关系掌握以后，就不容易忘记。"几何地"学好经济学，就像学会游泳一样，尽管几年不练，以后可能游得不那么快了，但是跳进水里总还是能游，学会了的游泳是忘记不了的。这是我跟随王则柯教授学习经济学的基本体会。毕业后，有幸服务于中山大学岭南（大学）学院，研习教学宏观经济学，更是体会到"几何地"学习经济学给学子们带来了很大的便利。

宏观经济学涉及经济体的整体行为——经济增长、经济波动、失业、通货膨胀以及政府在宏观经济生活中的恰当作用等，清楚地阐明了现代社会所面临的某些最重要的问题，能够增加人们对周围宏观经济世界的理解，增强人们对公共经济政策的评价、监督能力，关系到一个国家的兴旺发达。在我国，中级水平的宏观经济学是财政经济类专业学生重要的专业基础课，对于其中有志于往学术方面发展的学生来说，更是他们学术道路上的第一个台阶。

我非常认同王则柯教授的图解经济学的想法，在多年积累的为岭南（大学）学院本科生讲授的中级宏观经济学讲义的基础上，对2008年出版的《图解宏观经济学》作了修订，把宏观经济学中我认为最要紧的"筋骨"勾勒出来，与读者切磋探讨。具体而言，想要实现以下三个目标：

1. 尝试把宏观经济学的两大传统（凯恩斯主义和古典主义）"紧密结合"起来。宏观经济学自身的发展历程似乎呈现了某种周期性，各种版本的古典主义和凯恩斯主义交错登台献艺。每个版本开始时几乎都有占领整个宏观经济学"市场"的趋势，但都没有做到完美无缺，竞争对手都可以推出更新的版本与之竞争。这恰是宏观经济学的持久生命力之所在。因为各种版本的古典主义和凯恩斯主义交错登台献艺，宏观经济学就会在不断的竞争、整合中向前发展。也许这就是"盲人摸象"：大家从不同的角度出发，摸到的大象各不同，因而争吵起来。但在大象看来，这也许是为一些互补的观点而争吵，因为每个人摸到的都不是大象的全部。

2. 以总供给—总需求模型为核心，系统阐述现代宏观经济理论。首先讲述总供给曲线背后的经济学故事。在长期，总供给曲线为什么会不断向右平移？这是经济增长理论研究的范畴，重点介绍新古典经济增长理论和新经济增长理论。在短期，总供给曲线是向右上方倾斜的，其背后的机制是什么？着重阐述新古典主义和新凯恩斯主义的殊途同归的解读。接着把目光转向总需求曲线。重点介绍 IS-LM 模型，并从中推导出总需求曲线，讲述其背后的经济学故事。最后将尝试"学以致用"，探讨宏观经济管理的目标、机制、争论和绩效等。

3. 结合中国的经济实践阐述宏观经济理论，旨在增进读者的认同感和学习兴趣。宏观经济学是一门经验学科，由广泛的经验推动和指导。在这里，各种假说、争论都要接受实践的检验，若不能通过检验，最终将被否定。改革开放以来，我国成功地推动了经济体制的市场化进程，创造了经济增长和发展的奇迹。我国的实践需要理论提供指导，同时也是检验、发展现有理论的试验田。目前，国内翻译、引进的原版宏观经济学教材几乎都是基于美国等发达经济体的实践撰写的，所采用的例子也都源自美国等，国内读者显然缺乏感性的直观认识。因此，本书将尝试同时大量引用中美两个国家的宏观经济现象，并做适当的国际比较分析，以此揭示我国宏观经济运行的一般性以及可能具有的特殊性。

我要感谢许多学生和师长。感谢岭南（大学）学院连续的几届学生，他们听我的课，研读各章的讲义，指出其中的错误，建议更好的解释。向这些学生授课是我学术生涯的巨大回报之一。要特别感谢张尧、李健津、林晓燕、郑丹丹、岑晖、张洋、贺茉莉、王贤彬和董尧，他们阅读了全部或部分书稿。

要特别感谢孙洛平教授，他一直诚挚无私地阅读、批评与帮助改进本书。跟随舒元教授和王则柯教授学习经济学多年，很庆幸自己遇到了良师，在此表示感谢！

我的电子信箱是 Lnsxuxx@mail. sysu. edu. cn，诚挚地欢迎读者和师长的指正和批评。

徐现祥

第 I 篇

导论

> 什么是宏观经济学？对这个问题最好的回答方式不是给出一个正式的定义，而是带你去周游世界经济，去聆听重要的经济演讲，还有那些使宏观经济的专家学者和政策制定者夜不能寐的事情。
>
> ——布兰查德（2004）

第 1 章

宏观经济现象鸟瞰

经济学家通过各种数据来观察经济运行状况。通常,宏观经济学家都会关注以下三个至关重要的变量:实际国内生产总值(real GDP)、通货膨胀率(inflation rate)和失业率(unemployment rate)。实际国内生产总值衡量经济体中所有人的实际总收入;通货膨胀率是指经济体中物价水平的增长速度;失业率度量的是经济体中没有工作但正在积极找工作的劳动力比重。

在本章,我们首先通过这三个变量考察中美经济运行的情况,然后介绍我们考察的数据从何而来、如何得到。

1.1 中国宏观经济之旅

自 1978 年以来,中国经济快速增长,重新成为世界关注的焦点。人们不论对中国怀有什么样的感情,都希望了解中国。因为她的现状如何、将向何处发展,都会对世界产生重要的影响。下面我们将通过实际国内生产总值、通货膨胀率和失业率这三个变量来考察中国的宏观经济。[1]

实际国内生产总值

图 1—1 中的两条实线分别是中国 1952—2012 年间的**国内生产总值**(gross

domestic product，GDP）和实际**人均国内生产总值**（GDP per capita）。

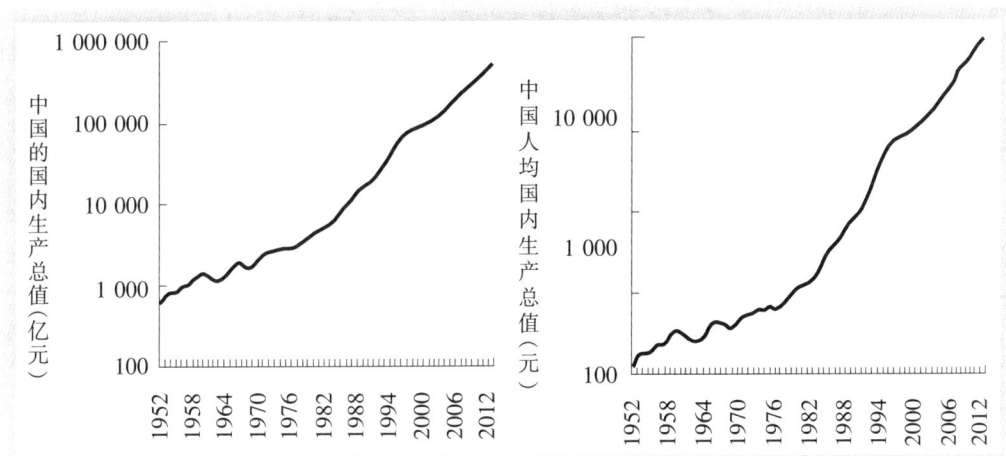

图 1—1　中国国内生产总值和人均国内生产总值

注：实际国内生产总值度量的是经济体内所有人的实际总收入；人均实际国内生产总值度量的是经济体内平均而言每个人的实际总收入。该图表明，中国的实际国内生产总值呈现不断增长的趋势，但在短期内伴随着经济而波动。

资料来源：中国经济社会发展统计数据库。

　　由图 1—1 可知，在 1952—2012 年间，中国经济呈现增长的趋势。1952 年，中国的国内生产总值是 679 亿元，到了 2012 年则高达 519 322 亿元，按照可比价格计算增长了 114.4 倍，平均每年增长 8.22％。就人均 GDP 而言，1952 年中国人均 GDP 只有 119 元，到了 2012 年则为 38 449 元，按照可比价格计算增长了 48 倍，平均每年增长 6.66％。以上分析表明，新中国成立后，中国经济快速增长。

　　图 1—1 还揭示了，在 1952—2012 年间，中国经济虽然大多数年份是增长的，但这种增长并不稳定，存在**经济波动**（business cycle）[2]，即存在实际国内生产总值下降或上升的时期。如果经济体的实际国内生产总值下降得不很严重，则称为**衰退**（recession）；如果下降得很严重，则称为**危机**（depression）。从图形上看，在 1952—2012 年间至少有两次非常明显的衰退，一次是 1958 年开始的"大跃进"；另一次是 1965 年开始的"文化大革命"。两次都造成实际 GDP 和实际人均 GDP 的明显下降，偏离中国经济的长期增长趋势（参阅例 1—1）。当然，实际国内生产总值下降到一定程度后，又开始回升，进入上升期，这种现象叫做**复苏**（recovery）。

例 1—1　　　　　　　政治运动对中国经济绩效的影响

新中国成立后,在探索建设有中国特色社会主义道路的过程中,出现过几次大的政治运动,比如"大跃进"(the Great Leap Forward)和"文化大革命"(the Cultural Revolution)。从图 1—1 来看,这些运动显然影响了中国经济增长的进程。这两次政治运动对中国经济增长的影响到底有多大?

邹等(Chow et al.,1996)采用现代经济学的分析工具估计了"大跃进"和"文化大革命"对中国产出、消费和投资等的影响。他们的分析思路非常巧妙。不是直接估计这两次政治运动对中国产出、消费和投资的影响,而是首先估计,如果没有发生这两次政治运动,中国的产出、消费和投资将会是多少,然后将这个虚拟的估计结果与中国真实的产出、消费和投资进行比较,从而间接说明这两次政治运动对中国经济的影响,见图 1—2。

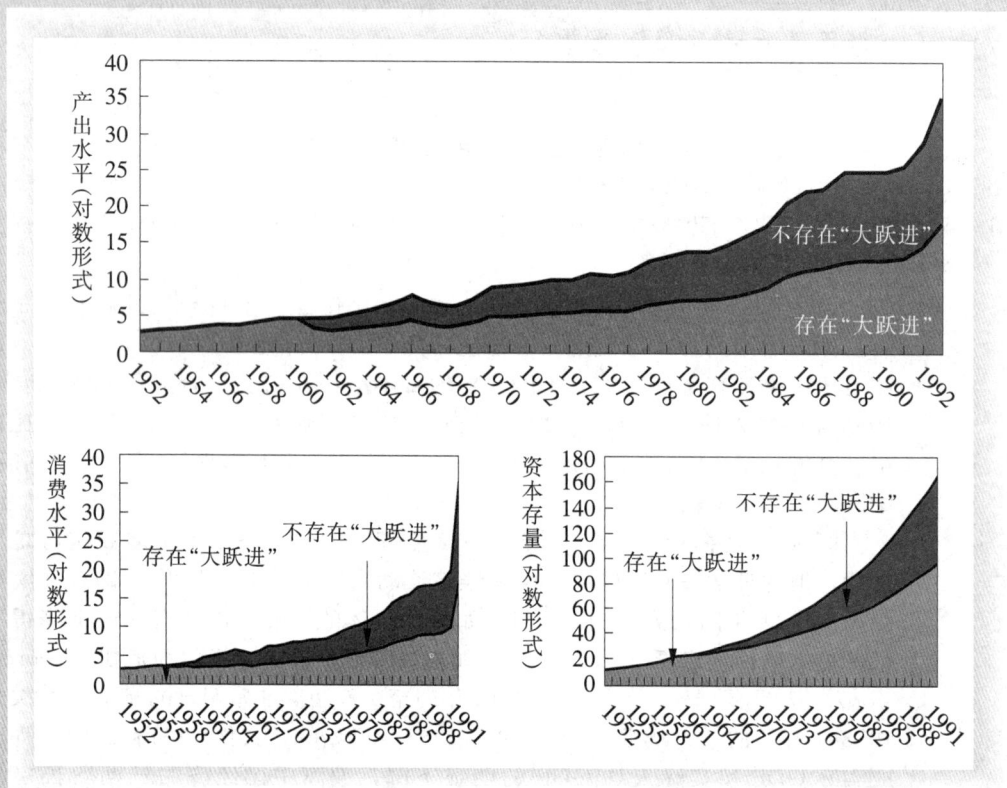

图 1—2

注:该图引自 Chow et al.(1996)。原文中报告了"大跃进"对中国经济影响的具体数据,但没有给出"文化大革命"的具体数据,只给出了最终结果,故该图中没有"文化大革命"的具体数据。

该图纵轴的刻度采用自然对数形式。在图形中采用对数刻度是经济学在绘图时常采用的一个小技巧，原因有两个：（1）对变量取自然对数并没有改变变量的单调性，自然对数值仍然能够反映原变量的变化趋势；（2）如果变量的增长速度是常数，那么对数形式的变量在图形上就是一条射线，而且射线的斜率就是增长速度。

他们的估计结果显示，改革前的政治运动确实影响了中国经济增长的进程。由于"大跃进"，到 1992 年中国的产出、消费和资本存量分别少增长了 2 倍、2 倍和 1.7 倍。"文化大革命"的影响是，到 1992 年中国的产出、消费和资本分别少增长了 1.2 倍、1.2 倍和 1.1 倍。两次政治运动的综合影响是：到 1992 年中国的产出、消费和资本分别少增长了 2.7 倍、2.7 倍和 2.2 倍。

但也有学者，比如蔡昉等（2005）认为，从逻辑来看，做出没有"大跃进"和"文化大革命"等政治运动影响的假设是不合理的，因为传统的高度集中的计划经济，本质上具有瞎指挥性，以及不断犯错误的必然性。这也就是说，政治运动中表现出来的经济后果，本身已经孕育在那种经济体制之中了。

其实，改革开放后，中国也存在经济波动。图 1—3 更加详细地刻画了中国经济在 1978—2012 年间的经济波动。在图 1—3 中，虚线对应的是中国长期增长趋势[3]；实线对应的是中国实际 GDP 偏离长期增长趋势的程度，比如 2000 年实线所对应的值为 −2，则表示实际 GDP 比其长期增长趋势低了 2%。从图 1—3 来看，在 1978—2012 年间，中国经济大致经历了四次衰退，而且每次都不尽相同，目前正处于经济波动中的衰退期。

经济衰退意味着经济体的许多资源未被充分利用，工人失业，机器闲置，产量低于现有技术与资源所能够实现的生产水平。比如在 20 世纪 80 年代末，实际 GDP 比其潜在水平低了 6% 左右。在复苏期，往往是工人加班加点工作，机器轮班运转，甚至超负荷运转，产出可能超过其潜在水平。比如 1994 年左右，实际 GDP 超过了潜在水平的 2% 左右。经济波动到底是好还是坏呢？到目前为止，并没有明确的答案。因为人们通常认为，资源的未充分利用或过度利用都不是合意的，但也有一部分具有相当影响的宏观经济学家认为，经济波动是经济活动主体面对外部冲击理性反应的结果，未必不是合意的。

需要强调的是，尽管经济衰退好像是周期性发生的，但确切预测经济体何时会发生衰退以及发生多大程度的衰退并不是一件很容易的事情。不过，在经济衰退到来之前，总会有些征兆。

通货膨胀率

通货膨胀率度量的是价格水平的变化率。其中，价格水平通常是用**消费者价格指数**（consumer price index，CPI）或 **GDP 缩减指数**（GDP deflator

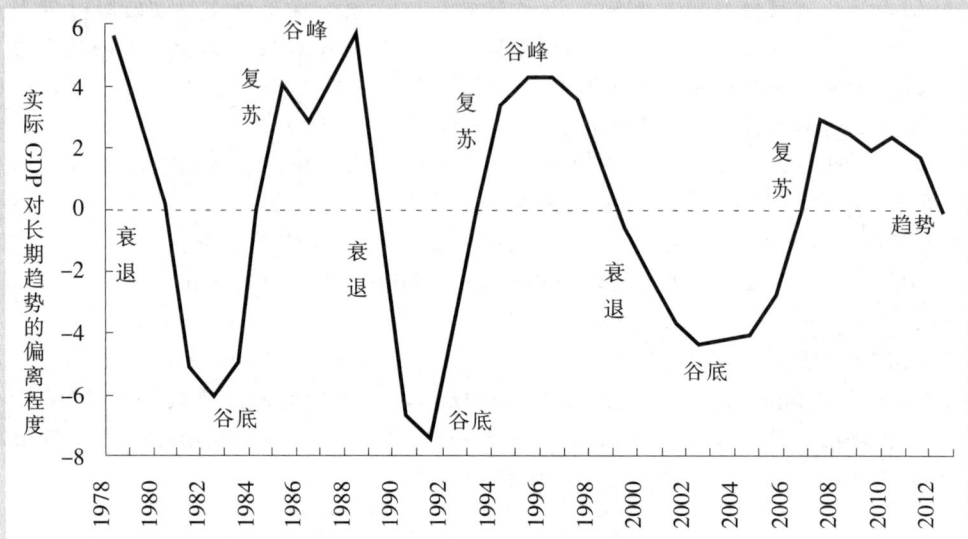

图 1—3　中国的经济波动

注：中国实际GDP围绕趋势水平波动。在1978—2012年间，中国经济大致经历了四次衰退。
资料来源：中国经济社会发展统计数据库以及作者的计算。

index）来衡量的。当通货膨胀率大于零时，物价水平上升，经济体出现了通货膨胀；当通货膨胀率小于零时，物价水平下降，经济体出现了通货紧缩。

　　图1—4描述了新中国成立以来的通货膨胀。由图1—4可知，在过去的半个多世纪里，中国通货膨胀率频繁变动。在1978年以前，既有较为严重的通货膨胀（比如1961年，中国的通货膨胀率高达16％左右），也有通货紧缩，而且出现通货紧缩的年份好像还更多些。在1978年以后，除了世纪之交等少数年份外，我们看到的几乎都是通货膨胀，而且是较为严重的通货膨胀，比如在1994年，通货膨胀率接近25％。目前，中国的通货膨胀较为温和，2012年的通货膨胀率不到3％。

　　整体而言，在过去的半个多世纪里，所有通货膨胀和通货紧缩累计成的价格水平还是大幅度上升的。在1952—2012年间，以消费者价格指数和GDP缩减指数度量的价格水平分别上涨了7.2倍和6.7倍。这表明，平均而言，1952年值1元的产品，到了2012年就值7元左右。不过，从图1—4来看，绝大多数的价格上涨是改革开放以后的事情。

　　通货膨胀率的变化与经济波动之间是否存在关系？二者是否同方向变动？比如当经济衰退时，通货膨胀率呈下降趋势；反之，当经济复苏时，通货膨胀率呈上升之势。对比图1—3和图1—4可知，二者大致是同方向变动的。比如20世纪90年代后期中国经济不断衰退，同期通货膨胀率也不断下降，

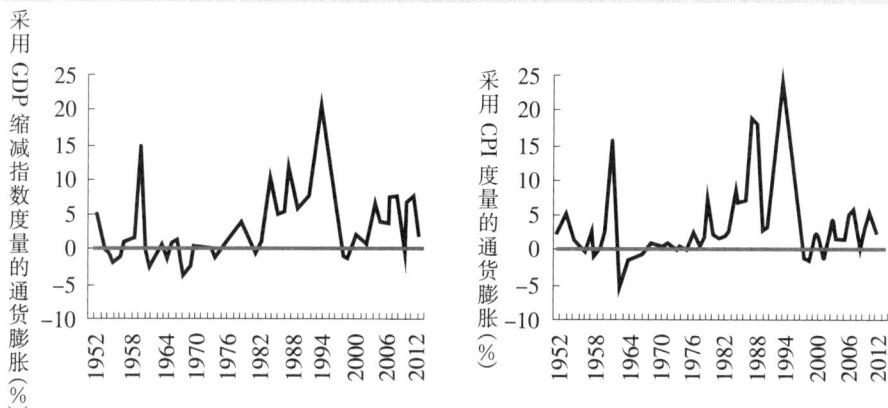

图 1—4 中国的通货膨胀

注：通货膨胀度量的是物价水平变动的百分比。在过去的半个世纪里，中国既出现过通货膨胀，也出现过通货紧缩。
资料来源：中国经济社会发展统计数据库。

最终还出现了通货紧缩。

详细的分析见图 1—5。图 1—5 是中国经济与通货膨胀变化的散点图。[4] 显然，当经济波动与通货膨胀的变动态势完全一样时，二者在图形上就表现为一条向右上方倾斜的射线。从图形上看，在 1978—2012 年间，二者并没有拟合成一条向右上方倾斜的射线，但二者所构成的点确实是向右上方散开的。这表明，在 1978—2012 年间，中国的经济波动与通货膨胀的变动大致是同方向的。

通货膨胀像经济衰退一样，是一个重大的宏观经济问题。尽管通货膨胀的代价可能比经济衰退小得多，但通货膨胀确实打乱了经济体里人们所熟知的价格关系，甚至因此降低了资源配置的效率。温和的通货膨胀往往为人们所忽视，但通货膨胀率一旦上涨或下降超过某一点，就立刻成为专家学者们关注的课题、人们在饭桌上谈论的话题、令政策制定者头痛的问题。

失业率

通常，失业率度量的是经济体中没有工作但正在积极找工作的劳动力比重。在中国施行把城乡人口分割开的户籍制度安排，优先考虑城镇人口的就业。在这种背景下，中国统计部门并不提供通常意义上的失业率，而是提供统计口径偏小的失业率：城镇登记失业率。

图 1—6 显示了 1978—2012 年间中国的失业率。首先我们注意到，在我们的经济里总是存在一些失业，尽管我们采用统计口径偏小的城镇登记失业率。从变动趋势上看，在改革初期，随着大批下乡知青返城就业，中国的就

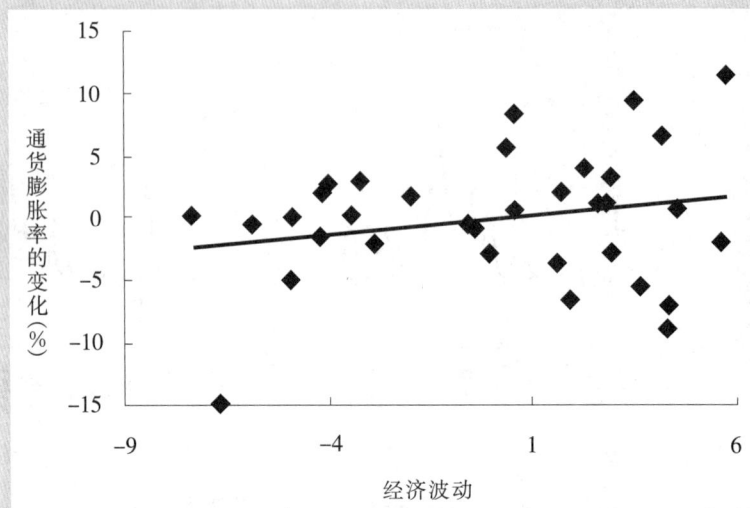

图1—5　1978—2012年间中国经济波动和通货膨胀率的变化

注：在1978—2012年间，中国的经济波动与通货膨胀率大致同方向变化。

资料来源：中国经济社会发展统计数据库以及作者的计算。

业问题非常突出，城镇登记失业率高达5.4%。这是改革开放以来城镇登记失业率的最高历史纪录。自1985年以来，随着中国经济体制改革中心转移到城市，城镇登记失业率呈现出逐步缓慢上升的趋势。目前，中国城镇登记失业率稳定在4%左右。

中国的失业率还会持续上升吗？还是看看历史吧，如果历史还有指示作用的话，答案是有这种可能性。尽管中国的失业率不会永远上升，但是城镇登记失业率这个统计口径偏小，难免会造成中国实际失业率远远高于城镇登记失业率。从1990年和2000年进行的第四次和第五次全国人口普查结果可知，1990年和2000年的城镇失业率分别为3.86%和8.2%，分别是城镇登记失业率的1.6倍和2.6倍。[5]

失业就像经济衰退、通货膨胀一样，是重大的宏观经济问题。失业的代价显然要比通货膨胀具体得多，甚至大得多。例如在2000年，中国城镇失业率为8.2%，意味着100个劳动力中就有8个人没有工作。1个人没有工作，不仅会影响到个人乃至家庭的收入，而且通常还会在精神上带来影响。因此，从这个角度看，减少失业通常是合意的。当然，也有一部分具有相当影响力的宏观经济学家认为，失业是经济活动主体面对外部冲击时在收入和休闲之间理性选择的结果，未必是合意的。

至此，我们已经大致考察了中国的实际GDP、通货膨胀和失业情况，增

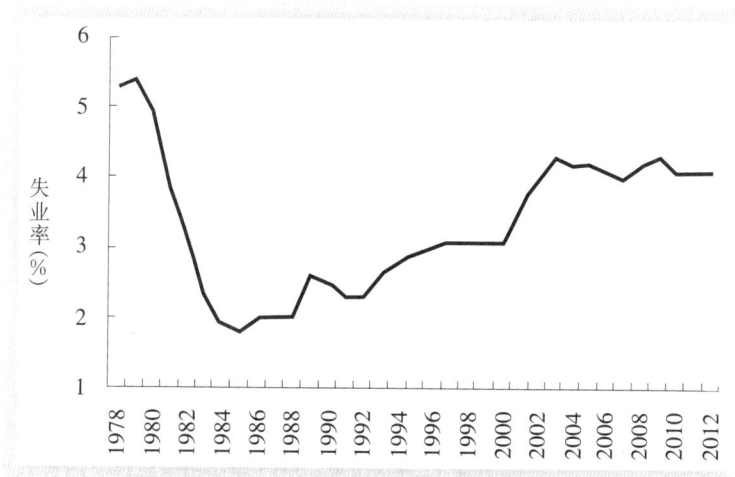

图 1—6　中国的城镇登记失业率

注：失业率是指经济体中没有工作但正在积极找工作的劳动力比重。中国的失业率统计口径偏小，但该图仍然表明，1985—2004 年间中国的失业率一直呈现缓慢上升趋势，近几年稳定在 4% 左右。

资料来源：中国经济社会发展统计数据库。

进了你对中国宏观经济的了解。现在我们考察三个变量之间的关系，以进一步增进你对中国宏观经济的理解。

图 1—5 已经考察了经济波动与通货膨胀之间的关系，下面我们将重点考察经济波动与失业之间的关系，以及失业与通货膨胀之间的关系。

首先，我们考察中国经济波动与失业之间的关系。就经济直观而言，二者可能反方向变化。比如当经济衰退时，开工不足，机器闲置，失业率难免会上升；反之，当经济高涨时，机器超负荷运转，工人加班加点，失业率应该呈下降态势。这种想法是否有道理？其实，许多宏观经济学家也是这么认为的。

看看中国的现实。图 1—7 是中国经济波动与失业率的散点图。基于 1978—2012 年间的数据，图 1—7 并没显示中国经济波动与失业之间呈现反方向变化。是否有点吃惊？为什么会这样？到底哪个环节出了问题？仔细观察图 1—7，你就会发现，如果不考虑图中最上方的三个点，经济波动与失业率就大致呈反方向变化。由图 1—6 可知，这三个点恰好是改革开放最初的三年，当时大批下乡知青回城就业，这也许可被视为例外。[6]

最后，我们看看中国失业与通货膨胀之间的关系。失业让人心烦，通货膨胀让人心烦，但更让人夜不能寐的是：我们好像无法同时降低通货膨胀率和失业率。由前面的分析可知：在中国，改革开放以来，通货膨胀与经济波动大致是同方向变动的；失业与经济波动大致是反方向变动的。因此，我们

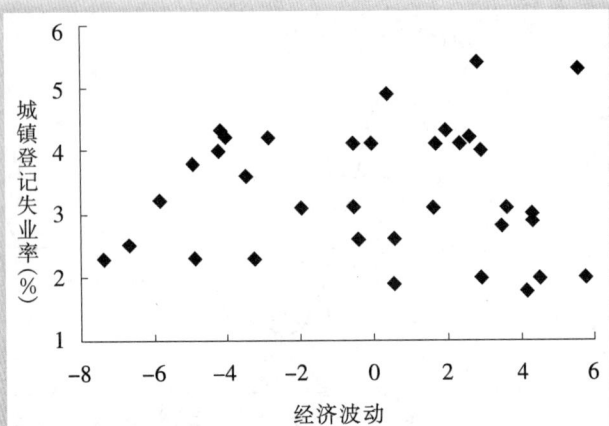

图1—7 1978—2012年间中国经济波动与失业率

注：该图表明，在1978—2012年间，中国的经济波动与失业率之间的变动关系并不明确。如果不考虑改革开放最初的几年，中国的经济波动与失业率之间大致呈反方向变化。

资料来源：中国经济社会发展统计数据库。

有理由预期，中国的通货膨胀与失业是反方向变动的。其实，这也是著名的**菲利普斯曲线**（Phillips curve）所描述的内容。

图1—8描述的是中国1978—2012年间失业与通货膨胀之间的关系。正如预期的那样，从图1—8上你就会发现，二者确实大致呈反方向变化。

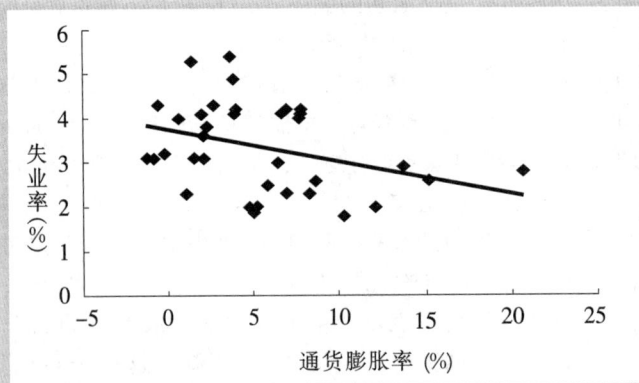

图1—8 1978—2012年间中国失业率与通货膨胀率

注：图中通货膨胀用GDP缩减指数度量。该图表明，在1978—2012年间，中国的通货膨胀与失业率大致呈反方向变化。

资料来源：中国经济社会发展统计数据库。

至此，我们采用实际 GDP、通货膨胀和失业率三个指标，带你考察了新中国成立以来，特别是改革开放以来，中国的宏观经济。下面，我们将目光投向太平洋彼岸，带你考察美国的宏观经济。

1.2　美国宏观经济之旅

如果你随手翻开国际上流行的宏观经济学教科书，你就会惊奇地发现，这些教科书几乎无一例外地在讲述美国等发达国家的经济故事。原因可能是多方面的，这些宏观经济学教科书作者最熟悉的往往是其所在的经济体；而且，美国是当今最发达的经济体，其所面临的经济问题通常就是世界性的话题。

实际国内生产总值

图 1—9 是美国 1930—2012 年间的实际 GDP。从图形上看，美国的实际 GDP 是不断增长的。在 1930—2012 年间，美国的实际 GDP 增长了 13.9 倍，年均增长 3.35%。这种增长速度也许并不是很高，但正是这种长期的持续增长使美国逐步成长为当今最发达的经济体。

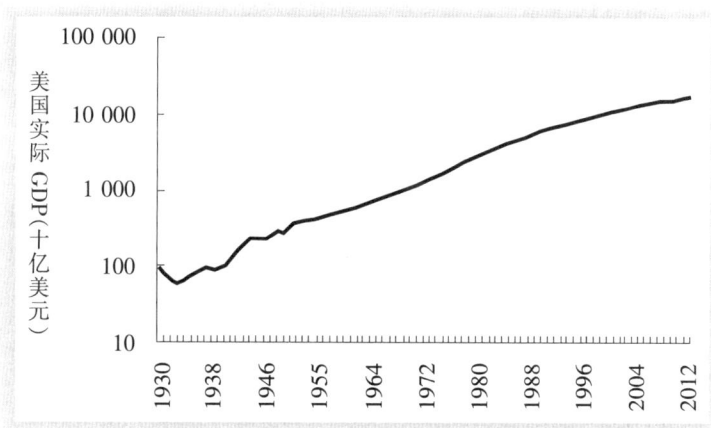

图 1—9　美国的实际 GDP

注：美国的实际 GDP 整体趋势是不断增长的，但伴随着波动。

资料来源：《总统经济报告》（2013）附表 B2。

另一方面，美国的经济增长也不稳定。尽管 20 世纪 30 年代的经济危机至今没有重演过，但美国的经济还是经历了多次衰退。图 1—10 详细地反映了 1960—2012 年间美国经济的波动情况。从图形上看，在过去的 50 多年间，美国大致经历了 6 次衰退，目前正处于经济衰退。这一轮经济衰退会持续下去吗？看看美国过去 50 多年的经济史，如果其还有点指示作用的话，回答将是否定的。

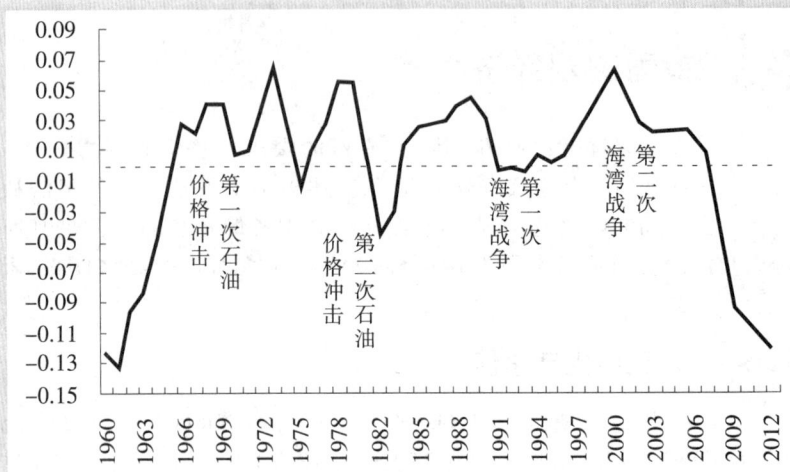

图 1—10 美国的经济波动

注：美国实际 GDP 围绕趋势水平波动。在 1960—2012 年间，美国经济大致经历了 6 次衰退；目前仍处于衰退期。

资料来源：《总统经济报告》(2013) 附表 B2 以及作者的计算。

通货膨胀

图 1—11 显示了美国的通货膨胀。从图形上看，自 1960 年以来，通货膨胀是常态，根本不存在通货紧缩。当然，在美国历史上是存在通货紧缩的，比如 20 世纪二三十年代。由于我们在图 1—11 中没有显示这段历史，你根本看不到。另外，从图 1—11 上你还可以看到，尽管美国的通货膨胀在 1960—2012 年间变动较大，但通货膨胀率都没有超过两位数，这表明美国的通货膨胀是比较温和的。特别是近年来，通货膨胀率大致为 1.7% 左右，说明美国物价是相当稳定的。

如果对比图 1—10 和图 1—11，你就会发现，通货膨胀与经济波动的变动态势大致是同方向变动。当美国经济衰退时，通货膨胀率呈下降趋势；反之，当美国经济复苏时，通货膨胀率呈上升之势。图 1—12 进一步验证了我们的发现。图 1—12 是美国经济波动与通货膨胀率之间的散点图。从图形上看，除了个别点外，在 1960—2012 年，通货膨胀率与经济波动几乎拟合成一条向右上方倾斜的射线。这意味着，二者的变化大致是同方向的。

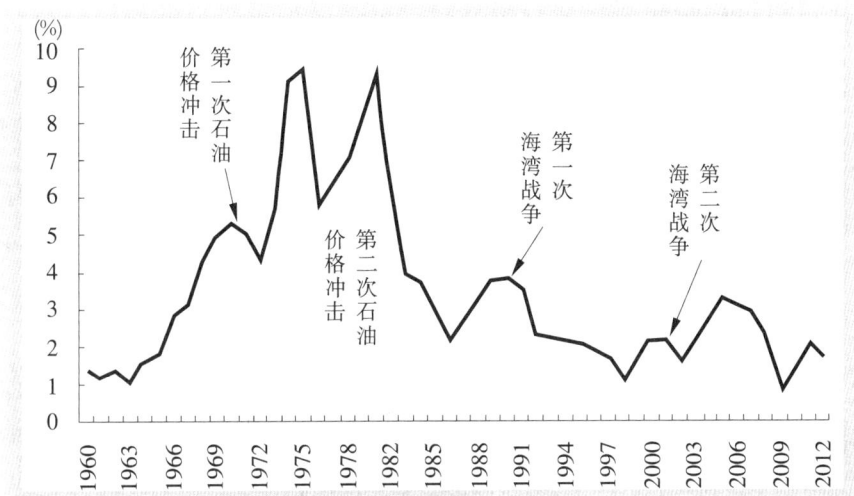

图 1—11　美国的通货膨胀率

注：图中通货膨胀用 GDP 缩减指数度量。该图表明，自 1960 年以来，通货膨胀是常态；近年来，美国的物价相当稳定。

资料来源：《总统经济报告》(2013) 附表中的 B1 和 B2。

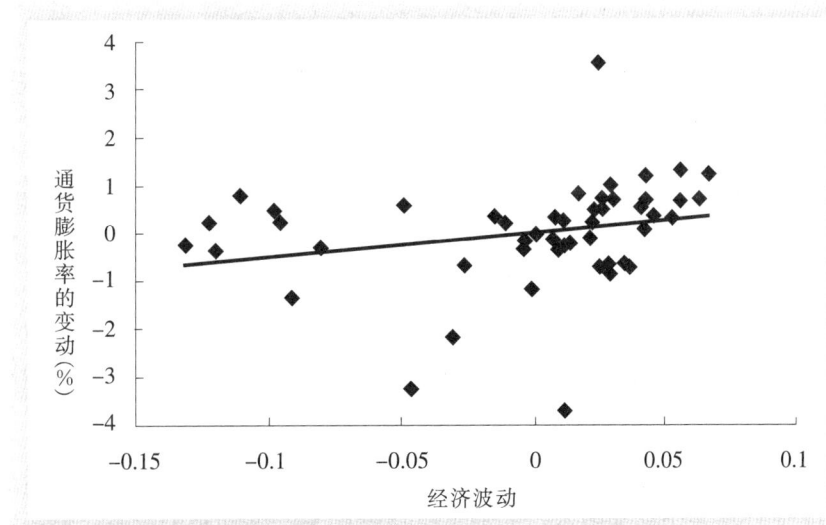

图 1—12　1960—2012 年间美国经济波动与通货膨胀率的变化

注：该图表明，在 1960—2012 年间，美国的通货膨胀率与经济波动大致呈同方向变化。

资料来源：《总统经济报告》(2013) 附表 B1、B2 以及作者的计算。

失业率

图 1—13 显示了 1960—2012 年间美国失业率的变动情况。从图形上看，美国总是存在失业，而且在过去的 50 多年间，失业率几乎都高于 4%，特别是 20 世纪七八十年代，某些年份的失业率甚至接近两位数。另外，结合图 1—11，你会发现，当美国经济发生衰退时，失业率往往上升；反之，当经济复苏时，失业率往往呈下降趋势，即美国的失业率与经济波动可能是反方向变化的。图 1—14 验证了这一点。

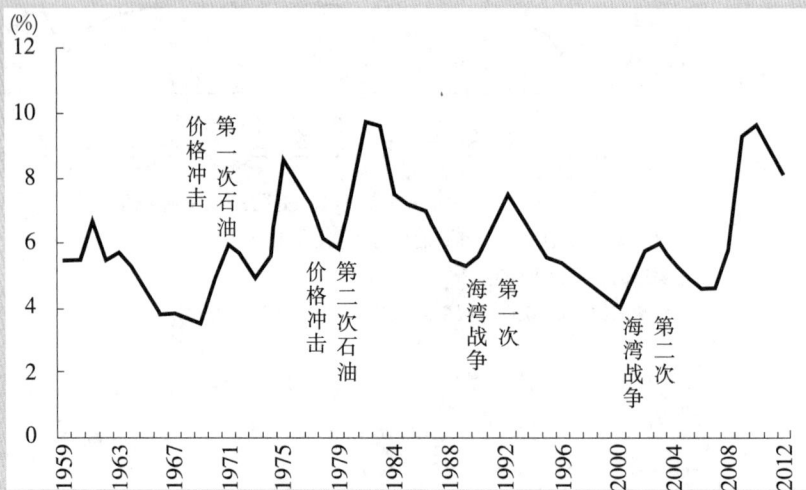

图 1—13 美国的失业率

注：美国经济中总是有一部分人失业，失业率一直处在变化之中，没有呈现明显的变动趋势。

资料来源：《总统经济报告》(2013) 附表 B42。

最后，我们考察美国通货膨胀率与失业率之间的关系。自从菲利普斯 (Phillips) 教授 1959 年发表其著名论文以来，以他的名字命名的刻画通货膨胀率与失业率之间关系的"菲利普斯曲线"就名扬天下。不仅为政策制定者提供了一根相当粗的"稻草"，而且也促进了宏观经济学的发展。下面，我们就看看美国的菲利普斯曲线。

图 1—15 给出了两个版本的美国通货膨胀率与失业率间的散点图。左图是一个标准版本，横轴是通货膨胀率，纵轴是失业率。乍一看，你也许会吃惊地发现，整体而言，在 1960—2012 年间，美国失业率与通货膨胀率之间好像是同方向变化的。这确实让人吃惊，其实这也曾经让当时许多著名的宏观经济学家为之苦恼。不过，现在人们倾向于认为，左图中的散点大致是被三条向右下方倾斜的曲线连接起来的。这意味着，美国的通货膨胀率与失业率

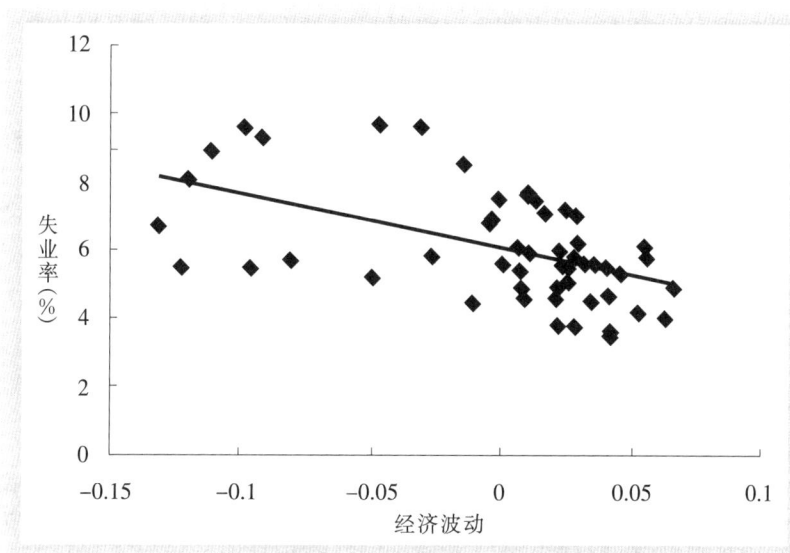

图 1—14　1960—2012 年间美国的经济波动与失业率

注：该图表明，在 1960—2012 年间，美国的经济波动与失业率大致反方向变化。

资料来源：《总统经济报告》(2013) 附表 B2、B42 以及作者的计算。

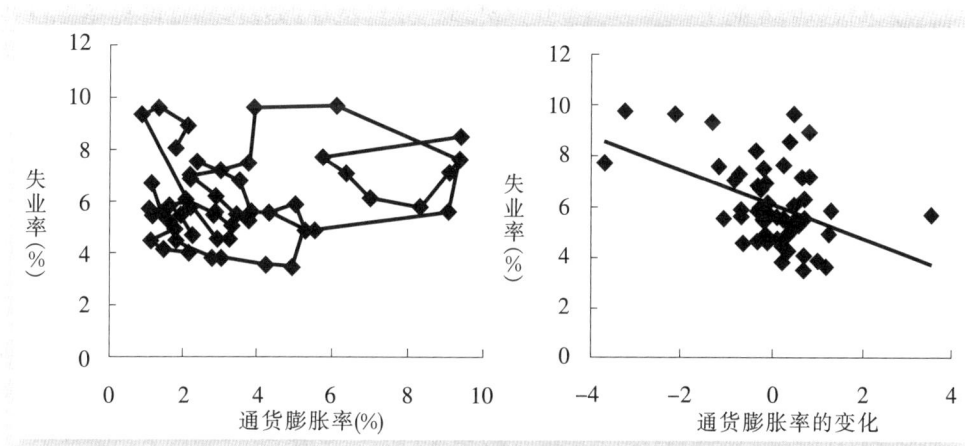

图 1—15　1960—2012 年间美国的失业率与通货膨胀率的变化

注：图中通货膨胀率用 GDP 缩减指数度量；通货膨胀率的变化是指当期通货膨胀率减去上期通货膨胀率。该图表明，在 1960—2012 年间，美国的失业率与通货膨胀率大致呈反方向变化。

资料来源：《总统经济报告》(2013) 附表 B1、B2、B42 以及作者的计算。

之间是反方向变化的，只不过有时会平移罢了。图1—15中的右图进一步验证了我们的判断。在右图上，纵轴还是失业率，但横轴是通货膨胀率的变化量，即当期的通货膨胀率减去上期的通货膨胀率。右图显然揭示了在1960—2012年间，美国通货膨胀率与失业率是反方向变化的。

你是否还有点困惑？是否有点"戏法人人有，变法各不同"的感觉？"由于缺乏数据而导致的错误，远远多于那些在正确数据上由于根据不足的推理而导致的错误，而且更长久"，"是理论决定了我们能观察到什么"。[7]本书旨在带领你探索这些图形背后的经济学故事，而且尝试通过图形的方式探索这些图形背后的宏观经济学故事。

1.3 中美宏观经济之旅小结

通过前两节的考察，我们在中美宏观经济旅途中看到了许多有趣的宏观经济现象，现在是否想立刻着手探索这些宏观经济现象背后的故事呢？不急。在探索宏观经济现象背后的奥秘之前，我们还需要做两件事情：（1）总结一下我们的中美宏观经济之旅；（2）深究一下我们在旅途中看到的宏观经济现象是如何"生产"的，即国民经济是如何核算的。本节总结中美宏观经济之旅，下一节探讨国民经济核算。

美国是当今最发达的成熟市场经济国家之一，中国是一个正在向市场经济转轨的发展中国家。二者在发展阶段、经济体制、文化价值观念等方面存在较大的差异，但在中美宏观经济之旅中，我们惊奇地发现了二者在宏观经济运行上具有很多共性：

➢ 存在长期经济增长；
➢ 存在通货膨胀；
➢ 存在失业；
➢ 经济波动与通货膨胀大致呈同方向变动；
➢ 经济波动与失业大致呈反方向变动；
➢ 通货膨胀与失业呈反方向变动。

这表明，我们在中美宏观经济之旅中所看到的宏观经济现象，在其他经济体里也能看到，当然既可能是全部，也可能是一部分。正是基于此，我们尝试采用图解的方式，探索这些变量运行状况的理论。

1.4 宏观经济现象的"生产"

不可否认，我们在中美宏观经济之旅中所看到的宏观经济现象，都是别人生产出来的。确切地说，这些宏观经济现象是基于某些职能部门所提供的数据生成的。中国的数据几乎都来自中国经济社会发展统计数据库[8]；美国的数据几乎都来自美国商务部和劳工部，尽管我们注明的是美国政府印刷办公室出版、经济顾问委员会撰写的《总统经济报告》所附数据。[9]

平时偶然的经济观察，没准就是关于经济运行状况的一个信息来源。当你买东西时，会留意商品价格的升降；当你毕业找工作时，会通过各种途径了解哪些企业、单位在招人，并感受找工作的冷暖。确实，大概 100 年以前，人们就是靠这些偶然的观察来监控经济的。但在今天，不同的专门的政府机构，甚至一些民间团体，会定期或不定期地对个人、企业和家庭进行调查，了解他们的经济活动。从这些调查中，得到经济状况的各种统计数据，从而成为系统而客观的信息来源。经济学家用这些统计数据进行经济研究，政策制定者用这些统计数据监控预测经济并制定经济政策。

看完中美宏观经济之旅中的宏观经济现象，进一步了解这些现象背后的数据，显然是必要的。本节集中考察中美宏观经济之旅中所涉及的三个宏观经济变量：（1）**国内生产总值**（gross domestic product，GDP），告诉我们一个经济体的总收入及其用于产品与服务的总支出；（2）物价指数，度量的是物价水平；（3）失业率，度量失业者在工人中的比重。这三个变量是经济学家和政策制定者最常用的宏观经济变量。下面，我们着重介绍这三个变量的数据是如何统计的，它向我们传递了哪些经济信息。[10]

衡量经济活动创造的价值：国内生产总值

国内生产总值是经济体在既定时期内（通常是一个季度或一年）生产的所有最终产品和服务的当期市场总值。一国经济能够生产各种商品（小麦、苹果、牛肉面、冰箱、汽车等）和服务（理发、教育、医疗、金融理财等），GDP 要把这些产品与服务结合成一个单一的度量指标。但是，要核算这个单一指标，就必须使用一个共同的度量单位来表示这些成千上万的商品和服务。例如，在中国，GDP 是用人民币来表示的；在美国，GDP 是用美元来表示的；在英国，GDP 是用英镑来表示的，等等。

一定要这样吗？如果你读过《鲁滨逊漂流记》（*The Life and Adventures of Robinson Crusoe*），不妨假定一种情况：鲁滨逊·克鲁索（Robinson Crusoe）在岛上生产了 10 个苹果和 5 个橘子，如何计算鲁滨逊的 GDP 呢？我们可以简单地把苹果和橘子相加，GDP 等于 15 个水果。显然，只有在我们认为苹果和橘子价值相等时，二者直接相加才有意义。如果鲁滨逊在某天很幸运地"生产"了两条鱼，我们还能够简单相加吗？好像很难，不是吗？因此，为了核算不同产品和服务的总值，通常采用市场价格来衡量。市场价格反映了人们愿意为一种产品或服务支付多少钱，从而使不同产品和服务在"钱"

的意义上可加。比如，假定苹果、橘子和鱼的价格分别是 1 元、1 元和 5 元，GDP 就是：

$$GDP = 苹果的价格 \times 苹果的数量 + 橘子的价格 \times 橘子的数量$$
$$+ 鱼的价格 \times 鱼的数量$$
$$= 1 \times 10 + 1 \times 5 + 5 \times 2$$
$$= 25 （元）$$

在 GDP 定义中，还有一点需要强调：GDP 表示的是，按照市场价格计算的最终产品的当期市值。"最终产品的当期市值"意味着，我们不能把交易以前生产的商品计算在内，也不能把原材料和生产其他产品的中间产品、半成品计算在内。比如，鲁滨逊有一套中国当年的全国粮票，他以 2 万元的价格卖给"星期五"（假定"星期五"有购买能力的话），情况将会怎样？出售全国粮票只是一种资产转移，不是当期产品的一种形式，不会增加 GDP。因此，二手货的出售并不包括在 GDP 中。

核算 GDP 有三种方法：生产法、收入法和支出法。生产法，是把 GDP 作为经济体里当期所生产的最终产品与服务的总值；收入法，是把 GDP 作为经济体中所有人的总收入；支出法，是把 GDP 作为经济体里对产品与服务的总支出。下面将依次介绍这三种方法。

生产法

许多产品的生产都是分阶段进行的。一个企业把原材料加工成中间产品，然后出售给另一个企业进行最后加工。在计算 GDP 时，我们如何处理这些中间产品呢？以石油部门生产的 GDP 为例。假如有一个企业生产原油，原油按照每桶 68 美元的价格卖给炼油商，炼油商再按照每桶 75 美元的价格出售成品油。GDP 是应该既包括原油又包括成品油，合计 143 美元，还是只包括成品油（75 美元）呢？根据 GDP 的定义，给出如下答案：GDP 只包括最终产品的价值，是 75 美元。这就是计算 GDP 的生产法。

这时，你心中也许还存在疑问：为什么 GDP 只包括最终产品的价值，而不包括中间产品的价值？原因是，中间投入品的价值作为最终产品市场价格的一部分，已经包括在最终产品价值里了。如果核算 GDP 时包括原油，那么就计算了两次原油，出现了重复计算。显然，产品生产经历的阶段越多，重复计算问题就会越严重。因此，为了避免重复核算，GDP 只包括最终产品和服务的价值。

直接计算一个经济体所有最终产品和服务的价值，可能并不是一件很容易的事。一种变通的处理方法是，核算生产过程中每个阶段产品的增加值。增加值是指，企业产出的价值减去企业购买的用于生产该产出的原材料的价值。还是以石油生产为例。原油企业的增加值是 68 美元（假定没有使用任何中间产品），炼油厂附加在原油上的价值是 7 美元（＝75－68）。生产石油的总增加值是（7＋68）美元，即 75 美元。对于整个经济体而言，所有增加值之和必然等于所有最终产品与服务的价值。因此，GDP 等于经济体内所有增加值的合计。

例 1—2   举例：按照生产法核算的中美 GDP

图 1—16 显示了中美按照三大产业的增加值核算的 GDP。[11]1952 年，中国三大产业的增加值分别是 342.9 亿元、141.8 亿元和 194.3 亿元，因此，中国 1952 年的 GDP 是：

GDP＝342.9＋141.8＋194.3＝679（亿元）

到了 2012 年，中国三大产业的增加值分别是 52 377 亿元、235 318.6 亿元和 231 626.5 亿元，因此，中国 2012 年的 GDP 是：

GDP＝52 377＋235 318.6＋231 626.5＝519 322.1（亿元）

图 1—16 的左图给出了 1952—2012 年间按照三大产业增加值计算的中国 GDP。在图中，浅灰色、深灰色和黑色分别表示三大产业的增加值。从图形上你可以看出，中国 GDP 目前主要是由第二产业贡献的，第二产业所占比重大致为 45.3％。

在图 1—16 的右图中，我们仍然采用浅灰色、深灰色和黑色分别表示美国三大产业的增加值。从图形上看，美国 GDP 目前主要是由第三产业贡献的，第三产业所占比重大致为 81.9％。

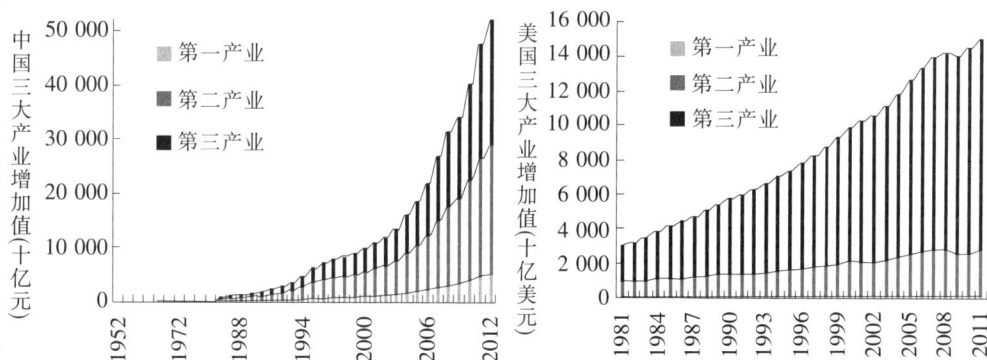

图 1—16 中美三大产业增加值

注：中国 GDP 主要由第二产业创造，目前第二产业所占比重为 45.3％。美国 GDP 主要由第三产业创造，目前第三产业所占比重为 81.9％。

资料来源：中国数据来源于中国经济社会发展统计数据库。美国数据来源于《总统经济报告》（2013）附表 B12，原始表格中产业划分较为复杂，为了便于比较，作者按照三大产业口径合计：第一产业包括农林牧副渔；第二产业是矿业、建筑业和制造业；第三产业是包括政府在内的各种服务业。

需要说明的是，尽管大多数产品和服务都可以根据其市场价格来核算，但也存在交易价格无法获得，或者根本不存在的情况。许多政府部门提供的服务，包括军队、司法系统和政府管理机构等"生产"的服务，就属于这种情况。如果 GDP 要包括这些服务，我们就必须采用其他办法估算这些服务的价值，比如利用其生产成本等。这种估计被称为**估算值**（imputed value）。另外在许多情况下，原则上需要估算，实际上却办不到。比如在家中做饭和在饭店做饭是相似的，但在家中做饭的增加值并不包括在 GDP 中。**地下经济**（underground economy）中生产、销售的产品和服务通常也没有记入 GDP。

收入法

到商场购物时，你购买产品和服务的支出等于企业得到的收益。企业不可能把这些收益一直放在保险柜或银行账户上，它要分配这些收益，比如购买中间投入品；支付工人工资；支付贷款利息；分配利润或留存未分配利润。其中支付的利息和利润，是企业所用资本所有者的所得，也就是通常所说的资本所得。因此，如果我们把经济体中所有企业的收益进行合计，那么就可以得到下面的等式[12]：

国内顾客的购买总值＝企业的总收益

＝工资＋资本所得＋中间投入品的购买　　（1—1）

从购买的类型看，大致可以分为两类：（1）最终消费，即最终用户对产品和服务的购买，最终用户既包括像你我这样的消费者，也包括企事业单位的最终消费者；（2）对中间投入品的购买，即购买其他企业的产品来生产自己的产品。公式（1—1）中两边同时减去对中间投入品的购买，就得到经济核算中最重要的恒等式，即

最终消费＝增加值＝工资＋资本所得　　　　　　　　（1—2）

公式（1—2）中，最终消费等于国内顾客的购买总值减去对中间投入品的购买，由对购买类型的区分可知，这显然成立。我们在生产法中已经介绍过增加值，企业的总收益减去中间投入品的价值，就是增加值。

公式（1—2）表明，我们可以采用三种方法核算 GDP，每一种方法核算的结果都是相同的：GDP 是经济体所有购买力的总和；是所有企业增加值的总和；是所有生产要素（资本和劳动）收入的总和。当然，在实际核算过程中，由于统计误差等原因，这三种方法核算的结果通常存在少许差别。

例 1—3　　　　　举例：按照收入法核算的中美 GDP

在中国，经济体的总收入被分解为四项：劳动者报酬、生产税净额、固定资产折旧和营业盈余。[13]

劳动者报酬是指劳动者因从事生产活动所获得的全部报酬。包括劳动者获得的各种形式的工资、奖金和津贴，既包括货币形式的，也包括实物形式的；还包括劳动者所享受的公费医疗和医药卫生费、上下班交通补贴、单位支付的社会保险费、住房公积金等。[14]

生产税净额是指生产税减去生产补贴后的余额。生产税是指政府对生产单位从事生产、销售和经营活动以及因从事生产活动使用某些生产要素（如固定资产、土地、劳动力）所征收的各种税、附加费和规费。生产补贴与生产税相反，指政府对生产单位的单方面转移支出，因此视为负生产税，包括政策亏损补贴、价格补贴等。

固定资产折旧是指一定时期内为弥补固定资产损耗按照规定的固定资产折旧率提取的固定资产折旧，或按国民经济核算统一规定的折旧率虚拟计算的固定资产折旧。它反映了固定资产在当期生产中的转移价值。各类企业和企业化管理的事业单位的固定资产折旧是指实际计提的折旧费；不计提折旧的政府机关、非企业化管理的事业单位和居民住房的固定资产折旧是按照统一规定的折旧率和固定资产原值计算的虚拟折旧。[15]

营业盈余是指常住单位创造的增加值扣除劳动者报酬、生产税净额和固定资产折旧后的余额。它相当于企业的营业利润加上生产补贴，但要扣除从利润中开支的工资和福利等。

考察上面四项的界定，特别是对营业盈余的界定，你就会发现，在中国，公式（1—2）就具体化为：

$$增加值＝劳动者报酬＋生产税净额＋固定资产折旧＋营业盈余 \qquad (1—3)$$

公式（1—3）中，劳动者报酬对应公式（1—2）中的工资；最后面两项对应公式（1—2）中的资本所得，等式右边的第二项只不过是政府通过税收等参与了劳动、资本所得的分配罢了。

图1—17显示了中美按照收入法核算的GDP。1978年中国劳动者报酬、生产税净额、固定资产折旧和营业盈余分别是：1 684.4亿元、318.9亿元、431.2亿元和946.8亿元。因此，1978年中国GDP是：

$$GDP＝1\ 684.4＋318.9＋431.2＋946.8＝3\ 381.3（亿元）$$

到了2011年，中国的劳动者报酬、固定资产折旧、生产税净额和营业盈余分别是：234 310.3亿元、81 399.3亿元、67 344.5亿元、138 387.1亿元。因此，2011年，中国GDP是[16]：

$$GDP＝234\ 310.3＋81\ 399.3＋67\ 344.5＋138\ 387.1＝521\ 441.2（亿元）$$

图1—17给出了中国在1978—2011年间按照收入法核算的GDP。在图形中，白色、浅灰色、深灰色和黑色分别表示营业盈余、固定资产折旧、生产税净额和劳动者

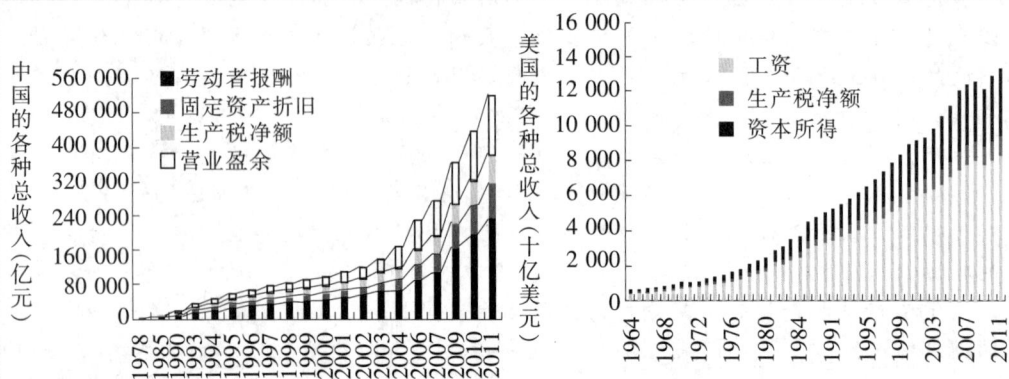

图 1—17 按照收入法核算的中美 GDP

注：按照收入法，中国统计部门采用的核算方法是：劳动者报酬＋生产税净额＋固定资产折旧＋营业盈余＝GDP。近年来，中国收入构成中劳动者报酬占比稳定在 45％左右；而美国收入结构中工资收入占比稳定在 63.2％左右。

资料来源：中国数据来源于《中国国内生产总值核算历史资料》(1952—2004)，原始数据是分省区数据，作者加总得到全国的时间序列；中国数据来源还有《中国统计年鉴》(2006—2012)。美国数据来源于《总统经济报告》(2013) 附表 B28，原始表格中是国民收入数据，而且把资本所得部分分解得非常细。为了便于比较，作者进行了合计。

报酬。从图形上，你可以看出，在 1978—2011 年间，劳动在 GDP 中所占份额稳定在 45％左右。

在图 1—17 的右图中，我们仍然采用浅灰色、深灰色和黑色分别表示美国的工资、生产税净额和资本所得。[17] 从图形上，你可以看出，在 1964—2011 年间，工资所占比重一直稳定在 63.2％，高于中国劳动者报酬所占比重。

支出法

公式（1—2）已经揭示了，我们也可以从支出的角度核算 GDP。所谓支出法，就是把 GDP 作为经济体中所有支出的总和。在一个封闭经济体里，GDP 可以分为三个主要的支出项目：消费、投资和政府购买。

$$Y = C + I + G \tag{1—4}$$

其中，Y、C、I 和 G 分别表示 GDP、消费、投资和政府购买。从一定意义上说，公式（1—4）同时揭示了产出在不同用途中的配置：哪些被个人和政府消费；哪些用来投资。

在开放情况下，一个经济体如何配置其产出呢？按照同样的逻辑，我们可以把一个开放经济体里的 GDP 分解为四部分：

C^d：国内产品和服务的消费

I^d：国内产品和服务的投资

G^d：国内产品和服务的政府采购

EX：国内产品和服务的出口

因此，在开放经济条件下，公式（1—4）就变为：

$$Y=C^d+I^d+G^d+EX \qquad (1—5)$$

在开放经济条件下，经济体当然也会进口。看一看你日常消费的东西，哪些是国内生产的，哪些是进口的。你也许认为，是国产的还是进口的并不要紧。但为了分析的方便，我们在符号上略作区别：

$C^f=C-C^d$：国外产品和服务的消费

$I^f=I-I^d$：国外产品和服务的投资

$G^f=G-G^d$：国外产品和服务的政府采购

$IM=C^f+I^f+G^f$：国外产品和服务的进口

代入公式（1—5），整理得：

$$Y=C+I+G+EX-IM \qquad (1—6)$$

净出口（net export）就等于出口减去进口，即 $NEX=EX-IM$。因此，公式（1—6）就可以简化为：

$$Y=C+I+G+NEX \qquad (1—7)$$

公式（1—7）是最常见的国民经济核算表达式，它说明 GDP 的支出由消费、投资、政府购买和净出口组成。而且在核算消费、投资和政府购买时，无须区分国产还是进口，只需核算经济体内所有的消费、投资和政府采购就可以了。因此，公式（1—7）非常方便实用。

例 1—4　　举例：按照支出法核算的中美 GDP

在中国，支出法核算的公式是[18]：

生产总值＝最终消费＋资本形成总额＋净出口

其中，最终消费是指常住单位为满足物质、文化和精神生活的需要，从本国和国外购买的货物和服务的支出。最终消费分为居民消费和政府消费。资本形成总额是指，生产者在一定时期内获得的固定资本和存货减去处置的固定资本和存货的净额，包括固定资本形成和存货增加两部分。

货物和服务净出口是指货物和服务出口减去货物和服务进口的差额。出口包括常住单位向非常住单位出售或无偿转让的各种货物和服务的价值；进口包括常住单位从非常住单位购买或无偿得到的各种货物和服务的价值。

图1—18显示了中美按照支出法核算的GDP。1952年，中国的最终消费、资本形成总额和净出口分别为546.3亿元、153.7亿元和—7.9亿元。因此，1952年，中国的GDP为[19]：

GDP＝546.3＋153.7＋（—7.9）＝692.1（亿元）

到了2012年，中国的最终消费、资本形成总额和净出口分别为259 599.6亿元、253 524.3亿元、14 483.8亿元。因此，2002年，中国GDP是：

GDP＝259 599.6＋253 524.3＋14 483.8＝527 607.7（亿元）

图1—18给出了中国在1952—2012年间按照支出法核算的GDP。在图形中，浅灰色、深灰色和黑色分别表示净出口、资本形成总额和最终消费。从图形上看，最终消费在GDP中所占份额从1952年的近80%开始逐步下降，直到2012年的49.2%。

在美国，从支出的角度，GDP分解为四项：**个人消费支出**（personal consumption expenditures）、**个人国内总投资**（gross private domestic investment）、**产品与服务净流出**（net exports of output and service）和**政府消费投资支出**（government consumption expenditures and gross investment）。在图1—18的右图中，我们仍然采用黑色、深灰色、浅灰色和白色表示这四项。从图形上看，自第一次石油危机后，净出口几乎一直为负值。个人消费所占比重从20世纪60年代的60%左右上升到目前的70.6%左右；个人国内总投资所占比重一直稳定在14.1%左右。

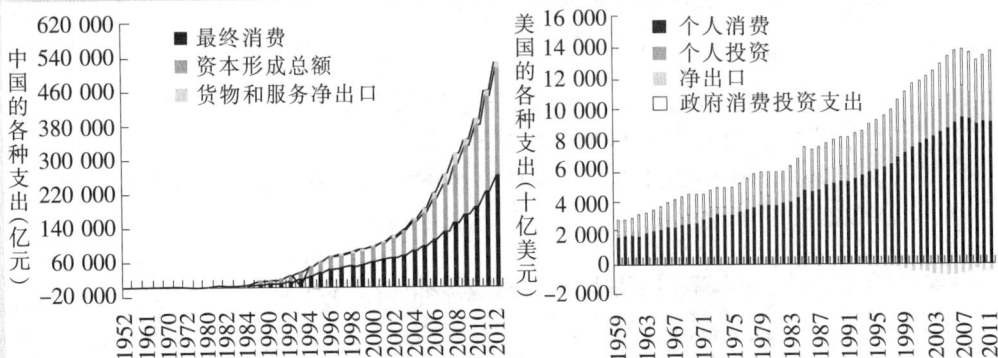

图1—18 按照支出法核算的中美GDP

注：中国统计部门采用的核算方法是：生产总值＝最终消费＋资本形成总额＋净出口。在中国，最终消费和资本形成总额所占比重近年来大致是49.2%和48.1%。在美国，生产总值＝个人消费支出＋个人国内总投资＋产品与服务净流出＋政府消费投资支出。目前个人消费和国内投资比重分别大致为70.6%和14.1%。

资料来源：中国数据来源于中国经济社会发展统计数据库；美国数据来源于《总统经济报告》（2013）附表B1。

最后要说明的是，GDP 可以度量经济体创造的总价值、总收入和总支出等，是人们最关注的宏观经济指标，但并不唯一，它还有一个"孪生兄弟"[20]：**国民生产总值**（gross national product，GNP）。GNP 是指一国居民在一个既定时期内所获得的总收入。在封闭经济条件下，二者的核算结果根本没有区别。在开放经济条件下，由于核算的视角不同：GDP 是按照地域核算的，GNP 是按照人头核算的，核算结果略微有别。

以中美为例，在全球化时代，在中国从事生产的不仅有中国企业，也有部分美国企业，但它们在中国所创造的价值都记入中国的 GDP。同理，也有部分中国企业在美国生产，它们所创造的价值都记入美国的 GDP。现在计算中国 GNP。由于中国 GDP 度量的是在中国所创造的总收入，我们只要在中国GDP 的基础上加上中国居民从美国得到的收入（工资和资本所得），再减去美国居民在中国得到的生产要素所得，就得到了中国 GNP，即

$$GNP＝GDP＋来自国外的生产要素收入－对国外的生产要素支付$$

例 1—5　　　　　　　　**举例：中美 GDP 与 GNP**

图 1—19 显示了中美两国在过去半个世纪里的 GDP 和 GNP。从图形上看，二者几乎重合成一条曲线，没有多大区别。

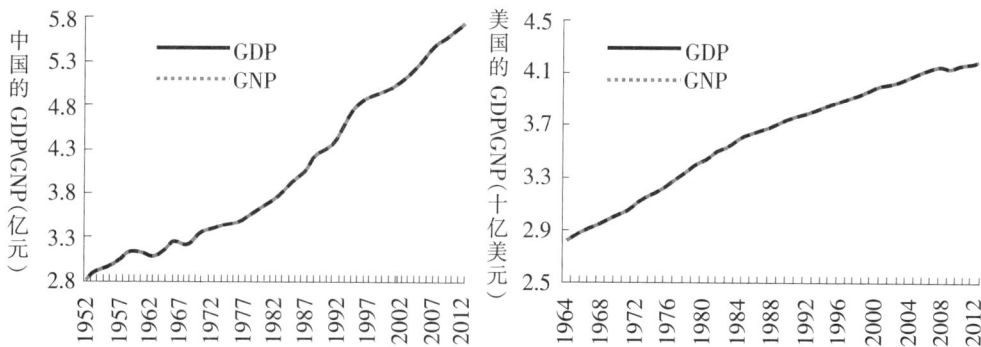

图 1—19　中美 GDP 与 GNP

注：绘图前对 GDP、GNP 数据取以 10 为底的对数。从核算结果上看，GDP 与 GNP 几乎没有区别。

资料来源：中国 GDP 数据来源于中国经济社会发展统计数据库，GNP 数据来源于中经网统计数据库。美国数据来源于《总统经济报告》（2013）附表 B26。

衡量生活费用：物价水平

今天的 10 元钱能够买到 3 斤鸡蛋，10 年后，同样的 10 元钱还能买到 3

斤鸡蛋吗？也许没有人会知道 10 年后的事情，但许多人还记得 10 年前的事情，今天的 10 元钱买不到 10 年前 10 元钱所能够买到的那么多东西。中国在过去 10 年里，几乎每一样东西的价格都上涨了，经济活动主体的生活费用也上升了。物价水平上升的学名是通货膨胀。在本节，我们主要讨论如何度量物价水平。

消费者价格指数

消费者价格指数（CPI）是最常用的度量物价水平的指标。正如 GDP 是把许多产品和服务的数量合成一个度量生产价值的单一指数一样，CPI 尝试把许多产品和服务的价格合成一个度量整体物价水平的单一指数。

如何度量 CPI 呢？统计部门一般基于典型消费者的一篮子产品的价格计算，大致可以分为以下四步：

➢ 选定一个开始时期，一般称为基期，比如 2000 年；

➢ 选定一个典型消费者所购买的一篮子产品和服务的种类和数量，比如你每周购买 4 斤苹果、3 斤大米和 2 斤肉；

➢ 计算每一期购买同样一篮子产品和服务的支出；

➢ 计算每一期的 CPI，CPI 等于当期与基期一篮子产品和服务支出的比值。

例如，鲁滨逊经济体里，基期是 2000 年，一篮子商品的构成是 4 斤苹果、3 斤大米和 2 斤肉。在 2000 年，它们的价格分别是 2 元、1 元和 5 元；在 2004 年，它们的价格分别是 2.5 元、0.8 元和 8 元。那么 2004 年的 CPI 就是：

$$CPI_{2004}=\frac{4\times2.5+3\times0.8+2\times8}{4\times2+3\times1+2\times5}=\frac{28.4}{21}=135\%$$

到了 2005 年，它们的价格分别是 2.5 元、1 元和 8 元。那么 2005 年的 CPI 就是：

$$CPI_{2005}=\frac{4\times2.5+3\times1+2\times8}{4\times2+3\times1+2\times5}=\frac{29}{21}=138\%$$

有了物价水平，我们就可以计算通货膨胀率。通货膨胀率度量物价水平变动率。基于上例中的数据，我们就可以计算 2005 年的通货膨胀率（π）：

$$\pi=\frac{CPI_{2005}-CPI_{2004}}{CPI_{2004}}=\frac{1.38-1.35}{1.35}=2.2\%$$

在新闻媒体中，你看到的或听到的有关通货膨胀的报道，大都是基于消费者价格指数计算的。当然，CPI 并不是度量物价水平的唯一指标。另一个较为常用的指标是**生产者价格指数**（producer price index，PPI），PPI 对物价水平的度量类似于 CPI，都是基于一篮子产品和服务的支出来计算，只不过是把计算 CPI 中消费者购买的一篮子产品和服务换成了典型生产者购买的一篮子产品和服务罢了。

GDP 缩减指数

相对于 CPI 和 PPI 而言，GDP 缩减指数没有得到应有的关注，至少在新闻媒体报道中是这样。既然是 GDP 缩减指数，从字面上看，可能与 GDP 有关。这种猜测是否有道理？我们不妨再回到鲁滨逊经济体。

假定 2000 年，鲁滨逊经济体生产了 4 斤苹果、3 斤大米和 2 斤肉，它们的价格分别是 2 元、1 元和 5 元（当然，我们假定存在价格），那么 2000 年的 GDP 是多少？使用前面介绍的生产法，你立刻就计算出，是 21 元，即

$$GDP = 4×2+3×1+2×5 = 21（元）$$

在 2004 年，鲁滨逊经济体仍然生产了 4 斤苹果、3 斤大米和 2 斤肉，不过它们的价格分别是 2.5 元、0.8 元和 8 元。显然，2004 年的 GDP 是 28.4 元。

看到 GDP 从 2000 年的 21 元上升到 2004 年的 28.4 元，鲁滨逊是否高兴极了？不过，我们好像听见，鲁滨逊对他的忠实仆人"星期五"说："一如既往，我们今年的收成没有任何起色，我们仍然要节衣缩食。"

显而易见，采用当期价格核算 GDP 时，即使经济体的产品和服务数量没有变化，而所有价格翻一番，GDP 也会翻一番。在这种情况下，尽管 GDP 的绝对值翻了一番，但经济体满足需求的能力没有变化，经济活动主体的福利也不会变化。因此，经济学家把 GDP 进一步细化为**名义 GDP**（nominal GDP）和**实际 GDP**（real GDP）。名义 GDP 是按照当期价格度量的 GDP；实际 GDP 是按照不变价格度量的 GDP，旨在尽可能反映经济体生产能力的变化。

如何度量实际 GDP？继续上面鲁滨逊的例子。首先选定某年的一组价格，比如 2000 年的价格，作为基期价格。其他年份都采用基期价格合计总产品和服务，得到实际 GDP。在鲁滨逊经济体里，2000 年的实际 GDP 是多少？显然，实际 GDP 等于名义 GDP，还是 21 元。2004 年的实际 GDP 是多少？按照 2000 年的不变价格计算可得：

$$实际 GDP = 4×2+3×1+2×5 = 21（元）$$

现在，你也许已经明白，"一如既往，我们今年的收成没有任何起色，我们仍然要节衣缩食"的意思了。因为从实际 GDP 看，鲁滨逊经济体确实一如既往，没有任何变化。

有了名义 GDP 和实际 GDP，我们就可以核算 GDP 缩减指数了。GDP 缩减指数是名义 GDP 与实际 GDP 之比，即

$$GDP 缩减指数 = \frac{名义 GDP}{实际 GDP}×100\%$$

看来，GDP 缩减指数确实与 GDP 有关。为了更好地理解 GDP 缩减指数

为何如此命名，不妨把 GDP 缩减指数的计算公式略微调整为：

$$实际\,GDP = \frac{名义\,GDP}{GDP\,缩减指数}$$

从这种形式你可以看出，GDP 缩减指数是从其"功能"的角度命名的：缩减名义 GDP，剔除通货膨胀的影响，从而得到实际 GDP。

消费者价格指数与 GDP 缩减指数

不可否认，CPI 和 GDP 缩减指数二者在计算方法上具有较大的不同。CPI 固定的是产品、服务的种类和数量，而价格可以变化；相反，GDP 缩减指数固定的是基期产品和服务的价格，而数量（种类）可变。

但需要强调的是，CPI 和 GDP 缩减指数所提供的有关物价水平变动的信息，并没有如我们想象中的那么大。

图 1—20 描述了中美两国在过去的半个世纪里 CPI 和 GDP 缩减指数的变动情况。从图形上，就中国而言，在 1952—2012 年间，CPI 和 GDP 缩减指数并不完全一致，但二者的变化趋势确实是一致的，同样都反映了中国物价的变动情况。美国的情况也大致如此。从图 1—20 的右图上看，你会发现，在1959—2012 年间，CPI 和 GDP 缩减指数的变化趋势也大致相同。当然，如果你仔细观察图 1—20 中的右图，也会感觉自第一次石油危机以来，CPI 的变动似乎比 GDP 缩减指数大一些。

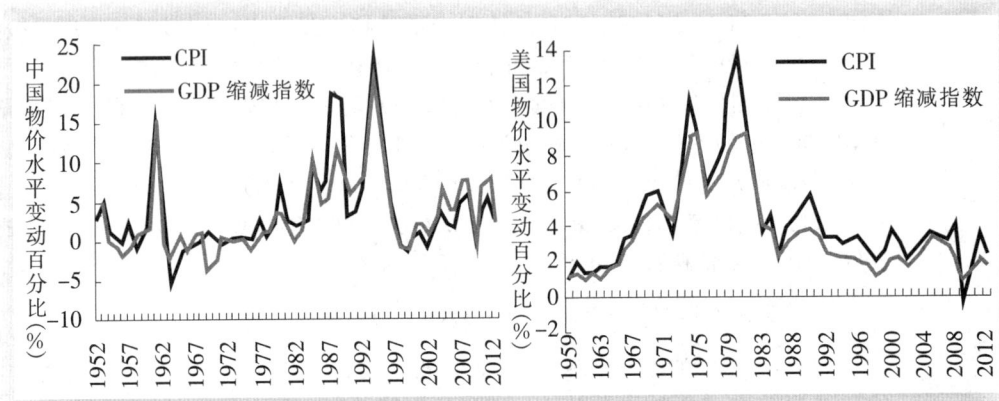

图 1—20 中美 CPI 与 GDP 缩减指数

注：尽管 CPI 和 GDP 缩减指数时而分离，但变动趋势是一致的，都反映了同样的物价变动情况。

资料来源：中国数据来源于中国经济社会发展统计数据库与中经网统计数据库；美国数据来源于《总统经济报告》（2013）附表 B1、B2 和 B64 以及 U. S Bureau of the Census。

度量经济体的痛苦程度：失业率

失业是一件非常痛苦的事。失业者不仅要承受收入减少之苦，而且有时还会带来身心上的影响。其实，就业者往往也要承受长期失业所引起的有关社会问题的苦恼。从这种意义上来说，失业率度量了一个经济体的痛苦程度。[21]

　　失业与就业是一对概念。按照国际劳工局的定义，就业是指，在一定年龄段的经济活动主体从事有报酬的活动。失业者是指，有劳动能力并愿意就业但找不到工作的经济活动主体。根据这个定义，失业者要满足三个条件：有劳动能力；愿意就业；没有工作。在实际确定失业者的过程中，可以参照流程图 1—21。

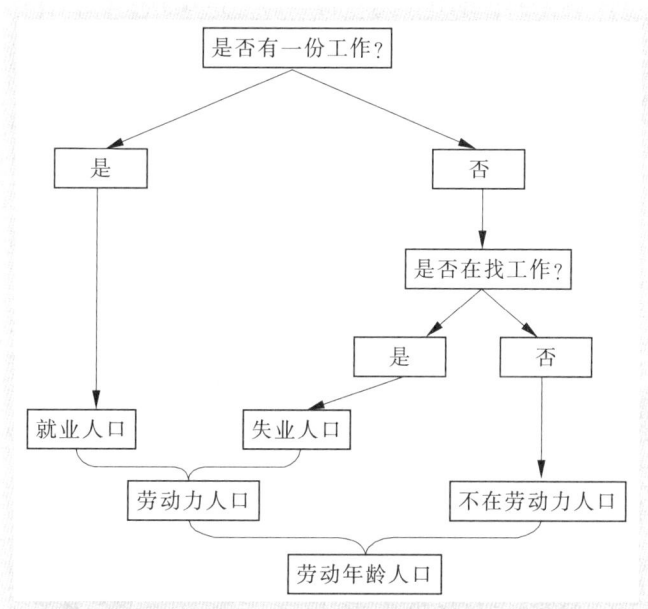

图 1—21　劳动年龄的人口分布

　　注：根据世界上大多数国家的规定，通常可以把 16～65 岁的人口称为劳动年龄人口。劳动年龄人口根据对图中两个问题的回答分为三类：就业人口；失业人口；不在劳动力人口。

　　资料来源：袁志刚：《失业经济学》，上海，上海三联出版社，1997。

　　由图 1—21 可知，我们可以通过两个问题确定一个经济活动主体的工作状态。第一个问题是，你是否有一份工作？如果回答是肯定的，经济活动主体就被确定为就业者；如果回答是否定的，就接着问第二个问题：你是否在找工作？如果对第二问题的回答是肯定的，经济活动主体就被确定为失业者，否则就被确定为不愿参加工作的人，称其为**不在劳动力**（not in labor force）。根据世界上大多数国家的规定，通常可以把 16～65 岁的人口称为劳动年龄人口。显然，根据所有劳动年龄人口对上述两个问题的回答可以将其分为：就业人口、失业人口和不在劳动人口。[22]根据这三种划分，我们就可以核算失业率了：

$$劳动力人口＝劳动年龄人口－不在劳动力人口$$

$$劳动参与率＝\frac{劳动力人口}{劳动年龄人口}$$

$$失业率＝\frac{失业人口}{劳动力人口}$$

测算失业率并不是一件很容易的事情。比如让所有劳动年龄人口的经济活动主体回答"你是否有工作?"和"你是否在找工作?"这两个简单问题，就不是很容易。目前，测算失业人口有两种方法：(1)收集失业者在劳动行政管理部门申报的数据。由于失业申报可以领取失业救济金、可以获得再就业信息等，大多数失业者有申报动机。(2)通过定期抽样调查估计失业人口。按照图1—21中的流程图，要访问每一个劳动年龄人口的所有人是不可能的，但抽样调查总是可行的。这两种方法的核算结果如何？图1—22给出了欧洲几个主要国家的失业率测算情况。

图1—22给出了在1987年，欧洲几个主要国家采用上述两种方法所获得的失业率。从图形上看，在大多数国家，二者的差距并不是很大，只是登记获得的失业率都略高于抽样调查获得的失业率。

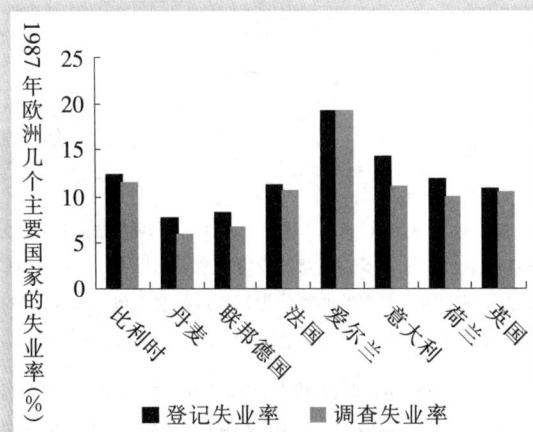

图1—22　两种统计口径下的失业率

注：1987年，欧洲几个主要国家登记获得的失业率都略高于抽样调查获得的失业率；但在大多数国家，二者的差距并不是很大。

资料来源：袁志刚：《失业经济学》，上海，上海三联出版社，1997。

1.5 如何找到数据

在本章，我们借助实际 GDP、通货膨胀率和失业率开始中美宏观经济之旅，随后介绍了这三个指标是如何核算的。在本章的最后，我们将介绍在什么地方能够找到这些数据，以便你能够自己动手研究你关心的宏观经济现象。

随着数据收集工作的改进，以及计算机和数据库的开发，收集数据已变得容易多了。下面将着重介绍如何找到中国、美国以及全球其他经济体的数据。

如何找到中国的数据

我们可以通过几个渠道获得中国的数据。查找《中国统计年鉴》是一个选择，特别是在几年前，这几乎是唯一的选择。许多图书馆都收藏《中国统计年鉴》，翻出有你所需数据的那一页并复印是一个不错的选择，当然你也可以选择拿出纸和笔，把所需要的数据都抄写下来。为了便于对这些数据做进一步的处理，接下来的工作可能有点枯燥：把你找到的数据一个一个地输入电脑。当然，现在的情况改善了许多，比如要查找 2004 年的《中国统计年鉴》，中华人民共和国国家统计局网站就提供免费下载，网址是：http：//www. stats. gov. cn/。

如果你需要一应俱全的最新宏观经济数据，一个宝贵的来源是中国国家统计局提供的进度数据，网址是：http：//www. stats. gov. cn/tjsj/。

如果想得到自数据收集日起的完整的国民经济核算资料，权威的来源是中国国家统计局国民经济核算司出版的《中国国内生产总值核算历史资料》（1952—1995）和《中国国内生产总值核算历史资料》（1996—2002）。这两本年鉴提供了核算中国 GDP 的翔实数据。特别是《中国国内生产总值核算历史资料》（1996—2002）提供了电子版，电子版数据不仅提供 1996—2002 年间的翔实数据，还大致回溯了 1952—1995 年间的数据，非常好用。

如果你想得到自数据收集日起较为完整的宏观经济数据，《新中国五十年统计资料汇编》和《新中国五十五年统计资料汇编》是不错的选择。遗憾的是，它们都没有提供电子版，但后者可以在中国资讯行下载。

另外，还有许多收费网站也提供较为翔实的中国宏观经济数据，比如中国资讯行数据库（http：//www. bjinfobank. com/）、中国经济信息网（http：//www. cei. gov. cn）等。这些数据库都很方便，但如果你没有登录权限，也就只能"望梅止渴"了。

最后，如果你还没有找到你想要的数据，下面的一个网站也许有用。中国经济学教育科研网（http：//www.cenet.org.cn/cn/）提供大量可供下载的经济学资源，而且还有许多有用的连接。当然，这是一个免费的网站，但下载某些资源时，说不定会有一定的所谓积分限制。

如何找到美国的数据

由位于华盛顿的美国政府印刷办公室出版、经济顾问委员会撰写的《总统经济报告》（*Economic Report of President*），提供了有关美国当前经济形势的描述和主要宏观经济变量数据。相当多的数据都可以追溯到1959年，个别的甚至可追溯到1929年。可能你已经留意到了，许多有关美国的图形都是利用《总统经济报告》（2013）所附数据生成的。这些数据可以免费下载，网址是：www.access.gpo.gov/eop/。

如果需要一应俱全的数据，一个宝贵的权威来源是：美国商务部统计局出版的《美国统计概要》（*Statistical Abstract of the United States*），相当一部分数据可以免费下载，网址是：www.census.gov/compendia/statab。

如果想获得最近数据的详细资料，一个不错的选择是：美国商务经济分析局每月出版的《当代商业纵览》（*Survey of Current Business*）。网址是：http：//www.bea.gov/scb/index.htm。

如何找到全球其他经济体的数据

对富裕国家来说，最有用的资料来源于**经济合作与发展组织**（Organization of Economic Cooperation and Development，OECD）。经济合作与发展组织的成员包括：奥地利、澳大利亚、比利时、加拿大、捷克、丹麦、芬兰、法国、德国、希腊、匈牙利、冰岛、爱尔兰、意大利、日本、斯洛伐克、卢森堡、墨西哥、荷兰、新西兰、挪威、波兰、葡萄牙、韩国、西班牙、瑞典、瑞士、土耳其、英国和美国。看来，世界上的富裕国家大都属于该组织，其产出占世界产出的70%左右。OECD的网址是：www.oecd.org，提供三种极为有用的数据。

《OECD经济展望》（*OECD Economic Outlook*），每年出版两次，提供许多跨国宏观经济数据。这些数据一般都上溯到20世纪70年代，而且具有很好的一致性。

《OECD就业展望》（*OECD Employment Outlook*），每年出版一次，专门提供劳动力市场的数据。

《OECD历史统计》（*OECD Historical Statistics*），不定期出版，将当期数据和历史数据放在一起出版。

对于不是OECD成员的国家和地区，可以从其他国际组织那里获得相关数据，比如国际货币基金组织（International Monetary Fund，IMF），其网址是：www. imf. org。IMF 出版《国际金融统计年鉴》（*International Finan-cial Statistics Yearbook*），它主要提供成员的金融数据，但也包括一些总体数据，比如 GDP、失业和通货膨胀等。

另外，世界银行提供的《世界经济发展指标》（*World Development Indi-cators*），是世界银行最大众化的统计类读物，并提供光盘。

至于若干国家长期的统计数据，两个不可多得的数据来源是：Heston-Summers 数据库和 Madison 数据库。Heston-Summers 数据库提供 168 个经济体在 1950—2000 年间的跨国可比数据，在宾夕法尼亚大学国际比较中心（Center for International Comparisons at the University of Pennsylvania）网站上可以下载，网址是：http：//pwt. econ. upenn. edu/。Madison 数据库提供自 1820 年以来 56 个经济体的数据。

最后，如果还没有找到你要的数据，不妨登录下面两个网站，这也许是根"稻草"。哈佛商学院的宏观经济学资源网站 www. hbs. edu. /units/bgie/internet/，提供了大量连接。由密西西比大学（Mississippi College）Bill Gof-fe 维护的一个网站 http：//rfe. wustl. edu，不仅列出了数据来源，而且还列出了有关经济的其他信息来源。[23]

1.6　本章小结

我们正式结束中美宏观经济之旅。当然，我们同样可以采用实际 GDP、通货膨胀和失业率等指标考察其他经济体的宏观经济情况，开始新的宏观经济之旅，观察到类似的宏观经济现象。

在后面各章，我们将把目光转向这些宏观经济现象背后的故事，尝试几何地解释实际 GDP、通货膨胀和失业率等变量是如何决定的，这些变量之间是如何联系的，以及经济政策如何影响这些变量及其联系。

如同其他学科的科学家一样，经济学家也是旨在理解自己周围的世界到底发生了什么。为了做到这一点，他们从观察入手，提炼出理论模型[24]；说明所观察到现象的背后故事（机制）；在形成理论后，他们将会转向更加系统的观察，从而评价理论的正确性；只有理论与事实一致时，他们才感到自己理解了或者部分地理解了自己所关注的世界。

本书的目的在于几何地、系统地梳理这些宏观经济现象背后的故事，帮助你解读我们在中美宏观经济之旅中的所见所闻，增进你对周围宏观经济世界的理解。

【注释】

［1］如果想更加深入地了解中国经济，请参阅吴敬琏（2004）；蔡昉和林毅夫（2003）。

［2］在文献中，有时把产出、就业等短期波动直接译为经济周期（Business Cycle）。"周期"往往意味着经济波动是有规律的和可以预测的，但事实并非完全如此。

［3］贾庆旺和贾俊雪（2004）把长期增长趋势的估计方法归为两类：一类是生产函数法；另一类是直接处理实际产出时间序列从而得到长期趋势估计值，如**去势法**（detrending）和增长率推算法。去势法是目前常见的处理方法。

［4］你也许感到有些奇怪，为什么我们不直接采用通货膨胀率而采用通货膨胀率的变化率呢？在后面章节中我们将详细讨论。

［5］数据来源于熊祖辕和喻东（2004），他们还进一步利用普查失业率与城镇登记失业率之比调整其他年份的城镇登记失业率。

［6］我们这么做有点削足适履，但大批知青返城对中国就业所带来的冲击，正如蔡昉等（2005）对"大跃进"等政治运动的经济绩效所作的评价那样："上山下乡"运动表现出来的经济后果，本身已经孕育在那种经济体制之中了。相对于以后的改革经济而言，这未尝不是一种"例外"。

［7］转引自琼斯（Jones，2002，p.1）。

［8］中国资讯行的原始数据来源于中国官方统计部门。

［9］《总统经济报告》提供美国主要宏观经济变量的数据，而且相当多的数据都可以追溯至20世纪50年代。更为重要的是，这些数据可以免费下载。

［10］如果你对这部分内容不是太感兴趣，不妨直接阅读第1.5节。这样做并不妨碍你对本章的理解。

［11］三大产业是根据社会生产活动历史发展的顺序对产业结构的划分，产品直接取自自然界的部门称为第一产业，对初级产品进行再加工的部门称为第二产业，为生产和消费提供各种服务的部门称为第三产业。它是世界上较为常用的产业结构分类，但各国的划分不尽一致。我国的三大产业划分是：第一产业是农业（包括种植业、林业、牧业和渔业）；第二产业是工业（包括采掘业，制造业，电力、煤气及水的生产和供应业）和建筑业；第三产业是除第一、第二产业以外的其他各业。

［12］严格来说，这个等式只在封闭经济体内成立。

［13］对这四项的界定来源于《中国国内生产总值核算历史资料》（1996—2002年）中的"主要统计指标解释"部分，第600～601页。

［14］对于个体经济来说，其所有者所获得的劳动报酬和经营利润不易区分，这两部分统一作为劳动者报酬处理。

［15］需要说明的是，原则上，固定资产折旧应按固定资产的重置价值计算，但是目前我国尚不具备对全社会固定资产进行重估价的基础，所以暂时只能采用上述办法。

[16] 由于统计误差等原因，生产法核算结果与收入法核算结果并不相等。另外，在中国国民经济核算中，由于地区间存在重复核算等问题，也存在省区核算结果之和大于全国核算的结果。

[17] 三者合计等于国民收入，而不是 GDP。

[18] 对这三项的界定来源于《中国国内生产总值核算历史资料》（1996—2002 年）中的"主要统计指标解释"部分，第 601 页。

[19] 由于统计误差等原因，支付法核算的结果与生产法的核算结果也不完全相等。

[20] 有时，我们还会碰到另外一个指标——国民收入（National Income），即国民生产总值中扣除折旧和生产税净额后的余额。

[21] **痛苦指数**（misery index，MI）又称遗憾指数，是指通货膨胀率与失业率之和。痛苦指数越高，经济体的宏观经济状况越不好。梁小民（2002，p.44）经过考证，"痛苦指数"是 1975 年美国福特政府时期由民主党人作为一个政治口号提出的，后来被广泛运用。

[22] 袁志刚（1997）指出，表面看来，这种划分是清楚的，但深究起来，特别是在实际操作上，这种划分的边界并不是十分清楚。

[23] 在如何查找国外经济体数据方面，参考了布兰查德（Blanchard，2004，pp. 20 - 21）。

[24] 1993 年 2 月，弗里德曼在接受斯诺登等（Brian Snowdon et al.，p.207）的采访时说道："过去 25 年，我的宏观经济学思想所受的影响，主要是来自数据的积累和对许多不同国家货币量和其他数量之间关系的研究，而不是来自哪一篇论文或哪一本书籍"。

第 2 章

宏观经济学鸟瞰

通过第 1 章的中美宏观经济之旅，你是否已经对宏观经济学有了初步的感性认识？比如中美在过去半个世纪里都实现了持续的增长，但在增长过程中也都经历了经济衰退，而且在经济衰退、复苏的周期性变动中，经济体中的失业和通货膨胀也都随之变化。也许你正为这些宏观经济现象而苦恼：这些宏观经济现象背后的机制是什么？政府在这些宏观经济现象中扮演什么角色？

正如爱因斯坦所言："整个科学不过是日常思考的精练而已。"[1] 如果你正在为上述问题或类似问题所困，祝贺你！因为你正在像宏观经济学家一样思考，尽管目前你可能还不清楚宏观经济学家研究什么。

在本章，我们将开始宏观经济学之旅，看一看宏观经济学家都在忙些什么；了解宏观经济学的发展历程；拜访一下宏观经济学的"长兄"——微观经济学，进一步增进对宏观经济学的理解；最后鸟瞰一下本书。

2.1 宏观经济学家研究什么

在中美宏观经济之旅中，你也许已经感悟到，宏观经济学家研究的是整体经济行为。虽然任何一个经济体的运行，都依赖成千上万个家庭、企业和政府的个体行为，但是，宏观经济学关注的焦点却是这些个体行为的总体结果。例如 2013 年 6 月，在中国，数以千计的企业会提高产品的价格，同时数以千计的企业会降低产品的价格，也会有数以千计的企业保持价格不变。在图 2—1 中，2013 年 6 月，在 14 类消费品中，有升有降，升幅最大的是比去年同期上涨了 11.4％。为了理解价格的整体变化，宏观经济学家就需要基于这成千上万的价格构建反映整体物价水平的价格指数，比如 CPI。2013 年 6 月，中国城镇居民的 CPI 是 102.6，只比去年同期上升了 2.6％。

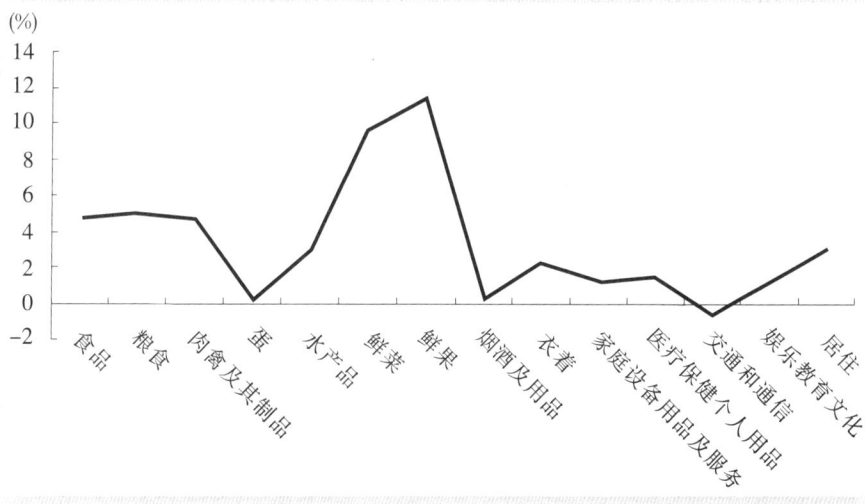

图 2—1　2013 年 6 月中国城市居民消费的分类价格变化

注：2013 年 6 月，中国城镇居民 14 种消费品的价格有升有降。

资料来源：中国国家统计局统计进度数据，http://www.stats.gov.cn/tjsj/jdsj/t20130710＿402911185.htm。

　　宏观经济学不是研究特定部门或特定经济活动主体的行为，而是研究整体经济行为。因此，在本质上，这就决定了宏观经济学家把目光放在了经济生活中的重大问题上。为什么一些经济体可以在相当长的时期内持续增长？为什么中国在 20 世纪 90 年代中期出现了较为严重的通货膨胀，进入新千年却迎来了通货紧缩？为什么美国的进口大于出口，而中国却是出口大于进口？虽然这些问题看起来有点抽象，但确实与我们的生活息息相关。宏观经济学家研究的就是这类问题，而且经常能够做出令人信服的回答。当然，宏观经济学是一门年轻且不断发展的学科，宏观经济学家对经济态势的判断，有时并不比天气预报精确多少。但是，正如你将要在本书中看到的，宏观经济学家对整体经济的运行确实已知之甚多。经过几代宏观经济学家的努力，这些知识将有助于我们对整体经济行为的理解，也有助于宏观经济管理。

因此，宏观经济学的基本研究方法是考察经济的总体趋势，而不是经济体中的特定家庭、企业或其他地区等。我们在中美宏观经济之旅中所采用的概括经济活动指标（实际 GDP、通货膨胀率和失业率等）能够描绘出经济体的总体轮廓。正因为如此，宏观经济学家为了理解整体经济是如何运行的，往往收集不同时期、不同国家有关收入、通货膨胀和失业等变量的数据，然后尝试构建有助于理解这些数据的一般理论，为构建宏观经济学的大厦添砖加瓦。如同探索天体演进的天文学家和研究物种进化的生物学家一样，宏观经济学家不能做可控的试验，只能充分利用统计数据以及自然试验的数据，在浩瀚的数据之洋中稳步发展。

最后不能不提的是，自宏观经济学诞生之日起，一个重大而持久的争论是：政府在宏观经济中能够扮演什么角色？多数宏观经济学家认为，宏观经济管理当局的财政政策和货币政策，会对经济体的产出、就业、物价水平和国际贸易等产生相当可预测的影响，当然这种影响也许仅仅是短期的。但也有一部分宏观经济学家相信，财政政策、货币政策等影响经济体的机制，也许并不像我们想象的那样简单、可控，难免出现这样的情况：当政府依据这些机制进行宏观经济管理时，这些机制却悄悄地发生变化，结果事与愿违。因此，这部分宏观经济学家认为，现有的宏观经济政策的传导机制，无法成为政府宏观经济管理的坚实基础。

无论怎样，经济体在每个时代都会面临让宏观经济学家和经济政策制定者头疼的经济问题。在美国，20 世纪 70 年代，尼克松、福特和卡特总统都为通货膨胀所困，由图 1—11 可知，他们几乎一无所获。进入 80 年代，通货膨胀下来了，里根和布什总统却因巨额财政赤字夜不成寐、一筹莫展。90 年代，克林顿入主白宫，赤字下来了，还略有盈余，但税收占国民收入的比重也创了历史新高。因此，进入新千年，当小布什赢得总统宝座后，减税成为当务之急。在中国，自 20 世纪 80 年代中期以来，一直面临较为严重的通货膨胀，由图 1—4 可知，到了 90 年代中期，中国的通货膨胀率创下了历史新高。1996 年，中国成功实现了"软着陆"，但内需不足问题凸显；进入新千年，中国迎来了通货紧缩。各国的宏观经济学家和经济政策制定者，灵活而创造性地运用已有的宏观经济原理，应对变化着的经济形势。其实，这些不断变化的宏观经济问题，不仅为宏观经济学家提供了检验现有理论的数据、案例，也为宏观经济学家提供了进一步发展宏观经济学的机会。

2.2 宏观经济学的发展历程

宏观经济学家研究整体经济行为，研究经济生活中的重大问题。宏观经济学家对这些重大问题的关注是如何演进的呢？在本节，我们将带你开始宏观经济学的历史之旅，增进你对宏观经济学自身发展趋势的理解。[2]

凯恩斯革命

在经济学的发展历程中，尽管许多著名的学者也关注整体经济行为，但是，直到 20 世纪，宏观经济学才被视为一门独立的学科。在这门学科的发展过程中，有三件事情为宏观经济学的发展奠定了坚实的基础。

1. 系统收集、处理总量数据，为宏观经济学的研究提供了科学基础。国民经济研究局（the National Bureau of Economic Research，NBER）[3]，自 20 世纪 20 年代开始总量数据的收集、整理、分析工作。该项工作的负责人是库兹涅茨（Kuznets），他由于在这个领域的贡献以及对现代经济增长的研究而获得诺贝尔经济学奖。正是经过库兹涅茨等人的努力，到了 20 世纪 30 年代，美国有了一整套国民收入核算数据，可以用来研究整体经济行为。在随后的几十年里，其他经济学家，比如另一位诺贝尔经济学奖获得者斯通（Stone），把国民经济核算系统化，而且通过联合国等国际组织把这套核算方法逐步推广到世界上各个经济体。[4]目前，几乎所有的经济体都具备了国民经济核算数据，对宏观经济分析来说，这些数据至关重要。毕竟，"巧妇难为无米之炊"。

2. 对经济波动的系统研究。随着大量宏观经济数据可获得，人们对经济波动的经验性认识获得进展。NBER 在增进人们对经济波动的理解方面，再一次起到关键作用。米切尔（Wesley Clair Mitchell）等人的研究表明，美国存在基本相似的经济波动，而且重要的宏观经济变量（如产出、价格等）在一个典型的经济波动中，存在着某种规律性的变化。探索经济波动的背后机制，以及对经济波动的治理，成为宏观经济学的研究主题。

3. 始于 1929 年的"大萧条"。"大萧条"不仅是一场经济灾难，而且是对古典经济学家提出的挑战。因为他们坚信，正常的市场力量不会导致在世界范围内出现大危机，无法对"大萧条"做出前后一致的解释，当时的经济波动理论也无能为力。罗斯福新政（Roosevelt's New Deal）所采取的经济措施是凭经济直觉，而非经济理论判断。

图 2—2　凯恩斯

注：凯恩斯（John Maynard Keynes，1883—1946）。1936 年出版了《就业、利息和货币通论》，创立了宏观经济学。

1936 年，卓越的英国经济学家凯恩斯（John Maynard Keynes）（见图 2—2）出版了 20 世纪最有影响的著作《就业、利息和货币通论》（*General Theory of Employment, Interest and Money*），简称《通论》。《通论》提出了一个解释"大萧条"和较小的经济波动的新的理论框架，并明确向政府建议，政府要进行宏观经济管理，抑制经济波动，宏观经济学由此走进公众视野。于是，现代宏观经济学的历史从 1936 年开始了。

《通论》强调有效需求，现在称为**总需求**（aggregate demand）。凯恩斯指出，从短期看，有效需求决定产出（就业），即使产出最终会回到潜在产出水平，但这个过程非常缓慢，而且"从长期看，我们都死了"。从这一点出发，《通论》最具有革命性的方面是，凯恩斯明确地、坚定地指出：在就业和产出方面没有能够自发引导实现最优状态的"看不见的手"。

在推导有效需求的过程中，凯恩斯引入了构成现代宏观经济学的许多要素：

➤ 乘数，可以解释需求冲击如何被放大，以及如何导致产出更大的变化。

➤ 流动性偏好，即凯恩斯对货币需求的称谓，可以解释货币政策如何影响利率和有效需求。

➤ 预期在影响消费和投资方面的重要性。动物精神，即预期的变化，是造成需求和产出变化的主要因素。

《通论》是一部天才的著作，其理论内涵丰富多彩，而且含糊不清。正是因为这些模糊性和争议，宏观经济学家所能够做的是理解、扩展、修正或拒绝凯恩斯的理论，从而使现代宏观经济学大体上沿着对凯恩斯及其《通论》的讨论逐步发展。

凯恩斯主义的发展

新古典综合

几年之内，《通论》使宏观经济学发生了翻天覆地的变化。当然并非每个人都被说服，也极少有人完全赞同。但是，大多数争论都是围绕着《通论》展开的。

到 20 世纪 50 年代初，基于凯恩斯的思想及早期经济学家的一些思想，形成了一致的观点。这一观点被称为**新古典综合**（neoclassical synthesis）。萨缪尔森（Paul Samuelson）（见图 2—3）所著的 1955 年出版的教科书《经济学》指出："美国 90% 的经济学家都不再是凯恩斯主义经济学家或反凯恩斯主义经济学家。相反，他们将以前的经济学和现代的收入决定论中有用的东西进行综合，其成果可以称为新古典经济学，除

图 2—3 萨缪尔森

注：萨缪尔森（Paul Samuelson, 1915—2009），创立了整合凯恩斯思想和古典思想的新古典综合。

了 5% 极端'左倾'和'右倾'的作者之外，其一般的纲要，已被所有人接受。"

　　新古典综合在接下来的 20 年时间内占据了统治地位。进步是惊人的，从 20 世纪 40 年代初到 70 年代初这段时间，可以称为宏观经济的黄金时期。下面我们重点看一下凯恩斯理论在各个领域的整合及拓展。

IS-LM 模型

　　《通论》出版后的首要事件是用数学语言对凯恩斯的观点进行表述。尽管凯恩斯懂数学，但是他在《通论》中尽量避免使用数学。当然，他也没有采用图解的方式阐述他的理论，《通论》中唯一的一幅图还是别人帮助完成的。[5]

　　不可否认，对《通论》的解读有好几个版本，但最有影响力的是 IS-LM 模型，它是由希克斯（John Hicks）和汉森（Alvin Hansen）（见图 2—4）于 20 世纪三四十年代初发展起来的。IS-LM 模型的最初版本遭到了很多批评[6]，因为它没有反映凯恩斯的许多内涵；预期没有起到任何作用；也缺少对价格和工资的调整。但是 IS-LM 模型为后来构建模型打下了很好的基础，从这方面说，它是非常成功的。[7]

图 2—4　IS-LM 模型的创立者

注：希克斯（John Hicks）和汉森（Alvin Hansen）用数学语言来表述凯恩斯的观点，即 IS-LM 模型。左图是希克斯（John Hicks, 1904—1989）；右图是汉森（Alvin Hansen, 1887—1975）。

　　凯恩斯强调消费和投资行为的重要性，以及在货币和其他金融资产之间进行选择的重要性。很快，这三个方面有了很大发展。

　　20 世纪 50 年代，莫迪利阿尼（Franco Modigliani）和弗里德曼（Milton Friedman）（见图 2—5）发展了消费理论。他们都坚持认为持久收入在消费决策中具有重要作用。

　　托宾（James Tobin）（见图 2—5）发展了投资理论，并得到了哈佛大学（Harvard University）乔根森（Dale Jorgensen）的进一步发展和验证。托宾还发展了货币需求理论。他基于流动性、投资报酬率和风险，发展了不同资产之间的选择理论。托宾的工作不仅是宏观经济学中金融市场的基础，而且也是一般金融理论的基础。

图 2—5　消费、投资理论的发展者

注：莫迪利阿尼和弗里德曼发展了凯恩斯的消费理论；托宾发展了凯恩斯的投资理论。左图是莫迪利阿尼（Franco Modigliani, 1918—2003）；中间的是弗里德曼（Milton Friedman, 1912—2006）；右图是托宾（James Tobin, 1918—2002）。

在研究波动的同时，人们的注意力重新集中到增长上来。与二战前的经济停滞大不相同的是，在 20 世纪五六十年代，大多数国家都出现了经济快速增长[8]，人们的生活标准有了飞速的提高。索罗（Robert Solow）（见图 2—6）于1956 年建立了增长模型，创立了新古典经济增长理论，提供了一种考察决定经济增长因素的思路。

图 2—6　索罗

注：索罗（Robert Solow, 1924—　），创立了新古典经济增长理论。

凯恩斯主义和货币主义

随着凯恩斯主义的全面拓展以及与古典主义的部分融合，许多宏观经济学家逐步相信，模型的发展使人们逐步洞悉了经济波动的实质，在现有理论的指导下，政府可以进行有效的宏观经济管理。从当时的经济实践来看，二战后西方发达国家的经济迅速恢复，并进入了所谓的"黄金时期"，经济衰退似乎成为人们记忆中的历史。在这种情况下，许多人都相信，宏观经济学的前途非常光明。

但并不是所有人都这么乐观，比如以弗里德曼为首的货币主义者。弗里德曼尽管看到宏观经济学已经取得了很大的进步，而且自己在完善消费理论中也做出了突出贡献，却没有像其他人那样沉醉在狂热之中。他相信人们对宏观经济的理解仍然非常有限。另外，对于政府在宏观经济管理中的动机，以及人们的普遍观念——政府掌握的知识足以改善宏观经济运行现状，他都深表怀疑。

20 世纪 60 年代是凯恩斯主义和货币主义争论的年代。这些争论集中于三个问题：货币政策和财政政策的效果、菲利普斯曲线以及政策的作用。

货币政策和财政政策

凯恩斯强调，在治理经济衰退中，财政政策优于货币政策。这在 IS-LM 模型中表现为 IS 曲线非常陡峭。结果，是财政政策而不是货币政策可以更加可靠地影响产出（如图 2—7 所示）。[9]

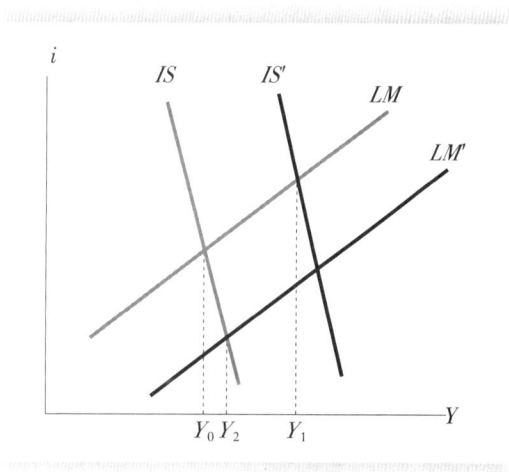

图 2—7　财政政策与货币政策

注：凯恩斯主义认为，IS 曲线非常陡峭。在这种情形下，扩张性的货币政策使产出从 Y_0 增加到 Y_2；而扩张性的财政政策则使产出从 Y_0 增加到 Y_1。

凯恩斯主义断言 IS 曲线非常陡峭，从而推论货币政策作用不大。弗里德曼考察了美国 1867—1960 年间的货币史，让事实说话，彻底地挑战了这一结论。在 1963 年，弗里德曼和安娜·施瓦茨（Anna Schwartz）出版了《美国货币史：1867—1960 年》。在书中，弗里德曼和施瓦茨细致地回顾了货币政策的证据，以及所考察的一个世纪中美国的货币和产出之间的关系。他们发现，货币政策不仅非常有效，而且可以解释大多数的产出波动。

在弗里德曼和施瓦茨的挑战之后，宏观经济学界出现了强烈的争论，以及对财政政策和货币政策各自效果的深入研究。最终，人们逐渐接受了 IS 曲线并没有想象的那样陡峭，财政政策和货币政策都会产生效果，而且通常情况下，最好两者配合使用。

菲利普斯曲线

凯恩斯主义与货币主义的第二个争论集中于菲利普斯曲线。菲利普斯曲线是 1958 年菲利普斯提出的，并不是最初凯恩斯模型的组成部分，而是新古典综合的构成部分。因为菲利普斯曲线提供了一种非常简洁的（似乎也非常可靠的）方法来解释工资和价格的变化，萨缪尔森把它发展成为新古典综合的重要组成部分。从实际数据看，到 20 世纪 60 年代为止，失业和通胀之间确实存在可靠的交替关系，如图 2—8 中的左图所示。基于此，凯恩斯主义的许多经济学家认为，在失业和通胀之间存在可靠的交替关系。

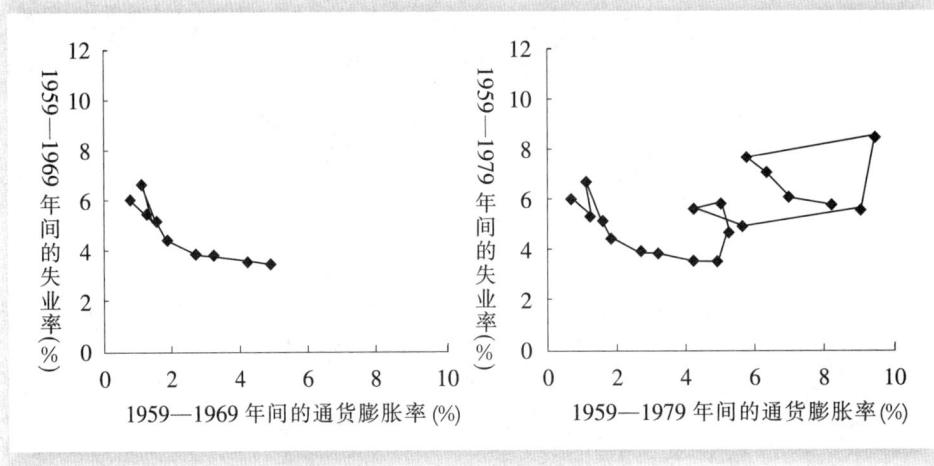

图 2—8　1959—2004 年间美国失业率与通货膨胀率的变化

注：图中通货膨胀用 GDP 缩减指数度量；左图是美国 1959—1969 年间的数据，右图是 1959—1979 年间的数据。该图表明，在 20 世纪 60 年代，美国确实存在菲利普斯曲线，但进入 70 年代，菲利普斯曲线的形状确实发生了变化。

资料来源：《总统经济报告》(2005) 附表 B1、B2、B42 以及作者的计算。

弗里德曼和菲尔普斯（Edmund Phelps）强烈反对这一观点。他们认为，失业和通胀之间存在长期可靠的交替关系，必然违背基本的经济规律；如果宏观经济管理当局试图根据这个替代关系进行宏观经济管理，比如通过更高的通胀实现较低的失业，那么通货膨胀与失业之间的交替关系很快就会消失。幸运之神再次站在弗里德曼等人一边，由图 2—8 可知，弗里德曼和菲尔普斯无疑是正确的。到了 20 世纪 70 年代中期，大家一致认为，通胀和失业之间并不存在长期的交替关系。

宏观经济管理模式

凯恩斯主义与货币主义的第三个争论集中在宏观经济管理模式上。凯恩斯主义认为政府在宏观经济管理上要相机决策，该出手时就出手。凯恩斯主义背后隐含的理念是：经济学家了解的知识可以用来稳定经济，而且政策制定者能够做正确的事情。弗里德曼对这种理念提出了质疑。他认为政府的良好初衷未必能够可信地做正确的事情，建议政府在宏观经济管理上采取固定法则，以不变应万变。

正如我们将在后面看到的，这些争论还没有得到解决，但争论的本质却发生了很大的变化。

理性预期批判

到 20 世纪 70 年代为止，凯恩斯主义和货币主义一直在争论，但更多的是，宏观经济学者逐渐达成共识，比如对货币政策、菲利普斯曲线的认识，宏观经济学在一个理论框架内进行整合。到了最后，这两派的争论，就如同你在马路上看见奥迪 A4 和奥迪 A6 迎面开来，也许车速太快了，你并没有感到二者有什么不同。

因此，20 世纪 70 年代之前的宏观经济学似乎仍然是一个非常成功、成熟的领域。但是，这一领域在几年内却陷于危机之中。危机主要来源于以下两点：

1. 经济生活中发生了石油危机。20 世纪 70 年代初，欧佩克（Organization of the Petroleum Exporting Countries，OPEC）成立，世界经济遭受了第一次石油危机。随后，大多数国家都出现高失业和高通胀同时存在的现象，称之为**滞胀**（stagflation）。当时的宏观经济学家没有预测到经济生活中会出现滞胀，也没有给出有效的解释。因此，凯恩斯主义的"金科玉律"般的权威形象遭到破坏。事后经过了几年的研究，一个令人信服的解释出现了：石油危机是一次不利的供给冲击。但迟到的解释无助于消除石油危机对凯恩斯主义权威形象的破坏，因为这种解释确实已经太迟了。

2. 另一个危机可能更致命，一部分经济学家开始从思想理论上质疑凯恩斯主义。20 世纪 70 年代初，一部分经济学家，比如卢卡斯（Robert Lucas）（见图 2—9）、萨金特（Thomas Sargent）和巴罗（Robert Barro），对主流宏观经济学发起了强有力的冲击。他们找到了凯恩斯主义在石油危机中所表现出的更大的漏洞。确切地说，卢卡斯等人发现，凯恩斯主义经济学忽略了预期影响经济活动主体行为的全面含义。最重要的是，他们不仅发现了这个漏洞，而且还给出了切实有效的解决办法，即人

图 2—9　卢卡斯

注：卢卡斯（Robert Lucas，1937—　），创立了理性预期学说。

们基于目前所有的信息，理性地做出预期。

经济活动主体是理性的，他们的预期也是理性的，这使凯恩斯主义经济学遭到了严重破坏，表现为下面三点：

卢卡斯批判（Lucas Critique）

卢卡斯认为，如果政策发生变化，人们会基于新的政策形成预期，其行为也将会发生变化，从而导致原先的宏观经济（计量）模型可能会对在新政策下将要发生的事情做出糟糕的指导。以菲利普斯曲线为例，由图2—8可知，到20世纪70年代初期的数据表明，失业和通胀之间确实存在替代关系，但当政策制定者试图发掘出这一替代关系时，它却消失了，如图2—8中的右图所示。

理性预期与菲利普斯曲线

在凯恩斯模型中，由于价格和工资将沿着菲利普斯曲线缓慢调整，产出是缓慢而不是迅速调整到潜在产出水平。卢卡斯指出，供给和价格的调整在很大程度上取决于工资制定者对通胀的预期方式，一旦我们假定工资制定者是理性预期的，调整可能要快得多。例如，人们预期下一年货币将增加5%，工资制定者在下一年的合同里，会把名义工资提高5%。同样，企业也会把价格提高5%。结果，实际货币存量没有变化，需求和产出也没有变化。

因此，卢卡斯指出，按照凯恩斯模型的逻辑，可以预测到的货币变化不会对经济活动产生影响，不能预测到的货币变化才会影响产出。

最优控制与博弈论

采用什么工具分析宏观经济政策？凯恩斯主义所采用的分析工具，比如最优控制等，忽视了宏观经济政策制定者与经济活动主体之间的互动。理性预期的第三个含义是：如果经济活动主体是理性预期的，那么，政策通常是政策制定者和经济活动主体之间的博弈。因此，分析宏观经济政策的工具不是最优控制，而是博弈论。

采用博弈论研究宏观经济政策，能够进一步增进人们对宏观经济管理的理解。一个很好的例子是**动态不一致性**（dynamic inconsistency）。基德兰德（Finn Kydland）和普雷斯科特（Edward Prescott）对此做了原创性的讨论，在后面的章节中，我们将重点讨论。

小结

石油危机进一步暴露了凯恩斯主义远远不像人们想象中的那样完美，卢卡斯等人找到了凯恩斯主义的"漏洞"，并提出了理性预期假说。引入理性预期后，人们发现，凯恩斯模型也许并不能成为宏观经济管理的坚实理论基础；可采用博弈论等新的分析工具重新考察宏观经济管理。

理性预期的整合

就如同当年凯恩斯对古典主义的革命一样，这次被革命的对象恰是凯恩斯主义，在 20 世纪 70 年代初，宏观经济学的学术氛围非常紧张。不过宏观经济学逐步开始重新整合，基于理性预期假说的整合过程，支配了 20 世纪 70 年代和 80 年代。

理性预期假说很快得到了普遍认可。[10] 这是因为，尽管很难相信现实生活中每个经济活动主体总是能理性地预期，但是经济学家相信，理性预期假说至少可以作为探索周围世界的一个自然的理论基准。正是从这一点出发，宏观经济学家开始把理性预期引入产品市场、金融市场和劳动力市场等，开始系统性地解释理性预期的作用和含义。

消费随机游走假说

霍尔（Robert Hall）（见图 2—10）把理性预期引入到消费研究领域。他发现，如果消费者是理性预期的，且非常有远见，那么对下一年消费的最好预测就是今天的消费。这被称为**消费随机游走假说**（Random-Walk Model of Consumption）。换句话说，消费的变化难以预测。当时，大多数经济学家对这一结果非常吃惊。事实上，这一结论基于非常简捷的经济直觉：如果消费者是理性预期的，那么他们只有得知有关将来的新信息后才会改变消费行为；但将来的新信息是不可预测的。自此，消费者的随机游走行为就成为消费研究的基准。

图 2—10　理性预期的整合

注：从左到右依次是，霍尔（Robert Hall）、泰勒（John Taylor）和费希尔（Stanley Fischer）。霍尔把理性预期引入消费研究，创立了消费随机游走假说。泰勒和费希尔发现，在理性预期假说下，工资和价格也会缓慢调整。

工资与价格的交错调整

费希尔（Stanley Fischer）和泰勒（John Taylor）（见图 2—10）从理性预期的视角重新考察工资和价格的调整过程。他们指出，工资和价格设定的一个重要特征是，工资和价格的**交错调整**（staggered price adjustment）。比如我们在前面强调，人们预期到下一年货币供给将增加 5%，工资制定者在下一年的合同里，会把名义工资提高 5%。与此形成对比的是，在现实中，工资和价格决策可能是随时间交错进行的。因此，对于货币的增加，所有工资和价格不会出现突然的同步调整，而是交错调整，调整可能是缓慢的。费希尔和泰勒指出，当工资、价格交错调整时，即使经济活动主体是理性预期的，产出也是缓慢调整到其潜在产出水平的。这意味着，政府有效需求管理的有效性并不依赖于理性预期的假定，而是依赖于市场瞬时出清的假定，从而回答了理性预期批判中所指出的第二个问题。

政策理论

运用博弈论考虑政策，博弈不仅存在于政策制定者和经济活动主体之间，而且存在于政策制定者（政党，或者中央银行和政府，或者不同的国家政府）之间。这方面的大量研究成就了一种对诸如"可信度"、"信誉"这类模糊概念进行更为严格思考的方法。同时人们的注意力开始从"政府应该做什么"明显转移到"政府实际上做了什么"。政策约束开始走入人们的视野。经济学家给政策制定者出主意时，要考虑政策约束。

小结

到了 20 世纪 80 年代末，理性预期批判所提出的挑战，导致了对宏观经济学的大检修。现在基本框架得到了扩展，可以考察经济活动主体的理性预期，更一般地说，可以考虑人和企业的富有远见的行为。实际上，本书所讲述的是作者认为的对已有知识的综合，以及目前可以构成宏观经济学的一般框架。

当前的发展

今天，三个话题占据了宏观经济研究的抢眼位置：新古典主义、新凯恩斯主义和新增长理论。

实际商业周期理论

卢卡斯指出，要解释波动，不应该依赖劳动力市场的不完全性，以及工资和价格的缓慢调整等。相反，宏观经济学家应该弄明白，把波动解释为在价格和工资完全可变的竞争市场上的冲击效应，我们能够走多远。

这是基德兰德、普雷斯科特（见图 2—11）及其追随者所研究的内容，称为**真实商业周期理论**（real business cycle，RBC），认为经济体的产出通常处于潜在产出水平，因此，所有经济波动都是源于潜在产出水平自身的变动，而不是，如原先所强调的那样，经济波动源于对潜在产出水平的偏离。RBC 强调，经济波动的根源是技术进步。

大多数经济学家都不相信，RBC 方法能够可信地解释经济波动，比如我们很难把经济衰退视为技术倒退的结果。不容否认的是，尽管并非所有的经济波动都可以归因于对潜在产出水平的一种偏离，但是 RBC 确实发掘出了这一点。RBC 甚至为解决复杂模型提供了几种新技术，且被广泛应用于当前的

图 2—11　RBC 理论的创立者

注：左图是基德兰德（Finn Kydland），右图是普雷斯科特（Edward Prescott）。他们创立了 RBC 理论，强调经济波动源于潜在产出水平的变动，而潜在水平的变动则源于技术进步等真实冲击。

研究之中。因此，它的未来是发展，而非消失。

新凯恩斯主义

　　与货币主义的挑战相比，理性预期对凯恩斯主义的批判更为有力，也更具有破坏性。到 1980 年，40 岁以下的美国宏观经济学家中，难以找到一个人自诩是凯恩斯主义者的。这时，美国最杰出的凯恩斯主义者托宾也在思考："凯恩斯主义真的死了吗？"进入 20 世纪八九十年代，凯恩斯主义复活了，曼昆（Gregory Mankiw）在 1992 宣称，凯恩斯主义经济学已经被"还魂"了。[11]

　　给凯恩斯主义"还魂"的经济学家，被称为新凯恩斯主义者（New Keynesians），代表一群联系松散的研究人员。他们有着同样的信仰，即以最大化行为和理性预期为基础构建严密可信的工资、价格黏性模型。这表明，他们认同理性预期假说，但同时认为，对于不同市场不完全性的本质及其对宏观经济演变的影响，有很多内容尚待研究。

　　研究方向主要集中在劳动力市场的工资决定、信用市场的不完全以及**名义刚性**（nominal rigidities）。费希尔和泰勒已发现，由于工资或价格决策的交错，产出会偏离潜在产出水平很长一段时间。这一结论提出了几个问题：如果确实存在交错，或至少部分存在，那么工资为什么不变化呢？在解决这些问题时，阿克洛夫（George Akerlof）和曼昆（见图 2—12）等创建了**菜单成本**（menu cost），得出一个令人吃惊但又重要的结论：即使改变价格的成本很小（如印刷新菜单所涉及的成本），也会导致交错的价格调整。

新经济增长理论

　　经济增长理论在 20 世纪 60 年代成了最活跃的研究主题之一，随后进入了低迷时期。但从 20 世纪 80 年代中期开始，增长理论出现了强劲的复苏，并称之为**新经济增长理论**（new growth theory）。卢卡斯和罗默（Paul Romer）（见图 2—13）在发展新经济增长理论中做出了原创性贡献。

图 2—12　菜单成本的创立者

注：左图是阿克洛夫（George Akerlof），右图是曼昆（Gregory Mankiw）。他们创立了菜单成本理论，强调很小的价格调整成本也会导致价格交错调整，产生名义价格刚性。

图 2—13　新增长理论的创立者

注：左图是罗默（Paul Romer），右图是卢卡斯（Robert Lucas）。他们创立了新经济增长理论，强调内生的技术进步等是经济长期增长的引擎。

　　新古典经济增长理论在 20 世纪 60 年代末消沉下去的时候，遗留了两个问题：（1）新古典经济增长理论认为，经济体的增长速度取决于技术进步速度，但并没有给出决定技术进步的因素；（2）认识到规模报酬递增在增长中的作用，但并没有给出一个有效的分析框架。这两个问题恰好是新增长理论集中讨论的问题。

小结

目前宏观经济学的研究主要集中在三个方面：

➢ 尝试识别有多少波动可以被视为潜在产出水平自身的变化，这是 RBC 研究的主题；

➢ 构建产出偏离潜在产出水平的微观基础，识别市场的不完全性、名义刚性的精确本质，这是新凯恩斯主义研究的主题；

➢ 探讨技术进步和经济长期增长的因素，这是新经济增长理论研究的主题。

宏观经济学发展历程小结

我们大致浏览了宏观经济学近 70 年的发展历程。现在，不妨梳理一下我们在宏观经济学发展史之旅中的所见所闻：宏观经济学自身的发展历程似乎呈现某种周期性，各种版本的古典主义和凯恩斯主义交错登台献艺。当然，每个新版本都在旧版本的基础上改进了许多，每个版本开始时几乎都有占领整个宏观经济学"市场"的趋势，但都没有做到完美无缺，竞争对手都可以推出更新的版本与之竞争。这恰好是宏观经济学的持久生命力之所在。因为各种版本的古典主义和凯恩斯主义交错登台献艺，宏观经济学就会在不断的竞争、整合中向前发展。

宏观经济学明显缺乏共识。这种情况应该被视为好事而不是坏事。正如卢卡斯在接受斯诺登等人（Brian Snowdon et al.，1998）采访时所说："当宏观经济学在一个问题上达成了一致，那么这个问题就退出了职业争论的舞台，我们将就别的问题进行辩论。……在特定的问题上可以达成一致，但在研究的全部问题上达成一致就等于停滞、麻木和死亡"。

最后要强调的是，回顾过去，宏观经济学家之间的分歧往往被过分夸大。比如，凯恩斯主义和货币主义间的争论，现在看起来更像自家人在吵嘴，而不像不同阵营间的冲突。也许，自从凯恩斯创立了宏观经济学之后，宏观经济学家都生活在这棵大树下"盲人摸象"：大家从不同的角度出发，摸到的大象各不同，因而争吵起来。但在大象看来，这也许是为一些互补的观点而争吵，因为每个人摸到的都不是大象的全部。

2.3 拜访宏观经济学的"长兄"：微观经济学

与微观经济学相比，宏观经济学是非常年轻的，而且个性鲜明。[12] 因此，我们不妨拜访一下微观经济学，看看能够给我们带来什么启示。

经济学家如何思考

经济学是一门社会科学，经济学家像其他学科的科学家一样，探索其所关注的问题，满足其对周围世界的好奇。在探索周围世界的过程中，每个学科都有自己的一套工具，经济学也不例外。经济学家的工具箱越来越丰富，最基本的工具是：数据、术语以及思考问题的方式。也许你对这些工具还有点陌生，不妨边用边学。本书力争学以致用，将提供大量运用这些工具的机会。

经济学家就是充分利用这些工具构建模型。一看到"模型"，你脑海里也许就反映出你最心爱的汽车模型，还有从前玩的玩具，甚至是仿真玩具。这些玩具、模型显然和实物相差很远，但我们在玩这些模型、玩具的过程中仍然能学到许多东西。通常，好的模型能够抓住实物的本质，让人爱不释手。

经济学家用**模型**（model）理解周围的世界，但经济学家的模型往往是由符号和方程构成的，更像数学模型。当然，经济学家也会采用图形构建模型，正如本书正在尝试做的。这些模型是经济学家对其所关注的周围世界的抽象，忽略了周围世界中的许多细节，紧扣周围世界的本质特征，从而增进了人们对周围世界的理解，满足了人们的好奇心。可以说，经济理论就是经济学模型。比如在本书中，我们将尝试几何地构建模型，探索我们中美宏观经济之旅中的所见所闻。

最常见的经济模型是用数学术语清晰地说明变量之间的关系。模型中的变量可分为两类：**内生变量**（endogenous variables）和**外生变量**（exogenous variables）。外生变量是模型中给定的变量；内生变量是模型要解释的变量。经济学家构建模型，其实就是界定外生变量如何影响内生变量，从而探讨其所关注变量的运行机制。如图 2—14 所示，外生变量来源于模型以外，由模型之外的因素决定，是模型的"投入"；内生变量由模型本身决定，是模型的"产出"。

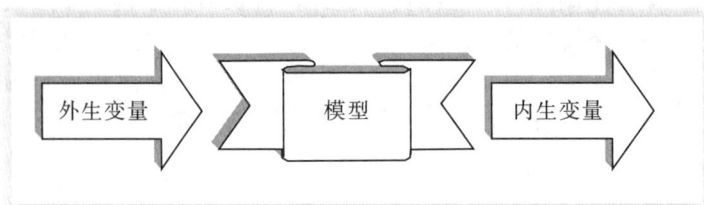

图 2—14　经济学模型

注：经济学理论是建立模型。外生变量是模型的"投入"，来源于模型之外；内生变量是模型的"产出"，由模型自身决定。模型界定外生变量如何影响内生变量。

下面，我们将复习微观经济学中的著名模型——供求模型，考察经济学家手中的模型到底是如何工作的。

供求模型

考虑某种商品的竞争性市场。如图 2—15 所示，我们画出了这种商品的市场需求曲线和市场供给曲线。市场需求曲线 DD 单调下降，市场供给曲线 SS 单调上升，两条曲线有一个交点 E。这个交点 E 是市场均衡所在，称为市场均衡点。它对应的价格 P^* 是均衡价格；对应的商品数量 Q^* 是均衡交易数量。显然，均衡价格和均衡交易数量是供求模型的"产出"，是供求模型中的内生变量。

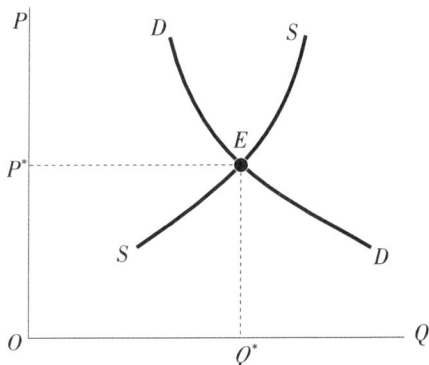

图 2—15 竞争性市场均衡

注：该图是常见的某种商品供求模型。供给曲线和需求曲线的交点 E 是市场均衡点，对应的价格 P^* 是均衡价格，对应的商品数量 Q^* 是均衡交易数量。

为什么 E 就是市场均衡点呢？不难看出，市场价格等于均衡价格 P^* 时，商品的需求量和供给量相等，都为 Q^*。此时，所有保留价格大于或等于 P^* 的消费者，都如愿购买到相应数量的商品；所有保留价格小于或等于 P^* 的企业，也都如愿售出了相应数量的商品。可见，当交易在 E 处进行时，需求和供给双方的力量已经达到平衡，没有消费者愿意出更高的价格购买商品，也没有企业愿意降低价格出售商品，市场交易处于一种相对稳定的状态。

市场需求和供给可能会变化。这些变化可能是消费习惯、原材料来源、技术水平或者政治法律等变化的结果，也可能是市场规模或居民收入水平变化的结果。显然，这些都是供求模型之外的因素，因此可视为供求模型的外生变量。下面，我们将重点考察供求模型如何界定，这些外生变量如何影响均衡价格和均衡交易量。

需求变化的情况很多，但主要可以归纳为需求膨胀和需求收缩。需求膨胀是指，需求方购买商品的愿望和能力增强，商品的需求量在每个价格水平上都有所增加。需求收缩是指，需求方购买商品的愿望和能力减弱，商品的需求量在每个价格水平上都有所下降。图 2—16 画出了两种需求变化情况。其中，需求曲线 DD 向右平移，表示需求膨胀，即在每个价格水平上，商品的需求量都增加相同的数量。同理，需求曲线 DD 向左平移，表示需求收缩。当然，需求变化很少会表现为需求曲线平移的简单情况。然而，分析需求曲线平移对市场均衡的影响，足以说明需求变化对市场均衡的影响。如图 2—16 所示，假设 DD 和 SS 分别是原来的需求曲线和供给曲线，E 点是相应的市场均衡点。需求曲线向右平移后，市场均衡点向右上方移到 E′点。这表明，需求膨胀会导致均衡价格和均衡交易数量同时上升。需求曲线向左平移后，市场均衡点就向左下方移到 E″点。这表明，需求收缩会导致均衡价格和均衡交易数量同时下降。

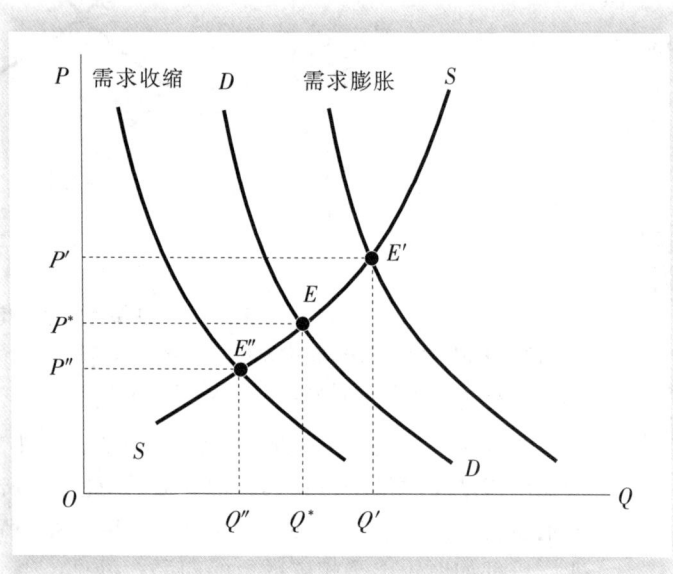

图 2—16 市场需求变化对竞争性市场均衡的影响

注：需求变化的情况很多，但主要可以归纳为需求膨胀和需求收缩这两种。当需求膨胀时，均衡价格和均衡交易量均上升；当需求收缩时，均衡价格和均衡交易量均下降。

供给变化也有两种典型的类型：供给膨胀和供给收缩。供给膨胀指供给方出售商品的愿望增强，商品的供给量在每个价格水平上都有所增加。供给收缩指供给方出售商品的愿望减弱，商品的供给量在每个价格水平上都有所减少。

图 2—17 画出了两种简单的供给变化情况，其中，供给曲线 SS 向右平移，表示供给膨胀；供给曲线 SS 向左平移，表示供给收缩。如图 2—17 所示，假设 DD 和 SS 分别是原来的需求曲线和供给曲线，E 点是相应的市场均衡点。供给曲线向右平移后，市场均衡点向右下方移到 E′点。这表明，供给膨胀会导致均衡价格下降，均衡交易量上升。供给曲线向左平移后，市场均衡点就向左上方移到 E″点。这表明，供给收缩会导致均衡价格上升和均衡交易量下降。

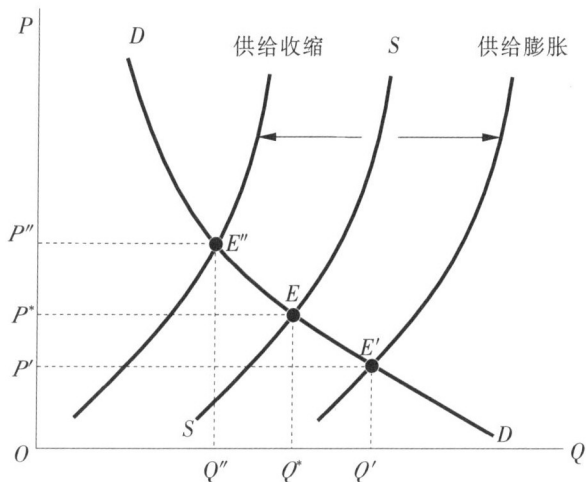

图 2—17　市场供给变化对竞争性市场均衡的影响

　　注：供给变化的情况很多，但主要可以归纳为供给膨胀和供给收缩这两种。当供给膨胀时，均衡价格下降，均衡交易量上升；当供给收缩时，均衡价格上升，均衡交易量下降。

　　供求模型非常简洁地阐明了经济学最基本的原理：供求原理，即一种商品的价格高低、交易数量多少以及交易的变化情况，都由这种商品的需求和供给决定。在供求模型中，均衡价格和均衡交易量是内生变量；影响需求和供给的其他因素，如消费习惯、原料来源、技术水平、政治法律变化、市场规模、相关商品的市场情况或居民收入水平变化等，由供求模型以外的因素决定，是供求模型的外生变量。这些外生变量的变化在供求模型中可以简化为供给曲线或需求曲线的平移。这种做法尽管简单，但应用于外生变量对内生变量影响的分析，却可以得出很有价值的一般性结论。[13]

从微观到宏观

　　微观经济学研究的是微观经济活动主体的行为；宏观经济学研究的是整体经济行为。不言而喻，任何经济体都是由许多微观个体构成的，但个体行为未必能够与整体行为保持一致。比如"三个和尚没水吃"、"三个臭皮匠顶个诸葛亮"等。

　　现代宏观经济学是建立在微观经济学基础上的。经济体的整体趋势是成千上万个微观经济活动主体决策的结果。尽管很难关注每一个微观主体的决策行为，但是宏观经济学家早已意识到，宏观经济理论必须与微观经济活动主体的基本行为一致。为此，现代宏观经济学采取三个基本步骤：

1. 试图在理论水平上理解单个家庭和企业的决策过程。宏观经济模型通常假定，经济体里存在一个代表性的经济活动主体（家庭或企业），然后打开经济学工具箱，找到所需要的分析工具，研究这个代表性的经济活动主体的行为。确切地说，是考察代表性微观主体在模型所构造的经济体里的行为。显然，我们很难期望，代表性微观主体在不同的经济体里会有相同的行为。

2. 试图通过加总经济体中微观主体的所有决定来解释整体经济行为。宏观经济学关注经济体的整体行为，为了实现这一点，宏观经济学通常基于代表性微观主体的行为进行加总，比如合计或平均经济体里的产出、价格、消费等，得到反映整个经济体的宏观变量。接着推导这些变量之间的关系，从而给出我们在中美宏观经济之旅中所见所闻背后的经济学故事。

3. 通过收集分析数据，实证检验宏观经济学模型是否与现实一致。模型是对现实的抽象，好的模型能够抓住现实的本质特征，增进人们对周围世界的理解。如何判断一个模型对现实的解释能力？宏观经济学通常考察模型的预测或结论是否与宏观经济数据相吻合。数据与模型，就如同脚与鞋子的关系，看上去再漂亮的鞋子，如果穿着不舒服，你也会把它束之高阁，甚至扔掉。

需要说明的是，尽管微观经济决策总是构成宏观经济模型的基础，但在本书的许多模型中，微观经济活动主体的行为是隐含的。比如在供求模型中，需求曲线上的每一点都可以看做是单个家庭做出了能够实现其自身效用最大化的决策；供给曲线的每一点都可以看做是单个企业做出了能够实现其自身利润最大化的决策。但这个模型并没有明确关注这些微观经济活动主体的决策，只是把这些微观经济活动主体的决策作为背景或背后的故事。同样，在大部分宏观经济学中，家庭和企业的最优行为也是隐含的，而且隐含的可能更深一些。

2.4 本书之旅

本书旨在"几何地"梳理我们在宏观经济学 70 年之旅中的所见所闻，探索中美宏观经济之旅中所见所闻背后的经济学故事。像经济学家一样思考，最好的办法就是实践，本书将给你提供足够的机会。不是吗？中美宏观经济之旅中的现象正等待着你的解读。

在具体解读之前，不妨鸟瞰一下本书的核心内容。

基本问题

本书要回答的基本问题，也许正是你在中美宏观经济之旅中的困惑或苦恼：这些宏观经济现象背后的机制是什么？政府在这些宏观经济现象中扮演什么角色？

具体而言，研究整体经济的失业、通货膨胀、经济波动和经济增长这四个重大问题。通过对这些问题的研究，分析各种经济变量之间的关系，找出整体经济运行的规律。

基本假定

有一个假定将被证明特别重要，即工资和价格调整速度的快慢。经济学家通常假定，一种产品或服务的价格可以迅速调整。这意味着，市场可以自动走向供求均衡，市场迅速出清。在回答大多数问题时，经济学家都采用这个假定，相应地，构建的模型具有市场出清的特点。

从现实看，许多工资和价格的调整确实非常缓慢。比如劳动合同规定在合同期限内工作不变，至少不能够根据劳动力市场的供求随时调整等。许多企业也会长期保持自己产品或服务的价格不变。这表明，现实中确实存在工资和价格缓慢调整的情况，即价格黏性。

价格并不总是黏性的，最终会随着供求的变动而变动。这表明，假定价格迅速调整的市场出清模型可能难以刻画现实经济生活中每一瞬间的经济行为，但确实可以描述经济体的长期趋势。因此，多数宏观经济学家认为，价格的迅速调整，是研究长期经济行为的一个很好的假定。

在研究诸如实际 GDP 和失业等在不同时间段内的波动等短期经济问题时，假定价格可以迅速调整未必十分合理。在短期中，许多价格固定在预先确定的水平上。因此，大多数宏观经济学家认为，在研究短期经济行为时，价格黏性也许是一个更好的选择。

基本模型

为什么存在经济增长？为什么存在经济波动？什么决定了通货膨胀率？为什么有些经济体多年来物价水平比较稳定，而有些经济体的物价水平却频繁变动？本书将基于总供给—总需求模型尝试回答这些基本问题。

总需求（aggregate demand，AD）描述的是：在货币政策、财政政策以及消费者信心不变的情况下，每给定一个价格水平，产品市场和货币市场同时处于均衡状态时的产量水平。我们一般用 P 表示经济体中的价格水平，Y 表示经济体中的总需求量，这样经济体的总需求就可以写成如下函数形式，称为**总需求函数**（aggregate demand function）：

$$Y = D(P)$$

关于总需求的定义，有两点需要特别注意：（1）它给出了"总需求量对价格水平的函数关系"；（2）所谓"其他条件不变"。至于"货币政策、财政政策以及消费信心"等，以后会有详细说明，现在大家不妨理解为在宏观经济现实中看到或听到的货币政策等。

总需求函数给出的是"总需求量对价格水平的函数关系"。总需求函数是针对产品市场和货币市场而言的，价格水平是外生给定的变量，总需求量是产品市场和货币市场根据相应价格水平同时达到均衡时所实现的产量水平。简而言之，价格水平是自变量，总需求量是因变量。

现在，我们用图形来表示刚才定义的总需求。如图 2—18 所示，在图形中，横轴表示经济体的总需求量，记为 Y；纵轴表示经济体的价格水平，记为 P。在这个坐标系里，如果总需求函数 $Y = D(P)$ 可以用一条连续曲线 AD 表示，那么 AD 就是相应的总需求曲线。**总需求曲线**（aggregate demand curve）以图形的方式给出了经济体的总需求量对价格水平的函数关系：每给定一个价格水平，总需求曲线上对应的点的横坐标，就是相应价格水平下的总需求量。例如，我们在图中任意给定一个价格水平 P，与之对应的总需求量就是 Y。在微观经济学里，产品的需求曲线是单调下降的，通常情况下，总需求曲线也具有这个性质。总需求曲线单调下降有着深刻的经济学背景，在后面我们将重点讲述。

所谓**其他条件不变**（ceteris paribus），是指除价格水平之外，其他与经济体的总需求相关的条件都保持不变。例如前面提到的消费信心、货币政策、财政政策等"其他条件"。大家知道，即使经济体的价格水平保持不变，如果经济活动主体的消费信心发生变化，比如消费信心增加，经济体的总需求量也会增加。在图 2—18 中表现为，总需求曲线向右平移，结果是对于同样任意给定的价格水平 P，与之对应的总需求量增加到 Y'。

现在，我们把注意力转移到经济体的**总供给**（aggregate supply，AS）。总供给是指，在经济体中，对于每一既定价格水平，厂商愿意提供的产量。显然，与总需求类似，宏观经济学所说的总供给，从概念上说也是一个数学意义的函数关系。用 P 表示经济体中的价格水平，Y 表示经济体的总供给量，**总供给函数**（aggregate supply function）为：

$$Y = S(P)$$

我们可以用简单的图形表示总供给吗？对于这个问题，难以给出一概而论的答案，因为在宏观经济学中，对此确实存在争论。我们根据经济体的价格黏性程度，大致分为以下情况进行讨论。

从长期来看，价格水平是可能迅速调整的。但从长期来看，经济体的总供

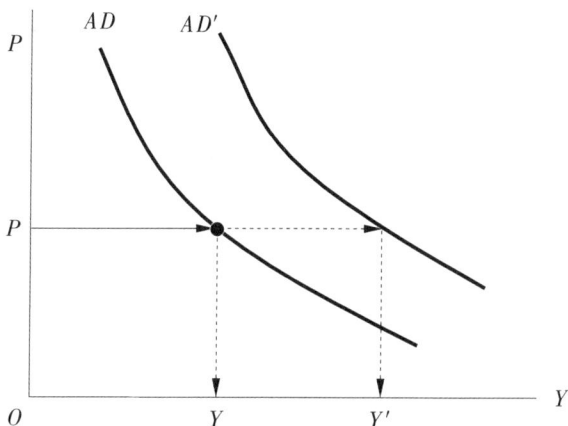

图 2—18　总需求曲线

注：总需求曲线通常是向右下方倾斜的。当其他条件发生变化后，比如货币增加，总需求曲线会向右平移。

给取决于什么呢？显然是经济体的生产能力，表现为各种生产要素以及生产要素的利用率等。几乎所有的经济学家都同意，在长期，总供给曲线是垂直的。

长期总供给曲线是一条铅垂线，表明无论经济体内的价格水平如何变化，经济体都不能调整这些商品的生产能力，从而不能够调整总供给量。因为一个经济体的生产能力取决于该经济体的生产要素以及生产要素的利用率。通常，多数经济体里的生产能力不断提高，从而推动经济不断增长，比如每年增长几个百分点。表现在图 2—19 中，长期总供给曲线不断向右平移，每年大致向右平移几个百分点。

从短期来看，价格水平是存在黏性的。一种极端的情况是，企业在短期内保持自己产品或服务的价格不变。这意味着，价格水平不变而供给水平却是任意值，即总供给曲线是一条水平线，如图 2—20 所示。

在短期内总供给曲线是一条水平线，意味着价格水平是完全黏性的。从现实看，这是一个很强的假定，由第 1 章中的中美宏观经济之旅可知，以年作为时间单位，价格水平总是存在波动；即使是以月作为时间单位，由图 2—1 可知，价格水平也是变动的。因此，一个较为现实的假定是：在短期，经济体里只是存在某种程度的价格黏性。这时短期总供给曲线将会向右上方倾斜（见图 2—21），类似微观经济学中最常见的供给曲线。[14]

经济体的短期总供给曲线向右上方倾斜，暗含着这样一个假设：在短期

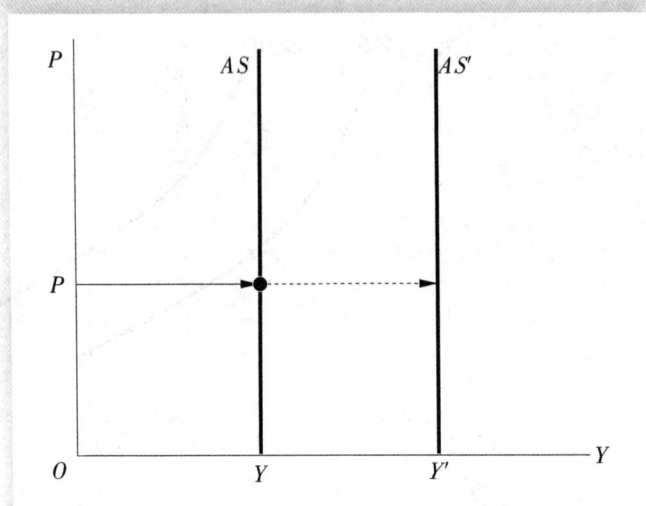

图 2—19 长期总供给曲线

注：长期总供给曲线通常是垂直的。当其他条件发生变化，比如技术进步等，总供给曲线会向右平移。

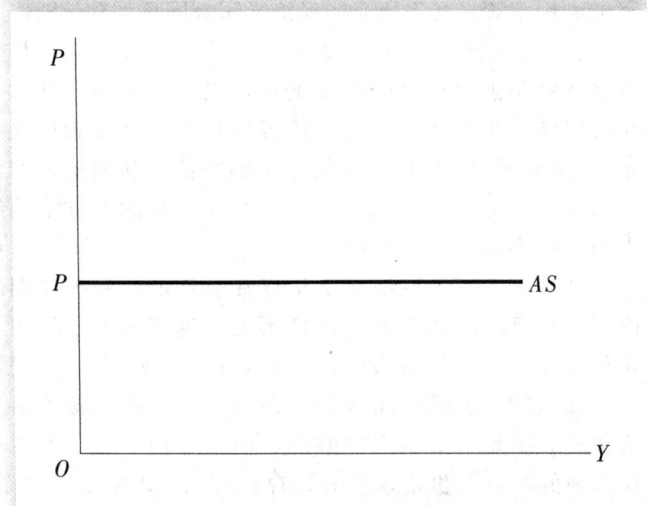

图 2—20 短期总供给曲线：一种极端情形

注：在短期，价格是黏性的，总供给曲线是一条水平线。

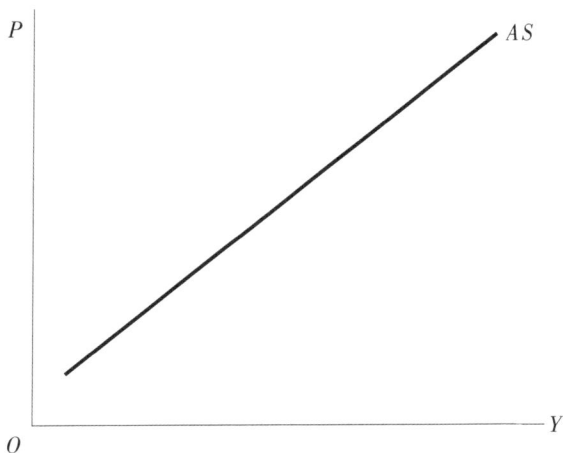

图 2—21　典型的短期总供给曲线

注：在通常情况下，短期总供给曲线是向右上方倾斜的。

内，经济体可以调整商品的供给量。在经济体的生产能力没有充分利用之前，随着价格水平的上升，经济体中的企业显然有动机来提高产出。总供给曲线到底有多陡峭？这是宏观经济学中的主要争论之一。

现在来考察总供给—总需求模型。我们分两种情况讨论：短期和长期。

我们把图 2—18 和图 2—21 整合成一幅图，就得到了短期版本的总供给—总需求模型。如图 2—22 所示，我们画出了经济体的总需求曲线和总供给曲线。总需求曲线单调下降，总供给曲线单调上升，二者的交点确定了经济体的价格水平 P 和产出水平 Y。

当消费信心、货币政策、财政政策等"其他条件"发生变化时，比如消费信心增加，经济体的总需求增加。在图 2—22 中表现为，总需求曲线向右平移，总供给曲线不变，结果经济体的价格水平和产出水平都增加了，分别为 P' 和 Y'。因此，在短期，总需求的变动能够同时影响到经济体的价格水平和产出水平。[15]

如果我们仔细观察图 2—22 就会发现，总需求变动对经济体的价格水平和产出水平的影响取决于总供给曲线的平坦程度。当短期总供给曲线比较平坦时，如图 2—22 中的总供给曲线 AS'，总需求曲线向右平移的影响主要反映在产出水平的大幅度提高上，从 Y 提高到 Y''（其中 $Y''>Y'$）；价格水平只是小幅度地增加，即从 P 提高到 P''（其中 $P''<P'$）。可以想象，当短期总供

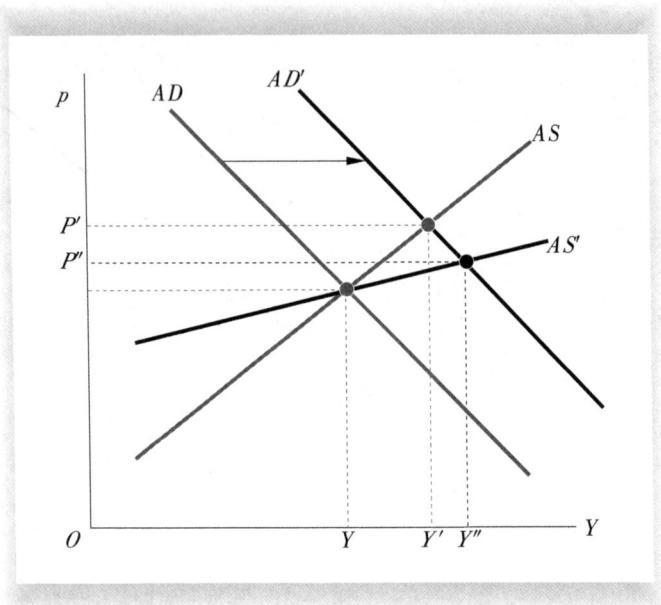

图 2—22　总供给与总需求：短期

注：在短期，总供给与总需求共同决定了经济体的价格水平和产出水平。总需求曲线向右平移，经济体的价格水平和产出水平都会增加；但当总供给曲线较平坦时，总需求曲线的平移，则主要影响经济体的产出水平。

给曲线是一条水平线时，如图 2—20 所示，总需求的变动则只影响经济体的产出水平，而不会影响价格水平。

我们把图 2—18 和图 2—19 整合成一幅图，就得到了长期版本的总供给—总需求模型。如图 2—23 所示，我们画出了经济体的总需求曲线 AD 和总供给曲线 AS。总需求曲线仍然单调下降，而总供给曲线则是垂直的，两条曲线的交点仍然是均衡点。

这里，我们还是分析前面提到的消费信心、货币政策、财政政策等"其他条件"发生变化所带来的影响。比如消费信心增加，经济体的总需求增加。在图 2—23 中表现为，总需求曲线向右平移，总供给曲线不变，结果经济体的价格水平上升了，从 P 上升到 P′，而经济体的产出水平则没有发生变化。因此，在长期，经济体的产出水平只取决于总供给，而价格水平则取决于总需求和总供给[16]；总需求的变动只会带来价格水平的变动。

通过以上分析，你也许已经感觉到，价格调整的速度是我们理解宏观经济的关键。在以 10 年甚至一个世纪度量的时间范围内，除了长期增长外，其

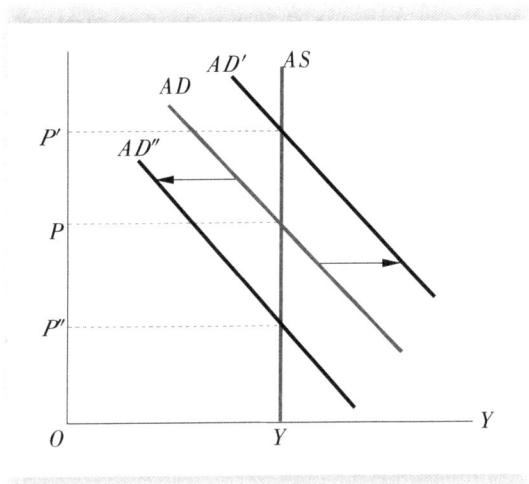

图 2—23 总供给与总需求：长期

注：在长期，总供给曲线是垂直的。经济体的产出水平只取决于总供给，而总需求的变动只会影响经济体的价格水平。

他的并无多大影响；在以天甚至以月度量的时间范围内，除了总需求，其他的也无多大影响。在其他时间范围内，比如一年范围内，价格是缓慢调整的，这时总需求的变动能够很好地说明经济体的整体行为，但绝对不是故事的全部。

2.5 本章小结

本书后面章节是总供给—总需求分析框架的填充和应用，如图 2—24 所示。

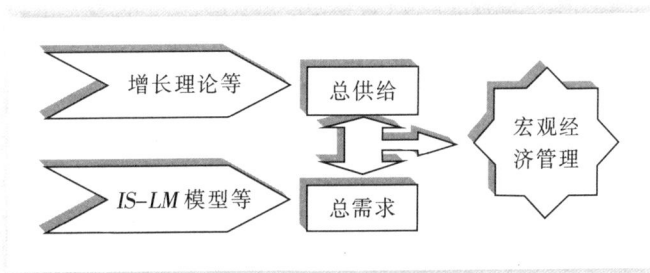

图 2—24 本书内容鸟瞰

注：我们尝试在总供给—总需求框架内几何地梳理宏观经济学。

首先讲述总供给曲线背后的经济学故事。从长期来看，总供给曲线为什么会不断向右平移？这是经济增长理论研究的范畴。重点介绍新古典经济增长理论和新经济增长理论，看一看经济增长的源泉是什么？决定长期供给曲线向右平移的因素是什么？从短期或中期来看，总供给曲线是向右上方倾斜的，其背后的经济学故事是什么？我们带你参观了新古典主义和（新）凯恩斯主义的殊途同归的解读。

接着将把目光转向总需求曲线。总需求曲线为什么向右下方倾斜？其背后的机制或经济学故事是什么？我们重点介绍了 IS-LM 模型，并从中推导出总需求曲线。

最后尝试"学以致用"，探讨宏观经济管理的目标、原理、实践和争论等。这是宏观经济学中五彩斑斓的领域，各种版本的凯恩斯主义和古典主义粉墨登场，两大传统间的争吵此起彼伏，从来就没有间断过。

【注释】

[1] 转引自曼昆（G. Mankiw，2005，p.3）。

[2] 本节我们参考了布兰查德（Blanchard，2004）中的"后记：宏观经济学的故事"。

[3] 如果你感兴趣，不妨登录 NBER 的网站：www.nber.org。在这里，你几乎可以窥探到经济学各领域的研究前沿。

[4] 许宪春（2002）综述了中国国民经济核算发展的历程。

[5] 学术界曾经围绕着凯恩斯的用意，以及凯恩斯的某些观点是否存在逻辑缺陷，展开了无尽的争论。

[6] 后来就是希克斯本人也对 IS-LM 模型提出了质疑，在 20 世纪 80 年代，他发表了几篇批评性质的论文。

[7] 促进了宏观计量经济学的繁荣。美国第一个宏观计量经济学模型是扩展后的 IS 关系，有 16 个方程，该模型由宾夕法尼亚大学的劳伦斯·克莱因（Lawrence Klein）于 20 世纪 50 年代初发展起来。随着国民收入和生产账户（可以提供更好的数据）的发展，以及经济学和计算机的发展，这些模型的规模迅速扩大。最重要的成果是 MPS 模型的构建（MPS 是 MIT-Penn-SSRC 的缩写，因为两所大学和一个研究所——社会科学研究委员会——共同参与了模型的构建工作），该模型是由莫迪利阿尼带领一群研究人员于 20 世纪 60 年代发展起来的。它的结构是 IS-LM 模型的扩展版本，再加上菲利普斯曲线。

[8] 凯恩斯主要是关注短期问题，因为"从长期来看，我们都死了"。最早把凯恩斯理论拓展到长期的是哈罗德-多马经济增长模型，但这个经济增长模型对后来的研究并没有提供多少有价值的思路。

[9] 在后面相应的章节中，我们会详细图解 IS 曲线、LM 曲线以及 IS-LM 模型的经济含义。

[10] 一个花边新闻是,在论证理性预期假说的过程中,"理性"这个定语的使用,成为赢得"粉丝"的重要"修辞学"武器。巴罗(Barro,1984)明确指出:"理性预期革命的一个聪明之处在于'理性'一词的运用。如此,其对手就被逼到了防御位置上:要么自己是非理性的,要么把别人说成非理性的。这两个位置对经济学家来说都不怎么惬意。"

[11] 更详细的讨论,请参阅斯诺登等(Brian Snowdon et al.,1998,pp. 341 - 346)。

[12] 给人的感觉是,宏观经济学家一直在争吵,甚至出现了这样一种说法:如果有100位宏观经济学家,将会至少有101种观点。

[13] 对供求模型有点陌生的读者,请参阅欧瑞秋和王则柯(2005)。

[14] 需要说明的是,短期总供给曲线向右上方倾斜的背后机制是什么?宏观经济学家还存在一定的争议,我们将在后面的章节中重点探讨。

[15] 当然,按照同样的逻辑,总供给变动也会影响经济体价格水平和产出水平。

[16] 给定总需求曲线,当长期总供给随着技术进步等不断向右平移时,经济体的价格水平显然不断下降。

第 II 篇

总供给

我并不认为人们在观察像这种类型的图形时，可以不将这些图形理解为表达了某种可能性。印度政府是否可以采取某种行动，使得其经济像印尼及埃及那样增长呢？如果可以，这些行动是什么呢？如果不能，那是何种关于"印度的性质"的东西令它这样呢？诸如这样的问题涉及的人类福利结果是惊人的：一旦你开始思考它们，你就很难再考虑别的问题。

——卢卡斯（1988）

增长问题并没有什么新东西，只不过是为古老的问题穿上了一件新衣，增长是一个永远让经济学者着迷和神往的问题：无论是现在还是未来。

——托宾，转引自曼昆（2005）

第 3 章

新古典经济增长理论

你也许不止一次听到父母谈起他们年轻时的生活，这不仅是"忆苦思甜"的教育，更是给你上了经济学的重要一课：大多数家庭的物质生活水平一直都在改善。这一进步来自收入的增加，因为随着收入的增加，人们可以消费更多的产品和服务，不断提高生活水平。

我们可以在总供给—总需求的框架内表述经济增长现象，比如通过长期总供给曲线不断向右平移。但是，决定长期总供给曲线移动的因素是什么？或推动经济增长的因素是什么？到目前为止，我们并没有任何答案。本章和下一章将探讨这个问题，考察总供给曲线背后的经济学故事。

在本章，我们首先看一看世界各地的经济增长情况；然后提炼出经济增长理论所要回答的核心问题；接着阐述经济增长的基准模型——**索罗模型**（Solow Model）；最后考察索罗模型的预言是否与实际吻合。

3.1 经济增长的典型事实

经济增长的度量

经济学家对经济增长的定义有不同的看法，最常见的有两种：（1）经济增长是指一个经济体所生产的物质产品和劳务在一个相当长的时期内持续增加，即实际总产出的持续增长；（2）经济增长是指按人口平均计算的实际产出（人均实际产出）的持续增加。这两种定义各有千秋。如果要研究一国经济实力的变化，那么实际总产出的增长就具有重要性；如果要研究人民生活和经济发展水平的变化，那么人均实际产出的增长就具有决定意义。

实际上，实际总产出的增长率与人均实际产出的增长率是密切相关的。容易证明的是，人均实际产出的增长率等于实际总产出的增长率减去人口的增长率。如果一国的人口增长率保持不变，那么人均实际产出的增长率将随着实际总产出的增长率的提高（或下降）而按相同的比率提高（或下降）；如果一国的实际总产出的增长率保持不变，那么人均实际产出的增长率将随人口增长率的提高（或下降）而按相同的比率下降（或提高）。由于经济增长理论主要关心人们生活水平的提高，因此，在本书中"经济增长"是指人均产出的增长。

在经济增长文献中，存在两种度量经济增长速度的方法：复利法和最小二乘法。

在经济增长分析中，一般采用复利法来计算增长率，其计算公式为：

$$x_t = x_0(1+g)^t \Rightarrow g = \sqrt[t]{x_t/x_0} - 1$$

其中，x_t 和 x_0 分别是经济变量的期末值和初始值；g 和 t 分别是平均增长率和时间。这种计算方法是，先计算出考察期间的增长倍数，再计算平均增长率。显然，复利法的计算结果与我们所选择的期初、期末数值有关，而与考察期内的其他数值无关。如果经济期初时处于低落期，期末时处于高涨期，那么计算的平均增长率则可能偏高；反之则偏低。有时取不同长度时期的期初数值和期末数值所计算出来的平均增长率可能会相差很大。

在经济增长分析中，有时，我们还采取另外一种表达形式[1]，即

$$x_t = x_0 e^{gt} \Rightarrow g = \frac{\ln x_t - \ln x_0}{t} = \frac{\ln x_t - \ln x_0}{t - 0}$$

这表明，平均经济增长率其实就是对数形式的经济变量的斜率。值得强调的是，这种方法更加简洁，已被广泛运用。当然，这种计算方法的计算结果也依赖于我们所选择的期初数值和期末数值。

最小二乘法考虑到经济变量在考察期内每一年的变化与波动，在一定程度上可以避免一些例外数值尤其是期初、期末数值的影响。因此，最小二乘法是一种计算平均增长率的更好的方法，联合国和世界银行等国际组织在分析各国的经济增长时一般都采用这种方法。但这种方法相对比较复杂，一般需要借助计算机估计增长率。

估计平均增长率的回归方程通常可以表示为：

$$\ln x_t = \alpha_0 + gt + \varepsilon_t$$

其中，g 和 t 的含义同上；x_t 是考察期间 t 期的经济变量值；ε_t 是随机误差项。

需要说明的是，在计算经济增长率的过程中，如果按照实际（人均）GDP 来计算，得到的增长率就是实际增长率；如果按照名义（人均）GDP 来计算，得到的就是名义增长率。通常，经济增长率是指实际增长率。

全球经济增长事实

典型事实 1：人类有经济增长的历史并不太长

正如本章一开始所提到的，我们现在的生活水平远远高于我们父母年轻时候的生活水平，但从人类历史上看，是否一直存在经济增长呢？在人类历史的大部分时间，并不存在明显的经济增长。尽管奴隶主和封建王公贵族通过侵占和剥削积聚了大量的财富，成千上万的奴隶、民众和工匠们建造了金字塔、长城和各种艺术杰作。但是，决定人类福利水平的劳动生产率，即单位工时的产出，在几千年中几乎没有增长。除了少数统治者，绝大多数人民的生活非常贫困。[2]

我们以各时期劳动生产率水平最高的经济体为代表，阐述人类社会经济增长的历程。在 1700—1785 年期间，荷兰的劳动生产率基本上没有增长；在 1785—1820 年期间，英国劳动生产率的增长速度为 0.5%；在 1820—1890 年期间和 1890—1993 年期间，美国劳动生产率的增长速度分别为 1.5% 和 2.5%。[3] 在 18 世纪末期和 19 世纪初期，即工业革命时期，劳动生产率增长停滞的状况发生了根本的变化，经济增长开始起步。19 世纪中期，经济增长加速，在 20 世纪，经济增长则达到了史无前例的水平，如图 3—1 所示。

典型事实 2：全球经济体在收入方面存在显著差异

全球经济体中，美国是当今最大的经济体。由图 3—2 可知，在 1960 年，全球大部分经济体的劳均实际 GDP 不到美国的一半，其中，最贫困的 30 多个经济体还不到美国的 10%。

在 1990 年，这种状况没有发生多大变化。最贫困国家的数据没有发生变化，劳均 GDP 不到美国 10% 的最贫困国家的个数仍然是 30 多个。唯一令人欣慰的变化可能就是：占美国劳均 GDP 60% 以上经济体的数量增加了。

典型事实 3：全球范围内不存在落后经济体赶超发达经济体的趋势

面对经济体间存在的巨大收入差距，人们不禁会问：低收入的经济体是否可以赶超高收入的经济体，从而实现"趋同"呢？用经济增长的术语来说，穷国是否具有更快的经济增长趋势？就 1960—1985 年间 100 多个经济体的实

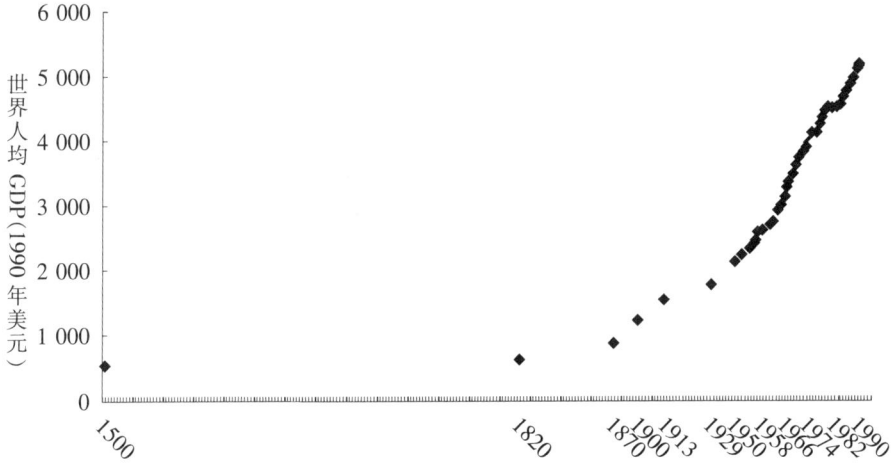

图 3—1　全球人均 GDP：1500—1990 年

注：我们采用人均实际 GDP 度量经济体的富裕程度。世界范围内的经济增长是近 200 年的事情。

资料来源：麦迪森（Angus Maddison）：《世界经济二百年回顾》，北京，改革出版社，1997。

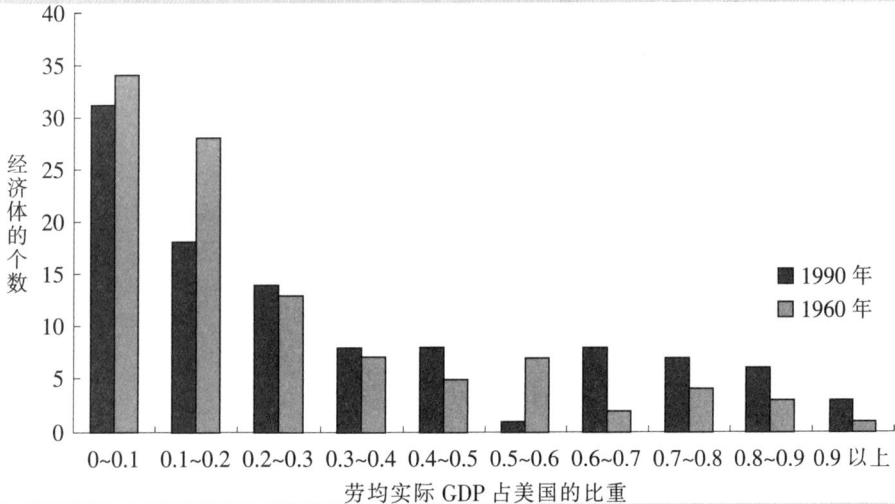

图 3—2　全球劳均 GDP 的分布图

注：我们采用劳均实际 GDP 度量一个经济体的富裕程度。全球大部分经济体的劳均实际 GDP 不到美国的 50%，而且在 1960—1990 年间，这种状况并没有多大改善。

资料来源：查尔斯·琼斯（Charles I. Jones）：《经济增长导论》，北京，北京大学出版社，2002。

际情况来看，并不存在落后经济体赶超发达经济体的趋势，如图 3—3 所示。

在图 3—3 中，横轴表示各个经济体 1960 年的人均 GDP，纵轴表示各个经济体在 1960—1985 年间人均 GDP 的增长速度。显然，只有落后经济体具有更快的增长速度，才能赶超发达经济体。因此，一个直观判断是：如果存在这种趋势，那么 1960 年的人均 GDP 与其在 1960—1985 年间的增长速度将会呈现负相关。从图形上看，二者并不存在负相关关系，而是某种程度的正相关关系。因此，对全球 100 多个经济体而言，在 1965—1985 年间，穷国并没有表现出更快的增长，即全球范围内并不存在落后经济体赶超发达经济体的趋势。

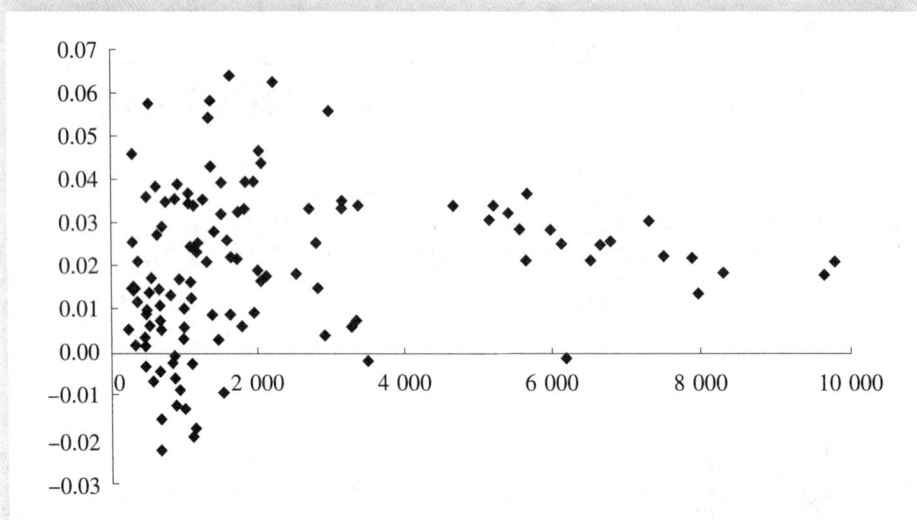

图 3—3　118 个经济体人均 GDP 与其增长速度的散点图

注：要想赶超发达经济体，落后经济体只有增长得更快。在 1960—1985 年间，全球范围内并不存在落后经济体比发达经济体增长得更快的趋势。

资料来源：Barro R.，and X.，Sala-i-Martin，1995，*Economic Growth*，McGraw-Hill。

如果我们把注意力集中在经济发展环境比较相似的一组国家或地区，那么就可能发现趋同现象。比如在 1960—1985 年期间，当今 16 个主要发达国家间明显存在落后经济体赶超发达经济体的趋势，即初始人均收入水平与随后的经济增长率呈负相关关系，如图 3—4 中的左图所示。再比如，美国各州在 1900—1990 年间也明显存在这种趋势，如图 3—4 中的右图所示。

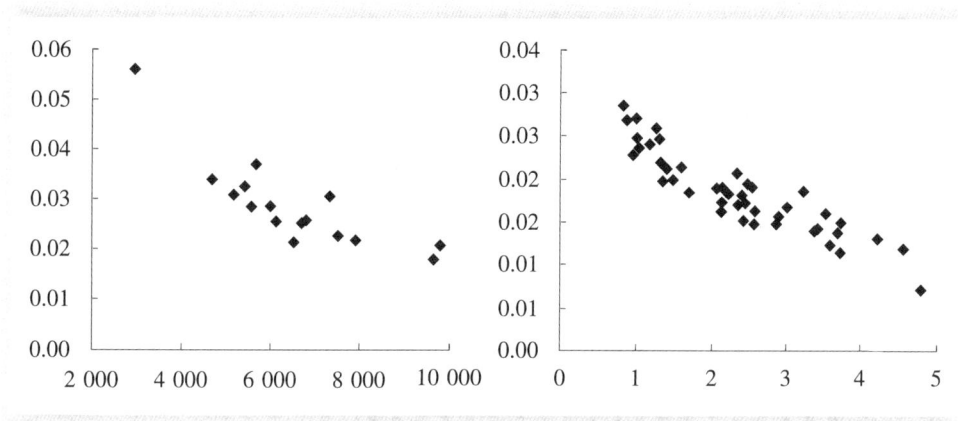

图 3—4　某些经济体人均 GDP 与其增长速度的散点图

注：在 1960—1985 年间，16 个发达国家间存在落后经济体比发达经济体增长得更快的趋势；美国各州在 1900—1990 年间也存在这种趋势。左图样本是当今 16 个主要发达国家，右图样本是美国的各个州。

资料来源：Barro R. , and X. , Sala-i-Martin, 1995, *Economic Growth*, McGraw-Hill。

中国经济增长的事实

典型事实 1：改革开放以来，各省区都快速增长，但增长中存在差距

由图 3—5 可知，在 1978—2012 年间，各省区的经济都快速增长。在图 3—5 中，灰色柱状图表示改革开放初期各省区的实际 GDP；黑色的则是改革开放 34 年后各省区相应的实际 GDP。从图形上看，增长最慢的省份是黑龙江，增长速度是 8.5%，广东省增长得最快，增长速度是 12.9%，全国 30 个省区的平均增长速度是 10.5%。这表明，即使按照黑龙江省的增长速度计算，全国 30 个省区，每个省区的经济总量在短短 35 年内也大致翻了四番。

图 3—5 同时还揭示了，在 1978—2012 年间，省区间的经济增长绩效存在差异。从水平上看，由图 3—5 显然可知，无论是黑色还是灰色的柱状图均不等高。这表明，无论是 1978 年还是 2012 年，各省区的实际 GDP 并不相等。[4]从增长速度上看，在 1978—2012 年间，实际 GDP 增长最快省份的增长速度分别是最慢省份的 1.5 倍。

典型事实 2：从全球范围看，中国的快速增长以及增长的差距都令人瞩目

在 1978—1998 年间，从全球范围看，我国各省区都取得了令人瞩目的经济增长。我们把这个时期各省经济增长速度与全球其他有数据的 100 多个经济体在 1965—1997 年间的平均增长速度进行比较，结果见图 3—6。全国 30 个省区

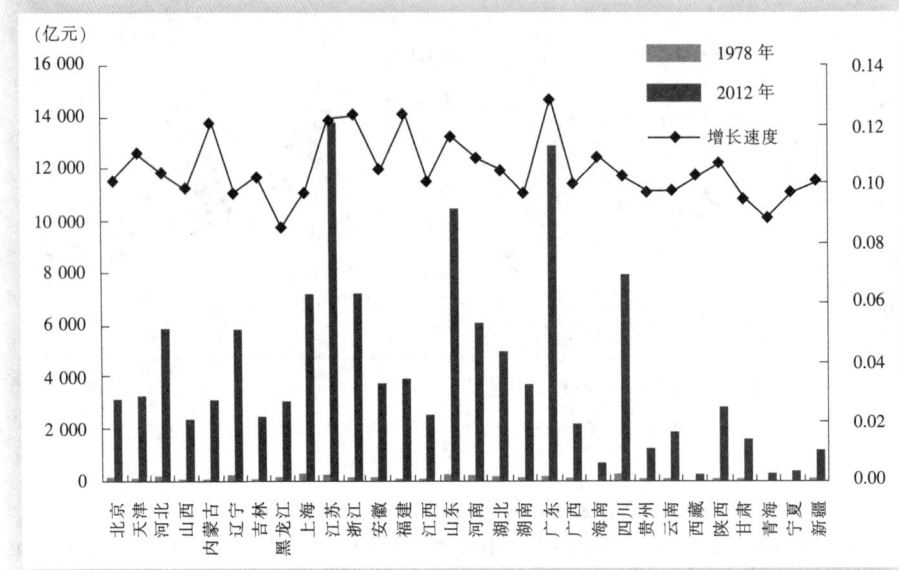

图 3—5　中国各省区的经济增长：1978—2012

注：在图形中，左、右两个纵轴分别刻画的是实际GDP和实际GDP的增长速度。该图揭示了，1978—2012年间，中国各省区都快速增长；但增长中存在差距。

资料来源：中国经济社会发展统计数据库。

经济总量的增长速度都名列前茅，增长最慢的青海省名列第 36 位，即在前 36 位中，全球其他经济体只占了 6 席；人均量的增长速度仍然名列前茅，增长最慢的青海省名列第 38 名，即在前 38 名中，全球其他经济体只占了 8 席。

　　图 3—6 同时还揭示了，我国各省区增长中的差距同样令人瞩目。在图 3—6 中，我们以青海省的增长速度为界，把包括我国省区在内的经济体分为两类，即高增长的和低增长的。从总量的角度看，高增长的经济体（主要）由我国的省区构成，组内的极差是 7 个百分点；低增长的经济体由全球其他 100 多个经济体构成，组内的极差大致也是 7 个百分点。从人均量的角度看，高增长的经济体（主要）由我国的省区构成，组内的极差大致是 8 个百分点；低增长的经济体由全球其他 100 多个经济体构成，组内的极差大致也是 8 个百分点。这表明，我国省区间的增长速度差异并不比全球范围内的小多少。

事实 3：中国目前并不存在落后省区赶超发达省区的趋势

　　在中国是否存在落后省区赶超发达省区的趋势呢？与图 3—4 类似，我们做出了 1978 年各省区经济增长水平与其经济增长速度的散点图，如图 3—7 所示。

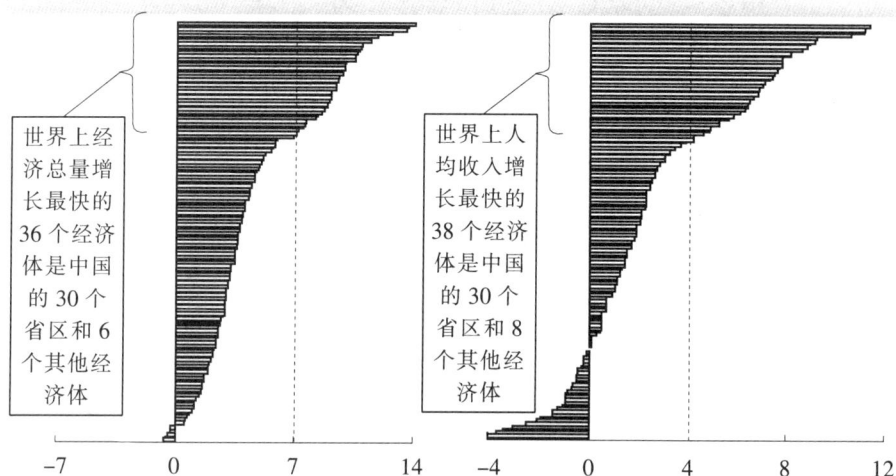

图 3—6　中国省区经济增长绩效的国际比较

注：左右两幅图是世界各个经济体与中国 30 个省区经济总量和人均量增长速度的排序。图形揭示了，从国际比较的角度看，中国的经济增长及其增长中的差距都非常令人瞩目。

世界经济体包括 114 个国家和地区（《世界发展指标 1999》中具有数据的全部国家或地区），总量和人均量的增长速度是 1965—1997 年间的平均增长速度。

资料来源：《世界发展指标（1999）》，第 38～41 页；中国 30 个省区的资料来源于国家统计局国民经济综合统计司编：《新中国 50 年统计资料汇编》，北京，中国统计出版社，1999。

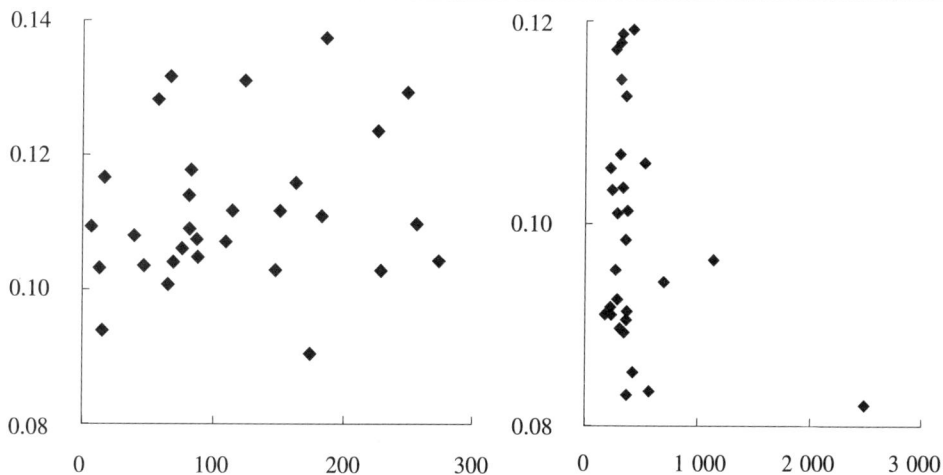

图 3—7　我国省区经济增长散点图

注：左右两幅图是 1978—2012 年间各省区实际 GDP（亿元）、劳均实际 GDP（元）初始值和相应增长速度的散点图。从图形上，中国在 1978—2012 年间并不存在落后省区赶超发达省区的趋势。

资料来源：中国经济社会发展统计数据库。

在图 3—7 中，第一幅图刻画的是全国 30 个省区 1978 年实际 GDP 与其随后的增长速度的散点图，从图形上看，二者显然不存在明显的负相关关系。第二幅图是劳均意义上初始水平与其增长速度的散点图，二者同样不存在明显的负相关关系。

3.2　经济增长理论所研究的核心问题

经济增长的重要性怎么强调都不过分。在过去的一个多世纪里，美国收入水平提高了 10 多倍，这是经济增长的结果。美国比非洲撒哈拉以南的大部分国家的收入水平高 30～40 倍，这是经济增长的结果。改革开放 20 多年来，我国实现了经济翻两番，达到了"小康"阶段，同样也是经济增长的结果。

全球以及中国经济增长典型事实所传递的信息非常类似：存在经济增长、收入差距；不存在明显的赶超趋势。在这一节，我们重点探讨长期总供给曲线背后的经济学故事，主要关注以下三个问题：

➤ 第一个问题是针对典型事实 1：经济体如何在一个世纪或更长时期内实现持续增长？决定经济增长的因素是什么？更进一步说，经济增长的引擎是什么？

➤ 第二个问题是针对典型事实 2：决定一个经济体收入水平的因素是什么？"为什么我们如此富裕，而他们那么贫穷？"从某种意义上说，这个问题比第 1 个问题更重要。因为经济增长的快慢固然重要，但收入水平的高低更直接关系到经济活动主体自身的福利。[5]

➤ 最后一个问题是针对典型事实 3：在经济增长过程中为什么会有赶超？二战后的日本，随后的中国香港、中国台湾、新加坡及韩国，以及最近的中国内地如何快速地从"贫困"转变为"富裕"？这种经济增长奇迹，有点类似童话"灰姑娘"的故事，为我们理解经济增长提供了自然试验。

3.3　资本积累与经济增长

为了回答上面的问题，并探讨经济体的长期供给曲线不断向右平移背后的经济学故事，我们要讲述**索罗模型**（Solow Model），这个模型现在已成为现代经济增长理论的基准模型。索罗模型源于索罗 1953 年发表的一篇关于经济增长的论文：《对经济增长理论的一个贡献》（Solow, R., "A Contribution to the Theory of Economic Growth," *Quarterly Journal of Economics*,

1956，70，pp.65 - 94）。正是这篇论文为索罗赢得了 1987 年度诺贝尔经济学奖。

索罗模型旨在说明，在一个经济体中，资本、劳动和技术进步等如何相互作用，及其对产出的影响。[6]我们将分三步讲述索罗模型：（1）考察经济体中的产品供求如何决定资本积累；（2）考察经济体中的经济增长；（3）考察储蓄率的变动等对经济增长的影响。

索罗模型中的生产

假设世界上的每一个经济体只生产和消费同一种商品。这种假定也许有点费解，这个世界怎么会只有一种商品呢？不妨认为这种商品就是国内生产总值（GDP）。国内生产总值既可用于消费，又可用于投资、生产，还便于利用观察数据检验模型。

该假设隐含着经济体间不存在贸易交换，即经济体是封闭的。原因很简单，由于只存在同一种商品，各个经济体之间的交换可能毫无意义。比如班级就是我们要考察的一个世界，每个同学就是一个经济体，每个人都有一个相同的苹果，难道你会拿你的苹果换取其他同学同样的苹果吗？这种交换显然没有什么意义。

在索罗模型中，经济体采用我们非常熟悉的柯布-道格拉斯生产函数（简称 C-D 生产函数）进行生产。C-D 生产函数是经济分析中广泛使用的生产函数[7]，其函数形式为：

$$Y = F(K，L) = K^{\alpha}L^{1-\alpha} \qquad\qquad (3—1)$$

其中，K、L 和 Y 分别为资本、劳动和产出。α（$0 \leqslant \alpha \leqslant 1$）是参数，表示资本产出弹性或资本所得在国民收入中所占份额；（$1-\alpha$）是劳动产出弹性或劳动所得的份额。[8]C-D 生产函数至少具有如下两个性质：

1. 要素边际生产率递减，即当其他条件不变时，资本边际产出和劳动边际产出随着资本和劳动投入的增加而增加，但增加量越来越小。即

$$\frac{\partial Y}{\partial K} = \alpha K^{\alpha-1}L^{1-\alpha} > 0；\quad \frac{\partial^2 Y}{\partial K^2} = \alpha(\alpha-1)K^{\alpha-2}L^{1-\alpha} < 0$$

$$\frac{\partial Y}{\partial L} = (1-\alpha)K^{\alpha}L^{-\alpha} > 0；\quad \frac{\partial^2 Y}{\partial L^2} = -\alpha(1-\alpha)K^{\alpha}L^{-1-\alpha} < 0$$

2. 规模报酬不变，即如果投入的资本和劳动都增加一倍，产出也增加一倍。

考虑到规模经济在经济增长理论中的地位，我们有必要停下来介绍一下规模经济。规模经济度量所有生产要素投入按相同比例变动对产出带来的影响。如果 $F(\lambda K，\lambda L) = \lambda Y$，对任意正常数 λ 都成立，则生产函数规模报酬不

变；如果 $F(\lambda K, \lambda L) > \lambda Y(\lambda > 1)$，则规模报酬递增；若 $F(\lambda K, \lambda L) < \lambda Y(\lambda > 1)$，则规模报酬递减。

在经济增长分析中，我们最感兴趣的是人均量或劳均量。既然 λ 可以取任意正常数，那么不妨假定 $\lambda = 1/L$，代入 $F(\lambda K, \lambda L) = \lambda Y$，得：

$$\frac{Y}{L} = F\left(\frac{K}{L}, \frac{L}{L}\right) = \left(\frac{K}{L}\right)^{\alpha} \left(\frac{L}{L}\right)^{1-\alpha}$$

记 $y = Y/L$，表示每个劳动力的产出水平，即劳均产出；$k = K/L$，表示劳均资本。上式可以简化为：

$$y = k^{\alpha} \qquad\qquad\qquad (3—2)$$

公式（3—2）刻画了经济体里的劳均产出情况。如图 3—8 所示，随着劳均资本存量的增加，劳均资本边际产出也不断增加，但增加量越来越小。

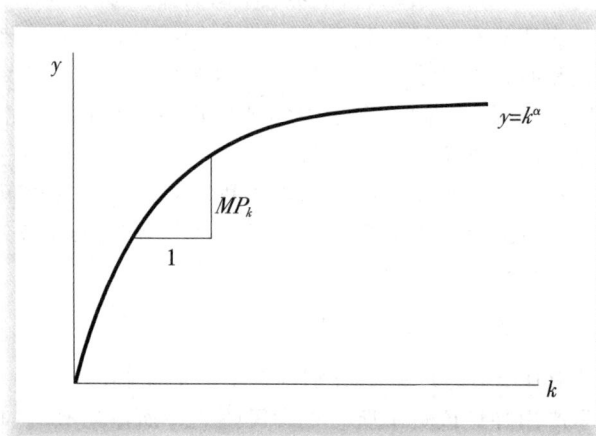

图 3—8　C-D 生产函数

注：生产函数 $y = k^{\alpha}$ 表示劳均资本 k 如何决定劳均产出。如果 k 增加 1 单位，y 将增加 MP_k 单位，随着 k 的增加，劳均资本边际产出越来越小。

有两点需要说明，一是假定经济体里的人口增长速度是常数 n，劳动参与率也是常数，即劳动力与总人口的比例是一常数。这时，劳动力增长率恰好等于 n。另一点是为了突出资本在经济增长中的作用，在本章我们忽略了技术进步。

当然，这些假设与现实有一定的差距，在后面的分析中我们将会逐步放松这些假设。但是在这一部分，它们对索罗模型的建立却起着非常重要的作用。其实，许多经济学理论创建、发展的过程就是，首先研究简化的经济体如何运行，然后逐步放松假设条件，研究经济体如何运行。

索罗模型中的收入分配

在考察消费之前，我们先考察经济体的收入分配。因为没有收入，就谈不上消费。

在经济体里，居民有两个主要的收入来源：一个是工资收入，在劳动市场上，居民提供劳动力，获得工资；另一个是利息收入。在封闭经济体里，居民的储蓄量等于投资量，也等于资本积累量。因此，居民把资本租赁给公司用于生产，获得利息收入。

在竞争性市场上，厂商、居民都是价格接受者。为了分析方便，我们把产出的价格单位化。厂商追求利润最大化，面临的问题就可以表示为：

$$\max_{K,L} F(K, L) - rK - wL$$

其中，w、r 分别是工资和利息率。显然，厂商为实现利润最大化，将不断增加资本和劳动的投入，直到生产要素的边际产出等于其价格，即

$$w = (1-\alpha)\frac{Y}{L}$$

$$r = \alpha\frac{Y}{K}$$

因此，在经济体里，居民总收入就是 $rK + wL$。可以验证 $rK + wL = Y$，即总收入等于总产出 Y。这表明，按边际要素生产率进行分配，恰好能够把总产出分净，厂商的经济利润为零。[9]另外，还可以验证，资本所得和劳动所得在国民经济收入分配中所占比重分别为 α 和 $(1-\alpha)$，即

$$\frac{rK}{Y} = \frac{\alpha Y}{Y} = \alpha$$

$$\frac{wL}{Y} = \frac{(1-\alpha)Y}{Y} = 1-\alpha$$

索罗模型中的消费和储蓄

有了收入，我们就可以消费。比如你有 100 元收入，多少用来消费？全部用来消费，还是只消费 80 元，或者消费 120 元（寅吃卯粮，透支下个月的收入）？

为了简单起见，不妨假定经济活动主体的消费行为是一样的，按照收入的固定比例，比如 $(1-s)$，来消费，即

$$C = (1-s)Y$$

其中，$0 \leqslant s \leqslant 1$。这么规定意味着，经济活动主体可以把收入全部用来消费，或把部分收入用来消费，但不可能出现消费超过收入的情况。

有了经济活动主体的消费，自然就可以表示出总储蓄 S，即

$$S = Y - C = sY$$

通过上式，我们很容易发现，s 其实就是储蓄率。

索罗模型中的投资

由以上分析可知，索罗模型所构造的是一个没有政府、没有外贸部门的两部门经济。两部门经济均衡的条件是储蓄等于投资，即

$$I = S$$

我们已经讨论了总储蓄，$S = sY$。下面重点考察投资 I 的构成。

经济体在每一时点上的净投资，就是资本存量的改变量，即资本的时间导数 $\dot{K} = dK/dt$。在经济增长理论中，通常用变量上面加一点表示某一变量的时间导数。资本存在折旧，我们用 δK 表示资本折旧。其中，δ 是折旧率，是与产量无关的一个常数。比如 $\delta = 10\%$，则表示每年将有 10% 的资本折旧。因此，经济体的总投资就可以表示为：

$$I = \dot{K} + \delta K$$

把储蓄和投资的表达式代入 $I = S$，整理得：

$$\dot{K} = sY - \delta K \tag{3—3}$$

这是索罗模型中的核心方程，通常称为总量资本积累方程。公式（3—3）的意思其实就是：资本存量的改变量等于总投资减去折旧，经济含义非常直观，甚至就是一个恒等式。

在公式（3—3）中，我们采用总量表示的资本积累，下面将采用劳均量表示。在经济增长理论中，经常会碰到类似的问题。因此，分以下四步详细推导：

1. 定义人均量或劳均量。具体而言，我们要定义劳均资本存量，即

$$k = \frac{K}{L}$$

2. 等式两边取自然对数。这时，劳均资本就可以表示为：

$$\ln k = \ln K - \ln L$$

3. 等式两边分别对时间求导，得：

$$\frac{\dot{k}}{k} = \frac{\dot{K}}{K} - \frac{\dot{L}}{L} = \frac{\dot{K}}{K} - n$$

4. 整理得到劳均量的表达式。代入公式（3—3），整理得：

$$\dot{k} = sy - (n + \delta)k$$

在以上四步中，第二步、第三步比较关键，通常概括为"两边取自然对数然后对时间求导"。这种取自然对数然后对时间求导的方法是计算增长速度常用的方法，我们在讲述如何计算平均增长速度时已经运用了该方法。

与总量资本积累方程相比，劳均资本积累方程新增加了一项（nk），表示由于人口增长而减少的劳均资本。这一点并不难理解，由于每一期的劳动力数量比上一期增加 nL。显然，当其他条件不变时，劳均资本必然会随着劳动力数量的增加而减少，减少量为 nk。

小结

经济体的总收入等于总产出；储蓄率 s 决定了总收入在消费与储蓄之间的配置；当经济均衡时，总投资等于总储蓄。图 3—9 说明了，对任何一个劳均资本存量 k，劳均收入是如何由生产函数决定的，以及这一收入是如何在消费和投资之间配置的。

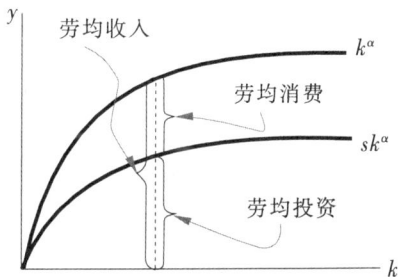

图 3—9　产出、收入、消费和投资的关系

注：劳均产出等于劳均收入；储蓄等于投资。储蓄率 s 决定了收入在消费和投资之间的配置。对任何劳均资本 k，劳均收入是 k^{α}，投资是 sk^{α}，消费是 $k^{\alpha}-sk^{\alpha}$。

索罗模型中的经济增长

到目前为止，我们已经考察了经济体的生产、收入、消费以及投资，现在可以分析经济体的经济增长了。

我们已经推导了索罗模型中两个用劳均量表示的核心方程：

$$y = k^{\alpha}$$
$$\dot{k} = sy - (n+\delta)k$$

显然，这两个核心方程可整理为：

$$\dot{k} = sk^{\alpha} - (n+\delta)k \qquad (3-4)$$

公式（3—4）可谓索罗模型核心方程的核心，本节主要围绕公式（3—4）展开。首先，考察在索罗经济体中劳均资本存量的长期增长。

我们用索罗图考察劳均资本的长期增长，如图3—10所示。索罗图包含两条曲线，分别表示以劳均资本 k 为自变量的两个函数。一条曲线用于描述劳均储蓄量 sk^α，它与图3—8中生产函数的形状相同，只是被向下压缩了一些。另一条曲线 $(n+\delta)k$ 表示资本损耗和劳动力数量增加对劳均资本的稀释，从另外一种角度看，该曲线的经济含义就是：为保持劳均资本不变，需要追加的人均投资量。显然，这两条曲线之间的部分就是劳均资本的改变量或者是劳均资本积累量 $\dot{k}$。从图形上看，劳均资本积累量 $\dot{k}$ 大致有三种可能性：

$\dot{k}=0$，劳均资本存量保持不变；

$\dot{k}>0$，劳均资本存量不断增加；

$\dot{k}<0$，劳均资本存量不断减少。

这似乎表明，随着时间的推移，资本可能呈现出三种变化，果真如此吗？下面我们将分两种情况讨论。

1. 经济体的初始劳均资本量如图3—10中的 k_1 所示。这时，随着时间的推移，k 会怎样变化？在 k_1 处，劳均积累量大于为保持劳均资本不变所必需的积累量，即 $\dot{k}>0$。这意味着，随着时间的推移，劳均资本存量 k 将不断增加。从图形上看，这种劳均资本增加的过程会一直持续下去，直到劳均资本存量足够大，等于 k^* 时为止。在该点 $\dot{k}=0$，劳均资本存量保持不变。

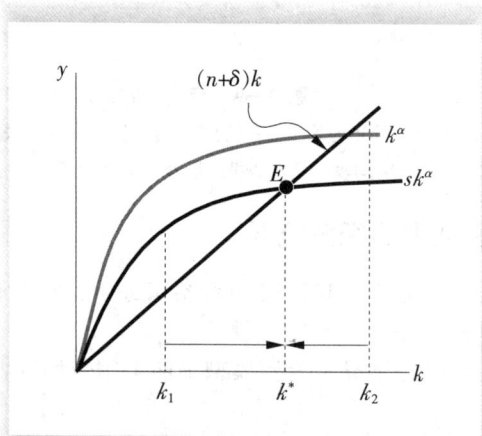

图3—10 索罗图

注：劳均资本积累方程 $\dot{k}=sk^\alpha-(n+\delta)k$ 分解为两条曲线，一条是储蓄曲线 sk^α，另一条是折旧线 $(n+\delta)k$，两条线之间的距离就是 $\dot{k}$。当初始劳均资本存量小于 k^* 时，$\dot{k}>0$，即 k 不断增加；当初始劳均资本存量大于 k^* 时，$\dot{k}<0$，即 k 不断减少。因此，经济体最终稳定在 E 点所对应的 k^*。

2. 经济体的初始劳均资本量如图 3—10 中的 k_2 所示。在这种情况下，劳均资本存量最终会减少到 k^* 吗？不妨按照同样的逻辑进行分析。在 k_2 点处，劳均积累量小于为保持劳均资本不变所必需的积累量，即 $\dot{k}<0$。结果，随着时间的推移，劳均资本存量 k 不断减少。这一过程也会一直持续到 k^* 处。在该点 $\dot{k}=0$，劳均资本存量保持不变。

以上分析表明，无论经济体的初始劳均资本存量是多少，最终都会收敛到 k^*。从此，$\dot{k}=0$，劳均资本存量保持不变。因此，我们把该点称为**稳定状态**（steady state），即图 3—10 中的 E 点。

既然经济体最终都会收敛到稳定状态，那么我们就重点考察经济体处于稳定状态的经济增长。在经济增长理论中，处于稳定状态的经济增长称为长期经济增长；从初始状态向稳定状态收敛过程中的经济增长，称为短期经济增长。

当经济处于稳定状态时，$\dot{k}=0$，由公式（3—4）和公式（3—2）可得劳均产出（收入）的表达式，即[10]

$$y^* = \left(\frac{s}{n+\delta}\right)^{a/(1-a)} \tag{3—5}$$

你现在也许有点吃惊：在稳定状态下，劳均收入水平竟然是一个常数！不存在经济增长！如图 3—11 所示。

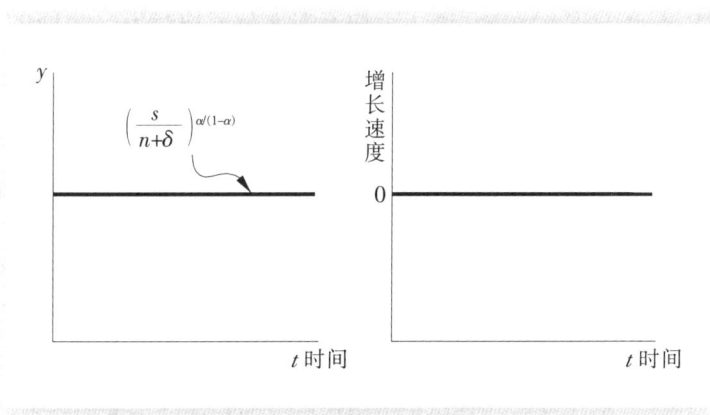

图 3—11　在稳定状态下劳均收入的水平及增长速度

注：当经济体处于稳定状态时，劳均产出保持不变，劳均收入的增长速度为零。仅靠物资本积累并不能够实现长期经济增长。

在图 3—11 中，左右两幅图的横轴表示时间，并把经济体收敛到稳定状态的时刻记为零时刻。左图描述的是，随着时间的推移，稳定状态劳均收入水平的变动情况，从图形上看，劳均收入水平保持不变。相应地，稳定状态劳均收入的增长速度等于零。这表明，仅靠物质资本积累，并不能够实现长期经济增长。

索罗模型的结论是否与你对周围世界的观察相符？比如说，在中国你经常观察到，几乎各级政府都强调投资拉动经济增长。如果物质资本投资不能够带来经济增长，那么为什么还强调投资？如果你有这样的困惑，不妨再回忆一下我们对长期经济增长和短期经济增长的划分。到目前为止，索罗模型的结论是：物质资本积累并不能够带来长期经济增长，没有提及物质资本是否能够带来短期经济增长。

现在我们考察物质资本积累能否带来短期经济增长，将分以下三步进行：

1. 寻找劳均资本与其增长速度之间的关系。为了更加直观地描述物质资本积累与增长速度之间的关系，在公式（3—4）两边同时除以 k，则得：

$$\frac{\dot{k}}{k} = sk^{a-1} - (n+\delta)$$

由于 $\dot{k}/k$ 就是劳均资本 k 增长速度的定义，我们不妨记为 g_k。因此，上式可以把劳均资本增长速度 g_k 表示为劳均资本 k 的函数，即

$$g_k = sk^{a-1} - (n+\delta) \qquad\qquad (3—6)$$

2. 寻找劳均资本增长速度与劳均产出增长速度之间的关系。公式（3—2）描述的生产函数反映了劳均资本 k 与劳均产出 y 之间的投入产出关系，公式（3—2）两边取自然对数，然后对时间求导，可得：

$$\frac{\dot{y}}{y} = \alpha \frac{\dot{k}}{k} \Rightarrow g_y = \alpha g_k \qquad\qquad (3—7)$$

其中，g_y 就是劳均产出的增长速度。现在，你也许已经体会到"两边取自然对数然后对时间求导"的魔力了。

3. 寻找劳均产出增长速度 g_y 与劳均资本 k 之间的关系。把公式（3—6）代入公式（3—7），可得：

$$g_y = s\alpha k^{a-1} - (n+\delta)\alpha \qquad\qquad (3—8)$$

公式（3—8）揭示了劳均产出增长速度是劳均资本的减函数，如图 3—12 所示。

在图 3—12 中，横轴表示劳均资本，黑色曲线是劳均产出的增长速度；灰色曲线是劳均资本的增长速度。初始时刻，经济体的劳均资本存量为 k_1，这时劳均资本的增长速度为灰色曲线上相应的点到水平轴的距离，显然大于零，即劳均资本存量会不断增加，一直增加到稳定状态的 $[s/(n+\delta)]^{1/(1-a)}$。显然，这与图 3—10 所传递的信息是一致的。

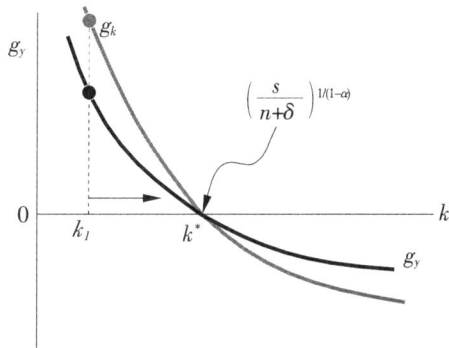

图 3—12　短期经济增长

注：黑线和灰线分别代表劳均产出和劳均资本的增长速度。在劳均资本从 k_1 增加到 k^* 的过程中，存在劳均产出意义上的经济增长，但劳均产出的增长速度是递减的，当经济体收敛到稳定状态后，下降为零。

同理，劳均产出也存在短期经济增长。当劳均资本为 k_1 时，劳均产出的增长速度 g_y 为黑色曲线，显然也是大于零的。这表明，当经济体还没有收敛到稳定状态时，劳均资本是可以带来经济增长的。由于劳均产出增长速度是向右下方倾斜的，随着劳均资本 k 从 k_1 一直增加到稳定状态的 $[s/(n+\delta)]^{1/(1-\alpha)}$，劳均产出的增长速度将会逐渐下降为零。

小结：资本在经济增长中的作用

➢ 无论经济体初始时刻的劳均资本是高还是低，经济体最终都会收敛到稳定状态，从此保持不变；

➢ 资本积累不能够带来长期经济增长，但可以带来短期经济增长，尽管短期增长速度会递减到零。

3.4　储蓄率与经济增长

储蓄率的变动对经济增长的影响

为了更加充分地理解各国经济增长水平的差异，我们将考察储蓄率的影响。在索罗模型中，储蓄率是给定的外生参数，由模型之外的因素决定。既然如此，我们将重点分析，储蓄率发生变化后，稳定状态的劳均资本与劳均收入将会发生怎样的变化。[11]

为了方便分析，我们假定，储蓄率 s 和人口增长率 n 发生变动时，劳均资本与产出已经达到了其稳定状态值，如图 3—13 中的 E 点所示。

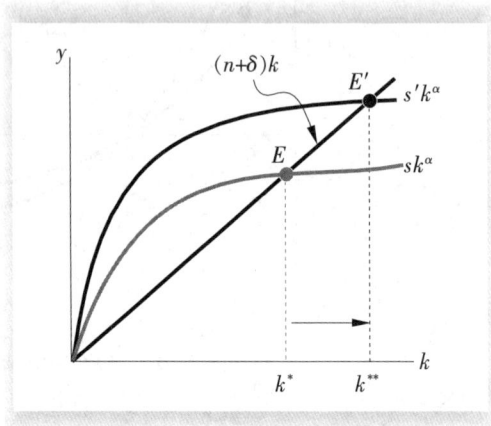

图 3—13　储蓄率与长期经济增长

注：在初始时刻，劳均资本存量为 k^*。当储蓄率从 s 提高到 s' 后，储蓄曲线从 sk^a 向上移动到 $s'k^a$，投资大于折旧，即 $\dot{k}>0$，k 不断增加，直到经济体最终达到新的稳定——E' 点所对应的 k^{**}。这时，劳均资本和劳均产出都增加了，但长期增长速度还是为零。

假定经济活动主体一次性地把储蓄率从 s 永久地提高到 s'，劳均资本与产出相应地会发生什么变化呢？从图 3—13 上看，储蓄率提高了，意味着对任何产出（资本）水平，投资量都增加了。因此，储蓄曲线从 sk^a 向上移动到 $s'k^a$。对应于新的储蓄曲线 $s'k^a$，旧稳定状态 E 点不再是稳定状态。当劳均资本存量为 k^* 时，投资开始大于折旧，即 $\dot{k}>0$。如在图 3—10 中分析的一样，这时 k 会不断增加，直到经济体达到新的稳定状态——E' 点所对应的 k^{**}。

比较新旧两个稳定状态的劳均资本和劳均产出，就可以发现储蓄率的变动对长期经济增长的影响。比较图 3—13 中的新旧稳定状态 E 点和 E' 点可知：劳均资本提高了，从 k^* 提高到 k^{**}；相应地，劳均收入水平也提高了，从 $(k^*)^a$ 提高到 $(k^{**})^a$。经济体达到新的稳定状态后，劳均资本保持不变，劳均收入保持不变，这意味着储蓄率的变化并不影响经济体的长期经济增长速度。

一次性地把储蓄率从 s 永久地提高到 s' 能否带来短期经济增长？从图 3—13 上看，在经济体从旧稳定状态达到新稳定状态的过程中，劳均资本是不断增加的，显然劳均收入也会不断增加，这意味着储蓄率的提高能够带来短期经济增长。为了更加清楚地揭示储蓄率变动对经济增长速度的影响，不妨直接考察图 3—14。

图 3—14 是图 3—12 的进一步拓展，当储蓄率一次性提高到 s'，劳均收入增长速度曲线会向右平移，其与横轴的交点就是图 3—13 中新稳定状态所对应的劳均资本 k^{**}。在图 3—14 中，初始时刻仍然为旧稳定状态所对应的劳均资本存量 k^*。当储蓄率提高后，劳均收入将会增长，增长速度在图 3—14 中用黑色曲线表示；随着经济体逐步从旧稳定状态达到新稳定状态，劳均收入增长得越来越慢，最终降为零。

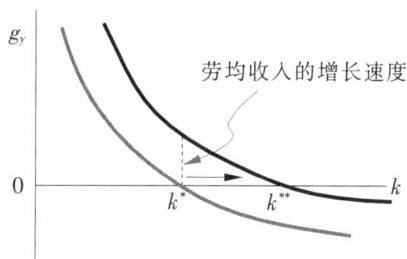

图 3—14　储蓄率与短期经济增长

注：在初始时刻劳均资本存量为 k^*，劳均产出的增长速度为零。储蓄率从 s 提高到 s'，劳均收入的增长速度曲线 $g_y=\alpha\left[sk^{a-1}-(n+\delta)\right]$ 向右平移。这时，增长速度不再为零，如图中曲线所示，但随着经济体从旧稳定状态 E 达到新稳定状态 E'，增长速度递减，并最终降为零。

感兴趣的读者不妨自己分析，储蓄率从 s 永久下降到 s'' 对经济增长的影响，结论与我们上面的分析恰好相反。

通过以上分析，可以得到下面的结论，如图 3—15 所示。[12]

➢ 储蓄率是稳定状态劳均资本的关键决定因素：储蓄率越高，劳均收入（产出）水平就越高；反之，劳均收入（产出）就越低。

➢ 提高储蓄率将带来短期增长，但不能够带来长期经济增长。

全球的储蓄率与经济增长

经济增长理论所要回答的核心问题之一就是：为什么有些国家穷，而有些国家富？索罗模型的回答是：如果经济体把其大部分收入用来储蓄和投资，那么经济体将有较高的劳均收入水平；如果经济体只把小部分收入用来储蓄和投资，那么劳均收入水平就会较低。

索罗模型的回答是否有助于我们对周围世界的理解？比如说，从全球范围看，各国收入水平存在巨大差异，是否如索罗模型所强调的，可以归因于

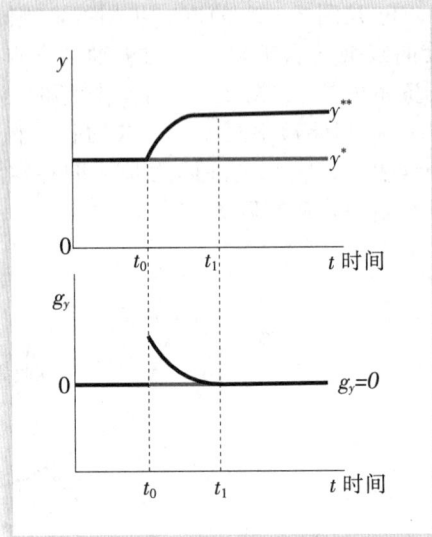

图3—15 储蓄率变动对经济增长的影响

注：开始时，经济体处于稳定状态，劳均收入为 y^*，增长速度为零。在时刻 t_0，储蓄率从 s 提高到 s'，经济体的劳均收入水平不断上升，到时刻 t_1，达到新的稳定状态，劳均收入水平保持在 y^{**} 水平。相应地，劳均收入增长速度的变动模式是，开始为零，在时刻 t_0 突然上升，然后缓慢下降，到时刻 t_1 下降为零，从此保持不变。

各国在储蓄率上的差异？

图3—16是全球104个经济体的散点图。其中，横轴表示各个经济体在1960—1990年间的储蓄率；纵轴表示在1990年各个经济体劳均实际GDP占美国的比重。从图形上看，储蓄率与劳均收入之间存在着正相关关系。平均而言，一个经济体的储蓄率越高，该经济体通常具有较高的收入。这表明，索罗模型的预言与跨国经济增长的事实一致：储蓄率是一个经济体富裕还是贫穷的关键决定因素。[13]

储蓄率与收入水平密切相关，是解释收入差距的一个重要线索，但绝对不是问题的全部答案。因为在图3—16中我们很容易发现，很多经济体具有相同的储蓄率，但劳均收入水平却存在巨大差异。比如，当储蓄率大致为25％时，有些经济体的劳均实际GDP不到美国的20％；而有些经济体的劳均实际GDP却接近美国的水平，甚至超过了美国的水平。这意味着，在储蓄率之外，还有其他决定收入水平的因素。稍后，我们还会回到这个问题上，看一看还有哪些"其他因素"。

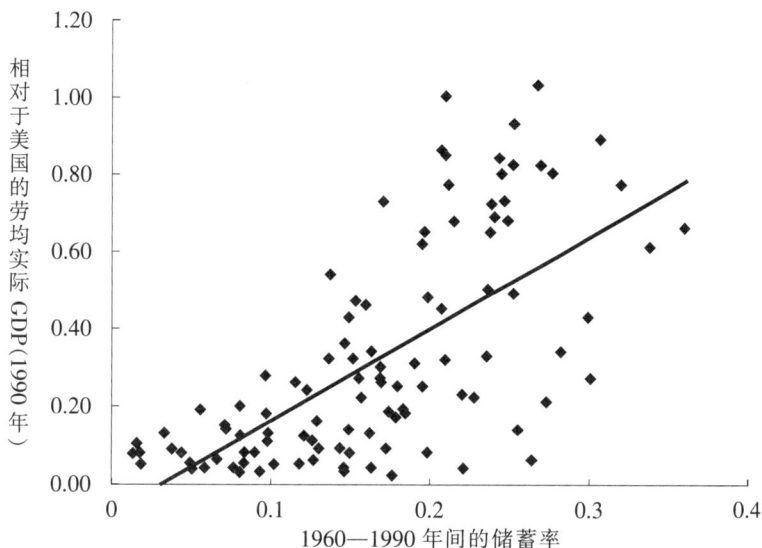

图 3—16　储蓄率与劳均收入的国际证据

注：散点图揭示了全球 104 个经济体在 1960—1990 年间的经验值。横轴表示储蓄率；纵轴表示收入水平。正如索罗模型所预言的，整体而言，储蓄率越高，劳均收入水平就越高。

资料来源：查尔斯·琼斯（Charles I. Jones）：《经济增长导论》，北京，北京大学出版社，2002。

中国的储蓄率与经济增长

就全球经济体的经验看，正如索罗模型所预期的，平均而言，经济体的储蓄率越高，这个经济体通常就越富裕。在本小节我们将重点考察，索罗模型的预言是否与中国经济的实际相符。

图 3—17 是中国的储蓄率与劳均实际 GDP 的散点图。其中，横轴表示中国在 1952—2011 年间的储蓄率；纵轴表示中国在 1952—2011 年间的劳均实际 GDP。从图形上看，储蓄率与劳均收入之间存在着正相关关系。平均而言，储蓄率越高，中国通常具有较高的收入。这表明，中国在 1952—2011 年间经济增长的事实与索罗模型的预言是一致的：储蓄率是一个经济体富裕还是贫穷的关键决定因素。

另外，从图 3—17 上我们也很容易看出，在 1952—2011 年间，中国的储蓄率与劳均实际 GDP 之间好像并不是简单的线性关系。

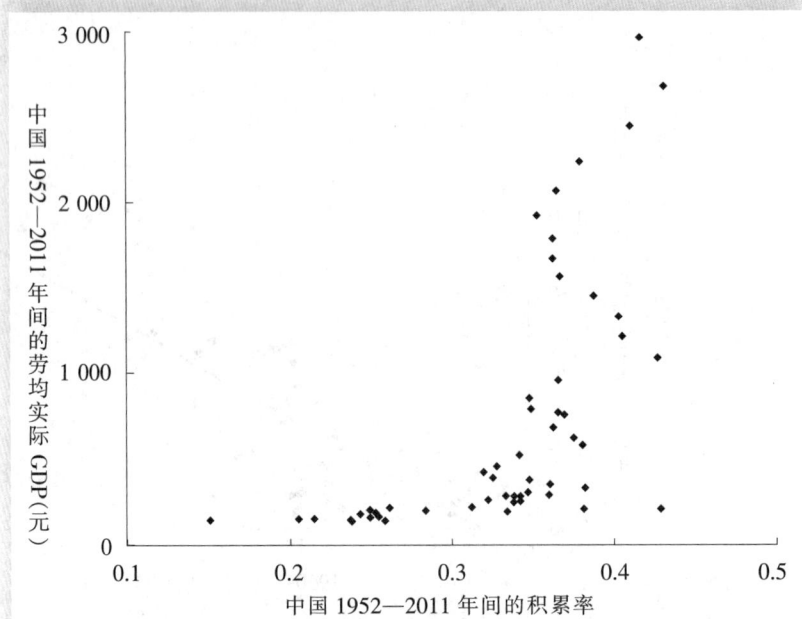

图3—17　储蓄率与劳均收入：中国证据

注：散点图揭示了中国在1952—2011年间的积累率（储蓄率）与劳均实际GDP，正如索罗模型所预言的，整体而言，储蓄率越高，劳均收入水平就越高。

资料来源：《新中国六十年统计资料汇编》和中国经济社会发展统计数据库。

3.5　人口增长与经济增长

人口增长速度的变动对经济增长的影响

为了更加充分地理解各国经济增长水平的差异，我们将考察不同人口增长速度的影响。在索罗模型中，人口增长速度 n 是给定的，由模型之外的因素决定。因此，我们说人口增长速度 n 是索罗模型的外生参数。既然如此，与第3.4节中的做法一样，我们将重点分析，假定人口增长速度发生变化后，稳定状态的劳均资本与劳动收入将会发生怎样的变化。

为了分析的方便，假定在初始状态，劳均资本与产出已经达到了稳定状态，如图3—18中的 E 点所示。

假设经济活动主体实施计划生育，一次性地把人口增长率从 n 永久地降到 n'。这时，劳均资本与产出相应地会发生什么变化呢？从图3—18上看，

人口增长率从 n 下降到 n'，意味着对任何劳均资本存量，尽管投资没有变化，但人口对资本存量的"稀释"作用下降了。因此，折旧线从 $(n+\delta)k$ 向下旋转到 $(n'+\delta)k$。这时，经济体的稳定状态 E 点对应的投资开始大于折旧，即 $\dot{k}>0$。如图 3—10 中的分析一样，劳均资本 k 会不断增加，直到经济体最终达到新的稳定状态，即图 3—18 中的 E' 点所对应的 k^{**}。

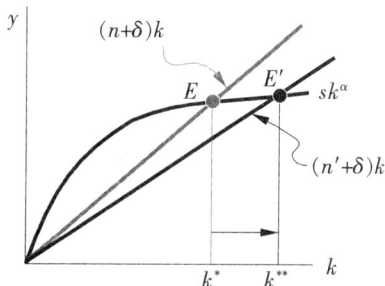

图 3—18　人口增长速度下降与长期增长

注：在初始时刻劳均资本存量为 k^*。实施计划生育，人口增长速度从 n 下降到 n'。折旧线 $(n+\delta)k$ 向下旋转到 $(n'+\delta)k$，投资大于折旧（$\dot{k}>0$），k 不断增加，直到经济体最终达到新的稳定——E' 点所对应的 k^{**}。这时，劳均资本和劳均产出都增加了，但长期增长速度还是为零。

比较新旧两个稳定状态就可以知道人口增长速度的变动对长期经济增长的影响。比较图 3—18 中的新旧稳定状态 E 点和 E' 点可知，劳均资本提高了，从 k^* 提高到 k^{**}；相应地，劳均收入水平也提高了，从 $(k^*)^\alpha$ 提高到 $(k^{**})^\alpha$。经济体到达新的稳定状态后，经济体的增长速度还是为零，这意味着人口增长速度的变化并不会影响到经济体的长期增长速度。

实施计划生育，一次性地把人口增长率从 n 永久地降到 n' 能否带来短期经济增长？从图 3—18 上看，在经济体从旧稳定状态到达新稳定状态的过程中，劳均资本不断增加，显然劳均收入也会不断增加，这意味着实施计划生育能够带来短期经济增长。为了更加清楚地揭示人口增长速度变动对经济增长速度的影响，不妨直接考察图 3—19。

图 3—19 是图 3—18 的另一个版本。实施计划生育，人口出生速度下降到 n'，劳均收入增长速度曲线会向右平移，其与横轴的交点就是图 3—18 中新稳定状态所对应的劳均资本 k^{**}。在图 3—19 中，初始时刻的劳均资本存量为 k^*，当人口增长速度下降后，劳均收入将会增长，增长速度在图 3—19 中用黑色曲线表示；但随着经济体逐步从旧稳定状态达到新稳定状态，增长速度越来越慢，最终降为零。

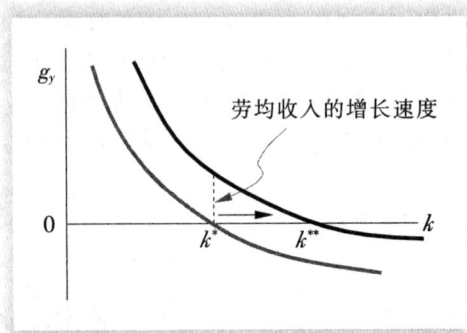

图 3—19 人口增长速度变动与短期经济增长

注：在初始时刻劳均资本存量为 k^*，增长速度为零。实施计划生育，人口增长速度从 n 下降到 n'，劳均收入增长速度曲线向右平移。这时，劳均收入将会增长，增长速度由图中黑色曲线表示；但随着经济体逐步从旧稳定状态 E 到达新稳定状态 E'，增长速度递减，并最终降为零。

感兴趣的读者不妨自己分析，人口增长速度一次性从 n 永久上升到 n'' 将会对经济增长带来什么影响。结论恰好相反。[14]

通过以上分析，我们可以得到下面的结论，如图 3—20 所示。

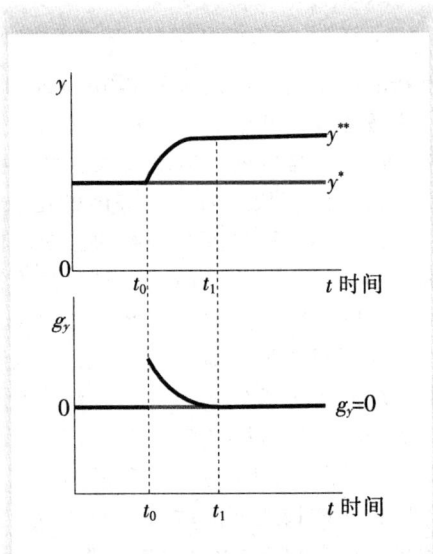

图 3—20 人口增长速度变动对经济增长的影响

注：人口增长速度变动对经济增长的影响，与储蓄率变动的影响相似。

➢ 人口增长率是决定稳定状态劳均资本的关键因素：人口增长越慢，经济体的劳均资本存量就越大，劳均收入（产出）水平就越高；反之，劳均资本就越少，劳均收入就越低。

➢ 控制人口增长可以带来短期增长，但并不能够带来长期经济增长。

全球的人口增长与经济增长

索罗模型给出了一个解释收入差距的候选因素：人口增长速度。具体而言，人口增长越慢，经济体的收入水平越高。

现在我们考察索罗模型的这个预言是否有助于我们对周围世界的理解。比如说，从全球范围看，各国收入水平存在巨大差异，是否如索罗模型所强调的，可以归因于各国在人口增长速度上的差异？

图 3—21 是全球 104 个经济体的散点图，其中，横轴表示各个经济体在 1960—1990 年间的人口增长速度；纵轴表示在 1990 年各个经济体劳均实际 GDP 占美国的比重。从图形上看，人口增长速度与劳均收入之间存在反相关

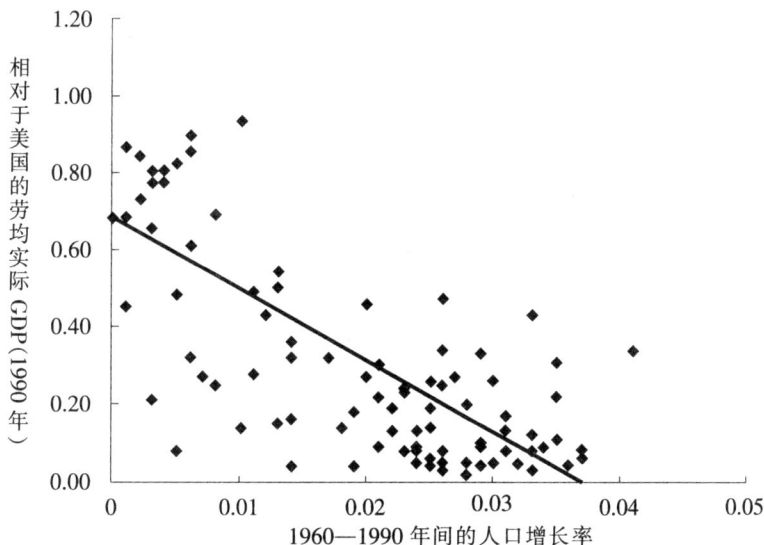

图 3—21　人口增长速度与劳均收入的国际证据

注：散点图揭示了全球 104 个经济体在 1960—1990 年间的经验值。横轴表示人口增长速度；纵轴表示收入水平。正如索罗模型所预言的，整体而言，人口增长越慢，劳均收入水平就越高。

资料来源：查尔斯·琼斯（Charles I. Jones）：《经济增长导论》，北京，北京大学出版社，2002。

关系，即平均而言，一个经济体人口增长得越慢，该经济体通常具有较高的收入。这表明，跨国经济增长的事实与索罗模型的预言一致，人口增长速度是决定一个经济体富裕还是贫穷的因素之一。

同样需要明确的是，人口增长速度也绝对不是收入差距问题的全部答案，还有其他答案，比如我们已经知道，储蓄率是决定收入水平高低的重要因素。在图3—21中，很容易发现，对于具有相同人口增长速度的经济体，其劳均收入水平却存在巨大差异。这意味着，在人口增长速度之外一定还有其他确定收入水平的因素。

通过第3.4节和第3.5节的分析，我们发现索罗模型的预言大致与全球经济增长经验吻合。现在你是否有点急不可耐，已经打算采用索罗模型来解释我们周围的世界？如果是这样，记住下面的忠告是有益的。

相关关系并不意味着因果关系。跨国数据表明，储蓄率、人口增长速度等与收入水平相关。索罗模型对这一事实提供了一种可能的解释，但还存在其他解释。比如，随着收入水平的提高，抚养小孩的成本越来越高，人们会理性地选择少生育；另外，富裕的经济体更容易获得控制生育的技术。结果，高收入鼓励了人口低增长。显然，这种解释也是与图3—21相吻合的，但因果关系恰好与索罗模型的相反。因此，我们要强调的是，全球经济增长经验可以帮助我们评价索罗模型对现实的解释能力，因为这些数据可以告诉我们模型的结论是否符合现实。但往往是理论决定了我们能观察到什么，而且不止一种理论可以解释同样的事实。

3.6 是否存在赶超？

在考察全球经济增长的典型事实时，我们已经发现，全球范围内并没有呈现穷国赶超富国的趋势。其实，目前许多研究致力于探索，穷国能否从某个时刻开始比富国增长得更快？如果这样，那么穷国将有可能赶上富国。在经济增长文献中，这被称为**趋同**（convergence）。

索罗模型中的赶超

大家回忆一下，到目前为止，索罗模型所涉及的影响收入水平的所有因素是什么呢？你给出的因素列表也许包括初始资源禀赋（包括初始资本存量K_0与初始劳动力L_0，即初始劳均资本存量k_0）、人口增长速度n、储蓄率s以及资本折旧率δ等。经济体间能否最终实现趋同，取决于经济体间最初在什么方面不一样。下面，我们以两个经济体为例，分两种情况讨论：

1. 两个经济体唯一的差异是，初始资源禀赋不同。为了分析方便，不妨把两个经济体的初始劳均资本记为 k_0^i 和 k_0^j，而且 $k_0^i > k_0^j$，即经济体 i 的初始劳均资本大于经济体 j 的。现在我们采用索罗图来描述这两个经济体的增长情况，如图 3—22 所示。

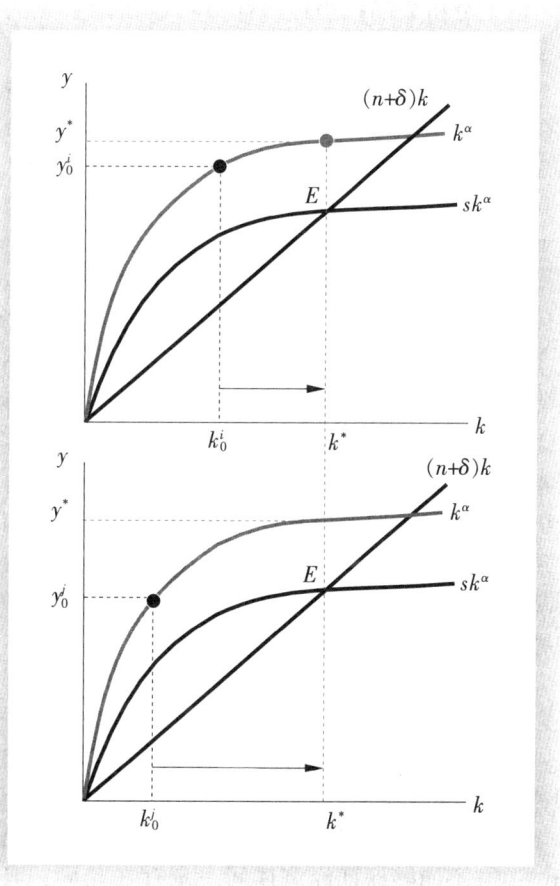

图 3—22　经济体间的趋同：只存在初始资源禀赋的差异

注：两个经济体只在初始资源禀赋方面存在差异，分别是 k_0^i 和 k_0^j，且 $k_0^i > k_0^j$。相应地，两个经济体的初始水平存在差异，即 $y_0^i > y_0^j$。由于两个经济体其他条件都相同，最终都会达到相同的稳定状态，劳均资本存量 k^* 和收入水平 y^* 都相同。这表明，当经济体只在初始资源禀赋上存在差异时，贫穷经济体最终能够赶超富裕经济体。

经济体的初始劳均资本不同，在图 3—22 中就表示为，经济体 j 的初始劳均资本 k_0^j 更靠近原点。在初始时刻，$k_0^i > k_0^j$ 意味着，经济体 j 的收入水平低于经济体 i 的，存在收入差距，在图 3—22 中表现为 $y_0^i > y_0^j$。由前面的分析

可知，随着时间的推移，两个经济体都会达到稳定状态。两个经济体只是初始劳均资本禀赋不同，具有相同的储蓄曲线和折旧线，所以索罗图中，两个经济体将具有相同的稳定状态。在处于稳定状态时，两个经济体的劳均资本存量和收入水平是相同的，在图3—22中分别为 k^* 和 y^*。

以上分析表明，当经济体只存在初始禀赋的差异而其他条件相同时，贫穷经济最终能够赶上富裕经济体。

2. 两个经济体不仅存在初始资源禀赋的差异，而且还存在其他差异，比如在储蓄率上的差异。为了分析方便，我们把两个经济体的初始劳均资本仍记为 k_0^i 和 k_0^j，且 $k_0^i > k_0^j$；储蓄率记为 s 和 s'，且 $s > s'$。这表明，经济体 i 不仅具有较高的初始劳均资本，而且还具有较高的储蓄率。现在我们采用索罗图来描述这两个经济体的增长情况，如图3—23所示。

经济体的初始劳均资本不同，在图3—23中就表示为，经济体 j 的初始劳均资本 k_0^j 更靠近原点。在初始时刻，$k_0^i > k_0^j$ 意味着，经济体 j 的收入水平低于经济体 i 的，在图3—23中表现为 $y_0^i > y_0^j$。细心的读者也许已经发现，图3—23所显示的初始收入差距和图3—22是一样的。

随着时间的推移，两个经济体都会达到各自的稳定状态。两个经济体的储蓄率不同，在图形上就体现为两个经济体具有不同的储蓄曲线，进而两个经济体的稳定状态不再相同，尽管它们具有相同的折旧线。不同的稳定状态意味着不同的收入水平，在图3—23中就表示为：两个经济体的收入水平分别是 y_i^* 和 y_j^*，且 $y_i^* > y_j^*$。这表明，当经济体在储蓄率上存在差异时，贫穷的经济体最终无法赶上富裕的经济体。

为什么会这样呢？因为储蓄率的高低关系到经济体在稳定状态的收入水平。尽管只是分析了储蓄率存在差异的情况，按照同样的逻辑，我们可以分析，经济体存在其他任何初始禀赋因素之外的差异，只要这些差异能够影响到经济体的稳定状态，那么贫穷的经济体最终将无法赶超富裕的经济体。

以上两种情况表明，索罗模型只是说明，经济体能够到达自身的稳定状态，但并不能够保证经济体间一定存在趋同。具体而言，当经济体只存在初始禀赋的差异时，每个经济体都会达到相同的稳定状态，结果是贫穷经济最终能够赶超富裕经济体；当经济体还存在初始禀赋之外的差异时，不同的经济体将会达到不同的稳定状态，结果是贫穷经济体无法赶超富裕经济体。因此，落后经济体赶超发达经济体是有条件的。在经济增长文献中，这一赶超特征被称为**条件趋同**（conditional convergence）。

全球范围内的条件趋同

索罗模型对赶超的预言与实际吻合。在发展条件相似的经济体间，贫穷经济体与富裕经济体之间的差距大约每年缩小2%。典型的例子就是美国的各

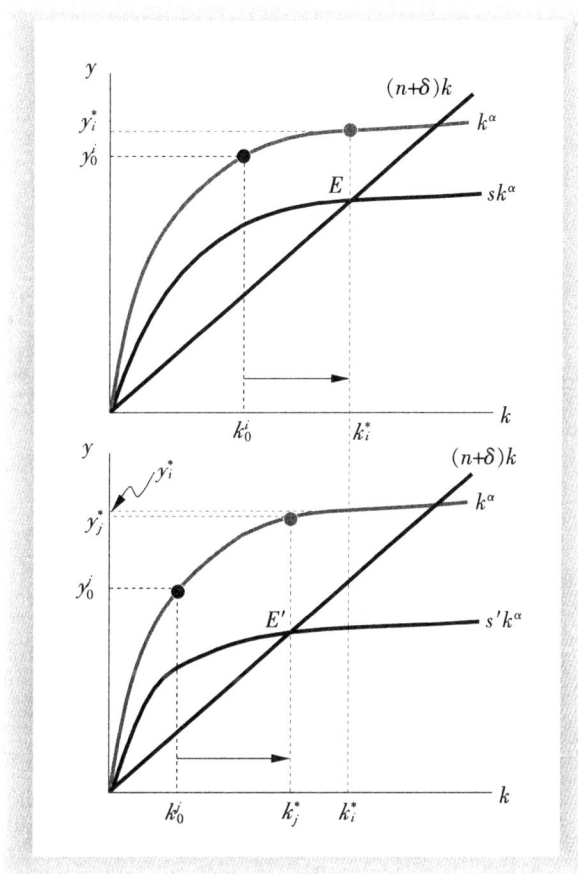

图 3—23　经济体间的趋同：存在初始资源禀赋和储蓄率的差异

注：两个经济体存在初始资源禀赋差异，分别是 k_0^i 和 k_0^j，且 $k_0^i > k_0^j$。相应地，两个经济体的初始劳均收入水平存在差异，即 $y_0^i > y_0^j$。由于两个经济体的储蓄率也不相同，即 $s > s'$，两个经济体的稳定状态不再相同，稳定状态的劳均资本和收入水平也不再相同，而是 $k_i^* > k_j^*$ 和 $y_i^* > y_j^*$。这时，尽管两个经济体还是能够达到各自的稳定状态，但贫穷经济体最终可能无法赶超富裕经济体。

个州之间的赶超。由于诸多原因，在一个世纪以前，美国各个州的收入水平参差不齐，然而随着时间的推移，收入差距已经缓慢地消失了。

全球范围内不存在任何趋同的证据，但这并不意味着，索罗模型不能够解释这种现象。全球范围内不存在赶超，可能只是说明经济体的发展条件不同，从而具有不同的稳定状态。如果全球经济体的发展条件相同，比如储蓄率、人口增长速度以及受教育程度等，那么数据再次显示，全球经济体每年大致以 2％ 的速度趋同，如图 3—24 所示。这表明，全球经济体间是条件趋同：各自向各自的稳定状态趋同，其稳定状态由储蓄率等因素决定。

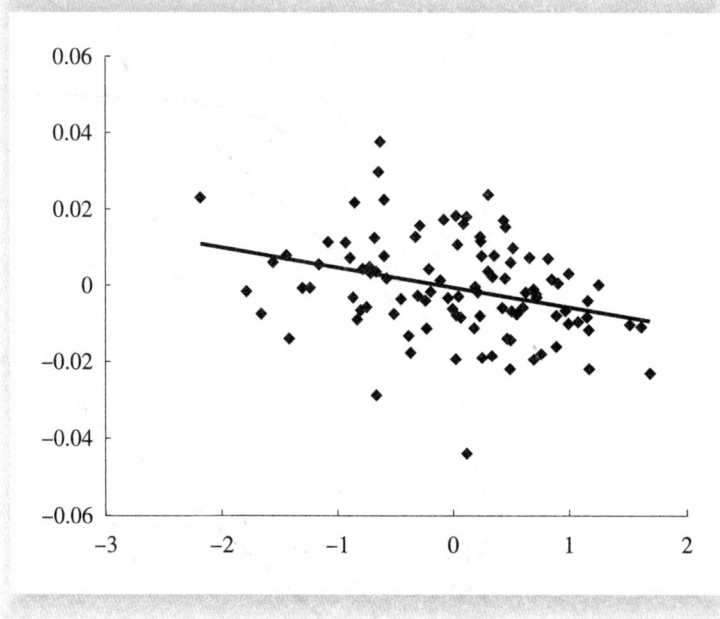

图 3—24　全球范围内的赶超

注：当控制了稳定状态的决定因素（储蓄率）后，全球范围内存在趋同，即全球经济体呈现条件趋同。其中，横轴和纵轴分别是控制了储蓄率以后的初始收入水平及其随后的增长速度。

资料来源：Barro R. , and X. , Sala-i-Martin, 1995, *Economic Growth*, McGraw-Hill；作者的计算。

3.7　本章小结

在本篇，我们开始讲述隐含在总供给曲线背后的经济学故事，而本章则主要探讨长期供给曲线为什么会不断向右平移。

索罗模型是现代经济增长理论的基准模型，它讲述了储蓄率和人口增长速度如何决定经济体稳定状态的资本存量和收入水平。正如我们看到的，索罗模型能够解释许多经济增长事实，比如，储蓄率高、人口增长速度低的经济体往往更富裕；贫穷经济体赶超富裕经济体是有条件的。

当然，本章所建立的索罗模型还不能够解释我们已经观察到的许多经济体生活水平的持续提高。因为在本章所建立的索罗模型中，当经济体达到稳定状态后，劳均产出就保持不变，停止了增长。为了解释人均收入水平的持续增长，在下一章，我们将进一步把技术进步引入索罗模型。

【注释】

[1] 学过微积分的读者可能还记得，$e^g \approx 1+g$。这意味着，$x_t = x_0 e^{gt}$ 与 $x_t = x_0 (1+g)^t$ 大致是相等的。

[2] 卢卡斯（Lucas, 2000）对此做了更加直观的表述。

[3] 罗默（Romer, 1986）在开创性的论文中就引用了这些数据。

[4] 从人均量的角度看，这个结论仍然成立。以劳均实际 GDP 为例，在 1978 年，贵州省的最低，是 175 元，最高的是上海，为 2 485 元，是贵州的 14.2 倍；到了 2012 年，贵州的仍然最低，上海的仍然最高，二者的倍数则上升到 10.8 倍。

[5] Hall 和 Jones（1999）强调了这一点。

[6] 在本章我们暂时不考虑技术进步，在下一章，我们将重点讨论技术进步对经济增长的影响。

[7] C-D 生产函数是美国芝加哥大学经济学教授保罗·道格拉斯（Paul Douglas）和阿默斯特学院的数学教授查理·柯布（Charles Cobb）共同提出的，广泛用于经济增长、发展经济学、宏观经济学和公共财政学等各种论题的研究。

[8] 建议感兴趣的读者根据弹性定义给予证明。

[9] 该结论非常重要，而且具有普遍性质。可以证明，当规模报酬不变时，在竞争性市场上，按照生产要素分配，恰好可以分净经济体的总产出。

[10] 当然，我们可以求出稳定状态的劳均资本存量和劳均消费等变量的表达式。感兴趣的读者不妨自己动手推导。

[11] 这是比较静态分析，通常用来分析模型中外生参数的变化对模型解的影响。

[12] 对于图中的单调性和凹凸性，我们可以给出较为严格的证明。感兴趣的读者不妨尝试。一个可行的思路是，y 和 g_y 是关于时间的函数，对时间求一、二阶导数，通过这个中间变量并结合索罗图，就可以判断一、二阶导数的符号。

[13] 其实，我们的分析仅仅是一个开始。接下来的问题是：为什么各个经济体间的储蓄率会存在这么大的差异？有许多可能的解释，比如税收政策、退休制度安排、文化传统、政局稳定程度、金融市场发育程度等，甚至还有人认为高收入在某种程度上促成了高储蓄。这么多解释到底哪一种是最重要的？坦白地说，到目前为止，还没有多少共识。

[14] 你也许有点困惑，实行计划生育时人口增长速度是缓慢变化的，为什么在分析时，总是强调"一次性地"、"永久上升或下降"呢？其实，只要我们理解了一次变化对经济增长的影响，那么就可以按照同样的逻辑分析两次变化所带来的影响。

第 4 章

新经济增长理论

在上一章，我们证明了，只靠物质资本积累并不能够实现长期经济增长，这一结论在经济学发展史上具有里程碑的意义，但并没有明确指出决定长期经济增长的因素是什么。本章继续考察长期总供给曲线背后的故事：决定长期经济增长的因素是什么？

"敢问路在何方？" 答曰："技术进步"。我们尝试把技术进步纳入经济增长模型，构建以技术进步为主线的经济增长模型，探讨技术进步在经济增长中的作用。因此，在本章，我们将进一步讨论包含技术进步的索罗模型。

在索罗模型中，技术被视为由模型之外的因素决定的，是一个黑箱。进入 20 世纪 80 年代中后期，以罗默和卢卡斯为代表的一批宏观经济学家开始尝试打开技术进步的黑箱，促成了研究经济增长的新一轮热潮。在经济增长文献中，这一轮探索被称为新经济增长理论。

在本章，我们首先考察外生技术进步的索罗模型；然后，转向内生技术进步的新经济增长理论；接着，考察促进经济增长的相关政策建议；最后，阐述如何度量技术进步及技术进步在趋同中的作用。

4.1 索罗模型中的技术进步

外生的技术进步

在本节，我们将在索罗模型中引入外生的技术进步，考察技术进步在经济增长中的引擎作用。

技术进步是外生的，是指技术进步与索罗经济体无关，无须探讨技术进步是怎样产生的，只是简单地假定存在着技术进步，记为 A，而且是以一个固定比率增长，即

$$g_A = g$$

其中，g 是技术进步的增长率。你也许对外生的技术进步还有点困惑，不妨看一个我们身边的例子。假定大家每个月的生活费为 500 元，如果不打工，这 500 元从哪里来？是父母给的，而且是每个月按时给的。对于父母而言，这 500 元是劳动所得和资本所得，但对于大家而言，也许并不关心这 500 元是如何"产生"的，只是每月到邮局或银行去领取。因此，可以这样说，这 500 元对于大家来说是父母给的，是外生的。当然，生活费每月也都按一个固定比率增长，只不过增长率为零罢了。

显然，假定技术进步总是外生的，就像假定我们总是依靠父母一样，是不现实的。把技术进步内生，是新经济增长理论的主要贡献之一，我们将在下一节介绍。

现在我们把技术 A 引入 C-D 生产函数，即

$$Y = K^a (AL)^{1-a}$$

在索罗模型中引入技术进步后，总量资本积累方程不变，即

$$\dot{K} = sY - \delta K$$

技术进步是经济增长的引擎

为了考察技术进步在经济增长中的作用，按照惯例，我们将采用劳均量表示生产函数和资本积累方程。AL 通常被视为**有效劳动力**（effective labor），因此，为了分析方便，我们将采用有效劳均的形式表示生产函数和资本积累方程。有效劳均量与劳均量的定义类似，比如有效劳均产出就等于总产出除以有效劳动 AL。

生产函数两边同时除以 AL，得：

$$\hat{y}=\hat{k}^{\alpha} \tag{4—1}$$

其中 $\hat{y}=Y/(AL)$，表示有效劳均产出；同理 $\hat{k}=K/(AL)$，表示有效劳均资本。

对有效劳均资本公式 $\hat{k}=K/(AL)$ 两边取自然对数，然后对时间求导，得：

$$g_k=g_K-g_L-g_A=g_K-(n+g)$$

把总量资本积累方程代入上式，得：

$$\dot{k}=s\hat{y}-(n+\delta+g)\hat{k} \tag{4—2}$$

公式（4—1）和公式（4—2）刻画了外生技术进步的索罗模型，再强调一次，我们现在的分析对象是有效劳均量。与上一章中的索罗模型相比，显然，无论是劳均生产函数还是劳均资本积累方程都几乎是一模一样的。唯一不同的是，引入技术进步后，公式（4—2）中多了一项，即 $g\hat{k}$。

本节的分析主要是围绕公式（4—2）展开。首先，我们考察在索罗经济体中有效劳均资本的长期增长。如图4—1所示，有效劳均资本积累的方程式右边包含两条曲线：一条曲线用于描述有效劳均储蓄量 $s\hat{k}^{\alpha}$；另一条曲线（$n+$

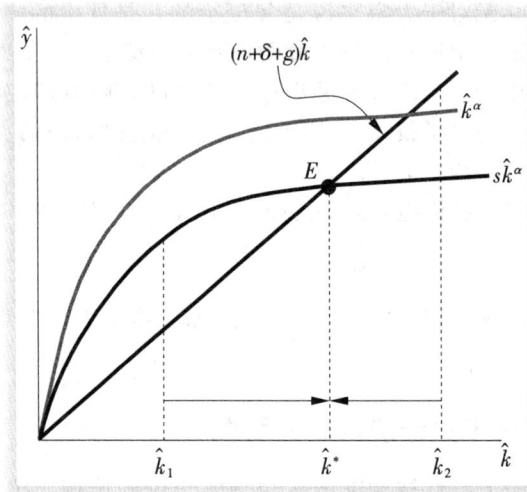

图4—1 索罗图

注：有效劳均资本积累方程 $\dot{k}=s\hat{k}^{\alpha}-(n+\delta+g)\hat{k}$ 分解为两条曲线：储蓄曲线 $s\hat{k}^{\alpha}$ 和折旧线 $(n+\delta+g)\hat{k}$。两条线之间的距离就是 $\dot{k}$。当初始劳均资本存量小于 $\hat{k}^*$ 时，$\dot{k}>0$，$\hat{k}$ 不断增加；当初始劳均资本存量大于 $\hat{k}^*$ 时，$\dot{k}<0$，$\hat{k}$ 不断减少。因此，经济体最终稳定在 E 点所对应的 $\hat{k}^*$。

$(\delta+g)\hat{k}$ 表示资本损耗和有效劳动力增加对有效劳均资本量的稀释。从另外一个角度看，该曲线的经济含义就是：为保持有效劳均资本量不变，需要追加的有效劳均投资量。显然，这两条曲线之间的部分 $\dot{\hat{k}}$ 就是有效劳均资本的积累量或者是有效劳均资本的流量。从图形上看，$\dot{\hat{k}}$ 大致有三种可能：

$\dot{\hat{k}}=0$，有效劳均资本存量保持不变；

$\dot{\hat{k}}>0$，有效劳均资本存量不断增加；

$\dot{\hat{k}}<0$，有效劳均资本存量不断减少。

我们着重讨论后两种情况，如图 4—1 所示。当经济体初始的有效劳均资本量为 $\hat{k}_1$ 时，随着时间的推移，$\hat{k}$ 会怎样变化？在 $\hat{k}_1$ 处，有效劳均积累量大于为保持有效劳均资本不变所必需的积累量，即 $\dot{\hat{k}}>0$。结果，随着时间的推移，有效劳均资本存量 $\hat{k}$ 不断增加。从图形上看，这种过程会一直持续下去，直到有效劳均资本存量等于 $\hat{k}^*$ 时为止。在该点 $\dot{\hat{k}}=0$。

另一种情况是，经济体初始的有效劳均资本量大于 $\hat{k}^*$，为 $\hat{k}_2$。按照同样的逻辑，在 $\hat{k}_2$ 处，$\dot{\hat{k}}<0$。结果，随着时间的推移，$\hat{k}$ 不断减少，一直持续到 $\hat{k}^*$ 处。在该点 $\dot{\hat{k}}=0$。

以上分析表明，经济体最终将收敛到 $\hat{k}^*$。从此，$\dot{\hat{k}}=0$，有效劳均资本量保持不变。相应地，我们称该点为**稳定状态**（steady state），即图 4—1 中的 E 点。

当经济处于稳定状态时，$\dot{\hat{k}}=0$，由公式（4—1）和公式（4—2）可得稳定状态的有效劳均收入（产出），即[1]

$$\hat{y}^* = \left(\frac{s}{n+\delta+g}\right)^{a/(1-a)} \tag{4—3}$$

你现在也许感到有点吃惊：在稳定状态下，有效劳均收入水平竟然也是一个常数！不存在经济增长！难道引入技术进步后，索罗模型中也不存在长期经济增长吗？别急，到目前为止的分析只是说明有效劳均收入在稳定状态是一个常数，不存在经济增长，并不意味着劳均收入也不存在长期经济增长。其实，根据有效劳均收入和劳均收入的定义，从公式（4—3）出发，我们可以得到稳定状态的劳均收入，即

$$y^* = A\left(\frac{s}{n+\delta+g}\right)^{a/(1-a)} \tag{4—4}$$

由公式（4—4）可知，引入技术进步后，与无技术进步的索罗模型相比，稳定状态的劳均收入还取决于技术 A。其实，如果令 $A=1$，就会得到与无技

术进步的索罗模型相一致的结论。[2]这表明没有技术进步的索罗模型只是一个特例。

技术进步能够带来长期经济增长。公式（4—4）两边取自然对数，然后再对时间求导，我们立刻就会得到劳均收入的长期增长速度等于技术进步的速度，即

$$g_y = g_A = g \tag{4—5}$$

按照同样的逻辑，我们可以验证，劳均资本和劳均消费的长期增长速度也等于技术进步的速度 g。

通过以上分析，我们发现，只要索罗经济体里存在技术进步，产出、消费及资本存量就都存在劳均意义上的长期经济增长。因此，正是从这个意义出发，我们说技术进步是经济增长的引擎，如图 4—2 所示。

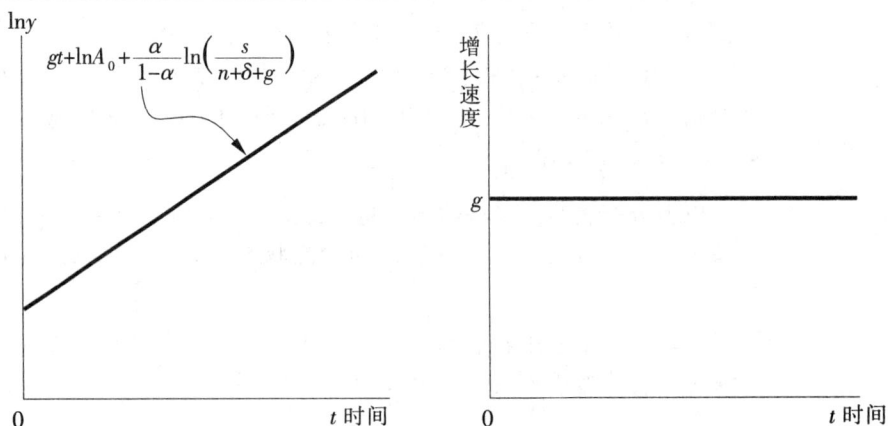

图 4—2　稳定状态的劳均收入及增长速度

注：当存在技术进步时，在稳定状态，y^* 持续增长，增长速度等于技术进步的速度 g。

在图 4—2 中，左右两幅图的横轴表示时间，并把经济体收敛到稳定状态的时刻记为零时刻。左图中的纵轴刻度是对数形式的劳均收入，描述的是，随着时间的推移，稳定状态劳均收入水平的变动情况。从图形上看，劳均收入水平不断增长。相应地，稳定状态劳均收入的增长速度等于技术进步的速度 g，也就是图中直线的斜率。[3]这表明，技术进步是经济增长的引擎。

最后要补充的是，本节分析的思路是从有效劳均到劳均量。也许你开始时还感到奇怪：为什么要采用有效劳均的形式？现在，你也许已经有了答案。因为引入技术进步 A 后，劳均资本积累方程中就出现了三个变量 $\dot{k}$、k 和 A，

这时我们显然无法在索罗图这个二维空间里直接表示劳均资本积累方程。

储蓄率与经济增长

现在我们考察，当存在技术进步时，储蓄率的变动对经济增长的影响。为了分析的方便，我们假定，在初始时刻，有效劳均资本与产出已经达到了稳定状态值，如图 4—3 中的 E 点所示。

经济活动主体一次性地把储蓄率从 s 永久地提高到 s'，有效劳均资本与产出相应地会发生什么变化？从图 4—3 上看，储蓄率从 s 提高到 s'，储蓄曲线从 $s\hat{k}^\alpha$ 向上移动到 $s'\hat{k}^\alpha$。这时在 $\hat{k}^*$ 处，$\dot{\hat{k}}>0$，$\hat{k}$ 会不断增加，直到经济体达到新的稳定——E' 点所对应的 $\hat{k}^{**}$。

比较新旧两个稳定状态，可以非常直观地揭示储蓄率变动对长期经济增长的影响。比较图 4—3 中 E 点和 E' 点可知，有效劳均资本提高了，从 $\hat{k}^*$ 提高到了 $\hat{k}^{**}$；有效劳均收入水平也提高了，从 $(\hat{k}^*)^\alpha$ 增加到了 $(\hat{k}^{**})^\alpha$。经济体达到新的稳定状态后，有效劳均资本和有效劳均收入将保持不变，这意味着储蓄率的变化并不影响经济体的长期增长速度。

储蓄率从 s 永久地提高到 s' 能够带来短期经济增长。从图 4—3 上看，在经济体从旧稳定状态达到新稳定状态的过程中，有效劳均资本不断增加，因此有效劳均收入也将不断增加，这意味着储蓄率的提高能够带来短期经济增长。为了更加清楚地揭示储蓄率变动对短期经济增长的影响，不妨直接考察图 4—4。

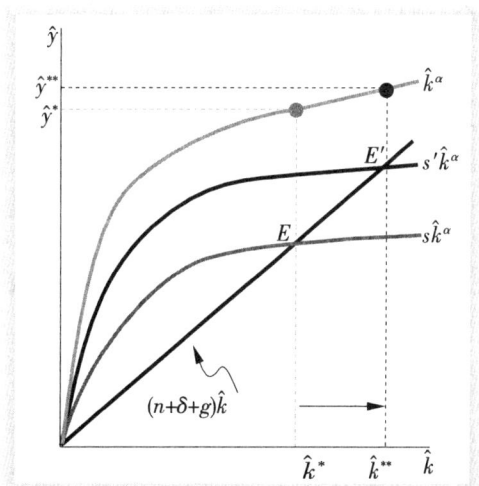

图 4—3 储蓄率与长期经济增长

注：储蓄率从 s 提高到 s'，储蓄曲线向上平移，有效劳均资本和收入（产出）都增加了，但增长速度不变。

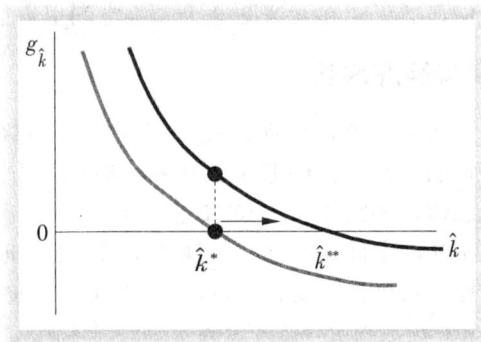

图4—4 储蓄率与短期经济增长

注：储蓄率从 s 提高到 s'，有效劳均资本的增长曲线向右平移，能够带来短期经济增长。

图4—4是图4—3的进一步拓展，横轴没有变化，只是纵轴表述的是有效劳均资本的增长速度。当储蓄率提高到 s'，有效劳均资本增长速度曲线会向右平移，其与横轴的交点就是图4—3中新稳定状态所对应的 $\hat{k}^{**}$。从图4—4上看，当储蓄率提高后，有效劳均资本将会增长，增长速度为图中黑色曲线所示；随着经济体逐步从旧稳定状态达到新稳定状态，有效劳均资本的增长速度越来越慢，最终降为零。

图4—4其实也揭示了储蓄率变动对有效劳均收入增长速度的影响。[4]当储蓄率提高后，有效劳均收入将会增长，随着经济体逐步从旧稳定状态达到新稳定状态，增长速度越来越慢，最终降为零。

以上分析表明，引入技术进步后，储蓄率的变动同样只能够影响经济体的短期增长速度和稳定状态，而不能够影响到经济体的长期增长速度。

当然，到目前为止，我们只分析了储蓄率对有效劳均资本和有效劳均收入的影响，并没有直接考察储蓄率对劳均资本和劳均收入的影响。其实，根据有效劳均和劳均的定义，我们完全可以考察储蓄率一次突然的持久增加对劳均收入的影响，如图4—5所示。

总之，储蓄率是决定收入水平的关键因素。储蓄率高，劳均资本存量就越大，相应的劳均收入（产出）水平就越高；反之，储蓄率低，劳均资本存量就会少，劳均收入（产出）也就越低。较高的储蓄率导致较快的增长，但这只是暂时的，并不能够影响长期经济增长速度，经济体的长期增长速度取决于技术进步的速度。

建议感兴趣的读者自己动手分析人口增长速度变动所带来的影响。结论是，人口增长速度的变动无法影响经济体的长期增长速度，但能影响到收入水平。

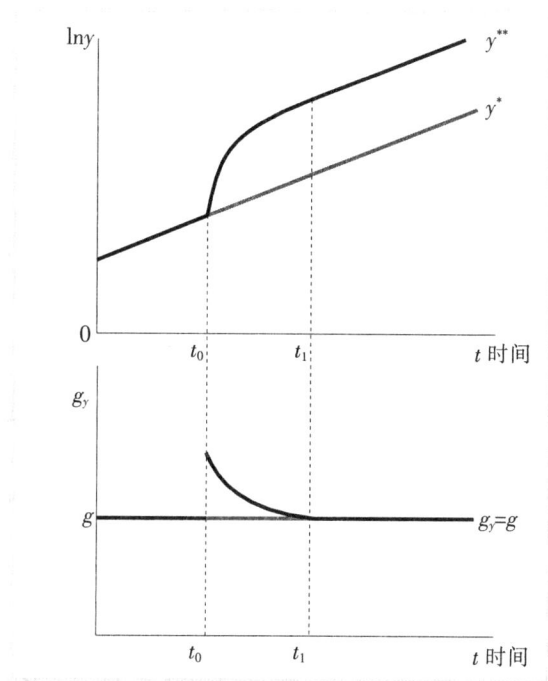

图 4—5   储蓄率变动对经济增长的影响

注：开始时，劳均收入水平为 y^*，增长速度为 g。储蓄率从 s 提高到 s'，经济体的劳均收入水平不断上升，最终稳定在 y^{**} 水平上。相应地，劳均收入增长速度突然上升，然后缓慢下降到 g，保持不变。

4.2   超越索罗模型：新经济增长理论

索罗模型较好地解释了许多经济增长现象，而且在数学表达上也非常精致。在 20 世纪 60 年代，经济学家进一步拓展了索罗模型，不再事先假定每个经济活动主体按照其收入的固定比例进行消费，而是让经济活动主体最优地选择其收入中多少用于消费、多少用于储蓄。结果发现，索罗模型的结论仍然成立。可以说，从 1956 年起，索罗模型一直统治经济增长理论长达 30 年。

索罗模型将长期增长归因于技术进步，但并不能够解释技术进步的经济因素。这显然让人感到遗憾。在相当长的时间里，宏观经济学家并没有找到解决问题的方案。到了 1986 年，罗默在《政治经济学杂志》（*Journal of*

Political Economy）上发表了《收益递增与长期增长》（Increasing Returns and Long Run Growth），找到了解决问题的方案，从而引发人们重新关注经济增长问题。在经济增长文献中，这被称为**新经济增长理论**（new growth theory）或者**内生经济增长理论**（endogenous growth theory）。

新经济增长理论大致沿着两条线索展开：（1）基于无技术进步的索罗模型，通过修订模型中的生产函数，使经济体存在长期经济增长，而且经济活动主体的行为能够影响到长期增长速度；（2）基于外生技术进步的索罗模型，寻找决定技术进步的因素，从而实现经济活动主体的行为能够影响到长期经济增长的速度。在本节，我们主要基于第一条线索阐述新经济增长理论。[5]

重新考察无技术进步的索罗模型

为什么在无技术进步的索罗模型中不存在长期经济增长？对这个问题的回答隐含着新经济增长理论最初的努力方向。我们不妨把本书第3章中的图3—10复制过来，见图4—6，探讨这个问题的答案。

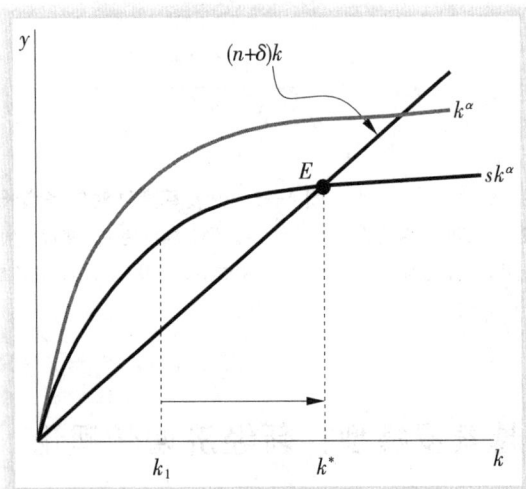

图4—6　索罗图

注：经济体最终要收敛到稳定状态，劳均资本为 k^*，并保持不变。

图4—6是标准的无技术进步的索罗图，由第3章中的分析可知，无论经济体的初始劳均资本存量是多少，经济体最终都会达到稳定状态。一旦到了稳定状态，经济体的劳均资本存量将保持不变，从而经济体不存在长期经济增长。比如假定经济体的初始位置如图4—6中的 k_1 所示，经济体的劳均资本会自发地从 k_1 逐步增加到 k^*，然后保持不变。显然，经济体之所以不存在长

期经济增长，是因为经济体最终都会达到一个稳定状态，在图4—6中表现为储蓄曲线与折旧线的交点 E。

为什么储蓄曲线与折旧线一定会相交呢？从图形上看，折旧线是一条直线，其斜率是常数$(n+\delta)$，与劳均资本存量的高低无关；储蓄曲线是一条曲线，其斜率是 αsk^{a-1}，是劳均资本存量的减函数，且

$$\lim_{k\to 0}\alpha sk^{a-1}=\infty\,;\quad \lim_{k\to\infty}\alpha sk^{a-1}=0$$

这表明，储蓄曲线与折旧线的几何性质决定了两条曲线一定相交。

细心的读者也许已经发现，储蓄曲线的性质，我们在前面已经提到过。其实，储蓄率 s 是常数，储蓄曲线 sy 的性质只取决于 y。$y=k^a$ 具有资本边际产出递减的性质。

通过以上分析我们发现，在索罗模型中资本边际产出递减，这也许是索罗模型无法维持长期经济增长的根源。

从索罗模型到新经济增长模型

在本小节，我们将放松资本边际产出递减的假定，考察经济体能否存在劳均意义上的长期经济增长。这种尝试是人们早期尝试把经济增长率内生化的主要模型，它强调资本社会边际生产率非递减，通常称为 **AK 增长模型**（AK model）。

令 $\alpha=1$，则 C-D 生产函数就变为 AK 生产函数，即

$$Y=AK$$

其中，A 是一个正常数。[6] 显然，在 AK 生产函数中，资本边际产出非递减，因为资本的边际产出等于常数 A。早期的新经济增长模型的核心特征就是资本边际报酬非递减，只不过 AK 生产函数是具有这一特征的最简单的生产函数。其实，AK 模型也正是得名于这个生产函数。

与索罗模型一样，AK 模型的核心方程是 AK 生产函数和资本积累方程。我们将给出劳均意义上的生产函数和资本积累方程。

AK 生产函数两边同时除以 L，可得：

$$y=Ak \qquad\qquad\qquad\qquad\qquad\qquad (4—6)$$

显然，公式（4—6）中，劳均资本的平均产出和边际产出都是常数 A。将公式（4—6）代入索罗模型中的劳均资本积累方程 $\dot{k}=sy-(\delta+n)k$，得：

$$\dot{k}=sAk-(\delta+n)k \qquad\qquad\qquad\qquad (4—7)$$

公式（4—7）就是 AK 模型中的劳均资本积累方程。同样，我们采用索罗图来分析 AK 模型中的经济增长，如图 4—7 所示。

图4—7是基于公式（4—7）得出的索罗图。$(n+\delta)k$ 线表示折旧线；sy 曲线代表储蓄曲线，由于生产函数是 $y=Ak$，储蓄曲线现在是一条直线。下面，我们将分两种情况讨论 AK 模型中的长期经济增长：

1. 如图4—7中的上图所示，$sAk>(n+\delta)k$。这时，储蓄曲线一直在折旧线的上方，$\dot{k}>0$。不妨假定经济体的初始劳均资本存量为 k_1。在经济体中，由于储蓄曲线一直在折旧线上方，劳均资本存量会不断增加，如图中箭头方向所示。因此，劳均资本存量会持续增长，模型中存在长期经济增长。

2. 如图4—7中的下图所示，$sAk<(n+\delta)k$。这时，储蓄曲线一直在折旧线的下方。不妨仍然假定经济体的初始劳均资本存量为 k_1。在经济体中，由于储蓄曲线一直在折旧线的下方，$\dot{k}<0$，劳均资本存量会不断减少。随着时间的推移，经济将会沿着图中箭头所示的方向持续下去，直到劳均资本存量为零。[7] 这表明，原点是稳定状态。在稳定状态，劳均资本存量等于零，劳均收入水平也是零。在稳定状态，经济活动主体将一无所有，这是非常可怕的结果。但幸运的是，在现实中我们好像还没有看到这种情形。

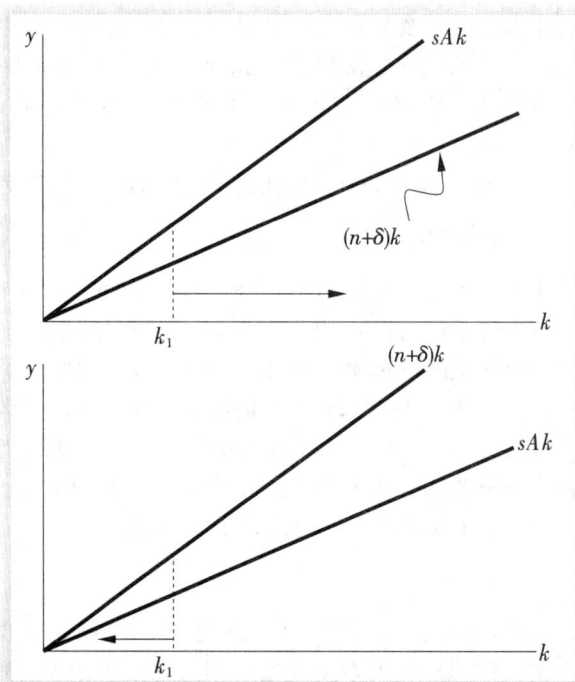

图4—7 Ak 模型中的长期经济增长

注：当生产函数为 $y=Ak$ 时，劳均资本积累方程 $\dot{k}=sAk-(n+\delta)k$ 的右边分解为两条射线，一条是 sAk，另一条是 $(n+\delta)k$，二者之间的距离是 $\dot{k}$。当 $sAk>(n+\delta)k$ 时，$\dot{k}>0$，k 不断增加，经济体存在长期增长；当 $sAk<(n+\delta)k$ 时，$\dot{k}<0$，k 不断减少，最终减少到零，经济体不存在长期增长。

　　无论如何，我们终于看到劳均意义上的经济增长了。不过，经济体为什么能够存在劳均意义上的经济增长呢？下面我们就这个问题展开讨论。

　　如果你仔细观察图 4—6，然后再对比图 4—7，就可以解释，为什么在 AK 模型中能够存在长期经济增长。在图 4—6 中，由于假定 $\alpha<1$，即资本边际报酬递减，经济体每增加一单位资本，其相应增加的产出都略低于前一单位资本的产出。在图 4—6 中表现为 sy 不是一条直线，而是一条曲线。参数 α 度量了 sy 曲线的"曲率"：α 越小，sy 的曲度越大，sy 与 $(n+\delta)k$ 就会在一个"低"水平的 k^* 上相交；相反，α 越大，sy 与 $(n+\delta)k$ 就会在一个"高"水平的 k^* 上相交。显然，给定初始的劳均资本存量水平 k_1，α 越大，k_1 与稳定状态的劳均资本存量 k^* 的距离就越远，从而经济体向其稳定状态收敛的过程就越长。从这种角度看，$\alpha=1$ 是一种极端的情况。这时，经济体向其稳定状态收敛的过程可被视为无限长，从而向其稳定状态收敛的态势永远不会停止。通过这种方式，AK 模型"几何地"超越了索罗模型，能够产生内生的长期经济增长。

　　为了进一步加深对 AK 类型经济增长模型的理解，不妨用另外一个版本的索罗图来刻画 AK 模型中的经济增长。将劳均资本积累方程的两边同时除以劳均 k，得：

$$\frac{\dot{k}}{k}=sA-(n+\delta) \tag{4—8}$$

　　当 $sA>(n+\delta)$ 时，公式（4—8）其实就是劳均资本的增长速度。

　　现在，我们求劳均收入的增长速度。将生产函数 $y=Ak$ 两边取自然对数，然后对时间求导，得 $g_y=g_k$。[8]这表明，劳均产出与劳均资本的增长速度相同，因此，

$$g_y=sA-(n+\delta) \tag{4—9}$$

　　由公式（4—9）可知，当 $sA>(n+\delta)$ 时[9]，经济体的增长速度为正，且与劳均资本存量水平无关。这表明，在 AK 模型中，当 $sA>(n+\delta)$ 时，不管经济体的初始劳均资本存量是多少，劳均资本和劳均收入都会持续地增长，增长速度为 $(sA-n-\delta)$。

　　作为练习，大家可以计算劳均消费的增长率也是 $(sA-n-\delta)$。

储蓄率与经济增长

　　在索罗模型中，无论是否存在技术进步，储蓄率的变化都不会影响到经济体的长期增长速度。在本小节，我们将考察，在 AK 增长模型中，这个结论是否仍然成立。

　　假定在时刻 t_0，经济体的储蓄率突然间从 s 永久性地上升到 s'，经济体的

长期经济增长速度将会如何变化？

为了方便分析，我们不妨假定在时刻 t_0，经济体中存在劳均意义上的长期经济增长，即假定在 AK 模型中，储蓄曲线一直在折旧线的上方，如图4—8中的上图所示。

由图 4—8 可知，在时刻 t_0，经济体的储蓄率突然间从 s 永久性地上升到 s'，相应地，储蓄曲线将会从 sAk 向上平移到 $s'Ak$，劳均收入的增长率由 $(sA-n-\delta)$ 提高到 $(s'A-n-\delta)$，如图4—8 中的下图所示。这表明，在 AK 模型中，储蓄率的变动能够影响到经济体的长期增长速度。

作为练习，大家不妨画图分析人口增长速度 n 的变动对经济体长期经济增长速度的影响。结论是：在 AK 模型中，人口增长速度的变动也能够影响经济体的长期增长速度。

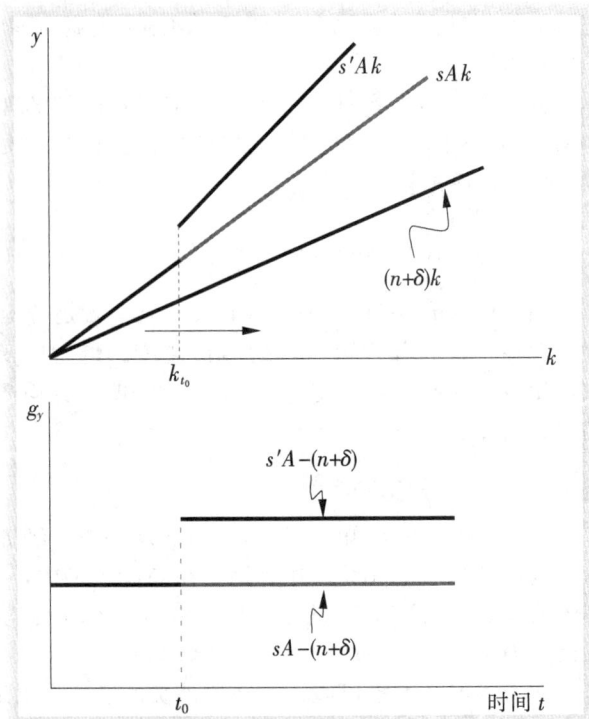

图4—8　模型中的储蓄率变动

注：当生产函数是 $y=Ak$，且 $sAk>(n+\delta)k$ 时，储蓄率从 s 永久性地上升到 s'，经济体的增长速度从 $(sA-n-\delta)$ 上升到 $(s'A-n-\delta)$。

在 AK 模型中，为什么储蓄率 s 和人口增长速度 n 的变动能够影响到经济体的长期经济增长速度？其实，公式（4—9）早已给出了答案。当 $sA > (n+\delta)$ 时，AK 模型中存在劳均意义的经济增长，经济增长速度为 $g_y = sA - (n+\delta)$。增长速度是储蓄率 s 的增函数，是人口增长速度 n 的减函数。因此，提高储蓄率或者降低劳动增长率的政策能够提高劳均意义的经济增长率。这意味着，经济政策或者经济活动主体的行为能够影响到经济体的长期增长速度。正因为如此，经济增长文献将其称为内生增长理论。

新增长理论的微观基础

到目前为止，你也许感到很奇怪：与索罗模型相比，AK 模型更加简单，而且存在长期经济增长，为什么几乎无力解释长期经济增长的索罗模型能够统治经济增长理论长达 30 年之久？或者说，为什么 AK 类型的新经济增长理论出现得这么晚？

在回答这个问题之前，我们不妨再回顾一下这两个理论最大的不同之处：索罗模型假定资本边际产出递减；而 AK 模型假定资本边际产出不变，如图 4—9 所示。在图 4—9 中，第一幅图是索罗模型中所采用的劳均意义上的 C-D 生产函数 $y = k^a$，资本的边际产出随着资本的增加而递减；第二幅图是 AK 增长模型中所采用的生产函数 $y = Ak$，资本的边际产出是一个常数，并不随着资本存量的增加而递减。

生产要素边际产出递减是微观经济学中最基本的原理之一，否认资本边际产出递减是对微观经济学原理的侵犯。如果每个厂商的资本边际产出不变，这意味着，厂商将机器设备增加两倍，产出也将增加两倍。这时，如果将所有的生产要素都增加两倍，比如资本和劳动都增加两倍，那么厂商将会生产出多于两倍的产出。这表明，当资本边际产出不变时，对所有生产要素而言，这意味着规模报酬递增。对厂商而言，当规模报酬递增时，生产规模越大越好。基于这种逻辑，最终将会出现一个厂商主宰整个经济体，甚至主宰全球经济。显然，这是一个令人吃惊的预言。因为至少到目前为止，我们还没有观察到这种现象，如图 4—10 所示。当理论预测与现实相左时，我们应该修正的是理论而不是现实。因此，我们应该排除资本边际产出不变的可能性，至少对单个企业而言应该如此。

既然我们无法简单假定厂商的生产函数是 $y = Ak$，那么经济体怎么会呈现资本边际产出不变呢？显然，这是新经济增长理论背后所隐含的难题。罗默（Romer，1986）提供了一个可行的解决方案：区分生产要素的**私人收益**（private return）和**社会收益**（social return）。具体而言，有些生产要素不仅生产产出，而且生产新的工作方式、方法及经验等**副产品**（by-product）；厂商可以获得这些产出所带来的完全收益，但很难完全获得这些副产品所带来的收益，即厂商的某些生产可能具有外部性。

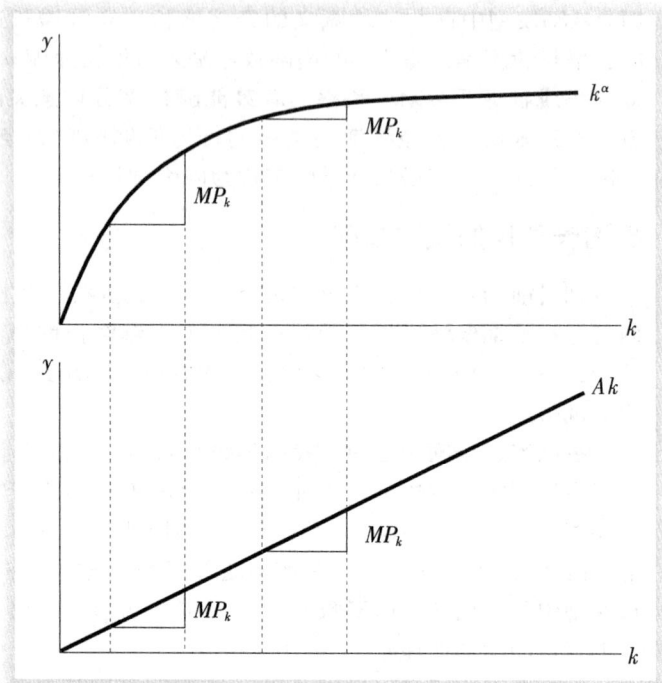

图 4—9 生产函数

注：在索罗模型中，生产函数是 $y = k^{\alpha}$，资本边际产出递减；在 AK 模型中，生产函数是 $y = Ak$，资本边际产出不变。

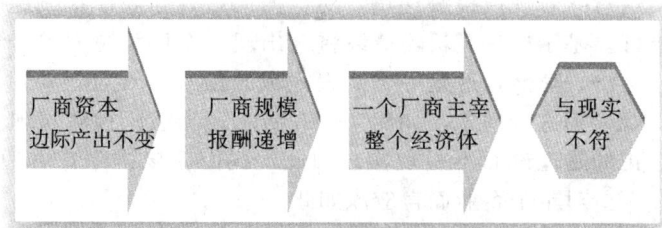

图 4—10 AK 生产函数的背后难题

注：如果假定厂商的生产函数是 $y = Ak$，就会得到与现实不相符的结论。

　　因此，在微观层面上，我们仍然遵循边际要素生产率递减规律，但假定厂商在生产中存在正外部性。当我们考察经济体的整体行为时，显然，不能再忽视这些正外部性。正是由于这些正外部性的存在，可以得到经济体的总

量生产函数是 $y=Ak$，资本边际产出不变，尽管对每个厂商而言，资本边际产出是递减的。[10]

资本是否具有如此大的外部性？这是一个非常重要的问题。因为资本边际产出不变是建立在资本具有相当大的外部性基础上的。如果资本仅仅是物质资本，比如机器设备，可能不会具有多大的外部性。因为机器设备所产生的收益绝大部分都归其所有者。但资本不仅包括物质资本，还包括人力资本和知识资本等，特别是知识资本，通常具有较大的外部性。比如罗默1986年发表的关于新经济增长理论的开山之作，就进一步增进了人们对经济增长的理解，并被广为学习。显然，这篇论文所带来的这些收益，对罗默本人而言，几乎都是外部性的。另外，许多新知识、新思想等往往使更新的知识成为可能，因为"如果我比别人看得远，那是因为我站在巨人的肩膀上"。总之，新经济增长理论揭示了，增加人力资本上的投资和增进知识资本的研发是理解长期经济增长的关键。

4.3 新古典增长理论与新增长理论

到目前为止，我们讨论了以索罗模型为代表的新古典增长理论和以 AK 模型为代表的新增长理论。这时，你也许会问：哪个模型能够更好地解释我们周围的世界？确实，这是一个很难简单地回答是或否的问题。建议读者在运用这些模型的过程中自己做判断。我们一直认为，在宏观经济学中，许多模型是互补的，都能够增进我们对周围世界的理解。

在本小节，我们尝试把这两个模型整合成一个模型，看看是否能够进一步增进我们对周围世界的理解。

两部门经济

如图4—11所示，经济体里存在两个部门：部门1和部门2。这两个部门的生产要素都是劳均资本。不同的是，部门1采用C-D生产函数 $y_1=k^a$ 进行生产，随着劳均资本存量的增加，资本边际产出递减，如图4—11中的第一幅图所示。部门2采用 AK 生产函数 $y_2=Ak$ 进行生产，资本边际产出不变。正如我们在上面所强调的，只有当资本所产生的外部性足够大时，经济体才可能出现资本边际产出不变的情形。为了体现这一点，我们强调，在部门2中，只有当劳均资本存量不小于 $\bar{k}$ 时，才可能采用 AK 生产函数，如图4—11中的第二幅图所示。

知道了两个部门的生产函数，我们通过垂直加总得到经济体的总量生产函数，如图4—11中的最后一幅图所示。

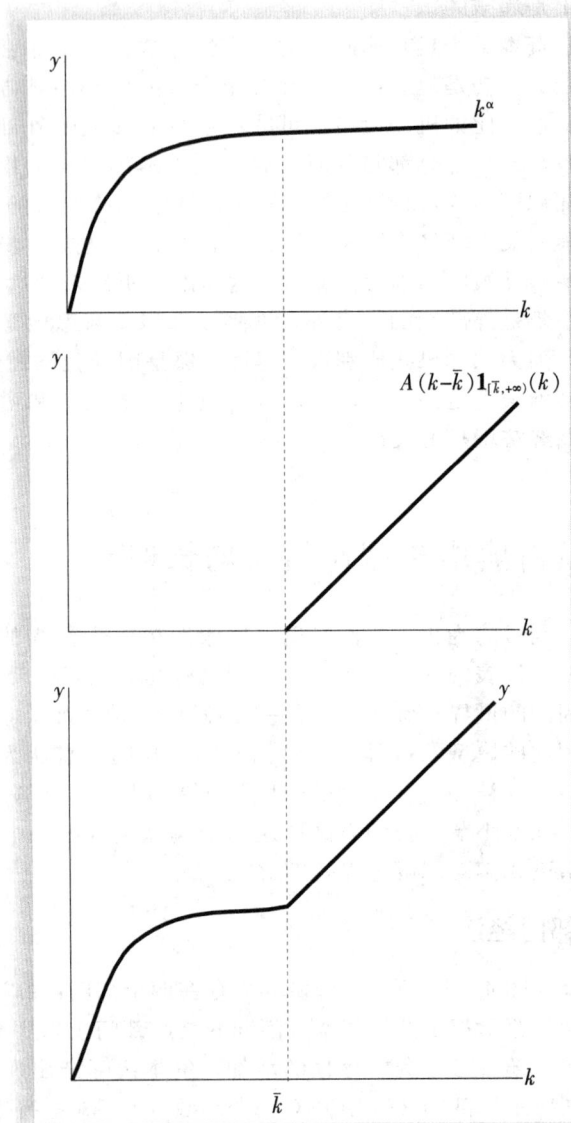

图 4—11 两部门经济

注：经济体里存在两个部门。一个部门的生产函数是 $y_1 = k^\alpha$；另一个部门的生产函数 $y_2 = A(k-\bar{k})$ $\mathbf{1}_{[\bar{k},+\infty)}(k)$，其中 $\mathbf{1}_{[\bar{k},+\infty)}(k)$ 是集合 $[\bar{k}, +\infty)$ 的示性函数。经济体的总量生产函数为 $y = y_1 + y_2$。

下面，我们采用索罗图考察两部门经济体中的长期增长情况，如图 4—12

所示。在图 4—12 中，折旧线仍然是一条射线，与原始索罗模型的一模一样；储蓄曲线是通过"压缩"图 4—11 中最后一幅图中的生产函数得到的，即 sy。从图形上看，图 4—12 中的储蓄曲线，既不完全同于原始索罗模型中的储蓄曲线，也不完全同于 AK 模型中的储蓄曲线，是索罗模型中的储蓄曲线和 AK 模型中的储蓄曲线耦合的结果。

在图 4—12 中，储蓄曲线和折旧线存在两个交点[11]：E 点和 E' 点。两个交点所对应的劳均资本分别是 k^* 和 k^{**}。显然，k^* 和 k^{**} 把横轴分成了三部分，即 $[0, k^*]$、$[k^*, k^{**}]$ 和 $[k^{**}, \infty)$。下面，我们将分三种情况考察两部门经济体中的长期增长：

1. 经济体的初始劳均资本属于第一部分。由图 4—12 可知，这时，储蓄曲线高于折旧线，即 $\dot{k} > 0$，劳均资本会不断增加，最终将增加到 k^*。

2. 经济体的初始劳均资本属于第二部分。由图 4—12 可知，这时，储蓄曲线低于折旧线，即 $\dot{k} < 0$，劳均资本会不断减少，最终将会减少到 k^*。

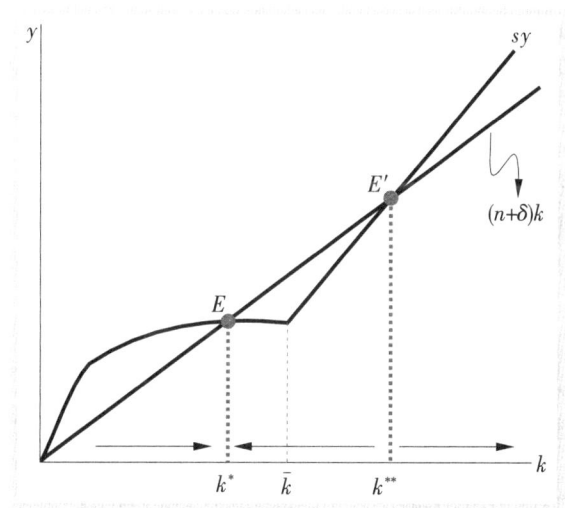

图 4—12　两部门经济体中的索罗图

注：储蓄曲线与折旧线可能存在两个交点：E 和 E'。E 点是一个稳定状态，对应的劳均资本是 k^*；E' 点不是一个稳定状态，对应的劳均资本是 k^{**}。当初始劳均资本低于 k^{**} 时，经济体最终将会达到 E 点，不存在长期增长；当初始劳均资本高于 k^{**} 时，经济体会持续地增长。

以上两种分析表明，当经济体的初始劳均低于 k^{**} 时，经济体最终都将会达到 E 点所对应的劳均资本存量 k^*，而且一旦经济体的劳均资本达到 k^*，就将保持不变。这意味着，E 点是经济体的一个稳定状态，而且稳定状态的增长速度等于零。

3. 经济体的初始劳均资本属于第三部分。由图 4—12 可知，这时，储蓄曲线一直高于折旧线，$\dot{k}>0$，劳均资本一直增加。相应的劳均收入也会一直增长，即存在长期经济增长。

以上分析表明，经济体是否存在长期增长取决于其初始状态：当劳均资本小于 k^{**} 时，经济体最终将会达到一个稳定状态，不存在长期经济增长；但当劳均资本大于 k^{**} 时，经济体将存在长期经济增长。

在经济增长文献中，有时也把稳定状态 E 形象地称为"**发展陷阱**"（development trap）。因为当其他条件不变时，只要经济体的劳均资本低于 k^{**}，经济体就将最终达到这个不存在长期经济增长的稳定状态，而无法实现长期增长。

经济增长政策

如何实现长期经济增长，推动长期供给曲线不断向右平移？几乎每个经济体都迫切想知道这个问题的答案。基于图 4—12，我们也许能够开出四个药方。

药方 1：贷款、援助使经济体的劳均资本突破 k^{**}

从图 4—12 上看，只要经济体的劳均资本超过 k^{**}，经济体将会"自动"实现长期经济增长。伊斯特利（Easterly，2005）指出："迷信于外援支持的投资增长使得我们在寻求经济增长之路上误入歧途长达 50 年之久"。伊斯特利利用 1965—1995 年间 88 个国家或地区的资料发现，在 88 个经济体中，只有 17 个经济体的投资随着援助的增加而增加；在这 17 个经济体中，只有 6 个占 GDP1％的援助至少能够带来新增投资占 GDP 的 1％以上，如图 4—13 所示。这 6 个经济体分别是中国内地、中国香港、突尼斯、摩洛哥、马耳他和斯里兰卡，其中中国内地和中国香港在 1965—1995 年间接受的援助只占 GDP 的 0.07％，剩下 4 个经济体接受的援助平均也只占 GDP 的 2％。

为什么会出现这种情况？伊斯特利（Easterly，2005）的答案是：忽视了人们会对激励做出反应。没有理由认为，仅仅因为穷而接受援助就会改变受援国对未来投资的激励。回报率高，它们在未来就会投资；回报率低，它们在未来就不会投资。结果，援助不会使得受援国增加投资，而是增加对消费品的购买。

药方 2：提高储蓄率

从图 4—14 中看，只要储蓄率提高到一定程度，比如从 s 提高到 s'，使得储蓄曲线一直在折旧线的上方，即 $\dot{k}>0$，劳均资本就会一直增加。如同 AK 模型所描述的那样，经济体将会出现长期经济增长。

在索罗模型中，储蓄率的变动并不影响经济体的长期增长速度；而在 AK 类型的新经济增长模型中，储蓄率的变动却可以影响经济体的长期增长速度。

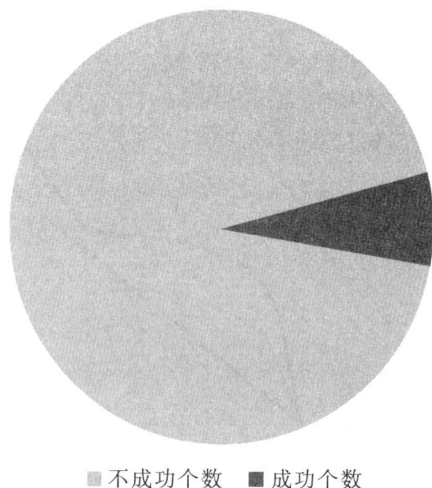

■ 不成功个数　■ 成功个数

图 4—13　援助几乎没有增加投资

注：1965—1995 年间，在有资料的 88 个经济体中，只有 6 个经济体因接受援助而增加了新增投资。

资料来源：威廉·伊斯特利（William Easterly）：《在增长的迷雾中求索》，北京，中信出版社，2005。

从实证的角度看，目前倾向于前者。另外，人们关注增长，是因为收入的增加能够提高人们的福祉，但绝不会把全部的收入都用于储蓄。

药方 3：降低人口增长率

从图 4—15 中看，只要人口增长速度降到一定程度，比如从 n 降到 n'，使得储蓄曲线一直在折旧线的上方，即 $\dot{k} > 0$，劳均资本就会一直增加。如同 AK 模型所描述的那样，经济体将会出现长期经济增长。

一些政府已经认识到降低人口增长的必要性，采取包括强制措施在内的计划生育政策。但在贫穷的地区或国家，往往很难降低人口增长速度。因为在这些经济体里，大家庭可以作为一种社会保障，老有所养。在经济学中，人口问题是一个古老的问题。马尔萨斯（Thomas Malthus）在 19 世纪曾经指出，人口的几何增长将超过粮食产量的算术增长，结果将导致大量的饥荒来纠正这种失衡。其实，实证检验人口增长与经济增长关系的文献，可以说是浩如烟海，但大部分文献都发现，人口的增长并不影响经济的长期增长速度；发展是控制人口的最好的手段。

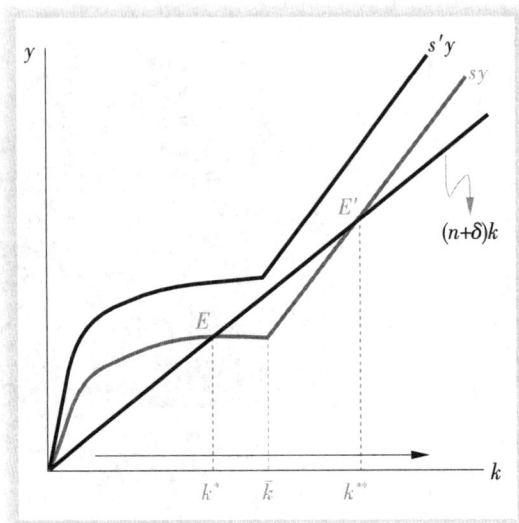

图 4—14 提高储蓄率

注：在两部门经济体中，如果储蓄率高到一定程度，比如从 s 提高到 s'，使得储蓄曲线一直在折旧线的上方，那么经济体则存在长期经济增长。

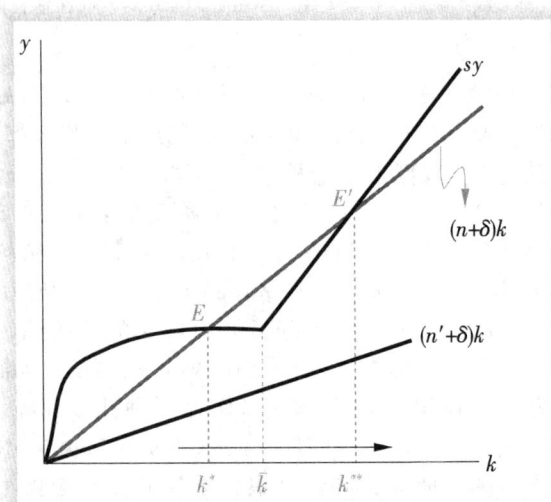

图 4—15 降低人口增长速度

注：在两部门经济体中，如果人口增长速度降到一定程度，比如从 n 降到 n'，使得储蓄曲线一直在折旧线的上方，那么经济体则存在长期经济增长。

药方4：改善投资结构，注重研发

在两部门模型中，还存在一个投资结构的问题，社会不仅要选择总投资，还必须对两种投资渠道做出选择。将更多的投资引导到具有较大外部性的部门，经济就会实现长期增长，如图4—16所示。如果将更多的投资引导到物质资本积累，在短期内可以具有较快的增长，但很难实现长期经济增长。

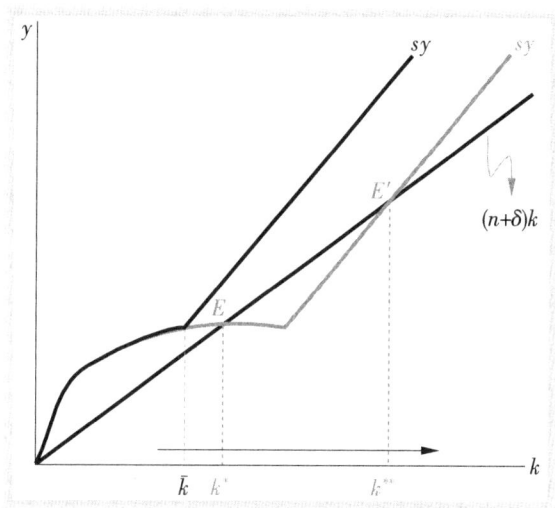

图4—16　更多的投资用于研发等

注：如果更多的投资用于研发等具有较大外部性的部门，使得储蓄曲线一直在折旧线的上方，那么经济体则存在长期经济增长。

4.4　经济增长核算

通过前面的分析，我们已经发现，技术进步是经济增长的引擎。在生产要素边际生产率递减的情况下，只有存在技术进步，经济才可能持续地增长。既然技术进步在经济增长中如此重要，我们如何测量技术进步对增长的贡献呢？

这就是所谓的**经济增长核算**（growth accounting）问题。经济增长核算是把要素投入对经济增长的贡献与综合要素生产率对经济增长的贡献区别开来，以生产要素在国民收入中的分配份额为权数，并把不能够由生产要素解释的产出增长部分定义为**综合要素生产率**（total factor productivity，TFP）的增长，而且把TFP的增长率等同于我们前面定义的技术进步率。

经济增长核算始于索罗在1957年发表的一篇论文《技术改变与总生产函

数》。在这篇文章中，他基于新古典生产函数通过一个简单的数学计算将产出的增长分解为资本、劳动和技术进步的增长率。随后，丹尼森（Denison）、肯德里克（Kendrick）和乔根森（Jorgenson）等在这方面也做出了突出的贡献。

经济增长核算的方法

现在，我们介绍经济增长核算的具体方法。假定经济体的生产函数为：

$$Y = F(K, L, A)$$

其中，A 表示技术水平，其他变量的经济含义同前。两边取自然对数，然后对时间求导，得：

$$\frac{\dot{Y}}{Y} = \frac{F_K \dot{K}}{Y} + \frac{F_L \dot{L}}{Y} + \frac{F_A \dot{A}}{Y} \tag{4—10}$$

其中，F_k 表示生产要素 k 的边际产出。公式（4—10）可以整理为：

$$\frac{\dot{Y}}{Y} = \frac{F_K K}{Y}\frac{\dot{K}}{K} + \frac{F_L L}{Y}\frac{\dot{L}}{L} + \frac{F_A \dot{A}}{Y} \tag{4—10A}$$

在竞争性市场上，如果按照要素边际生产率进行收入分配，那么 KF_K/Y 和 LF_L/Y 则分别是资本和劳动在国民收入分配中所占的份额，不妨记为 α 和 β。当规模报酬不变时，$\alpha + \beta = 1$。

在经济增长文献中，通常把 $F_A \dot{A}/Y$ 视为全要素生产率（TFP）。如果我们把变量 x 的增长速度记为 g_x，那么公式（4—10A）就可以表示为：

$$g_Y = \alpha g_K + (1-\alpha)g_L + \text{TFP} \tag{4—11}$$

公式（4—11）是经济增长核算中最基本的表达式，它揭示了总产出的增长速度分别归因于资本的增长速度、劳动的增长速度及以 TFP 表示的技术进步率。在实际经济增长核算过程中，由于增长核算是一种事后核算，公式（4—11）通常被用来"倒推"以 TFP 度量的技术进步率，即

$$\text{TFP} = g_Y - \alpha g_K - (1-\alpha)g_L \tag{4—11A}$$

在经济增长理论中，许多情况下，我们关注的是劳均收入的增长。下面，我们将介绍"劳均意义上的"增长核算方法。

由劳均收入的定义 $y = Y/L$，两边取自然对数，然后对时间求导，可得：

$$g_y = g_Y - g_L$$

代入公式（4—11），得：

$$g_y = \alpha g_k + \text{TFP} \tag{4—12}$$

其中，$g_k=g_K-g_L$，是劳均资本的增长速度。公式（4—12）揭示了，劳均收入的增长速度主要归因于劳均资本的增长速度和以 TFP 度量的技术进步。

经济增长核算的数据要求

无论是采用公式（4—11）还是公式（4—12），经济增长核算对数据的要求大致都是一样的。

在生产函数中，K 是资本，而不是投资。我国统计部门一般不提供关于资本存量的时间序列，人们通常采用**永续盘存法**（perpetual inventory method）模拟资本存量。相对而言，劳动的时间序列较容易获得，至少统计部门会提供劳动者人数的时间序列资料。

测算 α 和 β 的方法有两种：（1）视 α 和 β 为资本、劳动的产出弹性，采用计量经济学的方法估计生产函数，得到 α 和 β 的估计值；（2）视 α 和 β 为资本、劳动所得的份额，从国民经济核算中寻找。当采用收入法进行国民经济核算时，GDP 就可分解为劳动报酬和资本报酬，并可得出二者所占的比重。实际增长核算中，在研究工业化国家的经济增长核算时，通常假定 α 和 β 是 1/3 和 2/3；而在研究我国的经济增长核算时，并没有一个统一的标准。

经济增长核算的举例

在本小节，我们将采用公式（4—11）和公式（4—12），对中美的经济增长进行核算。首先，看美国经济增长核算情况（见表4—1）。

表4—1　　　　　　1960—1990 年间美国经济增长情况单位（％）

年份	GDP增长率	资本增长速度	劳动增长速度	TFP	劳均GDP增长率
1960—1970	4.0	2.4	1.8	2.0	2.2
1970—1980	2.7	2.7	2.3	0.3	0.4
1980—1990	2.6	2.4	1.1	1.1	1.5
1960—1990	3.1	2.7	1.8	1.0	1.3

注：资本、劳动的收入份额是 1/3：2/3。
资料来源：查尔斯·琼斯（Charles I. Jones）：《经济增长导论》，北京，北京大学出版社，2002。

根据表4—1，我们看到，在 1960—1990 年间，美国 GDP 的年均增长速度为 3.1％。其中有不到 1％［2.7％×(1/3)＝0.9％］归因于资本积累；1.2％［1.8％×(2/3)＝1.2％］归因于劳动力的增加；剩下的 1.0％归因于 TFP，即技术进步。按照同样的逻辑，我们可以求得其他年份的 TFP，即表中的倒数第二列。

我们对美国经济增长进行核算，其实就是考察美国经济增长的源泉。比如，在1960—1990年间，美国劳均GDP平均增长速度为1.3%，而以TFP度量的技术进步率为1.0%。这意味着，美国超过75%（1.0/1.3≈77%）的经济增长是靠技术进步，不到25%的经济增长可归因于资本。

分段考察，如图4—17所示，在20世纪60年代，技术进步的贡献份额接近80%，70年代和80年代略微有点下降，但技术进步的贡献份额也在75%左右。这表明，与经济增长理论预期的一样，技术进步是美国经济增长的引擎。

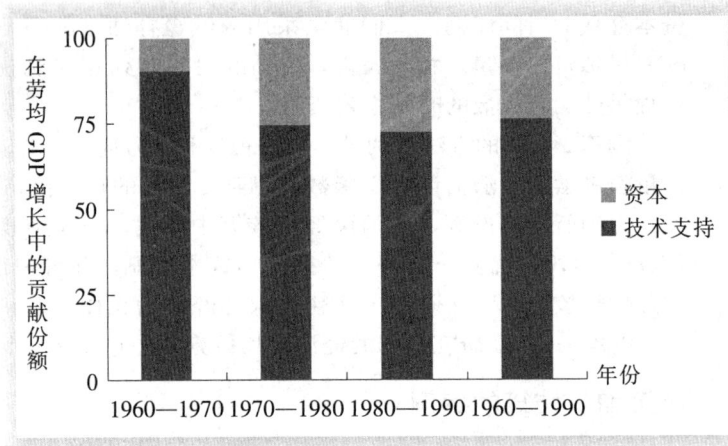

图4—17 美国的经济增长主要由技术进步贡献

注：在1960—1990年间，美国的经济增长主要是由技术进步贡献的。以TFP度量的技术进步对美国劳均GDP增长的贡献份额大致为75%。

现在，我们考察中国经济增长核算情况。根据舒元（1993），在1952—1990年间，我国国民收入的平均增长速度为6.74%，资本和劳动的平均增长速度分别为8.24%和3.06%，二者在国民收入分配中所占比重分别为0.7和0.3。

由公式（4—11A）可以求出我国在1952—1990年间以TFP度量的技术进步率，为：

$$TFP=6.74\%-0.7\times8.24\%-0.3\times3.06\%=0.054\%$$

现在，基于公式（4—12）考察我国经济增长的源泉。在1952—1990年间，我国劳均国民收入的平均增长率为3.68%，其中以TFP度量的技术进步贡献的增长速度为0.054%、劳均资本贡献的增长速度为3.626%。这意味着，技术进步对我国经济增长的贡献份额大致为2%（0.054%/3.68%≈1.5%），而资本的贡献份额接近98%。因此，在1952—1990年间，我国的经济增长主要是资本贡献的，如图4—18所示。

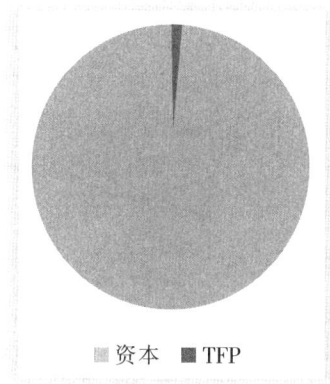

■资本 ■TFP

图 4—18　中国的经济增长主要是资本贡献的

注：在 1952—1990 年间，中国的经济增长主要是由资本贡献的。以 TFP 度量的技术进步对中国劳均国民收入增长的贡献份额大致为 2%。

4.5　亚洲经济增长奇迹

在本部分，我们将基于经济增长核算考察日本和"亚洲四小龙"追赶发达经济体的"诀窍"，进一步揭示落后经济体如何赶超富裕经济体。

二战后美日的趋同

由图 4—19 可知，二战后，日本的生活水平逐渐追上了美国。日本为什么能够逐步赶上美国？与此相关的文献非常多，我们将通过经济增长核算探讨背后的经济学故事。

图 4—19 还揭示了，二战后日本在追赶美国的过程中，战后早期比晚期追赶得更快。因此，我们将分成两段考察：1950—1973 年间和 1973—1992 年间。具体资料见表 4—2。

表 4—2　　　　　　　　　　二战后美日的经济增长单位（%）

	人均 GDP			人均资本		
	美国	日本	差异	美国	日本	差异
1950—1973 年	2.42	8.01	5.59	2.48	7.94	5.46
1973—1992 年	1.38	3.03	1.65	2.89	6.05	3.16

注：其中 $\alpha=1/3$。

资料来源：Dornbusch R.，S.，Fischer and R.，Startz：《宏观经济学（英文版）（第八版）》，大连，东北财经大学出版社，2001。

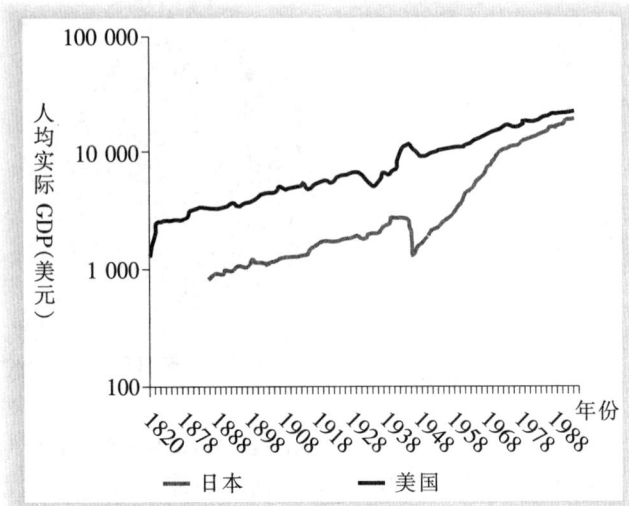

图 4—19 二战后美日经济趋同

注：二战后，日本的生活水平逐步赶上了美国。

资料来源：麦迪森（Angus Maddison）：《世界经济二百年回顾》，北京，改革出版社，1997。

公式（4—12）可以把美日的人均 GDP 增长速度分解为人均资本贡献的增长速度和以 TFP 度量的技术进步贡献的增长速度。

在 1950—1973 年间，美国的 TFP＝2.42－(1/3)×2.48＝1.59，日本的 TFP＝8.01－(1/3)×7.94＝5.36。因此，以 TFP 度量的技术进步，日本比美国快了 3.77 个百分点。同期，美日资本积累所贡献的增长速度分别为 0.83% 和 2.56%，二者相差 1.73 个百分点。这意味着，在 1950—1973 年间，日本人均 GDP 的增长速度比美国快了 5.5 个百分点，其中主要是由以 TFP 度量的技术进步贡献的。[12]

在 1973—1992 年间，美国的 TFP＝1.38－(1/3)×2.89＝0.42，日本的 TFP＝3.03－(1/3)×6.05＝1.01。因此，以 TFP 度量的技术进步，日本比美国快了 0.59 个百分点。在同期，美日资本积累所贡献的增长速度分别为 0.96% 和 2.02%，二者相差 1.06 个百分点。这意味着，在 1973—1992 年间，日本人均 GDP 的增长速度比美国快了 1.65 个百分点，其中主要是资本积累贡献的。[13]

以上分析表明，快速的经济增长可以通过引进技术（或称技术扩散）缩小与发达经济体技术水平间的差距来实现。二战后，日本积极引进、吸收发达经济体的技术。当然，随着日本逐步赶上美国，美日之间以 TFP 度量的技术差距就不再像战后初期那么重要了。整体而言，由图 4—20 可知，在日本追赶美国的过程中，技术扮演了非常重要的角色。

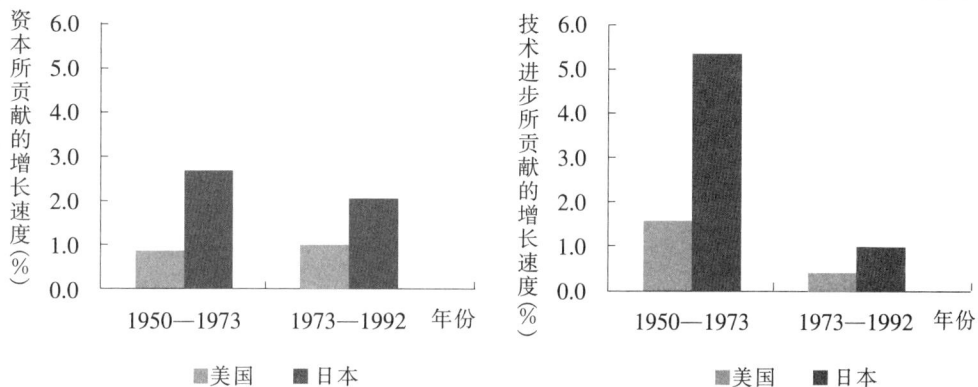

图 4—20　二战后美日增长趋同的原因

注：人均 GDP 增长速度主要源于人均资本增长速度和 TFP 度量的技术进步。左图是资本积累对美国和日本经济增长的贡献；右图是技术进步对美国和日本经济增长的贡献。在 1950—1973 年间和 1973—1992 年间，日本资本积累贡献的增长速度分别是美国的 3.2 倍和 2.1 倍；日本以 TFP 度量的技术进步贡献的增长速度分别是美国的 3.4 倍和 2.4 倍。因此，技术进步在日本追赶美国的过程中扮演了重要的角色。

"亚洲四小龙"的增长奇迹

　　韩国、新加坡、中国台湾和中国香港的经济起飞始于 20 世纪 60 年代，20 世纪 70 年代以更高速度增长，GNP 年均增长率为 9％左右，被称为"经济奇迹"。在 20 世纪 80 年代上半叶，发展中国家经济处于困难时期，东亚的这四个经济体仍维持较高的增长速度。它们增长的绩效是如此非凡，以至人们通常把这四个经济体称为"亚洲四小龙"。

　　通过对"亚洲四小龙"及世界不同类型国家或地区 GDP 增长速度的比较，我们可以理解，"亚洲四小龙"的经济增长为什么会被视为奇迹，如图 4—21 所示。

　　韩国、新加坡、中国台湾和中国香港在人类发展史上创造了一个经济增长奇迹，这是毋庸置疑的事实。恰好是它们的快速增长，使其上演了"丑小鸭变天鹅"的童话故事：它们从世界上最贫穷经济体的队伍中脱颖而出，步入富裕的工业化经济体行列。"丑小鸭变天鹅"的诀窍是什么？显然，这是欠发达经济体迫切需要的。

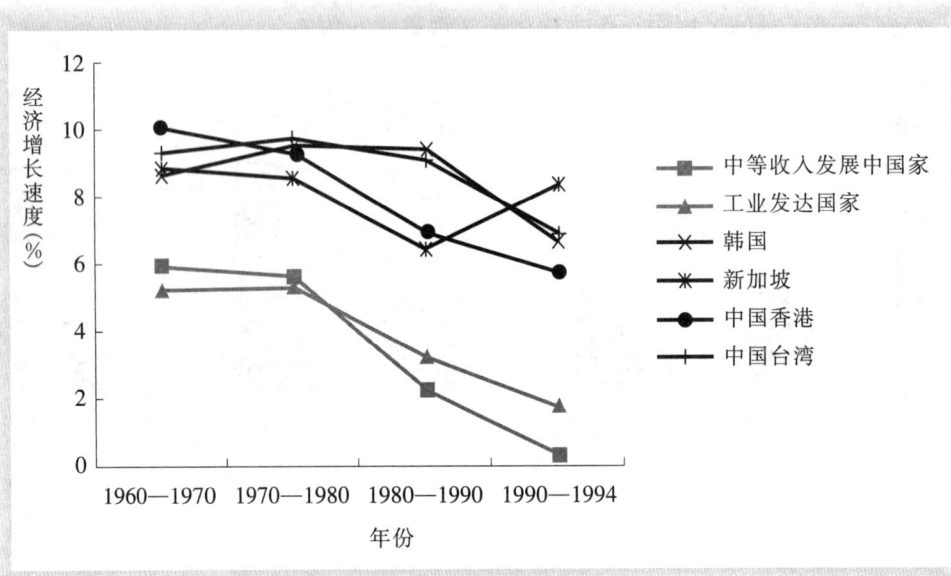

图 4—21　"亚洲四小龙"的增长奇迹

注：二战后"亚洲四小龙"的经济增长速度远远高于工业发达国家和中等收入水平发展国家的增长速度，创造了经济增长奇迹。

资料来源：世界银行：《1982 年世界发展报告》、《1996 年世界发展报告》；国家统计局国际信息中心：《亚洲发展中国家和地区经济和社会统计资料汇编》，北京，中国统计出版社，1992；《经济日报》（中国台湾），1995 - 08 - 14。

　　从目前的证据来看，最大的诀窍就是我们一直强调的传统美德：节俭和勤劳。我们还是采用公式（4—12）对"亚洲四小龙"进行经济增长核算，结果见图 4—22。

　　由图 4—22 可知，"亚洲四小龙"的经济增长并不主要源于技术进步。在 1966—1990 年间，韩国、新加坡、中国台湾和中国香港的人均 GDP 增长速度分别为 6.8%、6.8%、6.7% 和 5.7%，而 TFP 则分别为 1.7%、0.2%、2.6% 和 2.3%。这意味着，以 TFP 表示的技术进步对"亚洲四小龙"的经济增长份额只有 25%、3%、39% 和 40%。这意味着，"亚洲四小龙"的经济增长主要是源于物质资本积累。

　　图 4—23 和图 4—24 进一步佐证了，东亚经济增长奇迹主要是建立在物质资本积累基础之上的。从图 4—23 和图 4—24 上看，从 20 世纪 60 年代到 80 年代，"亚洲四小龙"的储蓄率和投资率确实在不断提高。显然，这些国家的高储蓄率和高投资率为经济高速增长做出了巨大的贡献，甚至成为"亚洲四小龙"创造增长奇迹的主要依靠力量。

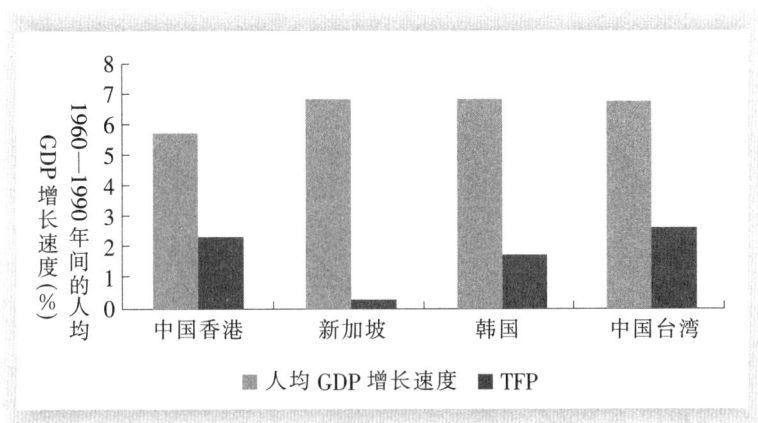

图 4—22　"亚洲四小龙"的增长核算

注：二战后"亚洲四小龙"创造了经济增长奇迹。在 1960－1990 年间的增长主要源于物质资本积累，而不是以 TFP 度量的技术进步。

资料来源：Young，A.，1995，"The Tyranny of Numbers：Confronting the Statistical Reality of the East Asian Growth Experience," *The Quarterly Journal of Economics*，110，pp.641－680。

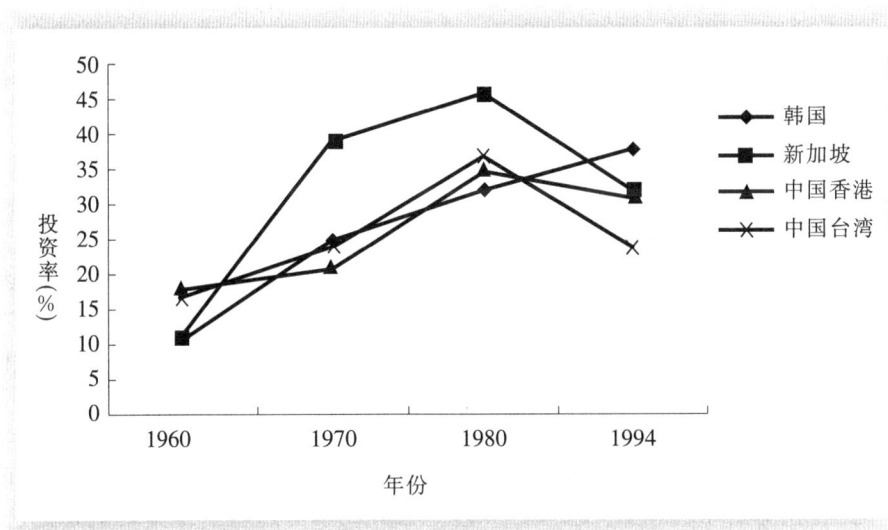

图 4—23　"亚洲四小龙"的投资率

注：二战后"亚洲四小龙"的投资率大幅度提高。

资料来源：世界银行：《1982 年世界发展报告》、《1996 年世界发展报告》；国家统计局国际信息中心：《亚洲发展中国家和地区经济和社会统计资料汇编》，北京，中国统计出版社，1992；《经济日报》（中国台湾），1995－08－14。

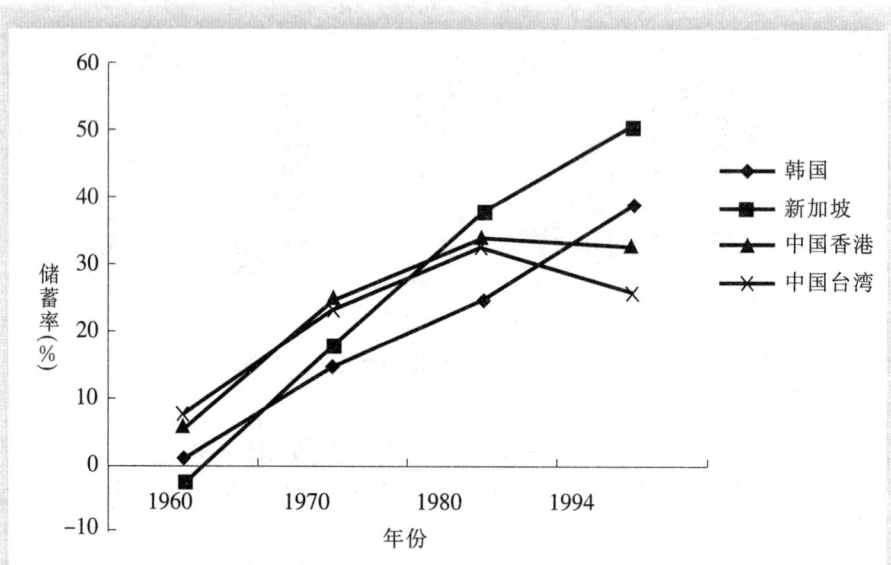

图 4—24 "亚洲四小龙"的储蓄率

注：二战后"亚洲四小龙"的储蓄率大幅度提高。

资料来源：世界银行：《1982 年世界发展报告》、《1996 年世界发展报告》；国家统计局国际信息中心：《亚洲发展中国家和地区经济和社会统计资料汇编》，北京，中国统计出版社，1992；《经济日报》（中国台湾），1995－08－14。

如果说"丑小鸭变天鹅"的故事主要是建立在诸如节俭等传统美德的基础上的，那么为什么到目前为止，我们只是看到了东亚这几个为数不多的经济增长奇迹呢？卢卡斯（Lucas，1993）认为，东亚增长奇迹不可能仅仅建立在储蓄率提高的基础上，最重要的是，东亚经济体在源源不断地"干中学"，逐步缩小与发达经济体技术水平之间的差距。显然，经济增长核算很难刻画这种"干中学"的影响。

二战后，我们确实看到了一些经济增长奇迹，目前中国也许正在创造经济增长奇迹。但创造经济增长奇迹的诀窍是什么？遗憾的是，到目前为止，我们确实知之甚少。也许，节俭、勤劳和学习这些传统美德就是创造经济增长奇迹的诀窍吧。

4.6 本章小结

　　本章主要探讨长期总供给曲线背后的经济学故事：经济体长期增长的引擎是什么？新古典经济增长理论给出的答案是技术进步，新经济增长理论则进一步把技术进步内生。

　　随着经济体技术水平的不断提高，经济体持续增长，经济体的生产能力不断提高，相应地，长期总供给曲线不断向右平移，如图 4—25 所示。

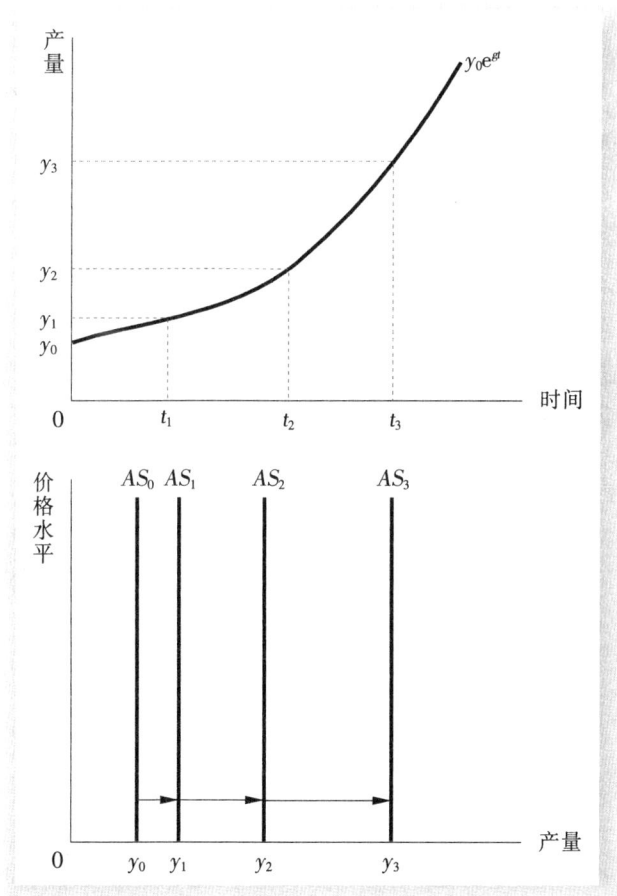

图 4—25　从经济增长到长期总供给曲线

注：随着技术进步，经济体的人均产出水平持续增长，长期总供给曲线不断向右平移。

【注释】

[1] 当然，我们可以求出稳定状态的有效劳均资本存量和有效劳均消费等变量的表达式。感兴趣的读者不妨自己动手推导。

[2] 当 $A=1$ 时，意味着技术进步率 $g=0$。

[3] 我们之所以把劳均收入取为对数形式，是因为曲线的斜率就是长期增长速度。

[4] 生产函数 $y=k^a$ 两边取自然对数然后对时间求导，得：$g_{\bar{y}}=\alpha g_{\bar{k}}$。其中 $g_{\bar{y}}$，$g_{\bar{k}}$ 分别表示有效劳均收入与有效劳均资本的增长速度。

[5] 如果对基于第二条线索的新经济增长理论感兴趣，请参阅琼斯（Jones，1998）。琼斯撰写了一本非常优美的本科层次的增长经济学的教科书。

[6] 细心的读者会发现，严格来讲，当 $\alpha=1$ 时，第 4.1 节中的 C-D 生产函数应变为 $Y=K$。但传统上假定产出与资本成比例，而非刚好相等。

[7] 这种情况类似于索罗图中的初始劳均资本存量大于稳定状态劳均资本存量的情形。

[8] 注意，在生产函数中 $y=Ak$，A 是一个常数。

[9] 当 $sA<(n+\delta)$ 时，劳均资本和劳均收入将以同样的速度持续下降，最终经济活动主体将一无所有。显然，在现实中这种情况不可能永远持续，讨论这种稳定状态没有什么意义。

[10] 这一点恰好体现了宏观经济学和微观经济学考察问题视角的差异：对微观个体而言，是存在外部性的，在做选择时，可以不予考虑；但对整个经济体而言，显然无法忽视这些外部性。

[11] 当然，如果考虑到储蓄曲线和折旧线都是从原点出发的，那么在图 4—12 中，就存在三个交点，即原点、E 点和 E' 点。

[12] 资本和技术进步在美日增长速度差距中的贡献份额大致分别为 1/3 和 2/3。

[13] 资本和技术进步在美日增长速度差距中的贡献份额大致分别为 2/3 和 1/3。

第 5 章

总供给

在 本章，我们继续讲述关于总供给背后的经济学故事，只不过这次我们重点探讨短期总供给与价格水平之间的关系，即大家耳熟能详的短期总供给曲线。

探讨产出水平与价格水平之间的关系，讲述短期总供给曲线背后的经济学故事，通常不是一件很容易的事情。因为在宏观经济学殿堂里一直上演着不同版本的关于短期总供给曲线的故事，比如新古典版的与凯恩斯版的。而且每个版本还有新旧之分，比如古典版的与新古典版的。基于此，我们不仅讲述这四种关于总供给曲线背后的经济学故事，还将采取一种相对简便的处理，即从菲利普斯曲线的视角推导经济体的总供给曲线。菲利普斯曲线连接着通货膨胀与失业，可以"翻译"成产出水平与价格水平之间的关系，即总供给曲线。这种翻译的便利至少使总供给曲线立足于较为稳健的宏观经济现象之上。

本章的结构安排是：首先考察短期供给曲线的实质是一种价格水平调整机制；然后阐述菲利普斯曲线；接着在菲利普斯曲线的基础上推导出总供给曲线，并揭示总供给曲线的性质；最后阐述其他版本的总供给曲线。

5.1 短期生产与短期总供给曲线

总供给（aggregate supply）是指，在给定价格水平下，企业和家庭愿意提供的总产量。为了实现利润最大化，每个企业将根据产品价格、投入价格以及现有技术水平等，决定投入多少生产要素，提供多少产出。经济体存在多种商品，它们由众多的企业和家庭生产，每个企业、家庭都会做出最优的生产决策。显然，把这些众多的最优产出加总得到总供给将会涉及十分复杂的统计问题。

为了简化起见，我们不妨假定经济体只生产一种产品。[1]下面我们将从企业的短期生产开始探讨经济体的短期**总供给曲线**（aggregate supply curve），它描述的是总产出与价格水平之间的关系，实质是一种价格水平调整机制。

企业的短期生产

我们常常听到短期生产和长期生产、短期计划和长期计划等说法。但是，多短是短期、多长才是长期呢？许多企业习惯把一年作为短期和长期的分界，也有些企业喜欢把一个季度作为短期和长期的分界。那么，到底多长的时间才是短期和长期的分界呢？

在微观经济学中，区分"短期"和"长期"的标准，是就企业对生产要素的调整能力而言的，而不是由多少天、多少个月、多少年这些时间尺度直接给出的时间界限。如果在某一个时间区间内，企业至少不能对其中一种投入品的使用量进行调整，我们就可以把这个时间区间定义为**短期**（short run）。如果在某一个时间区间内，企业可以调整所有生产要素的使用量，我们就把这个时间区间定义为**长期**（long run）。彻底意义上的长期几乎不存在，因为总有一些资源的使用量企业难以任意调整。因此，退而求其次，只要我们觉得可以认为在某一个时间区间内企业可以在我们讨论的范围内调整了所有生产要素，就可以把这个时间区间称为长期。

现在我们考察企业的短期生产。经济体里有许多企业，它们利用资本（K）、劳动（L）和技术（A）生产产出（Q）。为了简单起见，我们假定只有一种标准的生产函数适用于经济体里的每一家企业，即

$$Q=f(A，K，L) \tag{5—1}$$

公式（5—1）是对企业生产的一种抽象，表示产量是企业在生产中所利用的资本、劳动及技术的函数。比如海尔公司的家电产量取决于公司所有的机器与厂房、员工人数与其工作的时间以及公司积累的技术知识。

根据微观经济学中短期的定义，我们不妨假定，经济体里不存在技术进步，即技术水平固定不变，经济体的资本存量也固定在过去投资积累所确定的水平上。在这种短期分析框架内，唯一可变的生产要素是劳动，所有产量的变化都反映了劳动投入的变化。这时，经济体的生产函数可以表示为：

$$Q = f(\overline{A}, \overline{K}, L) \tag{5—2}$$

其中，$\overline{A}$、$\overline{K}$ 表示现时的固定投入品的使用量，视为常数。也就是说，我们把企业的短期生产归结为只有一种可变投入品的生产。

按照这样的分析，我们通常假设企业的短期生产函数曲线从原点出发，单调上升且凹向原点，如图 5—1 所示。也就是说，可变投入品的使用量为零时，商品的产量为零，随着可变投入品的使用量增加，商品的产量会不断增加，但增长的速度越来越慢。

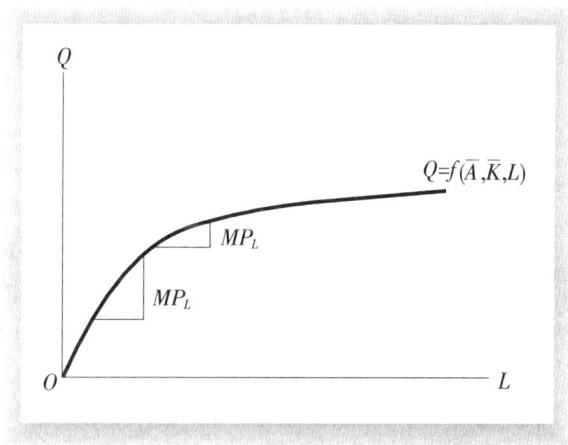

图 5—1　短期生产函数曲线

注：劳动边际产出递减，产出随着劳动的增加而增加，但增加的幅度越来越小。

就图 5—1 而言，企业雇用的员工越多，它生产的产品也就越多，但**劳动的边际产出递减**（diminishing marginal product of labor），即在技术和资本存量不变的情况下，随着劳动的增加，劳动的边际产量递减。这在图 5—1 中表现为（劳动边际产出就是生产函数的斜率）随着劳动的增加，生产函数变得越来越平坦。

需要强调的是，大多数生产函数都具有边际产出递减的性质。但边际产出递减是有条件的，比如劳动边际产出递减的前提条件是：技术和资本不变。从现实看，经济体的资本和技术不断发生变化，实际的劳动边际产出也许就不是递减的，如图 5—2 所示。

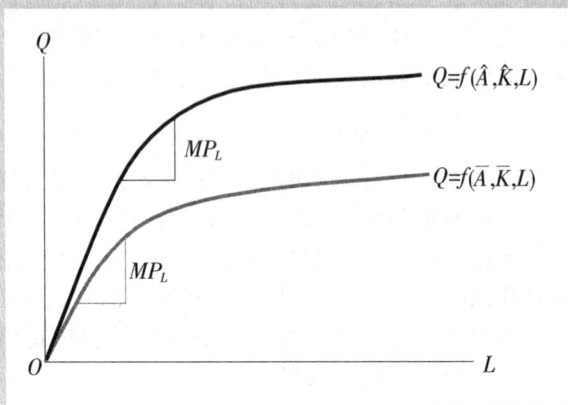

图 5—2　短期生产函数曲线的平移

注：在劳动增加过程中，如果技术和资本提高到一个新的水平，短期生产函数将会向上平移，这时劳动边际产出（基于新旧生产函数的）可能并不会递减。

从劳动边际产出到劳动需求

企业的目标是追求利润最大化。**利润**（profit）被定义为销售收益与生产成本的差。如果用 P 和 Q 分别表示商品的价格和销售量，用 w 和 r 分别表示劳动和资本投入品的市场价格，那么企业的利润 π 就可以表示为：

$$\pi = PQ - (wL + rK)$$

上式右边的第一项表示企业的销售收益，第二项表示企业的成本。细心的读者也许已经发现，企业好像是免费使用技术 A 进行生产的。对，上式确实隐含着这个假定：对于技术，我们还是按照前面两章的处理方式，假定每个企业都可以免费获得技术。

在短期，资本是固定的。因此，企业的利润可表示为：

$$\pi = PQ - (wL + r\overline{K}) \tag{5—3}$$

据此，可以推导出企业的**等利润线**（isoprofit line）方程：

$$Q = \frac{\overline{\pi} + (wL + r\overline{K})}{P}$$

其中，$\overline{\pi}$ 是常数，这是把它叫作等利润线的原因。从方程中我们看得很清楚，等利润线是一条直线。

等利润线的斜率为 w/P，截距为 $(\overline{\pi} + r\overline{K})/P$。斜率等于 w/P 的经济含

义是：增加使用一单位劳动投入的同时，增加 w/P 单位的单位产出，企业的利润将保持不变。截距等于 $(\bar{\pi}+\overline{rK})/P$ 的经济含义是：如果企业只用 $\overline{K}$ 单位的固定投入品生产出 $(\bar{\pi}+\overline{rK})/P$ 单位的商品，那么企业的利润为 $\bar{\pi}=P\left[(\bar{\pi}+\overline{rK})/P\right]-\overline{rK}$。

　　如图 5—3 所示，假设商品价格和投入品的价格不变，我们画出企业的等利润线图。等利润线图由所有的等利润线组成。由于商品价格和投入品的价格不变，由等利润线与纵轴的截距等于 $(\bar{\pi}+\overline{rK})/P$ 可知，等利润线与纵轴的截距越大，企业利润就越高；反之，等利润线与纵轴的截距越小，企业利润就越低。换言之，纵轴的正方向是企业利润增加的方向。

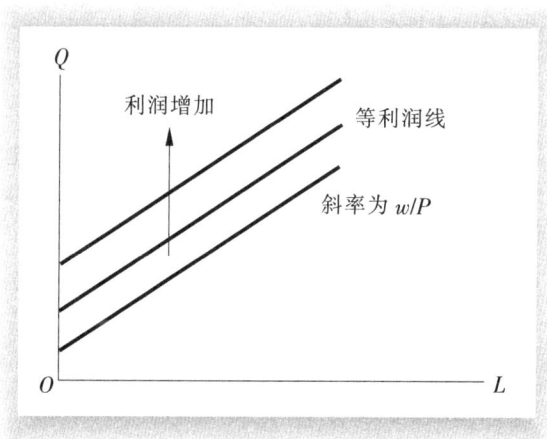

图 5—3　等利润线

注：每条等利润线上的每一点都是保持利润不变的产出和劳动组合；利润按照箭头所示方向增加。

　　有了企业的短期生产函数曲线和等利润线图，现在我们把这两方面内容结合起来，考察企业如何实现短期利润最大化。

　　如图 5—4 所示，我们画出了企业的短期生产函数曲线 $Q=f(L,\overline{K},\overline{A})$，并画出了若干等利润线。按照这些曲线的经济含义，可变投入和产出组合的 E 点，即生产函数与等利润线 AB 的切点，能够给企业带来最大的短期利润。而生产函数曲线上其他的可变投入和产出组合（例如 F 点），都位于等利润线 AB 的下方，因而它们带来的利润都比 E 点的小。可见，如果企业选择投入劳动的数量为 L^*，生产数量为 Q^* 的商品并将其出售，将能够获得最多的利润。

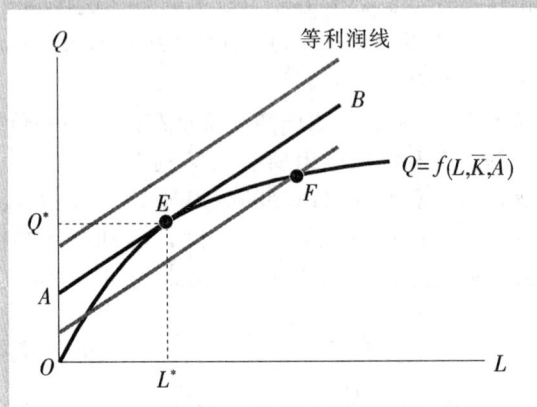

图5—4 短期利润最大化

注：当企业的短期生产函数与等利润线相切时，企业实现了短期利润最大化。这时，劳动的边际产出等于实际工资。

图5—4本身的分析并不难理解，下面我们重点考察 E 点的经济含义。E点是等利润线 AB 和生产函数曲线的切点，因此在 E 点，生产函数曲线的斜率等于等利润线的斜率，即

$$MP_L = w/P \tag{5—4}$$

公式（5—4）中，左边是大家熟悉的劳动边际产出，右边是**实际工资**（real wage），即用产品而不是用货币度量的劳动工资，其实就是货币工资的购买力。因此，公式（5—4）揭示了，企业为了实现短期利润最大化，会不断雇用劳动，直到劳动的边际产出等于实际工资为止。这意味着，公式（5—4）阐明了企业是如何决定所雇用的劳动数量的，如图5—5所示。

图5—5给出了劳动边际产出 MP_L 的曲线。由于 MP_L 随着劳动数量的增加而递减，所以 MP_L 曲线向右下方倾斜。对于任何一种给定的实际工资，比如 w/P，企业都会持续雇用劳动直到 $MP_L = w/P$ 为止，即雇用的劳动数量为 L^*。因此，图5—5中的 MP_L 曲线就是企业对劳动的需求曲线。

当然，如果我们略微整理一下公式（5—4），可得：

$$P \times MP_L = w$$

我们知道，$P \times MP_L$ 表示可变投入品的边际收益，即投入一单位可变投入品所带来的收入增加；w 表示可变投入品的边际成本，即增加一单位可变投入品所需的成本。$P \times MP_L = w$ 表明，可变投入品的边际收益等于边际成

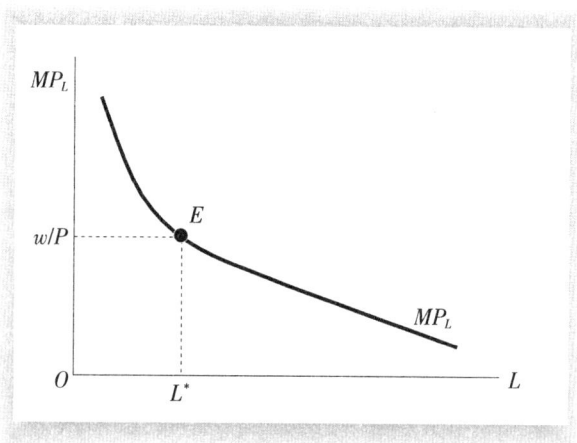

图 5—5　劳动的边际产出

注：劳动的边际产出 MP_L 取决于劳动数量。由于 MP_L 随着劳动的增加而下降，MP_L 曲线向右下方倾斜。企业雇用劳动直到实际工资等于 MP_L 为止，因此，MP_L 曲线也是企业的劳动需求曲线。

本。可见，企业利润最大化的条件是：可变投入品的边际收益等于边际成本。这个法则适用于各种市场条件下的企业决策。事实上不难想象，如果可变投入品的边际收益大于边际成本，那么企业可以通过增加投入、扩大生产来增加利润；相反，如果可变投入品的边际收益小于边际成本，那么企业可以通过减少投资、收缩生产来增加利润。因此，企业要想利润达到最大值，必须保证可变投入品的边际收益等于边际成本。

从劳动市场到短期总供给曲线

在短期，企业的产出取决于其投入的可变生产要素：劳动。因此，我们探讨短期供给的目光自然就转向了劳动市场。在上一节，我们已经给出了劳动的需求曲线，如图 5—5 所示，在任何给定的实际工资水平下，企业为了实现利润最大化所愿意雇用的劳动数量。因此，决定短期总供给的下一个步骤就是推导出劳动供给曲线。

通常，我们是从家庭的劳动供给决策开始，即家庭为了获得收入，要在劳动和闲暇之间做出选择，决定在劳动市场上提供多少劳动。为了简单起见，我们假定，实际工资越高，家庭愿意提供的劳动数量越多，即如图 5—6 中的上图所示，劳动的供给曲线是实际工资的增函数，向右上方倾斜。

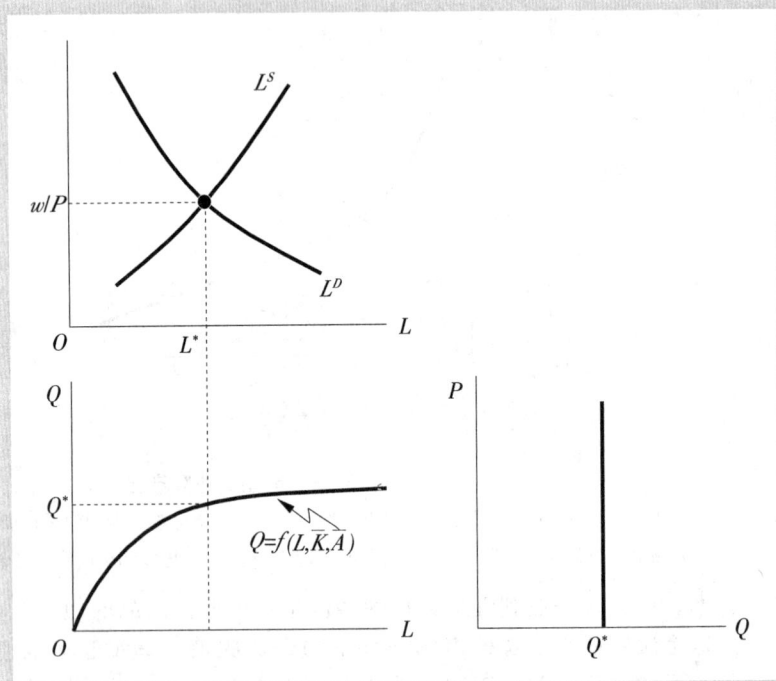

图 5—6 劳动市场与总供给曲线：不存在名义工资黏性

注：对于任何一个价格水平，名义工资都可以迅速调整，使实际工资保持在劳动市场出清水平上，结果是均衡的劳动数量 L^* 保持不变。相应的总供给曲线就是一条垂直线。

有了劳动的需求曲线和供给曲线，我们就可以分析劳动市场均衡，推导出总供给曲线了。这时，如果你有大功即将告成的喜悦，那么给你的提醒是：现在只是站在了一个十字路口，距"大功告成"还有很长的路要走。还要说明的是，通往所谓"大功告成"的路不止一条，至少有两条。尽管我们坚信"条条大道通罗马"，但站在十字路口总难免让人感到困惑。

第一条道路：假定劳动力市场可以瞬时出清，即对于任何给定的价格水平，名义工资都可以同步自发调整。比如 2005 年物价水平上升了 3%，工人的工资也将随之增长 3%。下面，我们将分三步考察在这种情况下的短期总供给曲线。

1. 初始状态。在初始状态，假定价格水平为 P，劳动市场处于出清状态，即实际工资为 w/P，家庭愿意提供的和企业愿意雇用的劳动数量相等，为 L^*。这时，企业的短期产出水平为 Q^*，如图 5—6 所示。以上分析表明，在

（P，Q）空间中，初始状态就可以表示为（P，Q^*）。

2. 物价水平上升 3% 所带来的变化。这时，经济体的物价水平为 $1.03P$，但名义工资也同幅度上升，结果是实际工资水平不变，仍然为 w/P。因此，劳动市场出清的劳动数量不变，企业的短期产出水平不变。这意味着，在（P，Q）空间中，物价水平变化后所带来的影响可以表示为（$1.03P$，Q^*）。

3. 推导出短期总供给曲线。由于价格上升幅度是任意的，不断重复第二步的工作，整合前两步的工作，就在（P，Q）空间中得到了一系列点。这些点的连线就是短期总供给曲线，显然是一条垂直线，如图 5—6 中的最后一幅图所示。

以上分析表明，沿着劳动市场瞬时出清的道路，我们最终得到了一条垂直的短期总供给曲线。在宏观经济学中，这条道路有一个响亮的名字：古典主义方法。

按照古典主义的逻辑，企业投入的资本存量从 $\overline{K}$ 增加到 $\hat{K}$ 将会给短期总供给曲线带来什么影响？如图 5—7 所示，资本存量增加后，在 L 的任一给定水平上，资本数量越多，产出水平越高，劳动边际产出就越高，从而导致劳动需求曲线向右平移。在新的均衡中，就业扩大到 L^{**}，实际工资水平提高到 $(w/P)^*$。企业投入更多的劳动和资本，产出水平相应地从 Q^* 增加到 Q^{**}。结果，图 5—7 中的短期总供给曲线从 Q^* 向右平移到 Q^{**}。

感兴趣的读者，不妨自己动手画图分析技术进步对总供给曲线的影响。

第二条道路：假定劳动力市场不可以瞬时出清，比如说名义工资是黏性的。如果你对这一点感到困惑的话，我们不妨还是接上面的例子，2005 年物价水平上升了 3%，在现实中，工人的工资也将随之增长 3% 吗？通常情况下，回答是否定的。在劳动市场上，有若干原因会造成**黏性工资**（sticky wage），最直接的就是长期劳动合同。一般而言，长期劳动合同要么规定在整个合同期间保持名义工资不变，要么按照预先确定的方式调整合同期间的名义工资。这时，工资往往具有一定的黏性。下面，我们仍然分三步考察在这种情况下的短期总供给曲线。

1. 初始状态。在初始状态，假定价格水平为 P，劳动市场处于出清状态，即实际工资为 $\overline{w}/P$（我们采用 $\overline{w}$ 表示黏性名义工资），家庭愿意提供的和企业愿意雇用的劳动数量相等，为 L^*。这时，企业的短期产出水平为 Q^*，如图 5—8 所示。以上分析表明，在（P，Q）空间中，初始状态就可以表示为（P，Q^*）。

2. 物价水平下降带来的变化。为了方便分析，我们不妨假定经济体的价格水平从 P 下降到 P'。由于工资是黏性的，结果实际工资水平上升，从 $\overline{w}/P$ 上升到 $\overline{w}/P'$。实际工资上升造成企业对劳动的需求量下降，而家庭愿意提供的劳动量增加，如图 5—8 中的第一幅图所示。由于劳动市场不能够迅速调

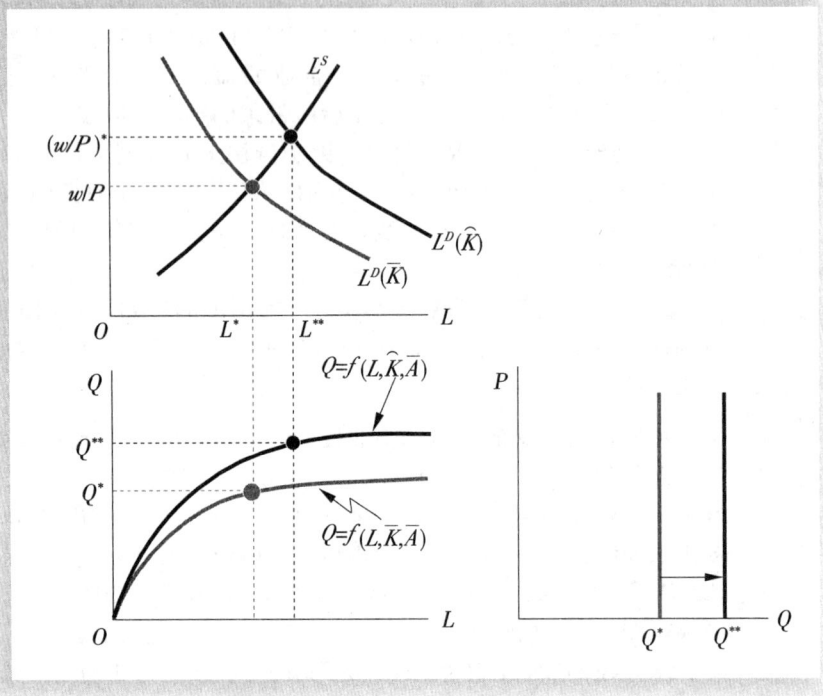

图 5—7 资本增加与总供给曲线

注：资本投资增加，生产函数向上平移，劳动需求曲线向右平移，均衡的就业水平从 L^* 增加到 L^{**}。结果，产出水平增加到 Q^{**}，总供给曲线相应地向右平移到 Q^{**}。

整，劳动市场的就业人数从 L^* 下降到 L^{**}，出现了**非自愿失业**（involuntary unemployment）。[2]可变投入品的下降导致产出水平下降。这一切在 (P, Q) 空间中表现为：物价水平变化后，经济体位于 B 点。

3. 整合前两步的工作，就得到短期总供给曲线。在 (P, Q) 空间中，A 点和 B 点的连线就是短期总供给曲线，是一条向右上方倾斜的曲线[3]，如图 5—8 中的最后一幅图所示。

以上分析表明，沿着劳动市场无法瞬时出清的道路，我们最终得到了一条向右上方倾斜的短期总供给曲线。在宏观经济学中，这条道路也有一个响亮的名字：凯恩斯主义方法。

对比图 5—6 和图 5—8 可知，虽然我们都是从企业的短期生产出发，但却推导出了两个截然不同的短期总供给曲线，难道不是"条条大道通罗马"吗？对这个问题的回答主要有以下两点：

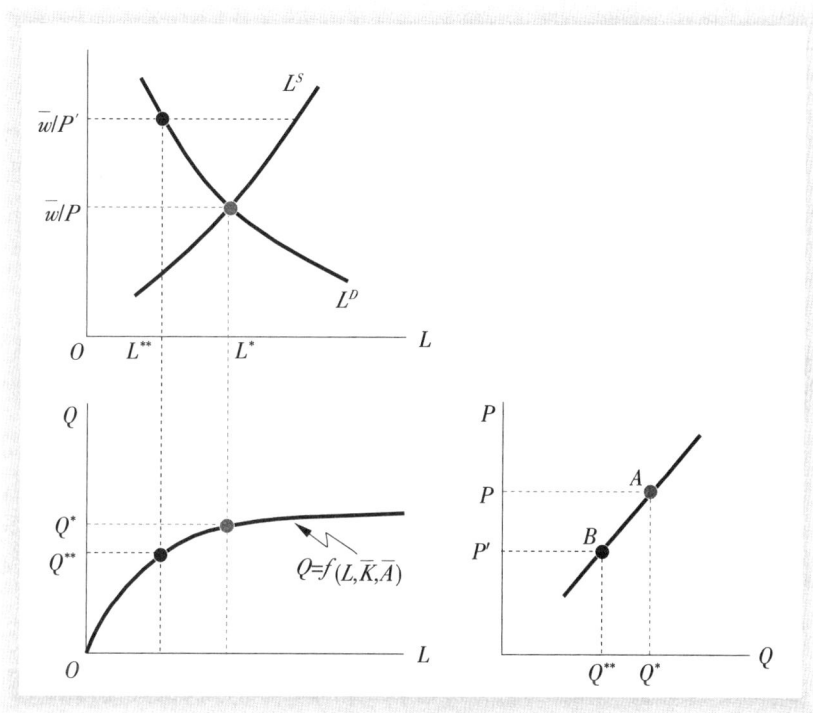

图 5—8 劳动市场与总供给曲线：名义工资黏性

注：假定经济体的劳动市场出于出清状态，即 (P, Q) 空间中的 A 点。当价格水平从 P 下降到 P' 后，由于黏性工资 $\overline{w}$，实际工资上升，劳动需求量下降，产出水平下降，即 (P, Q) 空间中的 B 点。连接 A 点和 B 点，得到短期总供给曲线。它是向右上方倾斜的。

1. 微观经济学和宏观经济学对短期的划分标准并不相同。在微观经济学里，区分"短期"和"长期"的标准，是企业对生产要素的调整能力。其实，学过微观经济学的读者大都早已潜移默化地接受了这个划分标准。这也是我们从企业短期生产开始讲述的原因。但令人遗憾的是，大多数宏观经济学家认为，在宏观经济学里，划分短期与长期的关键是价格调整行为，而不是企业对生产要素的调整能力。长期而言，价格是**有伸缩性的**（flexible），能够对市场的供求变动做出反应，如图 5—6 中的假定一样；从短期来看，许多价格将会保持在某个以前决定的水平上，即许多价格是**黏性的**（sticky），如图 5—8 中的假定一样。当然，如果所有的价格都是黏性的，总供给曲线自然就是一条水平线。明白了这一点，你将会发现，确实是"条条大道通罗马"。只不过，图 5—8 通向短期总供给曲线，而图 5—6 却通向长期总供给曲线。

2. 总供给曲线实质是一种价格调整机制。在实际生活中，许多价格确实存在一定的黏性，是缓慢调整的。尽管我们仍然不能够完全解释为什么工资和价格的调整是缓慢的，但是向右上方倾斜的短期总供给曲线确实反映了这种价格水平的缓慢调整过程。坦白地说，总供给理论是宏观经济学中最具有争议的领域之一。但令人欣慰的是，绝大多数宏观经济学家，不论其出发点如何不同[4]，都倾向于得出类似的结论：超短期的总供给曲线是水平的；短期总供给曲线是向右上方倾斜的；长期总供给曲线是垂直的。从一定意义上说，短期总供给曲线就是从超短期到长期的调整过程。

5.2 菲利普斯曲线

本小节，我们将从工资与失业之间的关系来考察劳动市场的出清情况，从而使短期总供给曲线建立在更加稳健的基础上。

菲利普斯曲线刻画的是失业率与通货膨胀率之间的关系，在宏观经济学中扮演着非常重要的角色。从一定意义上说，菲利普斯曲线就是从工资与失业率之间的关系来重新考察图 5—7 和图 5—8。

在具体考察菲利普斯曲线之前，我们不妨再考察一下图 5—7 和图 5—8 中的劳动市场。在图 5—7 中，劳动市场是瞬时出清的，但需要明确的是，在出清的劳动市场上也是存在失业的，即自然失业。[5] 实际失业率与自然失业率之差就是周期性失业，可以表示为：

$$u - u^* = \frac{L^* - L}{LF} \qquad\qquad (5—5)$$

公式（5—5）中，u、u^*、L 和 L^* 分别表示实际失业率、自然失业率、实际就业人数和充分就业人数，LF 表示劳动力（labor force）人数。

在图 5—7 中，由于工资具有充分的伸缩性，劳动市场瞬时出清，总是处于充分就业水平。这意味着，经济体中的失业都是自然失业，与工资水平无关。

在图 5—8 中，劳动市场货币工资固定不变，不能够迅速调整。实际工资水平（w/P'）在均衡水平之上。在这个工资水平上，愿意工作的人数超过了企业愿意雇用的人数，即劳动市场上出现了过度供给。结果劳动市场的就业人数从 L^* 下降到 L^{**}，这时劳动市场上不仅存在自然失业，还存在周期性失业。高水平的失业率会产生使实际工资下降的压力，尽管这种调整是缓慢的。同理，当实际工资水平低于市场出清水平时，劳动市场会现出过度需求，失业率很低，同样会迫使实际工资上升，尽管这种调整也是缓慢的。以上分析表明，实际工资的调整依赖于失业水平，而且二者负相关，即

$$g\ (w/P)_{+1} = -b(u-u^*) \tag{5—6}$$

公式（5—6）中，$g\ (w/P)_{+1} = [(w/P)_{+1} - (w/P)]\ /(w/P)$，表示下一期实际工资的变化率[6]；系数 $b>0$，刻画了实际工资对失业的反应程度。公式（5—6）的经济含义非常明晰，它描述了当存在工资黏性时，实际工资的调整依赖于失业水平。

> 当实际失业率高于自然失业率时，实际工资将下降；
> 当实际失业率低于自然失业率时，实际工资将上升；
> 当实际失业率等于自然失业率时，实际工资将不变。

如果你对公式（5—6）还感到有点费解的话，我们不妨重新整理等式左边[7]，从而把公式（5—6）变为：

$$g\ (w)_{+1} = \pi_{+1} - b(u-u^*) \tag{5—7}$$

公式（5—7）中，$g\ (w)_{+1}$ 表示下一期名义工资的变化率；π_{+1} 是下一期价格水平的变化率，即通货膨胀率。劳资双方通过谈判，在制定下一期劳动合同时，企业和员工通常会就下一期的货币工资达成一致意见，但是他们无法观察到下一期的通货膨胀率。因此，劳资双方需要预期下一期的通货膨胀率。从这种意义上说，公式（5—7）可以修订为：

$$g\ (w)_{+1} = \pi_{+1}^e - b(u-u^*) \tag{5—8}$$

公式（5—8）其实就是菲利普斯曲线的一个版本。菲利普斯曲线是菲利普斯教授的实证发现，并以菲利普斯教授的名字命名。然而，需要明确的是，菲利普斯教授在其 1958 年的论文中报告了这个实证发现，但费雪（Irving Fisher）早在 1926 年就研究了通货膨胀与失业率之间的关系。因此，有人说，第一个发现菲利普斯曲线的应该是费雪，而不是菲利普斯。[8]

由以上分析可知，当劳动市场瞬时出清时，失业率都是自然失业率，与工资无关；当劳动市场缓慢调整时，不仅存在自然失业，还存在周期性失业，失业与工资之间的关系可以用菲利普斯曲线刻画。

从现实看，我们确实很难把所有的失业都视为自然失业。如图 5—9 所示，在 1929—2012 年间，美国的失业率具有较大的波动性。在过去的 84 年间，最高的失业率是 4 个劳动力中就有 1 个人失业，最低的是 100 个劳动力中才有 1 个人失业。当然，这两个时间点都是美国历史上的特殊时刻。但整体而言，当经济衰退时，失业率往往较高；反之，当经济复苏时，失业率往往较低。这表明，美国的失业率不仅存在自然失业，还存在周期性失业。因此，我们可以初步断定：美国的劳动市场是缓慢调整的，可能存在菲利普斯曲线。下面，我们重点从实证的角度考察菲利普斯曲线的存在性。

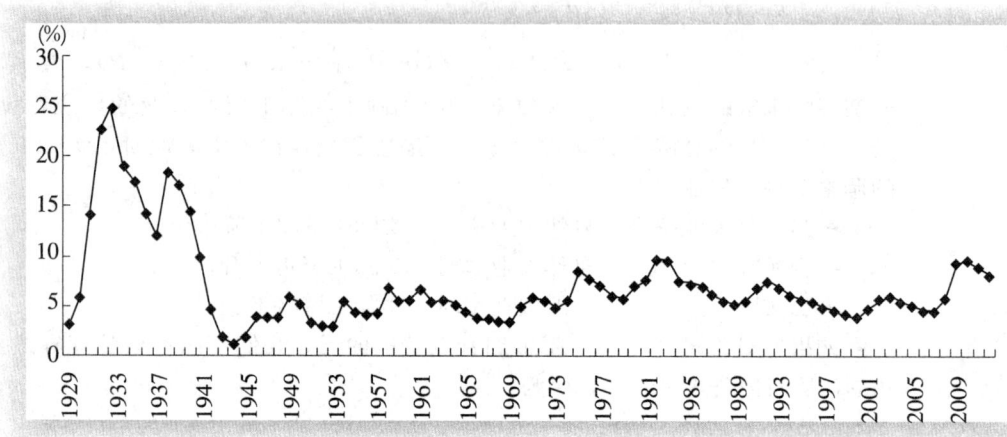

图5—9　美国 1929—2012 年间的失业率

注：在 1961—2012 年间，美国的实际失业率最高为 25％，最低为 1％。我们很难把实际失业率都视为自然失业率。

资料来源：《总统经济报告》(2013) 附表 B35。

原始的菲利普斯曲线

1958 年，菲利普斯教授研究了英国在 1861—1957 年间的工资行为，发现货币工资增长率和失业率之间负相关：失业率越高，工资增长速度越慢。也就是说，在失业与名义工资增长速度之间存在彼消此长的关系，即

$$g_w = -b(u - u^*) \tag{5—9}$$

公式（5—9）中，$g_w = (w_{t+1} - w_t)/w_t$ 表示下一期的货币工资增长速度。只是为了表达的简化，在不引起歧义的情况下，我们去掉了增长速度中的时间下标。其他变量的经济含义同前。

需要强调的是，公式（5—9）并非菲利普斯教授在其论文中所采用的表达式。坦白地说，菲利普斯教授对菲利普斯曲线的研究远没有今天细致，他没有考虑自然失业率和预期通货膨胀等。因为这些概念是菲利普斯曲线问世后才提出的，并不断丰富了原始的菲利普斯曲线。菲利普斯的原始表达式是：

$$g_w = 常数 - cu$$

其中，c 是大于零的常数，刻画名义工资对当期失业率的反应程度。其实，与公式（5—9）相比，如果我们把自然失业率视为常数，二者在本质上是一致的。[9]

公式（5—9）所描述的菲利普斯曲线，能够较好地刻画英国 20 世纪 60

年代以前的失业率与工资增长率之间的关系。图 5—10 是菲利普斯教授根据英国 1861—1913 年间的货币工资变化率与失业率画出的菲利普斯曲线，这也是菲利普斯教授的主要发现。从图形上看，在 1861—1913 年间，菲利普斯曲线能够较好地拟合失业率与货币工资之间的关系。

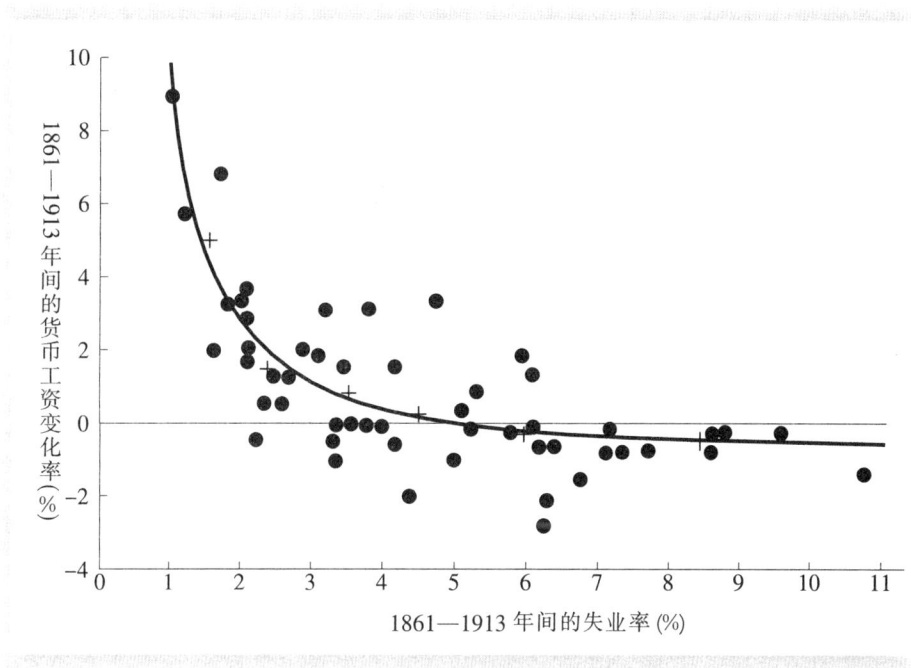

图 5—10　原始的菲利普斯曲线

注：菲利普斯教授在其 1958 年的著名论文中发现，英国 1861—1913 年间的货币工资变化率与失业率之间负相关。

资料来源：Phillips A. W. 1958："The Relation between Unemployment and the Rate of Change of Money Wage Rates in the United Kingdom，1861-1957," *Economics*，25，pp. 283-299。

英国 1861—1913 年间的菲利普斯曲线是比较稳健的。由图 5—11 可知，1861—1913 年间的菲利普斯曲线还能够较好地拟合 1914—1948 年间失业率与货币工资之间的关系。

不仅在英国存在菲利普斯曲线，而且在许多经济体内都存在。后来，人们采用通货膨胀率代替公式（5—9）中的货币工资变动率，并发展成为菲利普斯曲线的标准版本，即

$$\pi = -b(u - u^*) \tag{5—10}$$

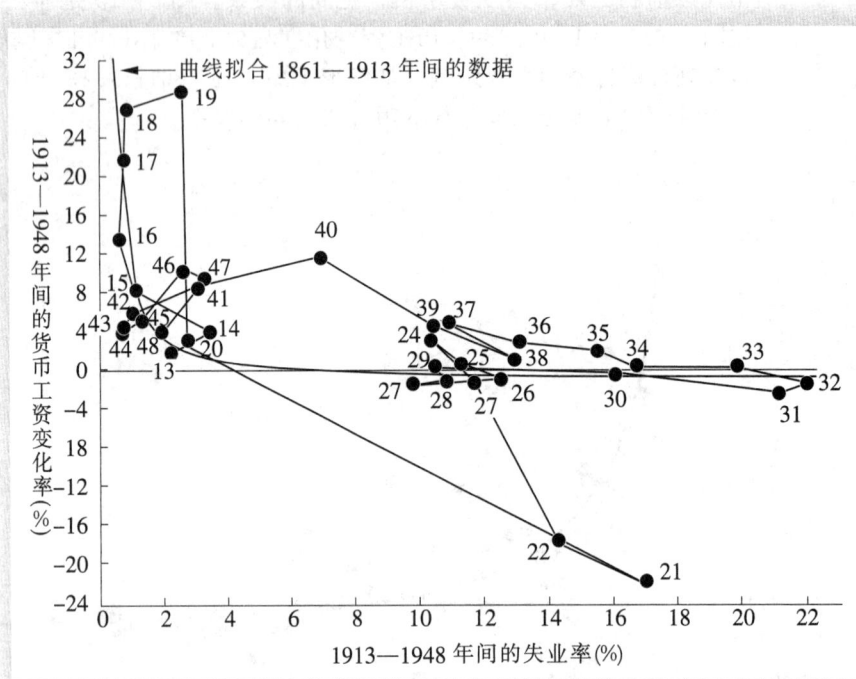

图 5—11 英国 1913—1948 年间的菲利普斯曲线

注：英国 1861—1913 年间的菲利普斯曲线在 1913—1948 年间仍然存在，而且能够较好地刻画该期间的失业率与货币工资增长率之间的关系。

资料来源：Phillips A. W. 1958："The Relation between Unemployment and the Rate of Change of Money Wage Rates in the United Kingdom，1861－1957,"*Economics*，25。

菲利普斯曲线的发展

人们对菲利普斯曲线的发展源于原始菲利普斯曲线的失灵。从图 5—12 上看，原始的菲利普斯曲线能够很好地描述美国 20 世纪 70 年代以前的通货膨胀与失业率之间的关系：二者存在彼消此长的关系。但进入 20 世纪 70 年代后，原始的菲利普斯曲线开始失灵了，如图 5—12 中的下图所示，在 1959—2012 年间，我们很难发现美国的通货膨胀与失业率之间存在负相关的关系，二者似乎呈现一种正相关的关系。

美国的菲利普斯曲线为什么在 20 世纪 70 年代后"失灵"了呢？或者说，如何解释这种"失灵"？我们仔细观察图 5—12 中的下图就会发现，如果我们采用三条具有不同截距的菲利普斯曲线来描述 1959—2012 年间的通货膨胀与失业率之间的关系，那么每条菲利普斯曲线好像都能够较好地拟合一部分二

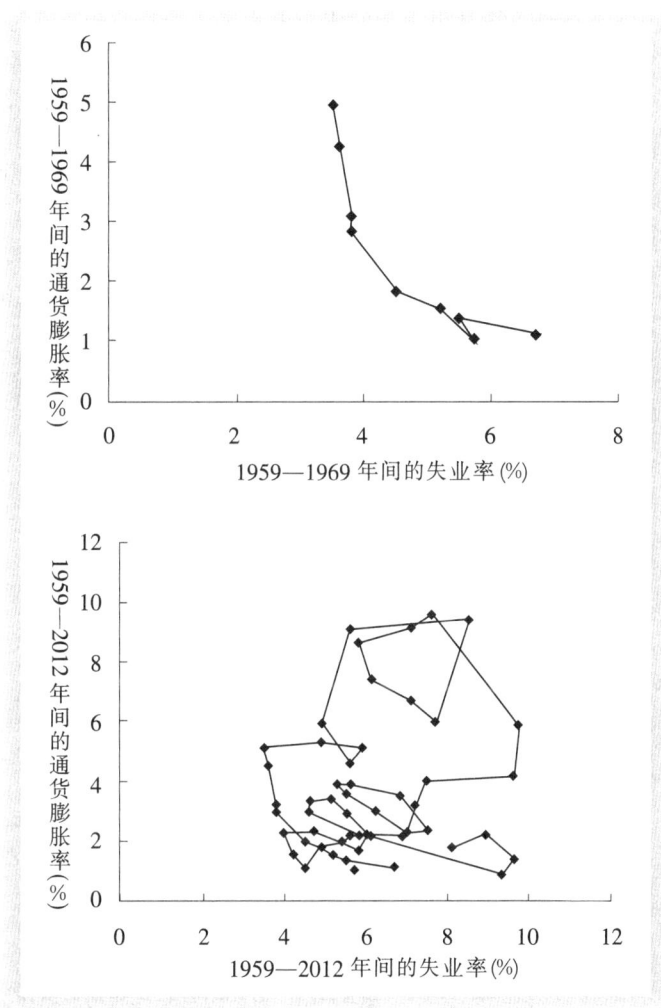

图 5—12　美国的菲利浦斯曲线

注：通货膨胀用 GDP 缩减指数度量；通货膨胀率的变化是指当期通货膨胀率减去上期通货膨胀率；在 1959—1969 年间，原始的菲利浦斯曲线能够刻画美国的失业与通货膨胀之间的关系：二者呈反方向变化。但进入 20 世纪 70 年代后，原始的菲利浦斯曲线失灵了。

资料来源：中国数据来源于中国经济社会发展统计数据库。美国数据来源于《总统经济报告》(2013) 附表 B12，原始表格中产业划分较为复杂，为了便于比较，作者按照三大产业口径合计：第一产业包括农林牧副渔；第二产业是矿业、建筑业和制造业；第三产业是包括政府在内的各种服务业。

者的关系，而且三条菲利普斯曲线大致可以拟合二者全部的关系。

沿着这条思路，我们将寻找什么因素会改变菲利普斯曲线的截距，或者说，什么因素会造成菲利普斯曲线的上下平移。由原始菲利普斯曲线的表达式［即公式（5—10）］可知，如果自然失业率 u^* 不断变化，则原始菲利普斯曲线将会上下平移。

那么，仅通过 u^* 的变化能否解释失业率与通货膨胀（工资变动率）20 世纪 70 年代之后的变动态势呢？由表达式 $\pi = -b(u-u^*)$ 可知，随着自然失业率 u^* 不断提高，菲利普斯曲线确实不断向右上方平移，如图 5—13 所示。从图形上看，通过自然失业率的变动，确实可以得到三条不同的菲利普斯曲线，而且三条菲利普斯曲线大致可以拟合二者全部的关系。但问题是，要想得到这样的三条菲利普斯曲线，自然失业率必须大幅度上升。

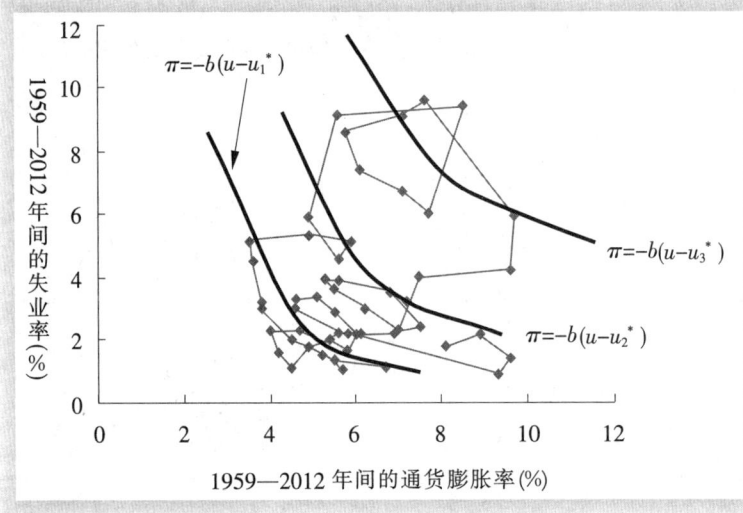

图 5—13　自然失业率与菲利浦斯曲线

注：通过自然失业率的变动，比如 $u_1^* < u_2^* < u_3^*$，原始的菲利浦斯曲线会不断向上平移。但要想实现三条菲利浦斯曲线能够较好地刻画通货膨胀与失业率之间的关系，自然失业率必须大幅度增加。

很难相信美国的自然失业率会上升到如此高的水平，因此，我们尝试在原始菲利普斯曲线中引入一个新的变量——预期通胀率 π^e[10]，公式（5—9）可以重新表示为：

$$g_w = \pi^e - b(u-u^*) \tag{5—11}$$

对公式（5—11），你也许感到有点面熟，好像在哪里见过？对了，它其实就是公式（5—8）。唯一的变化就是，我们为了表达的方便，去掉了时间下标。因此，引入预期通货膨胀后，菲利普斯曲线就描述了当存在工资黏性时，实际工资的调整依赖于失业水平。相应地，原始菲利普斯曲线就可以变为：

$$\pi = \pi^e - b(u - u^*) \qquad\qquad (5\text{—}12)$$

对比公式（5—10）和公式（5—12）就会发现，发展后的菲利普斯曲线并不是对原始菲利普斯曲线关系的否定，而是把原始的菲利普斯曲线作为一个特例，进而将其一般化。比如，当人们的预期通货膨胀等于零时，公式（5—12）就是公式（5—10）。

对于发展后的菲利普斯曲线，还有两点值得进一步强调：

➢ 预期通货膨胀每增加或下降一个单位，名义通货膨胀也将增加或下降一个单位。

➢ 当名义通货膨胀等于预期通货膨胀时，实际失业率等于自然失业率。

引入预期通货膨胀后，公式（5—12）能否很好地解释美国 1959—2012 年间通货膨胀与失业率之间的关系呢？显然，这是我们最关心的问题。

在图 5—14 中，我们考察了当自然失业率不变时，菲利普斯曲线是如何随着人们对通货膨胀预期的变动而变动的。与图 5—13 相比，图 5—14 最大的变化是，引入预期后，菲利普斯曲线不是与自然失业率相交于零通货膨胀，而是在预期通货膨胀水平上与自然失业率相交。在图 5—14 中，我们假定美国的自然失业率保持在 6% 的水平上，当人们对通货膨胀的预期比较低时（比如为 π_1^e），美国的通货膨胀与失业率就为 $\pi = \pi_1^e - b(u - u^*)$ 所对应的菲利普斯曲线所刻画；反之，当人们对通货膨胀的预期比较高时（比如为 π_3^e），美国的通货膨胀与失业率就为 $\pi = \pi_3^e - b(u - u^*)$ 所对应的菲利普斯曲线所刻画。这表明，菲利普斯曲线的具体位置，将随着人们对通货膨胀预期的变化而变化，从而能够较好地刻画美国 1959—2012 年间的通货膨胀与失业率之间的关系。

在图 5—14 中，还有三点值得强调：

1. 每一条菲利普斯曲线的斜率都相同，即在任一给定的预期通货膨胀水平下，失业率与通货膨胀率之间的权衡关系相同。因此，人们把图 5—14 中的每一条菲利普斯曲线都称为短期菲利普斯曲线。

2. 在不同时点上，与自然失业率相对应的通货膨胀率不尽相同。人们对通货膨胀的预期显然会随着时间的推移而发生变化，预期的变化将会导致菲利普斯曲线上下移动。尽管自然失业率保持不变，但在不同时点上，与自然失业率相对应的通货膨胀率不尽相同。比如当人们的预期是 π_1^e 时，从图 5—14 可知，与自然失业率相对应的通货膨胀率大约为 1%；当人们的预期是 π_3^e 时，与自然失业率相对应的通货膨胀率大约为 9%。与自然失业率相对应的通货膨胀率不尽相同具有非常重要的经济含义，它揭示了尽管在给定的通货膨胀预期

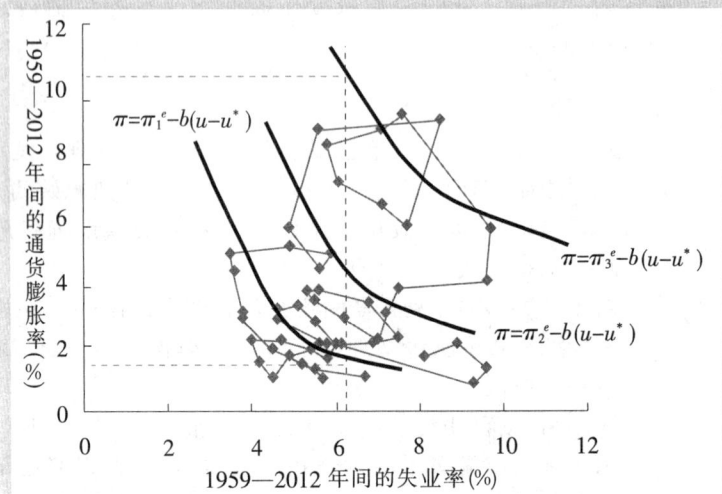

纵轴：1959—2012 年间的通货膨胀率(%)
横轴：1959—2012 年间的失业率(%)

$\pi=\pi_1^e-b(u-u^*)$

$\pi=\pi_3^e-b(u-u^*)$

$\pi=\pi_2^e-b(u-u^*)$

图 5—14　预期通货膨胀与菲利浦斯曲线

注：当自然失业率不变时，随着人们对通货膨胀的预期发生变化，比如 $\pi_1^e<\pi_2^e<\pi_3^e$，菲利浦斯曲线会不断向上平移。长期菲利普斯曲线是一条垂直线。

下，失业率与通货膨胀率之间存在一种权衡关系，但失业率最终将回到自然失业率的水平上，这种权衡关系也将不复存在。因此，人们把图 5—14 中用黑色虚线表示的垂直线称为长期菲利普斯曲线。

3. 图 5—14 描述了滞胀的形成机制。**滞胀**（stagflation）是指高失业率与高通货膨胀率并存的现象。从图 5—14 中看，在 1959—2012 年间，美国大概在三个时点上出现了滞胀现象[11]：失业率高达 8％左右，通货膨胀率高达 9％左右。滞胀曾经是让宏观经济学家感到费解的现象，因为根据原始的菲利普斯曲线，通货膨胀与失业率之间存在彼消此长的权衡关系，不可能出现高失业率与高通货膨胀率并存的滞胀现象。引入预期后，很容易揭示滞胀的形成机制：当人们预期通货膨胀较高时，经济体将出现高通货膨胀预期的短期菲利普斯曲线，比如图 5—14 中的最右上方的那条短期菲利普斯曲线。这时，通货膨胀与失业率之间的权衡关系依然存在，如果将实际通货膨胀率控制在低于人们预期的水平以下（实际通货膨胀的绝对水平仍然较高），那么实际失业率将超过自然失业率，保持在较高的水平上。

在以上分析中，我们假定自然失业率不变。如果自然失业率同时发生变化，拓展后的菲利普斯曲线将会如何变化？感兴趣的读者不妨自己画图分析。

菲利普斯曲线与预期

在原始菲利普斯曲线中引入预期因素，是一件非常重要的事情。从此，人们找到了打开宏观经济学殿堂另一扇门的钥匙，随之，宏观经济学发生了革命性的变化。发展后的菲利普斯曲线自然会引出一个新问题：预期的形成机制是什么？或者说预期通货膨胀率是如何决定的？这是一个非常重要的问题。因为通货膨胀与失业率之间的权衡关系依赖于预期的形成机制。人们在探讨预期形成机制的过程中不断推动宏观经济学的发展。

最初，弗里德曼等人在发展菲利普斯曲线的原创性工作中，把预期视为**一种适应性预期**（adaptive expectation），即人们根据最近观察到的通货膨胀来形成他们对未来通货膨胀的预期。简而言之，就是根据过去预测现在和未来。这个预期机制通常表述为：

$$\pi^e_{+1} = \pi^e + \lambda(\pi - \pi^e) \tag{5—13}$$

公式（5—13）中，π^e_{+1} 是指人们在当期做出的对下一期通货膨胀的预期；λ 是常系数，表示人们对预期偏差的调整程度。公式（5—13）的经济含义非常直观，它表明人们对下一期通货膨胀的预期等于根据当期预期偏差修正后的当期预期。具体而言，如果当期预期的通货膨胀高于当期的实际通货膨胀，则人们对下一期通货膨胀的预期将会向下修正；反之则会向上修正。当 $\lambda = 1$ 时，公式（5—13）就简化为：

$$\pi^e_{+1} = \pi \tag{5—14}$$

公式（5—14）是常见的适应性预期的特例。它表示，下一期的预期通货膨胀就是当期的实际通货膨胀，当期的预期通货膨胀就是上一期的实际通货膨胀。把公式（5—14）代入发展后的菲利普斯曲线公式（5—12），可得：

$$\pi_{+1} = \pi - b(u - u^*) \tag{5—15}$$

公式（5—15）揭示了通货膨胀的运动轨迹，即

➢ 当本期失业率等于自然失业率时，通货膨胀保持不变；
➢ 当本期失业率大于自然失业率时，通货膨胀将下降；
➢ 当本期失业率小于自然失业率时，通货膨胀将上升。

从一定意义上说，公式（5—15）揭示了宏观经济管理远比我们想象的艰难。原始菲利普斯曲线揭示了，失业率与通货膨胀之间存在一种权衡关系，二者不可兼得。对宏观经济管理当局而言，至少还可以按需做出不同的政策组合安排，比如把失业率降低到自然失业率以下，承受高通货膨胀之苦。公式（5—15）揭示了，如果宏观经济管理当局打算把失业率降低到自然失业率以下，则必须承受不断提高的通货膨胀率。确切地说，失业率每低于自然失

业率一个百分点，经济体下一期的通货膨胀率将会增加 b 个百分点。随着时间的推移，这种政策所带来的通货膨胀不断加速，相应的政策成本也越来越大。有时，这被称为加速主义原理，即宏观经济管理当局只要把失业率降低到自然失业率之下，就必须承担不断提高的通货膨胀水平。[12]

早在 20 世纪 70 年代，以卢卡斯为首的一批有影响力的经济学家就批评适应性预期的武断性。他们认为，通货膨胀预期的错误通常会带来高昂的成本，人们会利用所有可获得的信息，包括关于政府政策的信息来预测未来的通货膨胀，做出最优决策，而且人们会合乎理性地把他们的预测建立在他们的经济模型之上。这种预测机制就是人们耳熟能详的**理性预期**（rational expectation）。

理性预期的一个重要方面是，经济活动主体会根据其对宏观经济管理当局未来所采取政策的预期，形成对未来通货膨胀的预期。而适应性预期是基于过去的历史信息预测下一期的通货膨胀。从这一点出发，理性预期被称为前瞻性预期；适应性预期被称为后顾性预期。

把理性预期引入宏观经济学，引发了宏观经济领域的一场大争论，甚至是一场革命。尽管理性预期倡导者早期所强调的结论并没有完全得到实证分析的支持，但是理性预期大大增进了人们对预期机制以及宏观经济政策的理解，为宏观经济学提供了一个新的分析范式：新古典宏观经济学。

在理性预期下，菲利普斯曲线可以表示为：

$$\pi_{+1} = \pi^e - b(u - u^*)$$
$$\pi^e = E(\pi \mid I_t) \tag{5—16}$$

公式（5—16）表明，对通货膨胀的理性预期就是信息集（I_t）的条件期望，隐含着经济活动主体对通货膨胀的预期不会出现系统性的偏差。

在理性预期条件下，宏观经济管理当局将会面临更加棘手的问题，在后面章节中我们会着重讨论。下面，把我们的思路重新转移到菲利普斯曲线上来，看看引入预期后的菲利普斯曲线是否与实际比较吻合。

坦白地说，并没有任何统计部门会提供预期通货膨胀的数据，因此，我们采用简单的适应性预期，即 $\pi^e_{+1} = \pi$。菲利普斯曲线，即公式（5—15）就可以变为：

$$(\pi_{+1} - \pi) = -b(u - u^*) \tag{5—17}$$

基于公式（5—17），我们着重考察引入预期的菲利普斯曲线是否能够刻画美国的宏观经济情况。首先看美国的情况，如图 5—15 所示。图 5—15 的左图是美国实际失业率与实际通货膨胀率的散点图。正如我们在前面明确指出的，整体而言，二者并不存在彼消此长的权衡关系。当引入预期通货膨胀，并假定 $\pi^e_{+1} = \pi$ 后，我们给出了通货膨胀率的变化量与实际失业率的散点图，如图 5—15 的右图所示，二者明显呈负相关。基于这些数据，我们可以得到一条短期菲利普斯曲线 $(\pi_{+1}-\pi)=2.63-0.44u$。这表明，在美国当人们对通货膨胀的预期不变时，失业率每增加 1 个百分点，通货膨胀率将下降 0.44 个百分点。

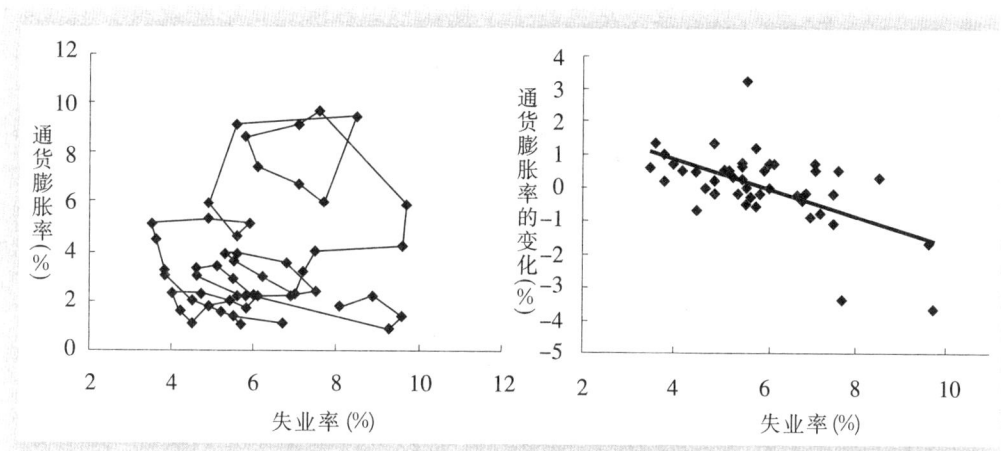

图 5—15 美国通货膨胀率的变动与失业率

注：在 1959—2012 年间，尽管美国的失业率与通货膨胀率之间并不存在明显的负相关关系，但通货膨胀率的变动与失业率之间确实存在负相关关系，即引入预期的菲利普斯曲线能够得到美国数据的支持。

资料来源：中国数据来源于中国经济社会发展统计数据库。美国数据来源于《总统经济报告》（2013）附表 B12，原始表格中产业划分较为复杂，为了便于比较，作者按照三大产业口径合计：第一产业包括农林牧副渔；第二产业是矿业、建筑业和制造业；第三产业是包括政府在内的各种服务业。

通过以上三小节的讨论，小结如下：

➤ 短期菲利普斯曲线是向右下方倾斜的，随着预期通货膨胀的变化而上下平移；

➤ 长期菲利普斯曲线是垂直的。

5.3 从菲利普斯曲线到总供给曲线

本章的核心任务是，探讨有关总供给曲线背后的经济学故事。你也许会说，我们不是已经推导出一条向右上方倾斜的总供给曲线了吗？不错，在第 5.1 节中，我们通过工资黏性已经推导出了一条向右上方倾斜的短期总供给曲线。但是，需要强调的是，这个黏性工资模型并不能够完全解释总供给。

现在，我们不妨再回忆一下，我们在第 5.1 节中讲述的向右上方倾斜的短期总供给曲线背后的经济学故事。即当存在名义工资黏性时，价格水平下降，实际工资上升，企业愿意雇用的劳动力下降，结果是产出水平下降，我们从而得到价格水平与产出水平同方向变化。这个故事有什么不妥吗？不幸的是，人们已经发现这个故事中存在一点瑕疵：它隐含着实际工资是**逆周期的**（countercyclical），也就是说，实际工资的波动与产出、就业波动的方向相反。

图 5—16 给出了美国 1965—2012 年间每周实际工资变动百分比与实际 GDP 变动百分比的散点图。如果上述故事是完全正确的，那么在图 5—16 中应该呈现向右下方倾斜的趋势，表示二者负相关。然而，美国经济的表现恰好与之相反。从图形上看，我们很难说实际工资是逆周期的，因为二者大致是同方向变化的，实际工资呈现顺周期的特征。

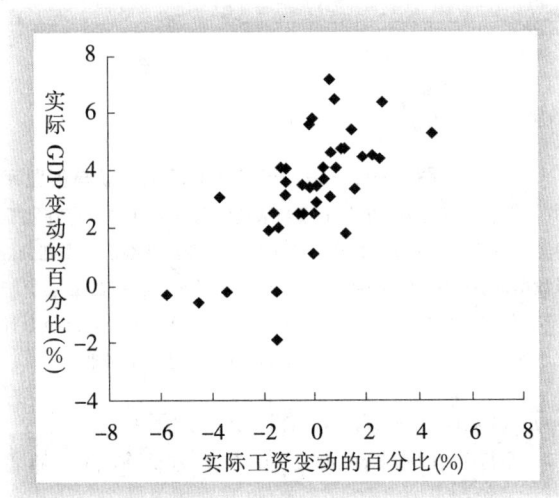

图 5—16　1965—2012 年间美国实际工资的周期行为

注：实际工资是按照 1982 年美元计算的每周私人实际收入。该图表明，在 1965—2012 年间，美国的实际工资大致与产出同方向变化，即实际工资是顺周期的。

资料来源：《总统经济报告》(2013) 附表 B4 和 B47。

当然，我们在解释图 5—16 时，应该加倍小心。因为我们基于名义工资黏性推导短期总供给曲线时，同时还隐含着的前提条件是：资本和技术不变。毋庸置疑，图 5—16 中的数据并不满足这个前提条件。那么，我们到底应该如何解释图 5—16 所提供的证据呢？大多数经济学家的观点是：黏性工资模型并不能够完全解释总供给。

下面，我们将从菲利普斯曲线出发，推导出向右上方倾斜的短期总供给曲线。具体而言，需要以下三步工作：

1. 把失业翻译成产出水平；

2. 把工资翻译成价格水平；

3. 把第 1 步、第 2 步的工作代入菲利普斯曲线，得到向右上方倾斜的短期总供给曲线。

奥肯法则

我们将通过奥肯法则把失业翻译成产出水平。**奥肯法则**（Okun's Law）是以经济学家奥肯（Arthur Okun）的名字命名的经验法则：失业率每超过自然失业率 1 个百分点，产出将下降 2 个百分点，即

$$\frac{Y-Y^*}{Y^*} = -\omega(u-u^*)$$

$$\omega = 2 \tag{5—18}$$

奥肯法则尽管只是一个经验法则，也并不是很精确，但它确实提供了在短期内连接失业与产出的桥梁。在后面章节中，我们还会进一步讨论它。

工资与价格

从菲利普斯曲线推导短期总供给曲线的第 2 步工作就是：把工资翻译成价格水平。你也许在第 5.2 节中就已发现，最原始的菲利普斯曲线揭示的是工资与失业之间的关系，而我们通常看到的菲利普斯曲线刻画的却是通货膨胀与失业之间的关系。二者是如何转换的呢？或者说，为什么货币工资的变化率就等于物价水平的变化率（通货膨胀）呢？这确实是一个问题，但在回答这个问题之前，我们再次强调，从实际经济的运行看，至少在短期，通货膨胀率与失业率确实负相关。如果你把这一点视为一个经验法则，并可以接受的话，建议你不妨直接阅读"推导短期总供给曲线"一小节。

我们可以从一个代表性企业如何定价的角度把工资与价格连接起来。假定工资 w 是企业唯一的成本，劳动生产率为 α，则企业的边际成本为 w/α。下面我们将分两种情况考察这个代表性的企业如何定价[13]：

1. 市场是竞争性的，代表性的企业将按照边际成本定价，即

$$P = \frac{w}{\alpha}$$

2. 市场是非竞争性的，代表性的企业将按照成本加成定价，即

$$P = \frac{(1+z)w}{\alpha}$$

其中，z 表示加成比例。显然，当劳动生产率 α 固定不变时，代表性企业无论采用哪种定价方式，我们都会得到货币工资的变化率就等于物价水平的变化率[14]，即

$$\pi = g_P = g_w \tag{5—19}$$

公式（5—19）成立的前提条件是：劳动生产率 α 保持不变。当劳动生产率发生变化时，比如随着技术进步不断提高，货币工资变化率、通货膨胀和劳动生产率之间将是什么关系？感兴趣的读者不妨尝试一下。

推导短期总供给曲线

现在我们可以从菲利普斯曲线推导出短期总供给曲线了。首先我们基于原始的菲利普斯曲线推导短期总供给曲线。

将奥肯法则公式（5—18）代入公式（5—10），整理得：

$$\pi = \frac{b}{\omega}\frac{Y-Y^*}{Y^*} \Rightarrow P_{t+1} = P_t\left[1+\lambda(Y-Y^*)\right] \tag{5—20}$$

其中，$\lambda = b/(\omega Y^*)$。公式（5—20）揭示了价格水平与产出之间的关系，如图5—17所示。

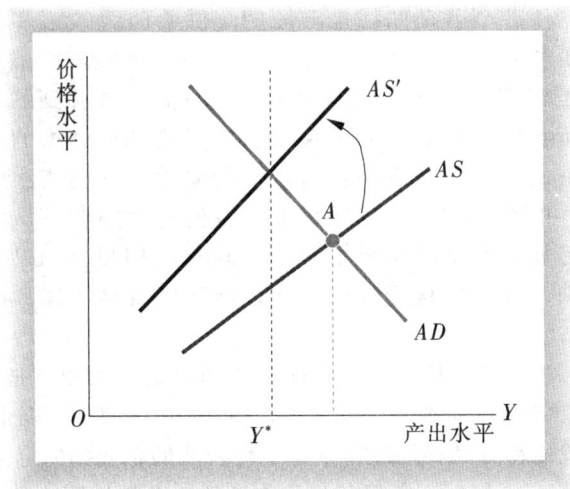

图5—17　总供给曲线的性质

注：总供给曲线表述了一种价格调整机制，比如当经济体在 A 点时，总供给曲线将按箭头所示方向移动。

➢ 当产出高于潜在产出水平时，价格水平将上升，而且下一期的价格水平高于本期的；

> 当产出低于潜在产出水平时，价格水平将下降，而且下一期的价格水平将低于本期的；

> 当产出等于潜在产出水平时，价格水平将保持不变。

公式（5—20）就是我们梦寐以求的总供给曲线，它描述了经济体的价格调整机制。比如，当本期的产出水平高于潜在产出水平时，下一期的价格水平将高于本期，结果是下一期总供给曲线的截距和斜率都将变大。从图形上，总供给曲线将向上平移，而且还略微有点旋转，如图 5—17 所示。显然，只要产出水平高于潜在产出，这种运动就会持续下去。

如果你对总供给曲线的表达式还有不适应的话，我们不妨几何地从原始菲利普斯曲线出发，运用奥肯法则，推导出总供给曲线，如图 5—18 所示。

如图 5—18 所示，给定一个通货膨胀率，比如 $\pi 1$，通过左上方的菲利普斯曲线，我们就可以得到一个与之相对应的失业率 $u1$。沿着黑色虚线所示的方向，我们进一步通过左下方的奥肯法则把失业率转变为与之对应的产出变化率 $(Y1-Y^*)/Y^*$。这样，我们任意给定一个通货膨胀率 $\pi 1$，就有一个产出变化率与之对应，即右上方图形中的 A 点。需要补充的是：在图 5—18 中，右下方的 45°线并没有多大实质意义，只是为了画图的方便。按照同样的逻辑，任意给定一个通货膨胀率 $\pi 2$，沿着图中灰色虚线所示的方向，就会得到右上方图形中的 B 点。不断重复上述工作，就会在右上方图形中得到许多由通货膨胀和产出变化率组成的点，把这些点连接起来，我们就得了向右上方倾斜的供给曲线 AB。[15]

接着，我们基于拓展后的菲利普斯曲线推导短期总供给曲线。

把奥肯法则［公式（5—18）］代入公式（5—12），整理得：

$$\pi = \pi^e + \frac{b}{\omega}\frac{Y-Y^*}{Y^*} \quad \text{或} \quad P_{t+1} = P^e_{t+1} + P_t\lambda(Y-Y^*) \tag{5—21}$$

其中，$P_{t+1} = P_t(1+\pi^e)$。与公式（5—20）相比，总供给曲线中出现了预期因素，可能会使总供给曲线上下平移。具体而言，预期通货膨胀对总供给曲线的影响如下：

> 当预期通货膨胀上升时，总供给曲线将会向上平移；

> 当预期通货膨胀下降时，总供给曲线将会向下平移；

> 当预期通货膨胀不变时，总供给曲线也将保持不变。

下面，我们将以人们预期通货膨胀下降为例，考察引入预期对总供给曲线的影响。为了分析的方便，我们不妨假定经济体的初始状态是图 5—19 中的曲线 AB。当人们预期通货膨胀下降时，短期菲利普斯曲线将会向下平移。对于任意给定的通货膨胀水平，比如 $\pi 1$，按照与图 5—18 中相同的逻

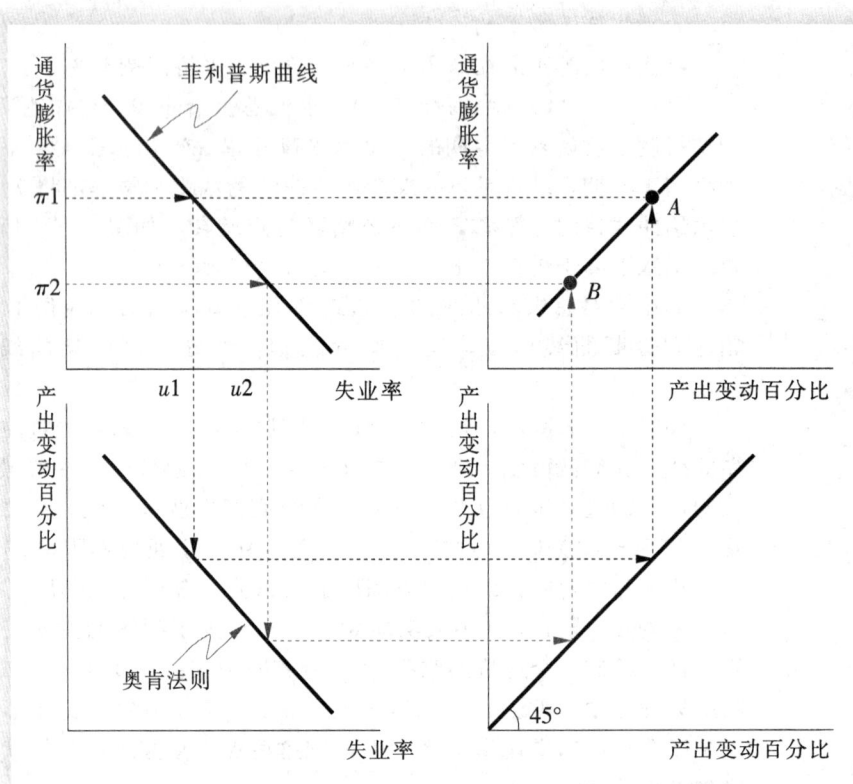

图 5—18   总供给曲线的推导

注：给定一个通货膨胀率 π1，由菲利普斯曲线得到相应的失业率 u1，奥肯法则把此失业率转变成产出变动百分比，最后经过 45°线转化，我们就可以得到 A 点；同理，给定一个通货膨胀率 π2，我们可以得到 B 点。把这些点连接起来，我们就得到了总供给曲线 AB。

辑，我们将在右上图中得到 C 点，而不再是 A 点；同理，对于其他任意给定的通货膨胀水平，比如 π2，我们将在右上图中得到 D 点，而不再是 B 点。把这些新点连接起来，我们就得到了新的供给曲线 CD。与初始的总供给曲线 AB 相比，人们预期通货膨胀下降使短期总供给曲线向下平移到曲线 CD。

建议感兴趣的读者画图分析人们预期通货膨胀上升对短期总供给曲线的影响。

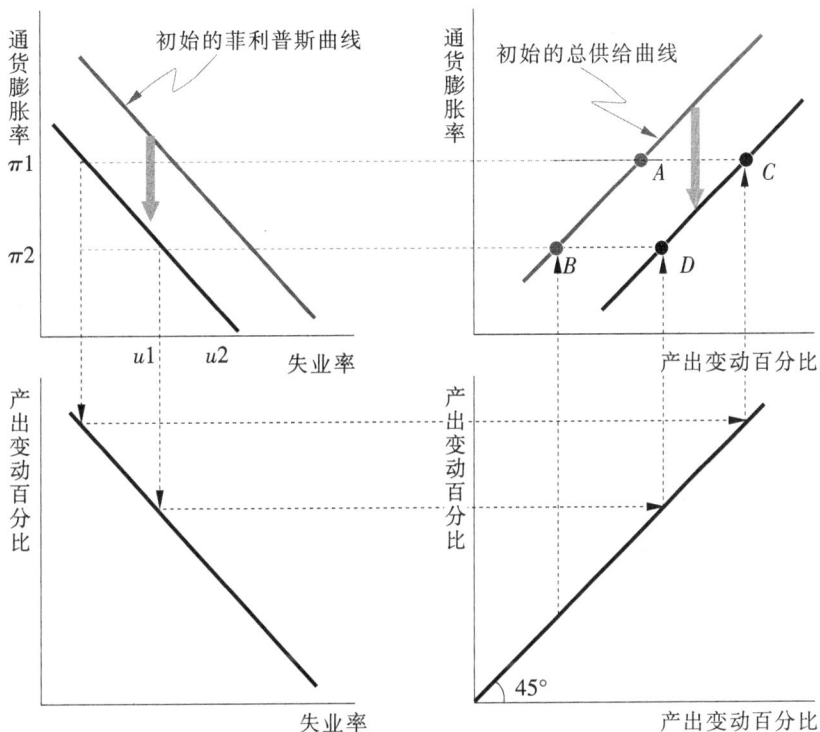

图 5—19 预期与总供给曲线的平移

注：在初始状态，总供给曲线为 AB。假定人们对通货膨胀的预期下降了，菲利普斯曲线将向下平移。按照图 5—18 中的逻辑，我们将得到总供给曲线 CD，即总供给曲线从曲线 AB 向下平移到曲线 CD。

5.4 供给冲击对总供给曲线的影响

在 20 世纪 70 年代之前，人们通常认为，产出水平和价格水平的波动主要是由总需求曲线的移动造成的。相应地，宏观经济学讲述的都是关于总需求方面的故事。[16]但进入 20 世纪 70 年代后，随着经济遭受的供给方面的冲击越来越频繁，总供给方面的故事开始大量充斥宏观经济学的舞台。

供给冲击（supply shock）是对经济体的一种扰动，其最初的影响是使总供给曲线发生移动。根据总供给曲线平移方向的不同，人们通常把供给冲击分为以下两类：

➤ **不利的供给冲击**（adverse supply shock），是指使总供给曲线向上平移的供给冲击。

➤ **有利的供给冲击**（favorable supply shock），是指使总供给曲线向下平移的供给冲击。

不利的供给冲击

石油冲击是最常见的不利的供给冲击。自欧佩克（OPEC）第一次成功地提高世界原油价格以来[17]，宏观经济学一直为原油价格冲击所困扰。

图5—20是美国1960—2012年间能源的生产者价格指数（PPI）图。从图形上看，在20世纪70年代以前，能源价格比较平稳。但进入20世纪70年代，随着欧佩克第一次限产提价，在短短10年内，能源价格上升了5倍，即PPI从低于20的水平一直上升到1982年的100。1982年后，美国能源价格呈现缓慢下降趋势，尽管存在第一次海湾战争的影响，但在整个90年代，原油价格大致是稳定的。进入21世纪后，原油价格水平又恢复到1982年的水平，并迅猛增长，到了2012年，原油价格水平大致上升了210%。

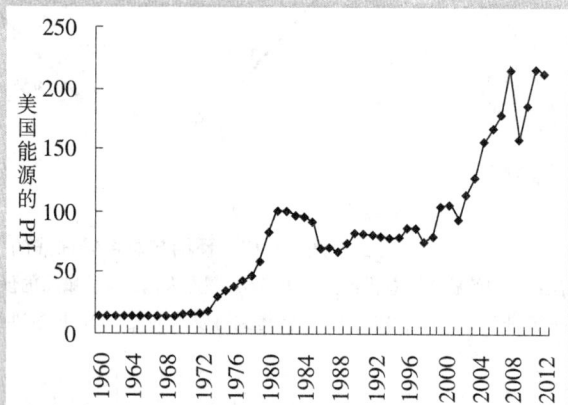

图5—20 1960—2012年间美国能源价格的PPI

注：在20世纪70年代，美国的能源价格水平上升了5倍。进入21世纪，到2012年，能源价格水平大致上升到210%。其中，1982年PPI为100。

资料来源：《美国总统经济报告》（2013）附表B67。

如果我们把欧佩克20世纪70年代限产提价视为一次不利的供给冲击，那么其对总供给的影响就如图5—21的左图所示。在欧佩克限产提价之前，经济体的短期总供给曲线为曲线AS。限产提价后，能源价格水平上升了5

倍，这意味着企业生产同一单位产出的成本大幅度上升。因此，石油冲击的最初影响是，经济体的总供给曲线向上平移，如图 5—21 的左图所示，向上平移到曲线 AS'。

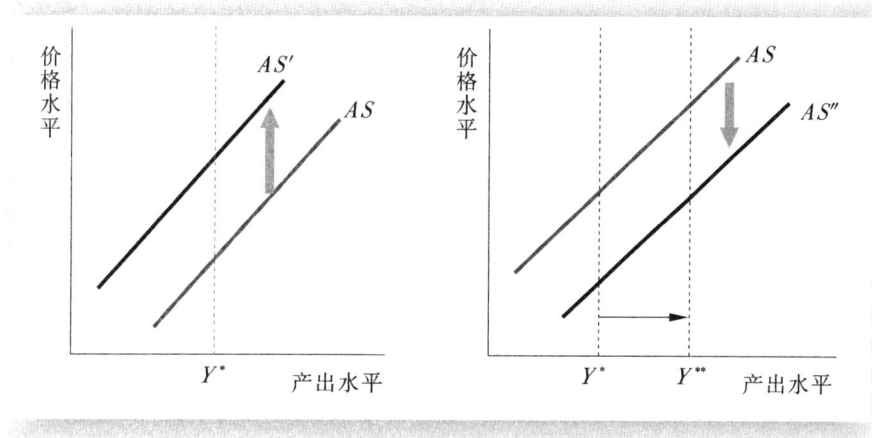

图 5—21　供给冲击对总供给曲线的影响

注：一次不利的供给冲击会造成总供给曲线向上平移，即从曲线 AS 到曲线 AS'；而一次有利的供给冲击则会造成总供给曲线向下平移，即从曲线 AS 到曲线 AS''。

有两点值得进一步强调：（1）石油冲击的影响最终将表现为价格水平、产出水平等宏观经济变量的变化。考察完总需求曲线背后的故事后，我们将进一步讨论石油冲击所带来的影响。现在，我们只是揭示了石油冲击的最初影响。（2）如果大家仔细观察图 5—21 的左图就会发现，石油冲击并没有影响到潜在产出水平 Y^*。

有利的供给冲击

经济体不仅会遭受不利的供给冲击，还会迎来有利的供给冲击。我们身边是否存在这样的例子？显然，每一次技术进步都是一次有利的供给冲击。

在过去的 10 年中，**摩尔定律**（Moore's Law）所描述的技术进步不断冲击着全球的计算机工业[18]：晶体管越做越小；芯片性能越来越高；计算能力呈指数增长；生产成本和使用费用不断降低；同等性能的电脑越来越便宜。

技术进步所带来的有利的供给冲击，使企业生产同一单位产出的成本大幅度下降，总供给曲线向下平移，如图 5—21 的右图所示，供给曲线从 AS 向下平移到曲线 AS''。

需要强调的是：随着技术进步，经济体的潜在产出水平会向右平移。因此，图 5—21 右图中的长期总供给曲线从 Y^* 向右平移到 Y^{**}。[19]

5.5 总供给曲线的其他推导方法

到目前为止，我们讨论了两种推导向右上方倾斜的短期总供给曲线的方法：（1）从名义工资黏性的视角推导；（2）从菲利普斯曲线的视角推导。在本节，我们将从另外两个视角推导向右上方倾斜的短期总供给曲线：新古典版的和新凯恩斯版的。

在具体讲述这两种版本的向右上方倾斜的短期总供给曲线之前，我们再次强调：总供给理论是宏观经济学中最有争议的领域之一，每一个版本的总供给曲线都会把我们带入不同的理论思路，但最终都在同一个地方结束——短期的总供给曲线是向右上方倾斜的。

不完全信息与总供给曲线

本章我们一直在讲述关于总供给曲线背后的故事，寻找连接价格水平变动与产出水平变动之间的"桥梁"。这次，我们从图 5—6 开始。在图 5—6 中，我们假定所有工资和价格都是可以迅速调整的，结果是市场瞬时出清，总供给曲线是垂直的。现在，我们仍然假定市场可以瞬时出清，但生产者不清楚经济体的一般价格水平，这时总供给曲线还是垂直的吗？

假设经济体由许多市场构成，每个生产者只生产一种产品，但消费多种产品。我们假定生产者密切关注自己产品的价格 P_i，但无法观察到市场上所有产品的价格，即经济体的一般价格水平 P。这意味着，生产者并不太清楚自己产品的相对价格 P_i/P。正是由于这一点"不太清楚"或者说"不完全信息"，企业可能会做出理性而错误的供给决策，并导致经济体出现了向右上方倾斜的短期总供给曲线。

比如我们考察一个农民的生产决策。农民生产小麦，出售小麦获得收入来购买化肥、种子以及其他生活用品。他总是知道小麦的价格，但不太清楚经济体里其他产品的价格。如果有一年他突然发现小麦的价格上涨了，比如1995 年，小麦价格从每斤 0.55 元上涨到每斤 0.95 元，上涨了 80%。这时，农民会做出什么反应？当他观察到小麦价格上涨后，他并不能够确定，其他产品的价格是否也上涨了 80%，还是只有小麦的价格上涨了。如果是前者，小麦的相对价格不变；如果是后者，小麦的相对价格上涨。在不知道经济体一般价格水平的情况下，理性的推理是：上述两种情况都有可能。结果是，农民从小麦价格上涨推论出其相对价格也存在某种程度的上涨，从而更加勤劳地耕作，生产更多小麦。

显然，其他农民也会如此。结果，当经济体的价格水平上升时，由于不完全信息，他们都理性而错误地推论：产品的相对价格上升了，都会生产得更多。如图 5—22 所示，在 1994 年以前，我国粮食产量大致维持在 3.8 亿吨左右；1994 年后，我国包括粮食在内的所有价格都上升了，经历了最为严重的通货膨胀。但随着粮食价格的上升，我国的粮食总产量还是从 3.8 亿吨上升到 4.4 亿吨左右。当然，这种上升是暂时的，从图 5—22 上看，4 年后我国的粮食总产量又重新下降到 3.8 亿吨左右。

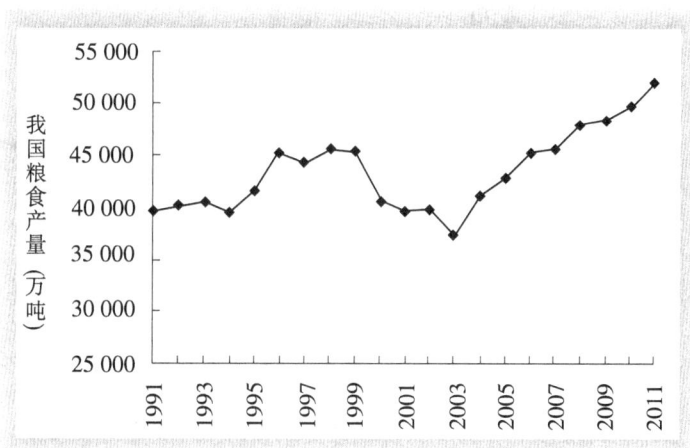

图 5—22 1990—2011 年间我国粮食产量

注：在 1994 年之前，我国主要粮食产量一直在 40 000 万吨左右。1994 年后，尽管中国经历了严重的通货膨胀，但是随着粮食价格的上升，粮食产量上升到了 45 000 万吨左右。其中，粮食是指稻谷、小麦和玉米的产量的总和。

资料来源：《中国统计年鉴》(2012)，表 13—15，北京，中国统计出版社，2012。

总之，不完全信息模型说明了，当实际物价超过预期的物价时，供给会增加，即总供给曲线是向右上方倾斜的。

需要补充的是，从不完全信息角度推导出来的总供给曲线是新古典版的，通常又被称为**卢卡斯总供给曲线**（Lucas aggregate supply curve）。用以纪念卢卡斯早在 20 世纪 70 年代初就成功地从不完全信息的角度推导出了总供给曲线。

价格黏性与总供给曲线

在图 5—8 中，我们通过名义工资黏性推导出向右上方倾斜的总供给曲线。现在我们讲述关于总供给曲线的最后一个故事：**黏性价格**（sticky price）。

现实生活中确实存在黏性工资，比如，长期劳动合同。但现实生活中存在黏性价格吗？我们的回答是：有。比如报纸的价格，你也许早就留意到有些报纸总是保持 1 元 1 份。

图 5—23 给出了《经济研究》价格的走势图。从图形上看,《经济研究》的价格呈现阶梯上升的态势,即《经济研究》先在某个价位上保持几年,然后提高到一个新的水平上保持几年,再提高到一个新的水平。这表明,《经济研究》在调整价格的过程中确实存在价格黏性。[20]

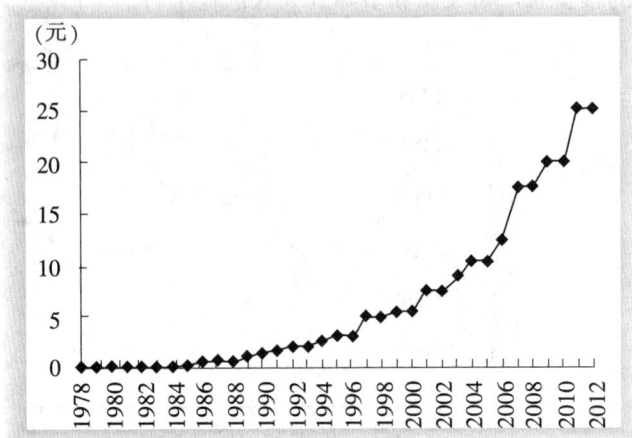

图 5—23　《经济研究》的价格

注:《经济研究》的价格几年调整一次,呈阶梯状上升。

由于企业与顾客之间存在长期合约,或者企业不愿意用频繁的价格变动打扰自己的长期顾客,或者菜单成本的存在等原因,经济体里确实存在一定的价格黏性。

为了阐明价格黏性如何有助于解释总供给曲线是向右上方倾斜的,我们先把经济体的企业分为两类:在定价时存在价格黏性的和不存在价格黏性的。[21]然后分别考察两类企业的定价行为,并加总这两类企业的决策,得到经济体的整体行为。

不存在价格黏性企业的定价主要取决于两个宏观经济变量:(1)物价水平 P,较高的物价水平意味着成本较高。因此,物价水平越高,企业的定价就越高。(2)总收入水平 Y,收入水平越高,对产品的需求就越大,所以企业合意的价格也就水涨船高。基于以上两点,我们把企业合意的价格表示为:

$$p_1 = P + \alpha(Y - Y^*) \quad (\alpha > 0) \tag{5—22}$$

公式(5—22)揭示了,企业合意的价格取决于物价水平和总收入水平。如图 5—24 中的向右上方倾斜的灰色虚线所示。

价格黏性的企业如何定价呢?不妨假定企业根据对价格水平的预期决定自己的价格,即

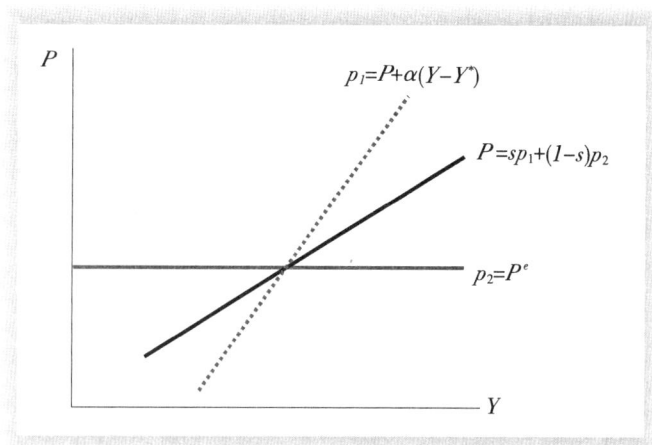

图 5—24　价格黏性与总供给曲线

注：经济体中有两类企业，一类企业存在价格黏性，其定价行为是 $p_2 = P^e$；另一类企业根据物价水平 p 和收入水平 Y 进行定价，即 $p_1 = P + \alpha(Y - Y^*)$。因此，经济体的总体物价水平为二者的加权平均数，从而得到一条向右上方倾斜的总供给曲线。

$$p_2 = P^e \tag{5—23}$$

在图 5—24 中，公式（5—23）就表示为灰色的水平线。

通过以上两步准备工作，现在，我们可以通过两类企业的定价推导出经济体的总供给方程了。当然，你也许会认为公式（5—22）和公式（5—23）还有点武断。是的，有点武断，不过确实有助于揭示总供给曲线向右上方倾斜背后的机制。

经济体的价格水平 P，显然是两类价格 p_1 和 p_2 的加权平均数，即

$$P = sp_1 + (1-s)p_2 \tag{5—24}$$

其中，$0 < s < 1$，是不存在价格黏性企业所生产产品在一篮子产品中所占的比重。代入公式（5—22）和公式（5—23），得：

$$P = P^e + \frac{s\alpha}{1-s}(Y - Y^*) \tag{5—25}$$

公式（5—25）显然就是经济体的总供给曲线，如图 5—24 中向右上方倾斜的黑色曲线所示。

你现在也许感到有点奇怪，向右上方倾斜的总供给曲线是源于经济体存在一部分价格黏性的企业吗？我们的回答是肯定的。如果你感到不解的话，不妨假定第二类企业也按照公式（5—22）定价，即

$$p_2 = P + \alpha(Y - Y^*) \qquad (\alpha > 0)$$

把 p_1 和 p_2 代入公式（5—24），整理得：

$$P = P + \alpha(Y - Y^*) \Rightarrow Y = Y^* \tag{5—26}$$

显然，公式（5—26）表明经济体的供给曲线是垂直的。这意味着，当经济体不存在价格黏性时，即使在非竞争性的经济体里企业自主定价，经济体的总供给曲线也是垂直的。从本质上讲，公式（5—26）就是图5—6中总供给曲线的代数版。

总之，当经济体里存在价格黏性时，即使其他产品的价格是自由伸缩的，经济体也将会存在向右上方倾斜的总供给曲线。

5.6 本章小结

总供给理论是宏观经济学中存在争议最多的领域之一。在本章我们讲述了四个总供给模型：古典理论强调市场是完备的、瞬时出清的，结果总供给曲线是垂直的；工资黏性、价格黏性以及不完全信息等强调市场是不完备的，结果短期总供给曲线是向右上方倾斜的。正如我们一直在强调的，宏观经济学确实存在很多争论，但大都是"盲人摸象"式的争吵。坦白地说，我们无须接受一个模型而否定其他模型。因为我们周围的经济世界确实存在着不完全信息、工资黏性以及价格黏性等，它们都有助于我们对短期总供给曲线的理解。短期总供给曲线是一种价格调整机制。

现代版的菲利普斯曲线是一个较为普遍的宏观经济现象，本章通过奥肯法则把它翻译为向右上方倾斜的短期总供给曲线。菲利普斯曲线同样描述经济体的价格调整机制。可以说，总供给曲线和菲利普斯曲线是对同一种宏观经济现象的不同表述。

自20世纪70年代后，经济体经常遭受供给方面的冲击，有利的供给冲击使短期总供给曲线向下平移；不利的供给冲击则使短期总供给曲线向上平移。

至此，我们已经考察了总供给曲线背后的故事，暂时结束我们的总供给之旅。在下面的章节中，我们将转向总需求之旅。

【注释】

[1] 其实，在索罗模型中，我们也是这么假定的。

[2] 非自愿失业是指，在当前工资水平下，愿意就业却找不到工作。

　　[3] 需要强调的是，要想得到短期总供给曲线，我们可能需要不断重复第 2 步的工作。

　　[4] 在本章后面的章节中，我们将进一步展开讨论。

　　[5] 自然失业这个概念在宏观经济学中的经济含义非常重要，但"自然"这个定语并不太恰如其分。弗里德曼在其 1968 年的经典论文中，把自然失业率定义为，是考虑了劳动市场和商品市场实际的结构特征，包括市场不完全性、需求和供给的随机变化、搜集关于工作空位和劳动可获得性信息的成本以及流动性成本等的瓦尔拉斯一般均衡（Walrasian Auocations）方程体系得出的（失业）水平。这个定义有点拗口，其实就是把自然失业率定义为长期的均衡失业率。在后面章节中，我们将考察影响自然失业率的因素。

　　[6] 公式（5—6）其实隐含着货币工资是由一年期的劳动合同决定的情况，即在合同期内，工资固定不变，是黏性的；一年后，合同到期，可以重新谈判，确定新的货币工资水平。

　　[7] 由我们在经济增长理论中常用的"法宝"可得：$z=x/y \Rightarrow g_z=g_x-g_y$。

　　[8] 费雪的论文 "A Statistical Relation Between Unemployment and Price Changes" 于 1926 年 6 月发表在 *International Labor Review*。1973 年，重印于 *Journal of Political Economy*，标题是 "I Discovered the Phillips Curve"。

　　[9] 也许，值得补充的是，菲利普斯教授当时采用的是对数形式的工资变化率和对数形式的失业率。因此，系数 c 可以解释为弹性，即失业率每增加 1%，货币工资将增长 $-c\%$。

　　[10] 从宏观经济学的发展历程看，是弗里德曼等人的工作让人确信，原始菲利普斯曲线所缺失的就是预期通货膨胀率。

　　[11] 这三个时点是美国的 1979 年、1980 年和 1981 年这三年。

　　[12] 加速主义还给了自然失业率另外一个命名：非加速通货膨胀的失业率（non-accelerating inflation rate of unemployment，NAIRU），是指当失业率为 NAIRU 时，通货膨胀保持不变；当失业率低于 NAIRU 时，通货膨胀加速；当失业率高于 NAIRU 时，通货膨胀减速。

　　[13] 如果你对企业定价有点困惑的话，重温微观经济学教科书应该会有所帮助。

　　[14] 当 $P=w/a$ 时，等式两边取自然对数然后对时间求导，可得 $\pi=g_p=g_w$；当 $P=(1+z)w/a$ 时，等式两边取自然对数然后对时间求导，仍然可得 $\pi=g_p=g_w$。

　　[15] 当然，我们目前所得到的曲线 *AB* 并不是我们平常所见到的短期供给曲线。但是当我们证明了通货膨胀率与产出变化率正相关后，就容易知道产出与价格正相关了。因为 t 期的价格是预先给定的，这样我们就可以得出一个 $t+1$ 期价格关于产出的函数关系，即短期供给曲线。

　　[16] 从下一章开始，我们将转向考察总需求方面的故事。

　　[17] 1960 年 9 月 10 日，伊朗、伊拉克、科威特、沙特阿拉伯和委内瑞拉的代表在巴格达开会，决定联合起来共同对付西方石油公司，维护石油收入。14 日，五国宣告成立石

油输出国组织（Organization of Petroleum Exporting Countries，OPEC），简称"欧佩克"。随着成员的增加，欧佩克发展成为亚洲、非洲和拉丁美洲一些主要石油生产国的国际性石油组织。

[18] 在集成电路发明之后不久，美国人摩尔（Gordon Moore）曾预言计算机芯片晶体管的集成密度将每年增长一倍，后来他又预言芯片的集成密度每隔两年翻一倍。事实上，著名的摩尔定律是一个平均值，即计算机芯片的集成密度每18个月翻一番，它并不是严格的物理定律，而是基于一种几乎不可思议的技术进步现象所做出的预言。作为迄今为止半导体发展史上意义最深远的摩尔定律，集成电路数十年的发展历程，令人信服地证实了它的正确性。

[19] 我们在经济增长理论部分已经详细探讨过这个问题。

[20] 感兴趣的读者不妨留意一下其他杂志价格的变动模式，大致与《经济研究》的类似。Cecchetti（1986）基于美国的杂志做了相当细致的分析。

[21] 强调企业定价，则意味着市场结构是非竞争性的。

第Ⅲ篇

总需求

> 科学是一种寄生虫：病人群体越大，越能更好地推动生理学和病理学；从病理学中产生了治疗方法。1932 年是"大萧条"的谷底，从其腐败的土壤中缓慢地产生了今天我们称为宏观经济学的新课题。
>
> ——萨缪尔森，转引自曼昆（2005）

> 在对学生介绍凯恩斯的理论时，希克斯的 *IS-LM* 模型还有没有用？有用。原因有二：其一是作为一个历史工具；其二它是人们现在还在使用的理解经济的基本模型——实际上我就用它。我们教一年级研究生 *IS-LM* 模型，我不认为在正确理解经济的短期调整方面还有更好的模型。
>
> ——费希尔教授接受斯诺登等人采访时的对话，
>
> 转引自斯诺登等（1998）

第6章

IS-LM 模型

从长期看，经济体的收入水平取决于生产要素的投入和技术进步。但正如凯恩斯所强调的："从长期看，我们都死了。"在短期，经济体的收入水平是否取决于生产要素和技术进步之外的其他因素？比如在 1929—1933 年间，多数经济体都经历了范围特别广泛、情况特别严重、对经济思想的发展影响最大的一次大萧条。在这期间，美国、欧洲等许多经济体的生产要素供给和技术进步都没有发生重大变动，却都经历了收入的大幅度下降。看来，在短期，经济体的收入水平还取决于生产要素和技术进步之外的因素。我们需要新的理论来解释经济衰退，并提出减轻经济衰退的宏观经济政策。

1936 年，卓越的英国经济学家凯恩斯出版了 20 世纪最有影响的著作：《就业、利息和货币通论》（简称《通论》）。凯恩斯提供了一种分析经济的新方法：在短期中价格是黏性的，被凯恩斯称为有效需求的总需求的变动影响收入，比如有效需求不足引发经济衰退，从而收入下降，失业增加。因此，《通论》提出了一个解释"大萧条"和经济波动的新的理论框架，并明确向政府建议：要进行宏观经济管理，抑制经济波动，引发了经济学的革命。

IS-LM 模型是对凯恩斯理论的主要解释，也是宏观经济学最初的几个模型之一。这个模型旨在探讨，当价格水平给定时，经济体的收入水平是如何决定的。在相当长的时间里，*IS-LM* 模型是宏观经济学的核心。现在，我们更多的是把其视为总需求曲线背后的经济学故事：*IS-LM* 模型说明了产品市

场和货币市场之间的相互作用是如何决定总需求曲线的斜率和截距，从而决定经济体的短期国民收入水平的。

本篇我们主要讲述有关总需求曲线背后的经济学故事。本章将着重探讨，当价格不变时，产品市场均衡的情况、货币市场均衡的情况以及两个市场同时均衡的情况。

6.1　凯恩斯交叉图

凯恩斯交叉图（the Keynesian cross）是对凯恩斯理论最简单的解释，而且也是构成更复杂、更现实的 *IS-LM* 模型的重要工具。在本节，我们将通过凯恩斯交叉图阐明，收入与支出是如何相互决定的。即当价格水平不变时[1]，经济活动主体的支出决定了经济体的产出与收入，但产出与收入也决定了经济活动主体的支出。

一般情形

我们用 GDP 度量经济体的收入水平。当价格水平固定不变时，显然没有必要区分名义 GDP 和实际 GDP。但为了分析的方便，我们不妨把实际 GDP 记为 Y。Y 乘以固定的价格水平 $\overline{P}$，就是名义 GDP。

我们从总支出的构成开始分析。由第 1 章的公式（1—6）可知，总支出就等于消费、投资、政府购买和净出口的和：

$$AD=C+I+G+(EX-IM) \tag{6—1}$$

其中，AD、C、I、G、EX 和 IM 的含义同前，分别指经济体的总支出、消费、投资、政府购买、出口和进口。

在国民经济核算中，我们只关注总支出的各个构成部分是如何核算的，并没有关注各个构成部分是如何决定的。现在，不妨想一想，消费水平的高低主要取决于什么因素？你也许已经在脑海中列出了一个候选因素名单，比如收入水平、价格水平、对未来的预期等。在后面的章节，我们会专门探讨这个问题。现在我们只是简单地假定，消费水平的高低取决于可支配收入水平的高低，即

$$C=C(Y^d)=C(Y-TA+TR) \tag{6—2}$$

在图 6—1 中，第一幅图中的向右上方倾斜的曲线就刻画了这种情况。有四点值得强调：（1）可支配收入水平等于收入减去税收再加上政府的转移支付；（2）消费随着可支配收入的增加而增加，即消费是可支配收入的增函数；（3）当税收和政府转移支付给定时，消费就是收入的增函数；（4）当收入水平等于零时，消费水平为大于零的常数，即存在正的截距。这意味着，只要

经济活动主体活着，哪怕其没有收入，也要消费。

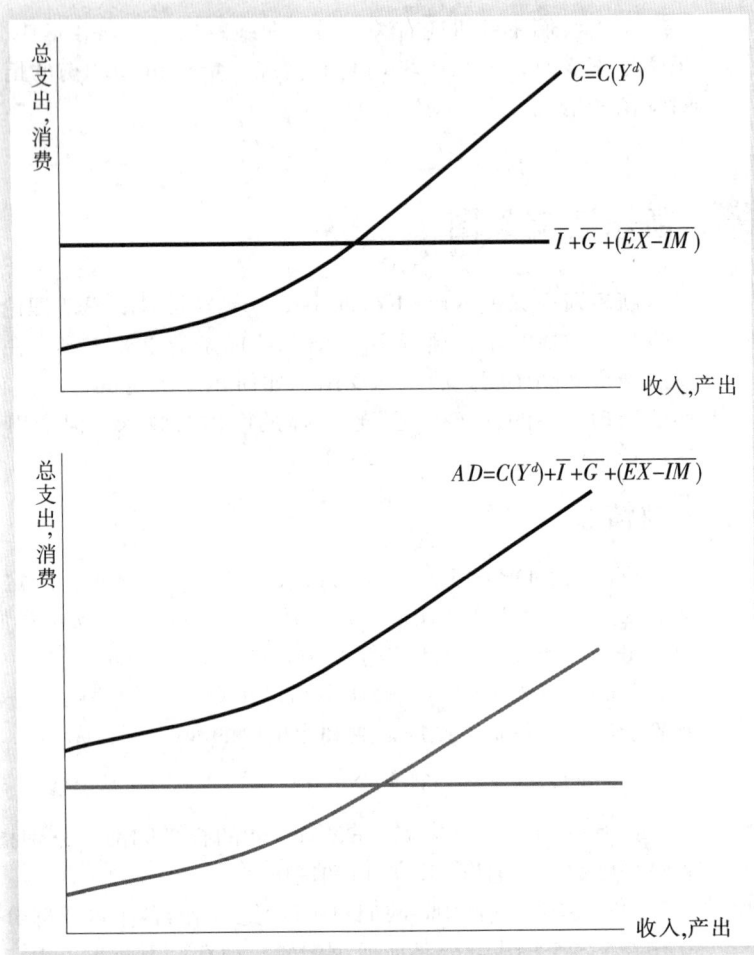

图6—1　总支出的决定因素

注：总支出＝消费＋投资＋政府购买＋净出口。消费是收入的增函数，而投资、政府购买和净出口给定。因此，总支出就是收入的增函数。

另外，为了简单起见，我们假定投资、政府购买、出口、进口、税收和转移支付都是外生给定的，即

$$I=\overline{I}$$
$$G=\overline{G}$$
$$EX-IM=\overline{EX-IM}$$
$$TA=\overline{TA}$$

$$TR=\overline{TR}$$

既然投资、政府购买、出口、进口并不随着收入水平的变化而变化，那么在图 6—1 的第一幅图中，$[I+G+(EX-IM)]$ 就是一条水平线。

现在，我们就可以把总支出表示为：

$$AD=C(Y-\overline{TA}+\overline{TR})+\overline{I}+\overline{G}+(\overline{EX-IM}) \tag{6—3}$$

公式（6—3）说明，总支出是收入 Y、投资 $\overline{I}$、政府购买 $\overline{G}$ 和净出口 $(\overline{EX-IM})$ 的函数，而且随着收入水平的增加而增加，如图 6—1 中的第二幅图所示。

由国民经济核算的恒等式可知，总支出等于总产出等于总收入。因此，我们把经济体的均衡定义为 $AD=Y$。经济均衡的定义具有较为明确的经济含义，即在经济体里，当经济活动主体的支出水平可以实现时，没有理由改变经济活动主体的支出计划。

由于横轴和纵轴分别是收入 Y 和支出水平 AD，经济体均衡的条件 $AD=Y$，从图形上看，就是一条 45°线。其实，所谓凯恩斯交叉图，就是总支出曲线加上 45°线，即计划支出曲线加上实际支出曲线，如图 6—2 所示。

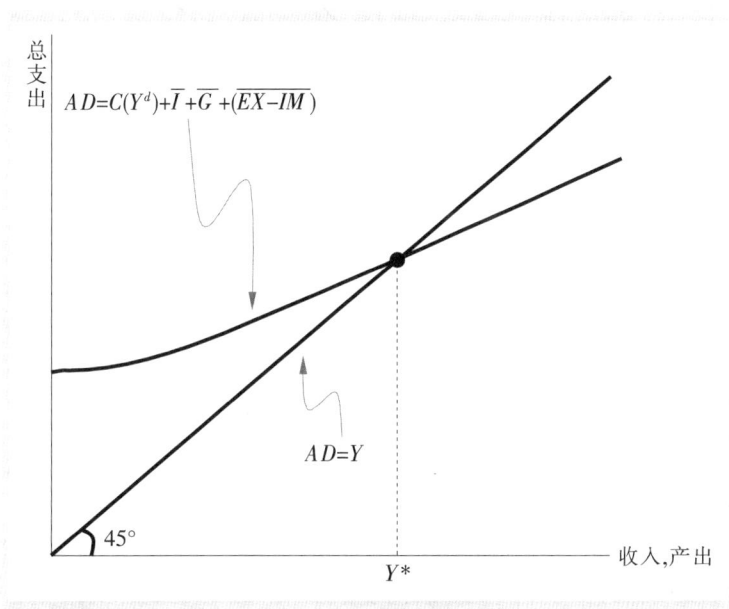

图6—2　凯恩斯交叉图

注：$AD=Y$ 在图中表现为一条 45°线。当总支出曲线与 45°线相交时，经济活动主体的支出恰好可以实现，经济体处于均衡状态。

在图6—2中，总支出曲线与45°线相交。在交点处，经济活动主体的总支出恰好都是可以实现的。因此，经济体处于均衡状态。经济体的均衡收入水平是 Y^*。

在凯恩斯交叉图中，还有三点值得进一步强调：

1. 凯恩斯交叉图的存在是有条件的。

如果我们仔细观察图6—2，就会发现，总支出曲线之所以能够与45°线相交，是因为总支出曲线的斜率小于1。当总支出曲线的斜率不小于1时将会怎样？这时经济体将不存在均衡，如图6—3所示。在图6—3中，我们考察了总支出曲线的斜率等于1的情况。由于总支出曲线的截距大于零，总支出曲线不可能与45°线相交，经济体里不存在均衡。

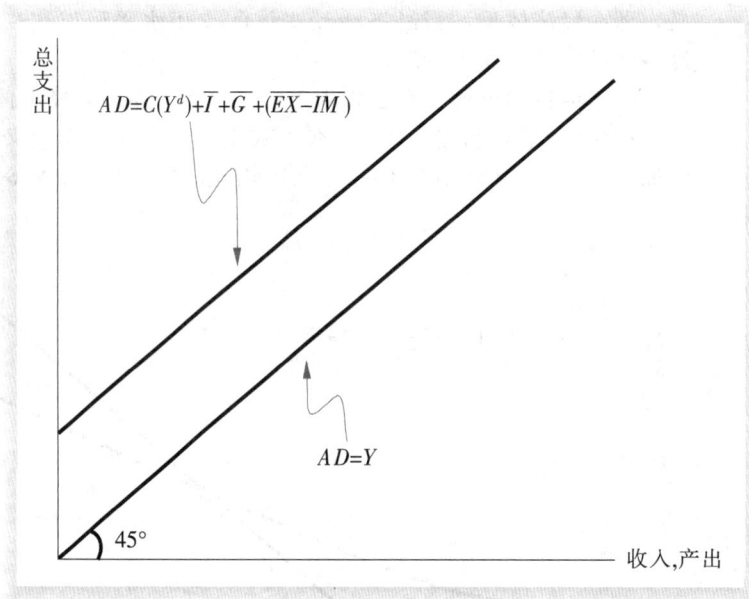

图6—3 不存在凯恩斯交叉图

注：当总支出曲线的斜率不小于1时，比如等于1时，总支出曲线将不会与45°线相交。经济体里不存在均衡。

总支出曲线的斜率等于1的情况，可能并不符合人们的经济直观。由于我们假定投资、政府购买、出口、进口、税收和转移支付都是外生给定的，总支出曲线的斜率就等于总消费的斜率，即总消费的斜率等于1。由公式（6—2）可知，总消费的斜率等于1时，意味着收入每增加1单位，消费也增加1单位。但从现实看，人们通常并不把全部收入用来消费，只是把其中的一部分用于消费。这表明，从现实看，人们的收入每增加1单位，消费会随之增加，但增加的幅度通常不会超过 1 单位。

2. 当总支出曲线的斜率小于 1 时，经济体是如何实现均衡的？

在经济体实现均衡的过程中，**存货**（inventory）调节起着重要的作用。只要经济体不处于均衡状态，企业的存货就会发生非计划的变动，企业从而调整生产水平，经济体就会逐步达到均衡。

例如，当经济体的产出水平低于均衡水平 Y^* 时，如图 6—4 所示，经济体的产出水平为 Y_1。这时，经济体的收入水平也是 Y_1，对应的计划总支出水平就是 AD_1。显然，$Y_1 < AD_1$，既然产出供不应求，企业一方面要通过减少库存来满足经济体的支出水平；另一方面就会雇用更多的工人，增加产出。随着产出水平的增加，经济体逐步达到稳定状态。

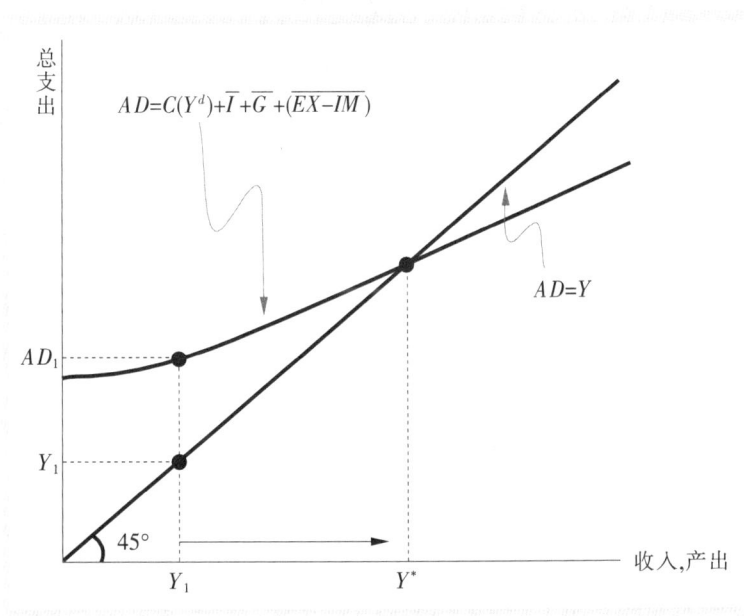

图 6—4 均衡的调整过程

注：当经济体的产出水平低于 Y^* 时，比如为 Y_1，那么经济活动主体的支出就是 AD_1。由于 $AD_1 > Y_1$，企业库存非计划地下降。伴随着非计划的库存下降，企业会增加产出；同理，当经济体的产出水平高于 Y^* 时，库存非计划地增加，企业会减少产出。因此，经济体最终将达到均衡的产出水平 Y^*。

反之，当经济体的初始产出水平高于均衡水平时，经济体的计划支出水平就会低于经济体的产出水平，即经济体的有效需求不足。企业当期卖不出去的产品就成为库存。随着这种非计划的库存增加，企业减少生产，一直到经济体达到均衡水平 Y^* 为止。

总之，凯恩斯交叉图说明，在一定情况下，无论经济体的初始位置在哪里，经济体最终都会达到稳定状态，从而说明了经济体的收入水平是如何决定的。

3.总支出曲线的斜率小于 1 时，政府购买等外生变量发生变化将会对均衡收入水平带来多大影响？

在凯恩斯交叉图中，我们一直假定投资、政府购买、出口、进口、税收和转移支付都是外生给定的。一个有意思的问题是：如果这些外生给定的变量发生变化，将会对均衡收入水平产生影响吗？如果能够产生影响，将会是多大的影响？

为了分析的方便，我们不妨假定经济体处于均衡状态，产出水平为 Y^*。现在，假定政府购买增加了 ΔG，即政府购买从 $\overline{G}$ 增加到 $(\overline{G}+\Delta G)$。如图 6—5 所示，经济体的初始均衡位置是 A 点，当政府购买增加了 ΔG 单位后，总支出曲线将会向上平移 ΔG 单位，与 45°线相交于 B 点。

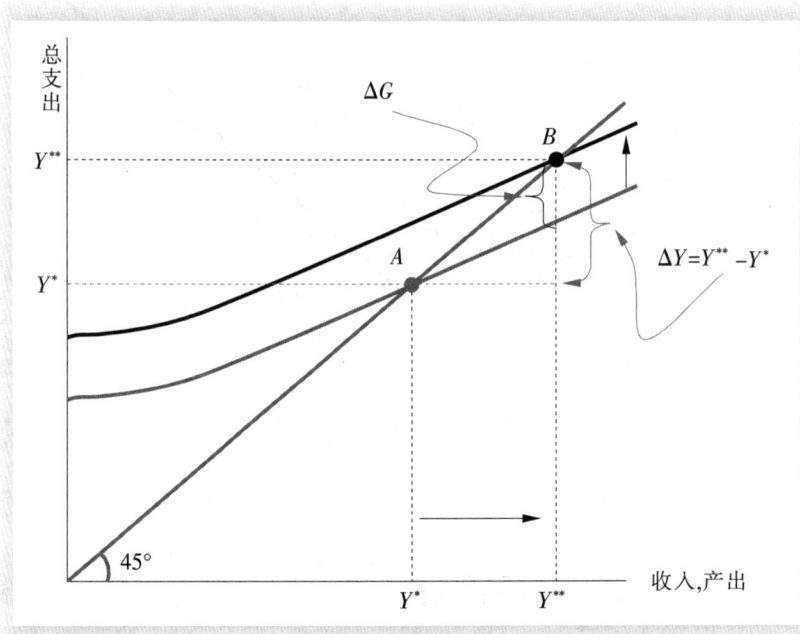

图 6—5　政府购买增加

注：经济体的初始位置是 A 点，对应的均衡收入水平 Y^*。当政府购买增加了 ΔG 后，总支出曲线向上平移 ΔG 单位，经济体重新达到新的均衡状态 B 点，对应的均衡收入水平 Y^{**}。显然，$\Delta G < \Delta Y$。因此，政府购买对均衡收入有乘数效应。

由图 6—5 可知，经济体将会从 A 点所对应的 Y^* 移动到 B 点所对应的 Y^{**}。这表明，政府购买增加，引起了均衡收入水平的提高，即 $\Delta Y = Y^{**} - Y^*$。从图形上看，$\Delta Y > \Delta G$，即均衡收入增加的幅度大于政府购买增加的幅度，具体倍数是：

$$\alpha_g = \frac{\Delta Y}{\Delta G} \qquad\qquad (6—4)$$

α_g 就是**政府购买乘数**（government-purchases multiplier），它度量政府购买每增加 1 单位，均衡收入水平将会增加的单位数。在凯恩斯交叉图中，如图 6—5 所示，政府购买乘数 α_g 大于 1。

如果政府购买减少 ΔG 单位，均衡收入水平将会如何变动呢？按照图 6—5 中的逻辑，经济体的均衡收入将会下降，其幅度将会超过 ΔG 单位，为 $\alpha_g \times \Delta G$ 单位。从这种意义上说，政府购买乘数 α_g 就是一个放大器，政府购买增加或减少 1 单位，均衡收入水平将会相应地增加或减少 α_g 单位。

到目前为止，我们只是分析了政府购买变化的乘数，如果你感兴趣，不妨分析投资和净出口等其他外生变量变化对均衡收入水平的影响。类似于图 6—5，在凯恩斯交叉图中，这些外生变量变化的乘数也是 α_g。

两部门情形

在本节，我们将"一般情形"小节中的讨论具体化。假定经济体是一个暂时没有政府的封闭经济体，即经济体的活动主体只有家庭和厂商。这时，经济体的总支出就由家庭的消费和厂商的投资构成。

我们仍然假定投资是外生给定的，即 $I = \bar{I}$。消费水平的高低同样取决于可支配收入水平的高低，具体表示为：

$$C = \bar{C} + cY \qquad (0 < c < 1) \qquad\qquad (6—5)$$

公式（6—5）就是**消费函数**（consumption function），刻画了消费与收入之间的关系。通常，经济活动主体的消费取决于可支配收入，但由于我们假定经济体没有政府，可支配收入就是 Y。消费函数由两部分构成：一个是 $\bar{C}$，表示与收入水平无关的消费，是消费函数的截距；另一部分是 cY，表示收入每增加 1 单位，消费将增加 c 单位。系数 c 有一个响亮的名字：**边际消费倾向**（marginal propensity to consume），度量每增加 1 单位收入所增加的消费，是消费函数的斜率，如图 6—6 所示。

边际消费倾向小于 1，意味着收入中只有一部分用于消费，没有消费的部分用于储蓄。因此，储蓄就等于可支配收入减去消费，即

$$S \equiv Y - C = -\bar{C} + (1-c)Y \qquad\qquad (6—6)$$

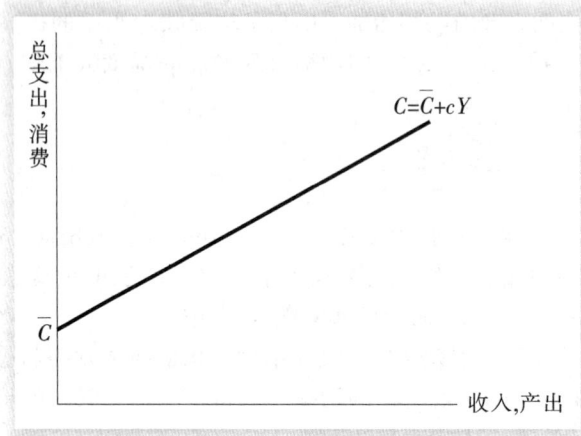

图6—6 消费函数

注：消费函数刻画了经济体的消费与收入之间的关系。收入每增加1单位，消费将会增加 c 单位；当收入为零时，经济体的消费是 $\overline{C}$。

公式（6—6）中，S 表示储蓄。显然，储蓄也随着收入的增加而增加。具体而言，收入每增加1单位，储蓄将增加（$1-c$）单位。（$1-c$）通常被称之为**边际储蓄倾向**（marginal propensity to save）。由于 $c<1$，边际储蓄倾向显然是大于零的。

现在，我们可以考察两部门经济中的均衡收入水平了。由以上分析可知，经济体的总支出就可以表示为：

$$AD = C+I$$
$$= \overline{C}+cY+\overline{I} \qquad (6—7)$$

图6—7刻画了两部门经济体中的总支出曲线，它是由消费函数与投资垂直加总得到的。

在两部门经济体中，均衡条件仍然是总支出等于总收入（总产出），即图6—7中的45°线。当总支出曲线与45°线相交时，经济体达到了均衡，对应的均衡收入为 Y^*。

下面，利用公式（6—7）和均衡条件，求出均衡收入 Y^*。

把公式（6—7）代入均衡条件，得：

$$Y = \overline{C}+cY+\overline{I}$$

移项整理，则可得到均衡收入：

$$Y^* = \frac{\overline{C}+\overline{I}}{1-c} \qquad (6—8)$$

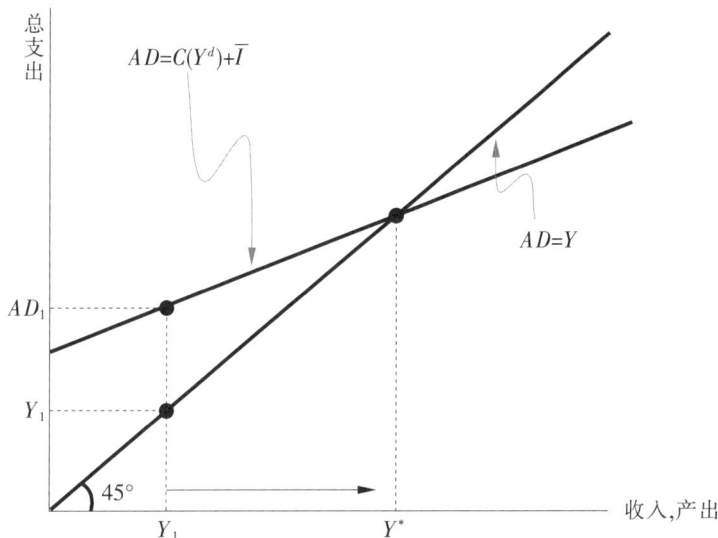

图 6—7 两部门经济

注：在两部门经济里，总支出等于消费加投资。当总支出曲线与 45°线相交时，经济活动主体的支出恰好可以实现，经济体处于均衡状态。

公式（6—8）给出了两部门经济中均衡状态下国民收入的决定因素：

➤ 其他条件不变时，边际消费倾向越大，均衡收入水平越高[2]；

➤ 其他条件不变时，投资越大，均衡收入水平越高。

在两部门经济中，投资具有乘数效应。如图 6—8 所示，经济体初始位置在 A 点所刻画的均衡状态。假定在某时刻经济体的投资增加了 $\Delta \bar{I}$，即投资从 $\bar{I}$ 增加到（$\bar{I}+\Delta \bar{I}$）。在图 6—8 中表示为，经济体的总支出曲线将会向上平移 $\Delta \bar{I}$ 单位，与 45°线相交于 B 点。经济体的均衡收入水平将从 Y^* 增加到 Y^{**}。这表明，投资增加，引起了均衡收入水平的提高，增加幅度为 $\Delta Y=Y^{**}-Y^*$。从图形上看，$\Delta Y>\Delta \bar{I}$，均衡收入增加的幅度大于投资增加的幅度。这表明，投资具有乘数效应。由公式（6—8）可知，投资乘数为：

$$\alpha_I=\frac{\mathrm{d}Y^*}{\mathrm{d}\bar{I}}=\frac{1}{1-c} \tag{6—9}$$

α_I 就是投资乘数，它度量投资每增加 1 单位，均衡收入水平将会增加 $1/(1-c)$ 单位。如果投资减少 $\Delta \bar{I}$ 单位，均衡收入水平将会如何变动呢？按照图 6—8 中的逻辑，我们易知，经济体的均衡收入下降幅度将会超过 $\Delta \bar{I}$ 单位，

为 $\alpha_I \times \Delta\bar{I}$ 单位。

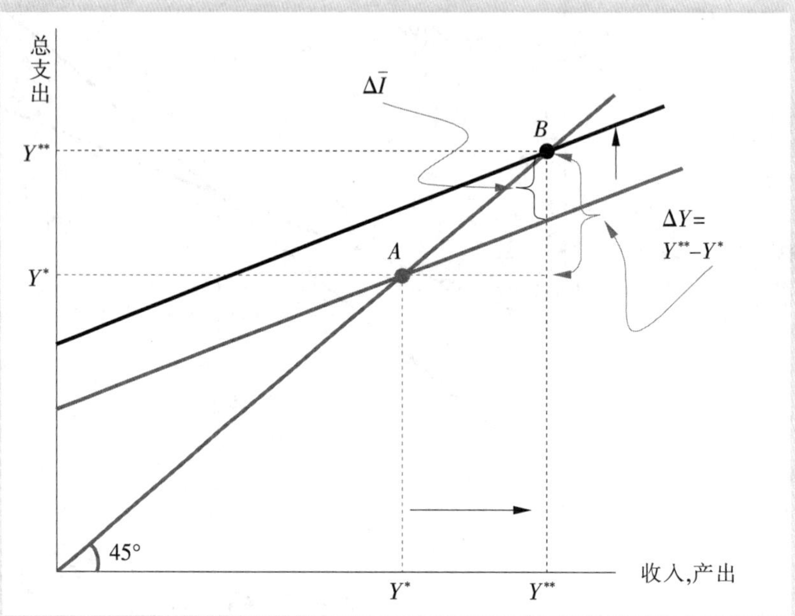

图 6—8　投资具有乘数效应

注：经济体的初始位置是 A 点，均衡收入水平为 Y^*。当投资增加了 $\Delta\bar{I}$ 后，总支出曲线向上平移 $\Delta\bar{I}$ 单位，经济体重新达到新的均衡状态 B 点，均衡收入水平为 Y^{**}。这时意味着，投资增加 $\Delta\bar{I}$，均衡的收入水平将增加 ΔY。显然，$\Delta\bar{I} < \Delta Y$。因此，投资具有乘数效应。

三部门情形

在当今经济生活中，政府扮演着越来越重要的角色。在本小节，我们将引入政府，考察政府在宏观经济中的作用。

政府制定和执行财政政策，包括采购商品和服务等政府购买、转移支付和征税。政府购买是经济体总支出的一个组成部分，假定政府购买和转移支付是外生给定的，即 $G=\bar{G}$、$TR=\overline{TR}$。政府征收所得税，为了简单起见，我们假定政府征收比例所得税，税率记为 t。

引入政府后，家庭的消费函数变成：

$$C=\bar{C}+c(Y-tY+\overline{TR}) \qquad (0<c<1,\ 0<t<1) \qquad (6—10)$$

投资仍然假定是外生给定的，即 $I=\bar{I}$。这时，经济体的总支出就可以表示为：

$$AD = C + I + G$$
$$= \overline{C} + c(Y - tY + \overline{TR}) + \overline{I} + \overline{G} \tag{6—11}$$

与公式（6—7）相比，引入政府后，经济体的总支出曲线，不仅截距发生了变化，斜率也发生了变化，如图6—9所示，总支出曲线更加平坦了。

三部门经济体中的均衡条件仍然是总支出等于总收入（总产出），即图6—9中的45°线。当总支出曲线与45°线相交时，经济体达到了均衡，对应的均衡收入为Y^{**}。

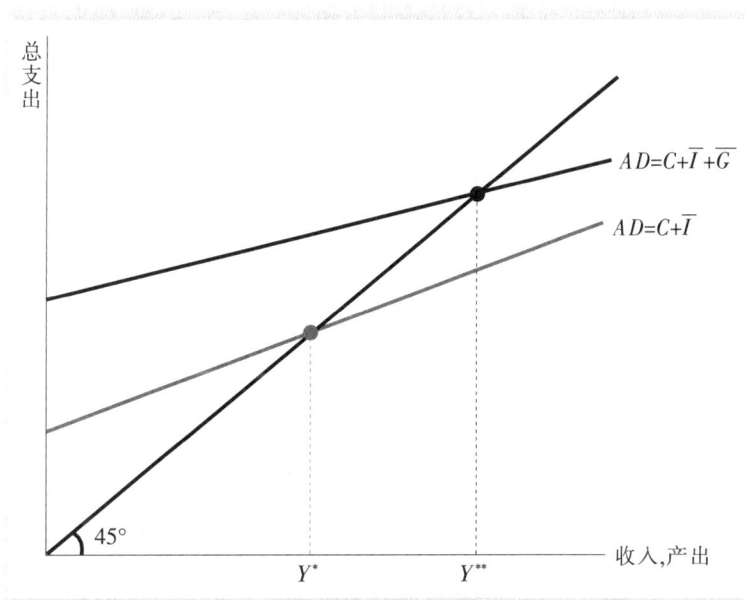

图6—9　三部门经济

注：与两部门经济相比，在三部门经济中，总支出＝消费＋投资＋政府购买，总支出曲线的斜率与截距都发生了变化。均衡收入水平是Y^{**}而不是Y^*。

下面，利用公式（6—11）和均衡条件，求出三部门经济体中的均衡收入Y^{**}。

把公式（6—11）代入均衡条件，得：

$$Y = \overline{C} + c(Y - tY + \overline{TR}) + \overline{I} + \overline{G}$$

移项整理，得：

$$Y^{**} = \frac{\overline{C} + \overline{I} + \overline{G} + c\,\overline{TR}}{1 - c(1 - t)} \tag{6—12}$$

公式（6—12）给出了三部门经济体中均衡状态下国民收入的决定因素：

➤ 当其他条件不变时，边际消费倾向越大，均衡收入水平越高；

➤ 当其他条件不变时，投资、政府购买和政府转移支付越大，均衡收入水平越高；

➤ 当其他条件不变时，所得税税率越低，均衡收入水平越高。

与两部门经济相比，引入政府后，决定经济体均衡收入水平的因素明显增多了。政府购买、转移支付和征税都将影响经济体均衡收入水平。

下面，我们将着重分析政府购买对均衡收入的影响。

在初始状态，经济体处于均衡状态 A 点，对应的均衡产出水平为 Y^*。在某时刻，政府购买从 $\bar{G}$ 增加到 $(\bar{G}+\Delta G)$。如图 6—10 所示，这时经济体的总支出曲线将会向上平移 ΔG 单位，与 45°线相交于 B 点，经济体将会从 A 点所对应的 Y^* 移动到 B 点所对应的 Y^{**}，均衡收入水平提高了 ΔY（$\Delta Y = Y^{**} - Y^*$）。从图形上看，$\Delta Y > \Delta G$，即均衡收入增加的幅度大于政府购买增加的幅度，具有乘数效应。由公式（6—12）可知，政府购买乘数为：

$$\alpha_G = \frac{dY^*}{dG} = \frac{1}{1-c(1-t)} \tag{6—13}$$

按照同样的逻辑，政府转移支付乘数为：

$$\alpha_{TR} = \frac{dY^*}{dTR} = \frac{c}{1-c(1-t)} \tag{6—14}$$

由以上分析可知，在经济体引入政府后，政府行为具有乘数效应。这意味着，政府可以通过财政政策调节宏观经济，而且具有"四两拨千斤"的乘数效应。

最后，我们考察政府对投资乘数的影响。在两部门经济中，由公式（6—9）可知，投资乘数为：

$$\alpha_I = \frac{1}{1-c}$$

引入政府后，由公式（6—12）可知，投资乘数为：

$$\alpha'_I = \frac{dY^*}{dI} = \frac{1}{1-c(1-t)} \tag{6—15}$$

对比这两个投资乘数可知，由于所得税，三部门经济中的投资乘数变小了，即所得税税率降低了投资乘数。其背后的经济含义是：所得税降低了人们的收入，进而降低了消费。因为引入政府后，边际消费倾向是 $c(1-t)$，而不再是 c，即三部门的总支出曲线更平坦一些。另外，引入政府后，政府购买乘数和投资乘数相等。

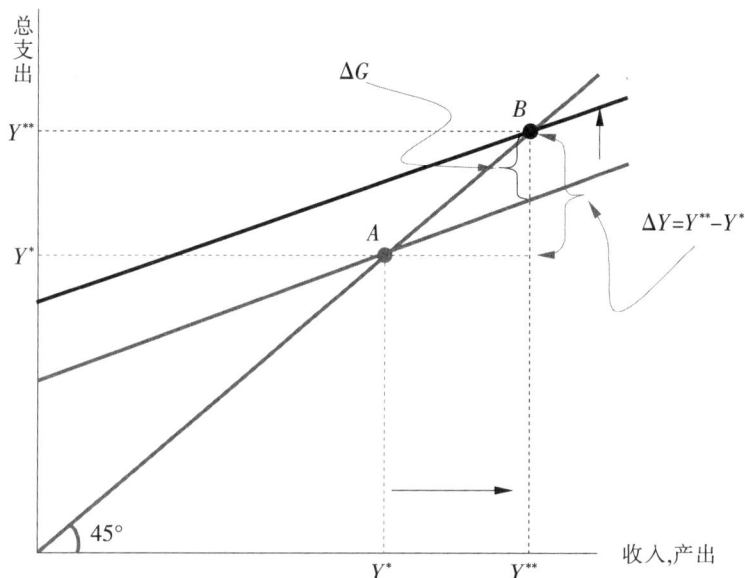

图 6—10　政府支出增加

注：经济体的初始位置是 A 点，对应的均衡收入水平为 Y^*。当政府购买增加了 ΔG 后，总支出曲线向上平移 ΔG 单位，经济体重新达到新的均衡状态 B 点，对应的均衡收入水平为 Y^{**}。显然，$\Delta G < \Delta Y$。因此，政府购买对均衡收入有乘数效应。

6.2　IS 曲线

到目前为止，我们一直假定投资是外生给定的。由图 6—11 可知，投资在总支出中占有相当大的比重，忽视对投资行为的分析，显然是有偏差的。

投资函数

凯恩斯交叉图旨在说明，家庭、企业和政府的计划总支出是如何决定经济体均衡收入水平的。现在，我们引入企业的投资行为，考察投资行为所带来的影响。

影响投资的因素非常多，为了简单起见，假定企业的投资取决于利率，即

$$I = \bar{I} - bi \qquad (b > 0) \tag{6—16}$$

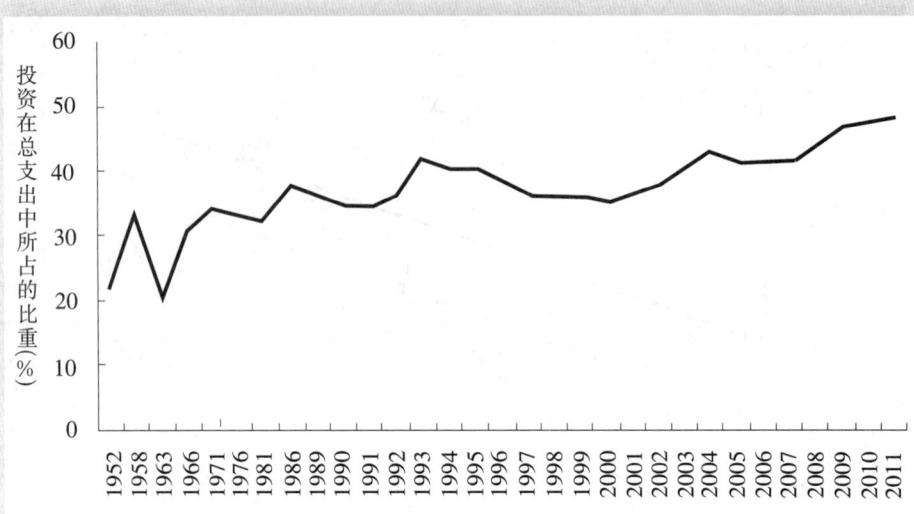

图 6—11　投资在总支出中所占的比重

注：在我国，投资支出在总支出中一直占有相当的比重，目前接近 50%。

资料来源：《新中国六十年统计资料汇编》、中国经济社会发展统计数据库。

公式（6—16）就是**投资函数**（investment function），刻画了投资支出与利率之间的关系。如同消费函数一样，投资函数由两部分构成：一部分是 $\overline{I}$，表示与利率无关的投资，是投资函数的截距；另一部分是 $-bi$，表示利率每增加 1 单位，投资将减少 b 单位，是投资函数的斜率。如图 6—12 所示，投资函数向右下方倾斜。值得注意的是，在图形中，横轴表示投资，纵轴表示利率，正如我们刻画总需求函数和总供给函数一样，把自变量写在纵轴上。

产品市场均衡

现在，我们把企业的投资行为引入凯恩斯交叉图。由于投资是利率的函数，给定一个利率水平，通过投资函数，我们就得到一个企业计划投资量。如图 6—12 所示，当利率为 i_1 时，企业的计划投资为 I_1；当利率下降到 i_2 时，企业的计划投资将增加到 I_2。

在三部门经济体里，引入企业投资行为后，经济体的总支出可以表示为：

$$AD = C + I + G$$
$$= \overline{C} + c(Y - tY + \overline{TR}) + \overline{I} - bi + \overline{G} \tag{6—17}$$

从公式（6—17）来看，经济体的总支出是利率的函数。具体而言，随着利率的下降而增加。当利率为 i_1 时，总投资为 I_1，经济体的总支出就可以表

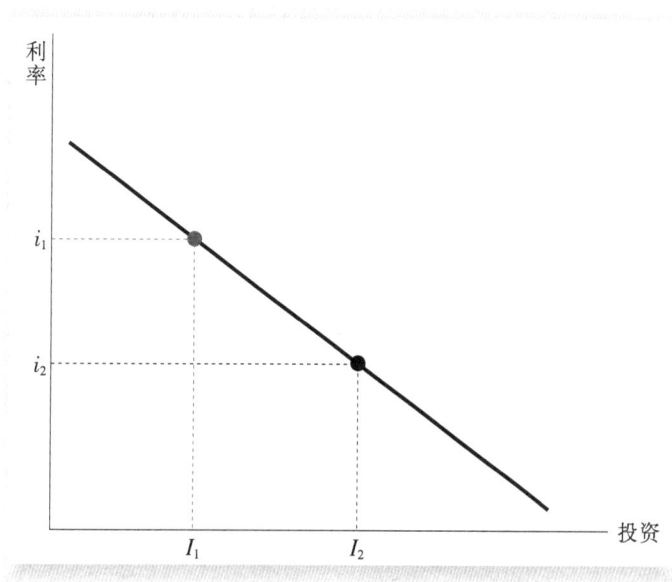

图6—12　投资函数

注：投资函数向右下方倾斜：利率越低，投资越大。

示为 $AD_1 = C + I_1 + \overline{G}$，如图 6—13 中的上图所示。显然，总支出曲线与 45°线的交点，表示经济体处于均衡状态，对应的均衡收入水平为 Y_1^*。由于均衡收入水平是基于一个既定的利率 i_1 推导出来的，我们不妨把（i_1，Y_1^*）作为图 6—13 下图中的一个点。

当利率从 i_1 下降到 i_2，由图 6—12 可知，这时，投资将会从 I_1 增加到 I_2。相应地，总支出也会增加，如图 6—13 上图中的 $AD_2 = C + I_2 + \overline{G}$ 所示，这时经济体的均衡收入水平增加到 Y_2^*。同样，我们可以把（i_2，Y_2^*）作为图 6—13 下图中的一个点。

重复上面的过程，我们就得到，对任意给定的利率，都会有唯一的均衡收入与之对应。这些利率与均衡收入组合点的连线，就是 *IS 曲线*（*IS curve*）[3]，如图6—13下图所示。由于 *IS* 曲线上的任一点都是利率与均衡收入的组合，所以 *IS* 曲线刻画了产品市场的均衡情况。

下面我们将给出 *IS* 曲线的具体表达式。结合均衡条件，公式（6—17）可以表示为：

$$Y = \overline{C} + c(Y - tY + \overline{TR}) + \overline{I} - bi + \overline{G}$$

整理上式，则可得到著名的 *IS* 曲线的数学表达式：

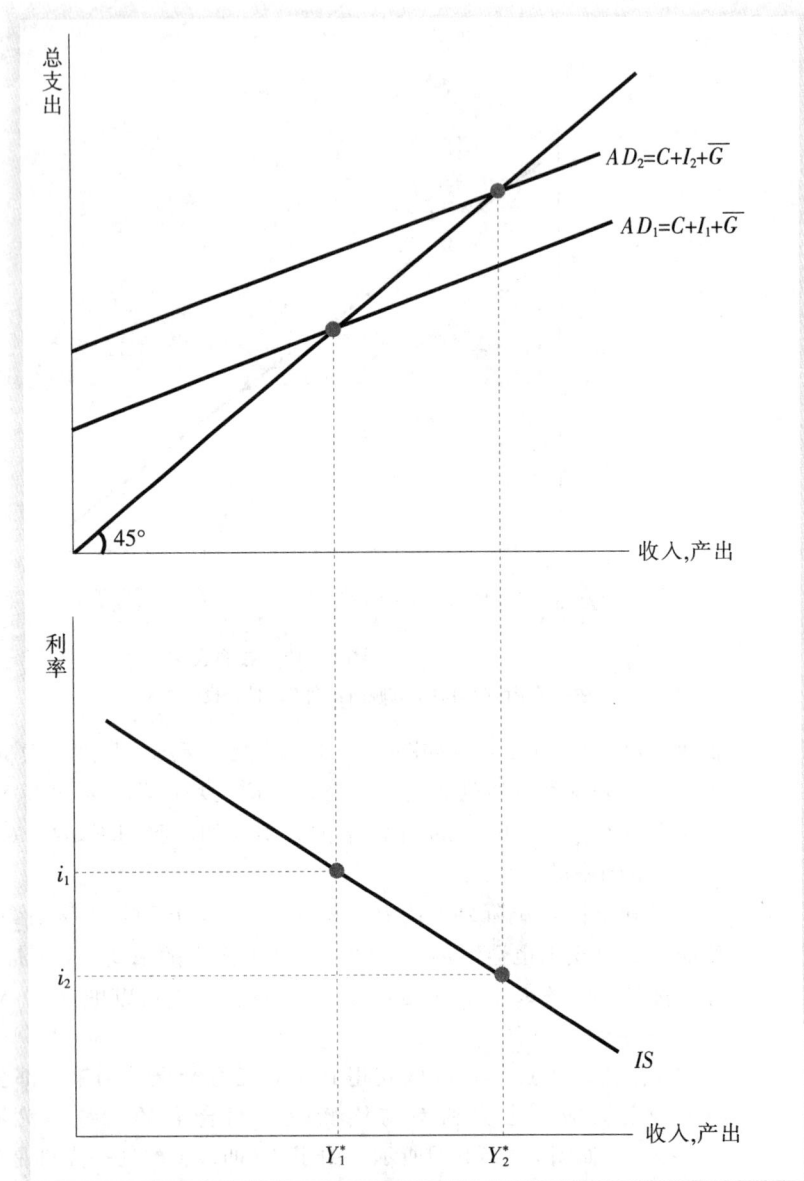

图6—13 曲线的推导

注：任意给定的利率都对应着一定的投资量。当利率为 i_1 时，投资为 $I(i_1)$，经济体的总支出为 AD_1，与45°线的交点得到均衡收入水平 Y_1^*；当利率下降到 i_2 时，经济体的总支出增加到 AD_2，对应的均衡收入水平增加到 Y_2^*。在 $(i，Y)$ 空间中，把这些点连接起来，就得到 IS 曲线。

$$Y = \alpha_G (\overline{A} - bi) \tag{6—18}$$

其中，$\overline{A} = \overline{C} + c\,\overline{TR} + \overline{I} + \overline{G}$，表示总支出中既不受收入水平影响，也不受利率水平影响的部分，称之为**自主支出**（autonomous spending）；α_G 是政府购买乘数（或投资乘数），为公式（6—13）所刻画。

公式（6—18）说明了，均衡收入水平 Y 是利率 i 的减函数。在图 6—13 中，IS 曲线表现为一条向右下方倾斜的曲线，其斜率取决于政府购买乘数 α_G 和投资对利率的敏感程度 b。具体而言，乘数越大、投资对利率越敏感，IS 曲线就越平坦；反之，就越陡峭。

IS 曲线的移动

本小节将重点分析政府购买等因素对 IS 曲线的影响。具体而言，如果政府购买从 G 增加到 $G+\Delta G$，包括利率在内的其他条件都不变，那么 IS 曲线将会如何变化？

在政府购买增加前，如图 6—14 所示，经济体为 IS 曲线所刻画。任意给定利率 i，由 IS 曲线可知，产品市场均衡收入水平为 Y^*，即在图 6—14 的上图中，总支出曲线 $AD_1 = C + I_1 + G$ 与 45°线交点所对应的均衡产出水平。

现在，政府购买从 G 增加到 $G+\Delta G$，总支出曲线则变为 $AD_2 = C + I_1 + G + \Delta G$，在图 6—14 的上图中，总支出曲线向上平移。相应地，总支出曲线与 45°线相交所对应的均衡产出水平就从 Y^* 增加到 Y^{**}。这表明，对于任意给定的利率水平，政府购买从 G 增加到 $G+\Delta G$，均衡收入水平将会从 Y^* 增加到 Y^{**}，因此 IS 曲线将向右平移。

IS 曲线将向右平移多远？如图 6—14 的上图所示，随着政府购买增加 ΔG，均衡收入水平增加的幅度为[4]：

$$\Delta Y = \Delta G \times \alpha_G$$

其实，由公式（6—18）可知，$\overline{A} = \overline{C} + c\,\overline{TR} + \overline{I} + \overline{G}$ 是 IS 曲线截距项中的一部分。显然，其中任一项支出增加，比如政府转移支付增加，IS 曲线都将向右平移，平移的幅度取决于该支出增加的幅度及其乘数的大小。

关于 IS 曲线平移，总结如下：

➢ 当政府购买、转移支付等增加时，IS 曲线将向右平移；
➢ 当政府购买、转移支付等减少时，IS 曲线将向左平移；
➢ 平移的幅度取决于该支出变化的幅度及其乘数的大小。

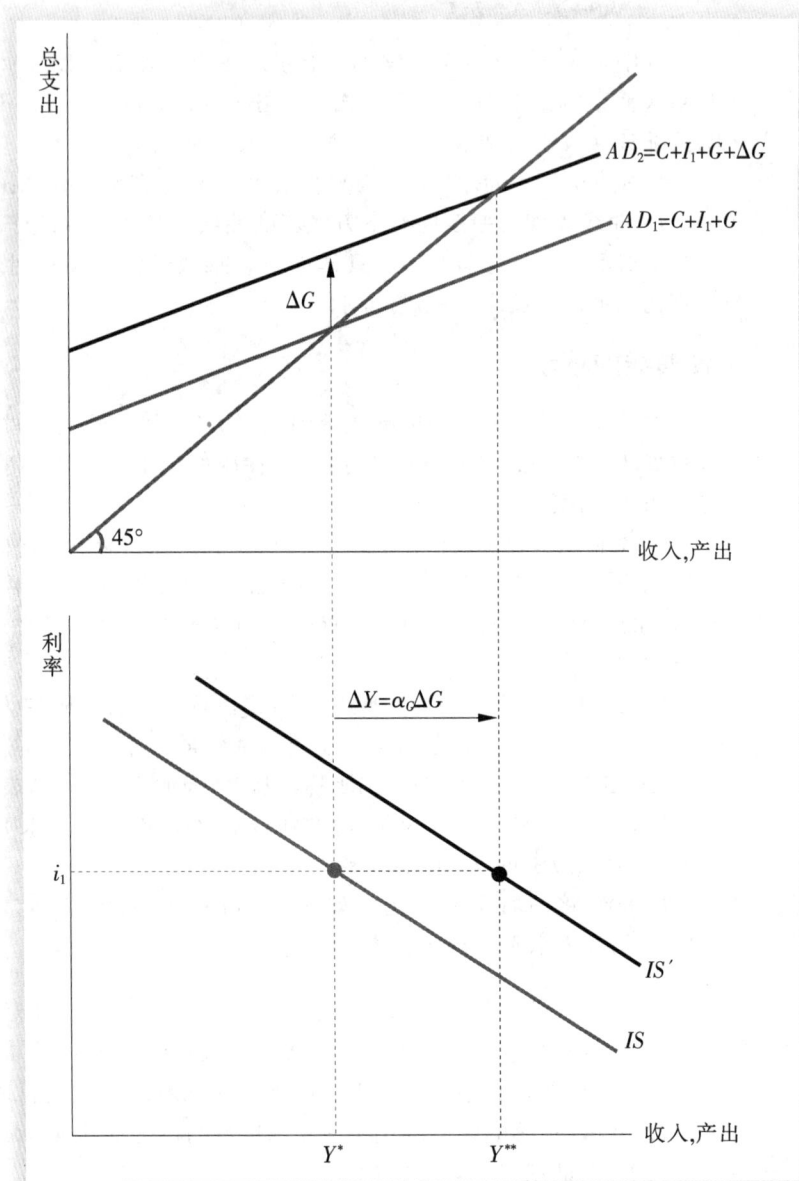

总支出

$AD_2=C+I_1+G+\Delta G$

$AD_1=C+I_1+G$

ΔG

45°

收入,产出

利率

$\Delta Y=\alpha_G \Delta G$

i_1

IS'

IS

Y^* Y^{**} 收入,产出

图 6—14 曲线的平移

注：在初始时刻，经济体为 IS 曲线所刻画。任意给定利率水平 i_1，均衡收入水平为 Y^*。政府购买增加 ΔG 单位后，总支出曲线向上平移，均衡收入增加了 $\Delta Y=\alpha_G \Delta G$。这意味着，对于任意给定的利率，当政府购买增加 ΔG 单位后，均衡收入水平都将增加 ΔY 单位。因此，IS 曲线向右平移 ΔY 单位，平移到 IS'。

6.3 *LM* 曲线

IS 曲线说明了，当利率给定时，均衡收入水平如何决定。但问题是，利率是如何决定的呢？到目前为止，我们对此还一无所知。

显然，只有知道了利率是如何决定的，我们才能真正理解经济体的均衡收入水平是如何决定的。其实，从数学意义上说，*IS* 曲线有两个变量：Y 和 i。一个方程两个未知数，显然无法求解。因此，无论是经济学含义还是数学的角度，我们都需要一个新的方程（一个用来刻画利率的方程）。

因此，在本节，我们将进一步引入货币市场，探讨利率是如何决定的。凯恩斯认为利率调节经济体中最具有流动性的资产——货币，从而实现货币供求平衡。凯恩斯的这种理论被称为**流动性偏好理论**（theory of liquidity preference）。

货币市场的需求

在现代经济生活中，货币非常重要。货币似乎已经成为当今经济社会生活的自然属性，我们很少考虑如果不存在货币经济体将会变成什么样子。至少，简单的买卖行为将会变得十分复杂、烦琐，甚至不可能。[5]

我们从货币需求谈起。什么是货币需求？研究货币需求，重要的不是关注人们需要多少货币，而是关注人们持有财富的形式：是不生息的货币还是生息的有价证券[6]？具体而言，我们要回答的问题，不是人们需要多少货币（当然是越多越好），而是人们如何在不同的财富持有形式之间做选择。基于此，关于人们对货币的需求有以下三个假说：

1. 价格水平越高，人们需要持有的货币越多。人们持有货币是因为它能够购买产品和服务，便于交易。既然货币是交换中介，那么，当所有商品价格都上升 1 倍，为了交换到同样数量的商品，人们所需要的货币数量同样需要增加 1 倍。如果把货币需求记为 M^p，价格水平为 P，根据假说 1，M^p 和 P 成正比。

2. 经济体的总支出水平越高，人们需要持有的货币越多。既然以货币作为交换中介，那么经济体里的（实际）总支出水平 Y 越高，需要的货币就越多，即 M^p 随着 Y 的增加而增加。

3. 利率越高，人们持有的货币越少。既然人们对货币的需求主要是在不生息的货币和生息的有价证券之间做选择[7]，那么持有货币显然是有机会成本的。成本的大小可以用实际利率来度量。因此，我们假定货币需求 M^p 随着利率 i 的增加而下降。

以上三个假说可以表示为：

$$M^D = \overset{+}{P}L(\overset{+}{Y}, \overset{-}{i})$$

其实，$L(Y, i)$ 就表示**实际货币需求函数**（real money demand function）。之所以说是实际货币需求函数，是因为上式可以改写为：

$$\frac{M^D}{P} = L(Y, i) \tag{6—19}$$

公式（6—19）表示，实际货币需求随着实际收入水平的提高和实际利率水平的下降而增加。通常，为了简单，我们把公式（6—19）表示为线性形式，即

$$\frac{M^D}{P} = kY - hi \quad (k>0, h>0) \tag{6—20}$$

参数 k 和 h 表示实际货币需求对收入和利率的敏感程度。当其他条件不变时，收入增加 1 单位，实际货币需求将增加 k 单位；当其他条件不变时，利率下降 1 单位，实际货币需求将增加 h 单位。

公式（6—20）的经济含义是：当收入水平给定时，实际货币需求量是利率的减函数，如图 6—15 所示。

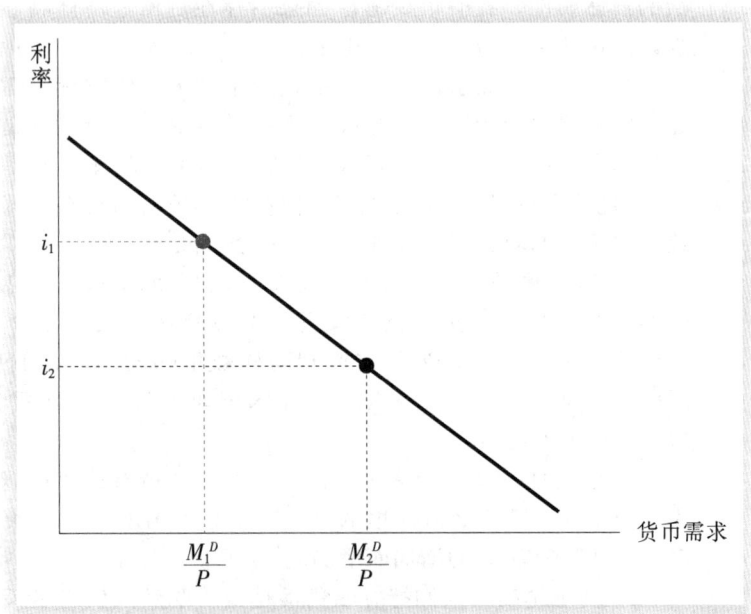

图6—15　货币需求函数

注：货币需求函数向右下方倾斜：利率越低，货币需求越大。

由公式（6—20）可知，货币需求曲线的斜率取决于货币需求对利率的敏感系数 h。显然，h 越大，货币需求曲线越平坦，如图 6—16 所示。

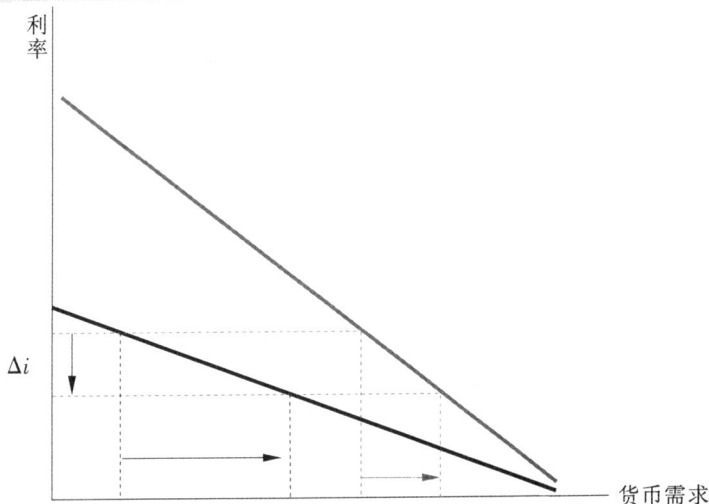

图 6—16 货币需求曲线的斜率

注：货币需求对利率越敏感，货币需求增加的幅度越大，即 h 越大，曲线越平坦；反之，曲线越陡峭。

随着收入水平的增加，货币需求曲线将会如何变动呢？由公式（6—20）可知，当利率不变时，如果收入水平增加 1 单位，货币需求将增加 k 单位。这表明，对于任意给定的利率水平，如果收入水平增加 1 单位，货币需求将增加 k 单位。在图 6—17 中表现为，收入水平增加，货币需求曲线向右平移；反之，货币需求曲线向左平移。

货币市场的供给

货币供给是由中国人民银行等中央银行控制的。[8]因此，货币供给就是外生给定的，即

$$\frac{M^s}{P}=\frac{\overline{M}}{P} \tag{6—21}$$

既然货币供给量是由中国人民银行等中央银行控制的，即外生给定的，与利率无关，那么货币的供给曲线就将是一条垂直线，如图 6—18 所示。

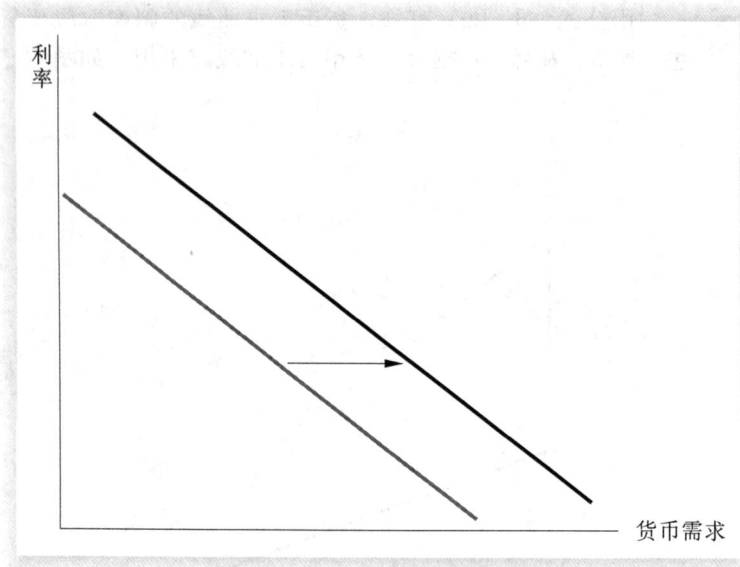

图 6—17 货币需求曲线的平移

注：收入水平增加，货币需求曲线向右平移；反之，货币需求曲线向左平移。

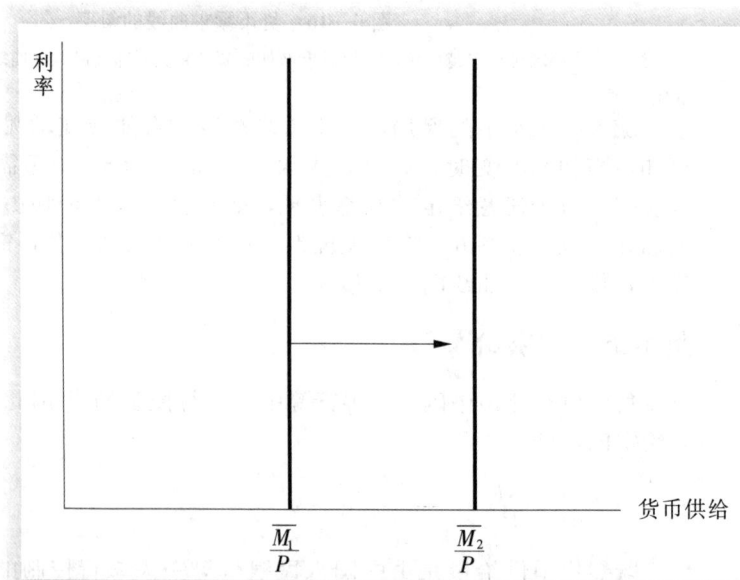

图 6—18 货币供给曲线

注：货币供给是外生给定的。因此，货币供给曲线是一条垂直线，随着货币供给增加不断向右平移。

显然，随着中央银行发行货币的增加，货币供给曲线不断向右平移；反之，则向左平移，如图 6—18 所示。

货币市场均衡

通过前面的准备，我们已经有了货币的需求函数和供给函数，现在可以考察货币市场的均衡了。值得强调的是，货币的需求函数和供给函数都是针对实际货币而言的。

如图 6—19 所示，货币的供给和需求决定了经济体的利率水平。这就是说，利率将调节货币需求，使货币供给等于货币需求，从而使货币市场处于均衡状态。

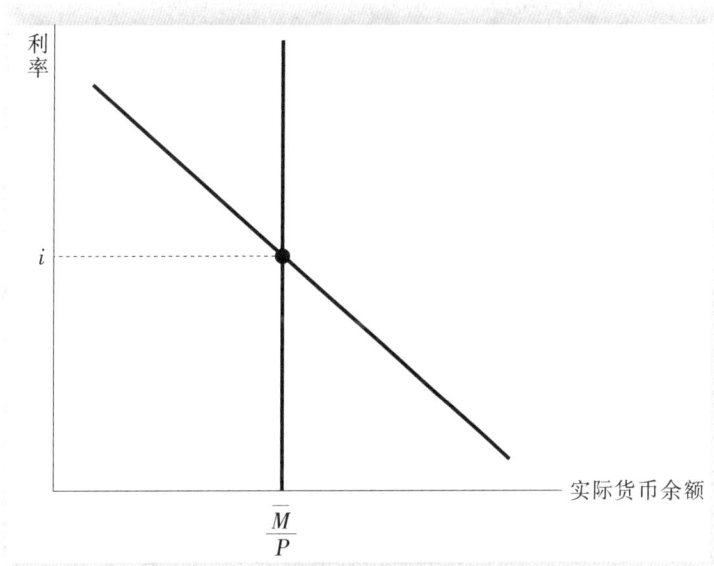

图 6—19　货币市场均衡

注：当货币需求等于货币供给时，货币市场处于均衡状态，决定了均衡的利率水平。

利率如何调整货币需求，实现货币市场的均衡呢？当货币市场不均衡时，人们就会调整其财富的持有形式，并在这一调整过程中改变利率。比如，当利率高于均衡利率时，实际货币余额的供给大于需求。这时，人们会调整其财富持有形式，把"多余"的货币转换为生息的有价证券，有价证券的价格上升，利率下降；相反，当利率低于均衡利率时，货币需求量超过供给。人们同样会调整其财富持有形式，卖出生息的有价证券，持有更多的货币，有价证券价格下降，利率上升。最终，利率达到了均衡利率，人们对财富持有形式的组合感到满意。

联立公式（6—20）和公式（6—21），根据货币市场的均衡条件，我们可以求出均衡利率，即

$$i = \frac{1}{h}\left(kY - \frac{\overline{M}}{P}\right) \tag{6—22}$$

公式（6—22）表明，我们可以通过货币供求，推导出均衡利率水平，均衡利率取决于收入水平和货币供给。下面，我们详细考察二者对均衡利率的影响。

货币供给变化对均衡利率的影响

如图 6—20 所示，在初始时刻，货币供给是 M_1，相应的均衡利率水平是 i_1。当中央银行突然把货币供给从 M_1 增加到 M_2 后，货币供给曲线向右平移。在这种情况下，人们会改变其财富持有形式，从而均衡利率水平就从 i_1 下降到 i_2。同理，当中央银行突然减少货币供给时，均衡的利率将会上升。因此，中国人民银行等中央银行通过控制货币供给，可以调节均衡利率水平。

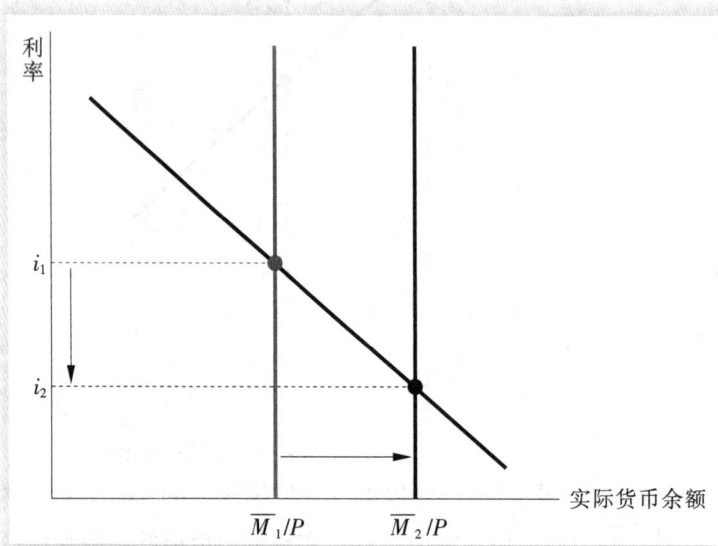

图 6—20　货币供给增加对均衡利率的影响

注：当其他条件不变时，货币供给增加，货币供给曲线向右平移，均衡利率水平从 i_1 下降到 i_2。

收入变化对均衡利率的影响

如图 6—21 左图所示，在初始时刻，收入水平是 Y，相应的均衡利率水平是 i_1。当收入水平从 Y 增加到 Y' 后，货币需求曲线向右平移。由于货币供给不变，人们会调整其财富持有形式，从而均衡利率从 i_1 增加到 i_2。这表明，

更高的收入水平导致更高的均衡利率水平。

图6—21的右图刻画了收入与均衡利率之间的关系。由图6—21的左图可知，每给定一个收入水平，就有一个均衡利率水平与之对应。因此，连接货币市场上所有均衡利率与收入的组合点，就得到著名的 LM 曲线。[9]

由 LM 曲线的构造可知，LM 曲线上的任一点都对应着货币市场上的一种均衡。LM 曲线描述了：收入水平越高，货币市场上均衡的利率水平就越高。其实，公式（6—22）就是 LM 曲线的数学表达式。

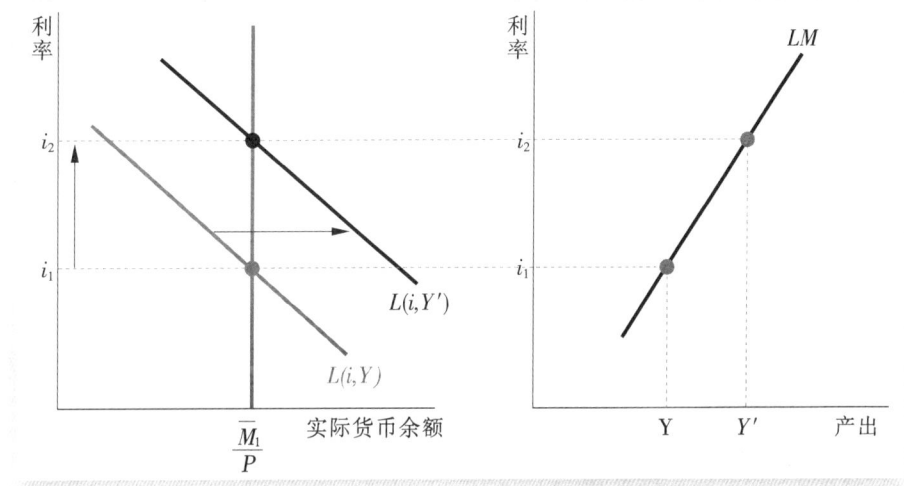

图6—21 收入变化对均衡利率的影响：推导 LM 曲线

注：当其他条件不变时，收入从 Y 增加到 Y'，货币需求曲线向右平移，均衡利率水平从 i_1 上升到 i_2。收入与均衡利率水平之间的关系就是 LM 曲线。

LM 曲线的移动

在本小节，我们将重点考察货币供给变化对 LM 曲线的影响。

我们不妨考察货币供给增加对 LM 曲线的影响。给定经济体的收入水平 Y，在货币市场上，均衡利率水平为 i_1。货币供给从 $\overline{M}_1$ 增加到 $\overline{M}_2$，货币供给曲线向右平移，如图6—22的左图所示。这时人们会调整其财富持有形式，直到货币市场上的均衡利率从 i_1 下降到 i_2，货币市场重新处于均衡状态。这表明，对于任意给定的收入水平，随着货币供给增加，均衡利率水平下降。因此，LM 曲线向下平移，如图6—22的右图所示。

其实，在 LM 曲线的数学表达式［公式（6—22）］中，货币供给构成 LM 曲线的截距项。显然，货币供给变化，LM 曲线将会平移。通过公式（6—22），可以计算货币供给增加 $\Delta\overline{M}$ 单位 LM 曲线向下平移的幅度，即

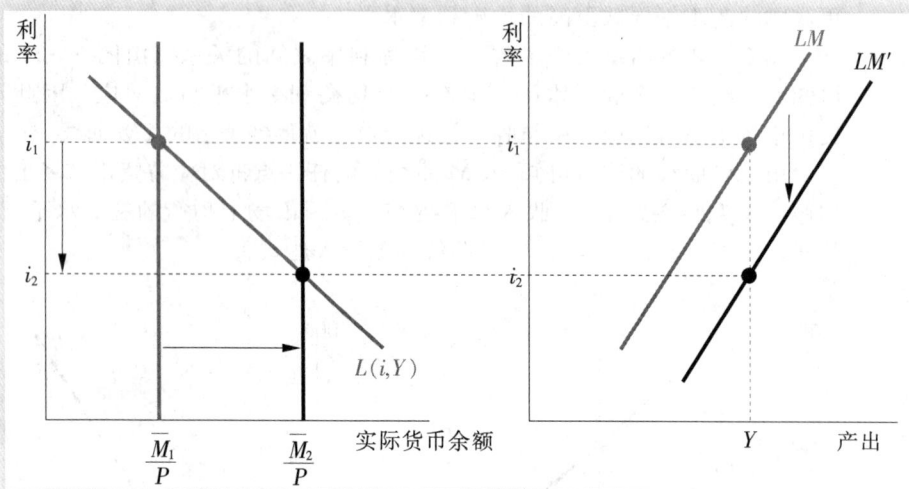

图 6—22　货币供给增加对 LM 曲线的影响

注：给定任意收入水平 Y，货币供给增加，在货币市场上，货币供给曲线向右平移，均衡利率从 i_1 下降到 i_2。因此，LM 曲线向下平移到 LM'。

$$\Delta i \equiv i_1 - i_2$$

$$= \frac{1}{h}\left(kY - \frac{\overline{M_1}}{p}\right) - \frac{1}{h}\left(kY - \frac{\overline{M_2}}{p}\right)$$

$$= \frac{1}{h}\frac{\Delta\overline{M}}{P}$$

这表明，LM 曲线向下平移的幅度就是均衡利率下降的幅度，取决于货币供给增加的幅度以及货币需求对利率的敏感系数。

同理，我们可以分析，货币供给减少对 LM 曲线的影响：LM 曲线将向上平移。

小结

➤ LM 曲线表示货币市场上的均衡利率与收入水平之间的正相关关系。

➤ 货币供给增加，LM 曲线向下平移；反之，LM 曲线向上平移。

LM 曲线的一个特例

LM 曲线刻画了货币市场上均衡利率与收入水平之间的关系，通常情况下，是向右上方倾斜的。在本小节，我们给出一个特例。

现在，我们考虑，当 $h=0$ 时，LM 曲线是否存在？如果存在，LM 曲线将会发生什么变化？

当 $h=0$ 时，货币需求函数就变为：

$$\frac{M^D}{P}=kY \quad (k>0) \tag{6—23}$$

公式（6—23）表明，实际货币需求量与收入成正比。从公式（6—20）到公式（6—23），是我们对货币需求的假定更加简单了？还是能够传递出新的信息？为了回答这些问题，我们不妨还是从货币市场均衡谈起。当货币市场均衡时，实际货币需求等于实际货币供给，即[10]

$$\frac{M^D}{P}=\frac{M^S}{P}=\frac{M}{P}$$

代入公式（6—23），整理得：

$$YP=\frac{M}{k}$$

令 $V=1/k$，上式可变为：

$$YP=MV \tag{6—24}$$

公式（6—24）中，如果把 V 视为**货币流通速度**（transition velocity of money），那么公式（6—24）就是一个恒等式：四个变量的定义确保这个等式成立。但如果假定货币流通速度不变，公式（6—24）就成为著名的**货币数量论**（quantity theory of money）。[11] 其实，公式（6—24）也是 *LM* 曲线的一种表达，因为公式（6—24）是公式（6—22）的一个特例。从图形上看，*LM* 曲线是一条垂直线，如图 6—23 所示。当 $h=0$ 时，其实就意味着，给定收入水平 Y，利率可以取任何有意义的"均衡值"，因此 *LM* 曲线是一条垂直线。

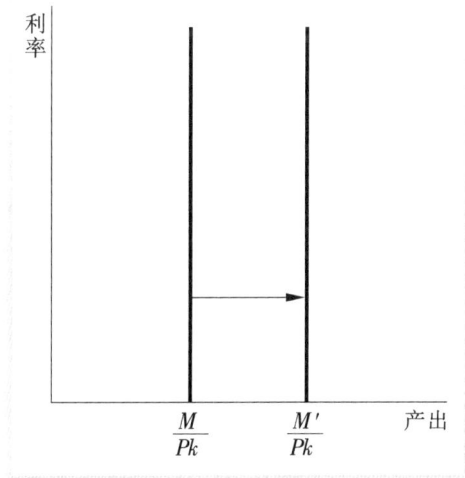

图 6—23　*LM* 曲线的一个特例

注：当 $h=0$ 时，*LM* 曲线是垂直的。货币供给增加，*LM* 曲线向右平移；反之，*LM* 曲线向左平移。

货币供给增加，比如从 M 增加到 M'，显然，LM 曲线会向右平移，如图 6—23 中的箭头所示；反之，当货币供给减少时，LM 曲线就会向左平移。

6.4　*IS-LM* 模型

至此，我们分别考察了产品市场和货币市场均衡的条件，并分别表示为 IS 曲线和 LM 曲线。在本小节，我们将通过两种方式考察产品市场和货币市场同时均衡：几何方式和代数方式。

产品市场与货币市场同时均衡

由 IS 曲线的定义可知，曲线上的任一点都表示产品市场上的一种均衡；同样，LM 曲线上的任一点都表示货币市场上的一种均衡。因此，如果 IS 曲线和 LM 曲线能够相交，那么其交点就表示产品市场和货币市场同时实现均衡。

如图 6—24 所示，IS 曲线是向右下方倾斜的，而 LM 曲线是向右上方倾斜的，二者一定相交。在图 6—24 中，交点记为 A 点。在 A 点，经济体的产品市场和货币市场同时实现了均衡，均衡的收入水平为 Y^*，均衡的利率为 i^*。

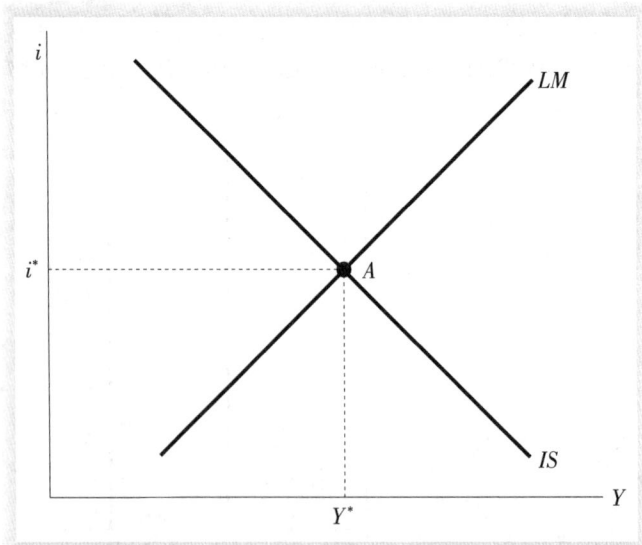

图 6—24　产品市场与货币市场同时均衡

注：IS 曲线表示产品市场均衡，LM 曲线表示货币市场均衡，因此二者的交点表示产品市场和货币市场同时均衡。

　　IS-LM 模型显然是一个一般均衡模型。在单独分析产品市场时，给定利率等因素，考察均衡收入的决定以及利率变化等如何影响均衡收入，这是一种局部均衡分析。在单独分析货币市场时，给定收入等因素，考察均衡利率的决定以及收入变化如何影响均衡利率，这也是一种局部均衡分析。因此，*IS-LM* 模型旨在描述收入与利率之间的相互作用：利率决定均衡收入，收入也决定均衡利率。当产品市场和货币市场同时均衡时，就共同决定了均衡收入和均衡利率。

代数推导

　　在本节，我们将采用代数推导，更加规范地表述 *IS-LM* 模型，以作为本章的完满结束，同时为下一章的进一步展开打下良好基础。

　　我们从 *IS* 曲线和 *LM* 曲线的代数表达式出发，推导 Y^* 和 i^* 的具体表达式。回忆产品市场均衡时的 *IS* 表达式和货币市场均衡时的 *LM* 表达式，即公式（6—18）和公式（6—22），

$$Y = \alpha_G(\overline{A} - bi) \tag{6—18}$$

$$i = \frac{1}{h}\left(kY - \frac{\overline{M}}{P}\right) \tag{6—22}$$

　　IS 曲线和 *LM* 曲线的交点 (Y^*, i^*) 将同时满足公式（6—18）和公式（6—22）。因此，联立公式（6—18）和公式（6—22），解之得[12]：

$$Y^* = \gamma\left(\overline{A} + \frac{b}{h}\frac{\overline{M}}{P}\right) \tag{6—25}$$

$$i^* = \gamma\overline{A}\frac{k}{h} - \frac{1}{h + kb\alpha_G}\frac{\overline{M}}{P} \tag{6—26}$$

　　其中，$\gamma = \alpha_G/(1 + kb\alpha_G/h)$。从公式（6—25）看，均衡收入取决于自主支出 $\overline{A}$ 和实际货币存量 $\overline{M}/P$；从公式（6—26）看，均衡利率也取决于自主支出 $\overline{A}$ 和实际货币存量 $\overline{M}/P$。具体而言：

　　➢ 当其他条件不变时，均衡收入随着自主支出的增加而增加；
　　➢ 当其他条件不变时，均衡收入随着实际货币存量的增加而增加；
　　➢ 当其他条件不变时，均衡利率随着自主支出的增加而增加；
　　➢ 当其他条件不变时，均衡利率随着实际货币存量的增加而减少。

■ 6.5　本章小结

　　IS-LM 模型是对凯恩斯理论的主要解释，旨在探讨当价格水平给定时，

经济体的收入水平是如何决定的，如图 6—25 所示。

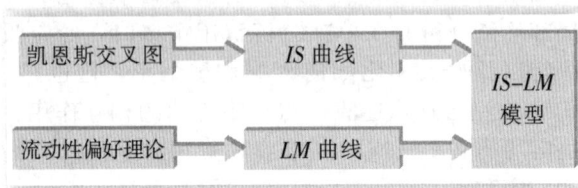

图6—25 从局部均衡到一般均衡

从凯恩斯交叉图出发，我们考察了产品市场均衡条件，表述为 *IS* 曲线：给定利率与均衡收入水平之间的组合。从流动性偏好理论出发，我们考察了货币市场均衡条件，表述为 *LM* 曲线：给定收入水平与均衡利率之间的组合。*IS* 曲线和 *LM* 曲线的交点刻画产品市场和货币市场同时实现了均衡。

【注释】

[1] 假定经济体的价格水平不变，其实就意味着短期总供给曲线是水平的。

[2] 边际消费倾向越大，也就意味着储蓄率越小。储蓄率越小，收入水平越高，似乎与经济增长理论中的结论恰好相反。其实，这与研究问题的角度有关，经济增长理论旨在探讨一个经济体的生产潜力。而凯恩斯交叉图旨在探索，当生产潜力给定时，多少生产能力是可以实现的。

[3] *IS* 曲线分别代表投资（investment）和储蓄（saving）。

[4] 如果你对这个表达式有疑虑的话，不妨采用式（6—18）做一些简单的代数推导：
$$\Delta Y \equiv Y^{**} - Y^* = \alpha_G(\overline{C} + c\,\overline{TR} + \overline{I} + \overline{G} + \Delta G - bi) - \alpha_G(\overline{C} + c\,\overline{TR} + \overline{I} + \overline{G} - bi)$$
$$= \alpha_G \Delta G$$

[5] 如果不存在货币，只能是以物易物。比如，一个教经济学的老师生病了，需要医疗服务。在接受医疗服务之前，他必须要找到一个想换取一堂经济学课的医院。这种上课服务与医疗服务之间的交换，可能并不是那么容易完成的。

[6] 与所有金融资产一样，货币被赋予对财富的支配权。

[7] 有价证券一般支付的是名义利率，但到目前为止，我们一直假定价格水平给定不变，名义利率就等于实际利率。

[8] 当然，在某些情况下，货币供给并不由中央银行完全控制，是内生的。

[9] *LM* 曲线分别代表流动性（liquidity）和货币（money）。

[10] 细心的读者可能留意到，现在我们把货币供给记为 M，而不是 $\overline{M}$。这只是为了后面表述的方便，二者并没有任何实质性的区别。

[11] 在货币数量论中，货币流通速度不变是一个假定条件。然而经验表明，在多数情况下，这是一个好的假定。一旦我们假定货币流通速度不变，货币数量的变化必将引起名义收入同比例变化。因此，公式（6—24）有时就成为一种决定名义收入的理论：货币量决定了经济体的名义收入水平。

[12] 其实，求解过程并不复杂。把公式（6—18）中的 Y 代入公式（6—22），就得到均衡利率；把公式（6—22）中的 i 代入公式（6—18），就得到均衡收入。

第 7 章

总需求：*IS-LM* 模型的应用

在上一章中，我们考察了表示产品市场均衡的 *IS* 曲线和货币市场均衡的 *LM* 曲线，把这两条曲线组合在一起，就构成了著名的 *IS-LM* 模型。*IS-LM* 模型刻画了，当价格水平不变时，经济体的均衡收入（产出）水平是如何决定的。

在本章，我们将更加详细地考察 *IS-LM* 模型，并运用 *IS-LM* 模型解释我们周围的经济世界。具体而言，我们将采用 *IS-LM* 模型分析下面的三个问题：

1. 全面考察市场均衡情况。*IS* 曲线和 *LM* 曲线的交点反映了产品市场和货币市场同时实现了均衡，但在交点之外呢？产品市场和货币市场是均衡还是失衡？我们将在 *IS-LM* 模型中详细考察。

2. 在模型的基础上推导著名的总需求曲线。在本书第 5 章中已经推导出了总供给曲线，探讨了总供给曲线背后的经济学故事。在本章，我们将在 *IS-LM* 模型的基础上推导出总需求曲线，从而探讨总需求曲线背后的经济学故事。

3. 利用 *IS-LM* 模型考察 1929 年的"大萧条"。宏观经济学产生于"大萧条"。在本章，我们将采用 *IS-LM* 模型考察"大萧条"的成因。这也许有点"事后诸葛亮"，但不能否认的是，这也应该有利于我们"未雨绸缪"。

7.1　IS-LM 模型中的市场失衡

在图 7—1 中，当产品市场和货币市场同时实现了均衡时，均衡收入水平与均衡利率的组合就是 A 点。显然，A 点只是收入与利率所有组合中的一点，我们并不能够保证经济体恰好就为 A 点所刻画。比如，经济体为 B 点所刻画，这时经济体里的产品市场和货币市场都没有处于均衡状态。因为当产品市场均衡时，均衡收入 Y 和利率 i 所有组合点的连线就是 IS 曲线；当货币市场均衡时，均衡利率 i 和收入 Y 所有组合点的连线就是 LM 曲线。从图形上，B 点既不在 IS 曲线上，也不在 LM 曲线上，这意味着当经济体位于 B 点时，产品市场和货币市场都没有处于均衡状态。

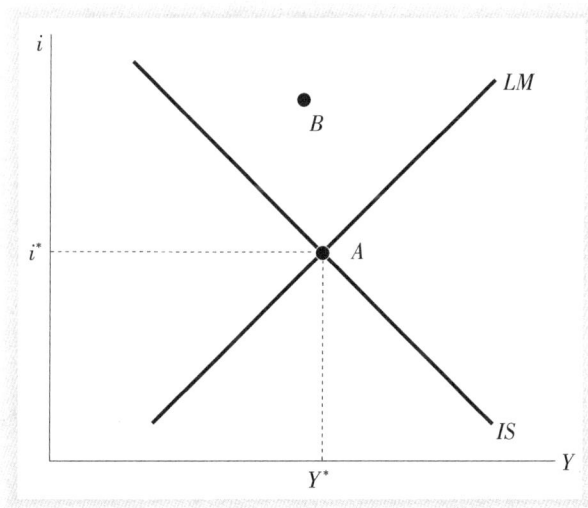

图 7—1　产品市场与货币市场同时均衡

注：IS 曲线表示产品市场均衡，LM 曲线表示货币市场均衡，二者的交点 A 点表示产品市场和货币市场同时均衡；B 点则表示市场失衡。

当经济体不是位于 A 点时，有两个问题需要我们回答：（1）如何表述这时经济体所处的状态？（2）经济体是否最终能够收敛到 IS 曲线和 LM 曲线的交点 A 点？下面我们将分别讨论。

IS-LM 模型中的产品市场失衡

在本节，我们将首先考察如何采用 IS 曲线表示经济体在产品市场上的均衡或失衡情况；然后考察，当产品市场失衡时，经济体如何自发调整。

均衡收入 Y 和利率 i 组合点的连线就是 IS 曲线。因此，IS 曲线把收入与利率的所有组合 (Y, i) 分为三部分：

➤ IS 曲线上的收入与利率组合；
➤ IS 曲线以上的收入与利率组合；
➤ IS 曲线以下的收入与利率组合。

当经济体位于 IS 曲线上时，比如图 7—2 中的 A 点，经济体在产品市场上处于均衡状态，经济体的总产出（收入）等于总支出，即

$$Y = AD$$
$$= C(Y^D) + I(i) + \bar{G} \tag{7—1}$$

其中，$Y^D = Y + TR - TA$ 表示可支配收入，为了分析的方便，我们假定税收和转移支付都是外生给定的，即 $TR = \overline{TR}$、$TA = \overline{TA}$。

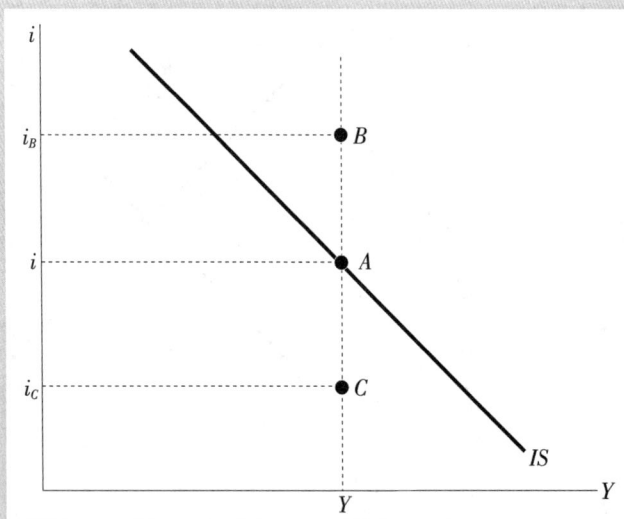

图 7—2 产品市场上的均衡与失衡

注：IS 曲线把空间 (Y, i) 分成三部分：IS 曲线以上部分、IS 曲线和 IS 曲线以下部分。当经济体位于 IS 曲线上时，产品市场处于均衡状态；当经济体位于 IS 曲线以上或以下时，产品市场处于失衡状态。

当经济体位于 IS 曲线以上时，比如图 7—2 中的 B 点，从图形上看，这时经济体的收入水平是 Y，利率是 i_B 且 $i_B > i$，相应地，经济体的总支出就可以表示为：

$$AD_1 = C(Y^D) + I(i_B) + \overline{G}$$

与 A 点相比，当经济体位于 B 点时，经济体的消费水平和政府购买不变，仍然为 $C(Y^D)$ 和 $\overline{G}$。但由于 $i_B > i$，经济体的投资水平下降了，即 $I(i_B) < I(i)$。因此，经济体的总支出水平下降了，即 $AD > AD_1$。

以上分析表明，当经济位于 B 点时，经济体在产品市场上的总支出小于总产出（收入），即产品市场上有效需求不足，产品市场处于失衡状态。

按照同样的分析逻辑，我们可以证明，当经济体位于 IS 曲线以上时，产品市场上有效需求不足，产品市场处于失衡状态。

当经济体位于 IS 曲线以下时，比如图 7—2 中的 C 点，从图形上看，这时经济体的收入水平是 Y，利率是 i_c 且 $i_c < i$，相应地，经济体的总支出就可以表示为：

$$AD_2 = C(Y^D) + I(i_C) + \overline{G}$$

与 A 点相比，当经济体位于 C 点时，经济体的消费水平和政府购买不变，仍然为 $C(Y^D)$ 和 $\overline{G}$，但由于 $i_c < i$，经济体的投资水平上升了，即 $I(i_C) > I(i)$。因此，经济体的总支出水平上升了，即 $AD < AD_2$。

以上分析表明，当经济位于 C 点时，经济体在产品市场上总支出大于总产出（收入），即产品市场上供不应求，产品市场处于失衡状态。

按照同样的分析逻辑，我们可以证明，当经济体位于 IS 曲线以下时，产品市场上供不应求，产品市场处于失衡状态。

小结：

➤ 当经济体位于 IS 曲线上时，产品市场处于均衡状态；

➤ 当经济体位于 IS 曲线以上时，产品市场上有效需求不足，处于失衡状态；

➤ 当经济体位于 IS 曲线以下时，产品市场上供不应求，处于失衡状态。

现在，我们考察当经济体处于失衡状态时，经济体如何自发调整。具体而言，将分两种情况讨论：（1）当产品市场上有效需求不足时，经济体如何自发调整？（2）当产品市场上供不应求时，经济体如何自发调整？

当产品市场上有效需求不足时，如图 7—3 上图中的 B 点所示。这时，由于经济体里的利率水平偏高（$i_B > i$），经济体计划支出的水平就会低于经济体的产出水平[1]，部分产品滞销，成为库存。随着非计划库存的增加，企业减少生产，一直到经济体达到均衡水平 Y_1 为止。

在产品市场上，企业把产出水平从 Y 减少到 Y_1 的过程，在图 7—3 的上图中就表现为：经济体沿着箭头所示方向，从 B 点向 C 点运动。C 点是 IS 曲线上的点，这表明，当产品市场上出现有效需求不足时，经济体通过调整非计划库存，自发地减少产出，产品市场逐步实现了"在 IS 曲线上"的均衡。

以上分析是以 B 点为例阐述的。其实，当经济体位于 IS 曲线以上时，经济体都将会自发地向左运动，重新实现"在 IS 曲线上"的均衡。感兴趣的读者可以自己画图分析。

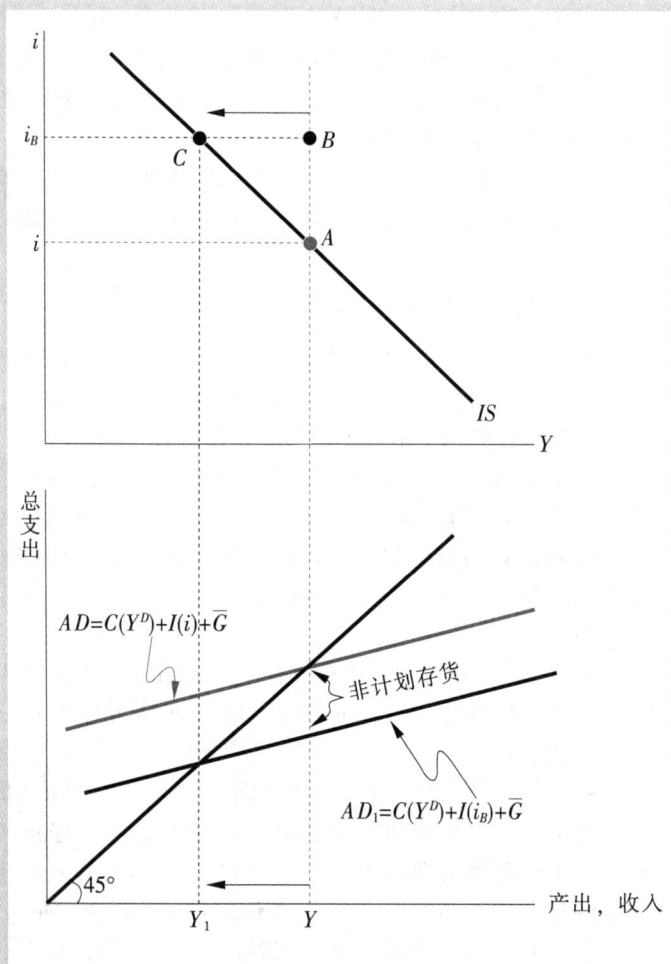

图 7—3 产品市场上的调整

注：当经济体位于 B 点时，产品市场上有效需求不足，出现了非计划存货。企业会减少产出，产出水平从 Y 下降到 Y_1。相应地，经济体从 B 点运动到 C 点，产品市场"在 IS 曲线上"实现均衡。

当产品市场上供不应求时，如图 7—4 上图中的 C 点所示。这时，由于经济体里的利率水平偏低（$i_c < i$），投资增加，从而经济体的计划支出水平就会

高于经济体的产出水平[2]，企业当期产出供不应求，库存非计划地减少。随着库存的减少，企业增加生产，一直到经济体达到均衡水平 Y_2 为止。

　　在产品市场上，企业把产出水平从 Y 增加到 Y_2 的过程，在图 7—4 中就表现为：经济体沿着箭头所示方向，从 C 点向 D 点运动。D 点是 IS 曲线上的点，这表明，当产品市场上出现供不应求时，经济体通过调整非计划库存，自发地增加产出，产品市场逐步实现"在 IS 曲线上"的均衡。

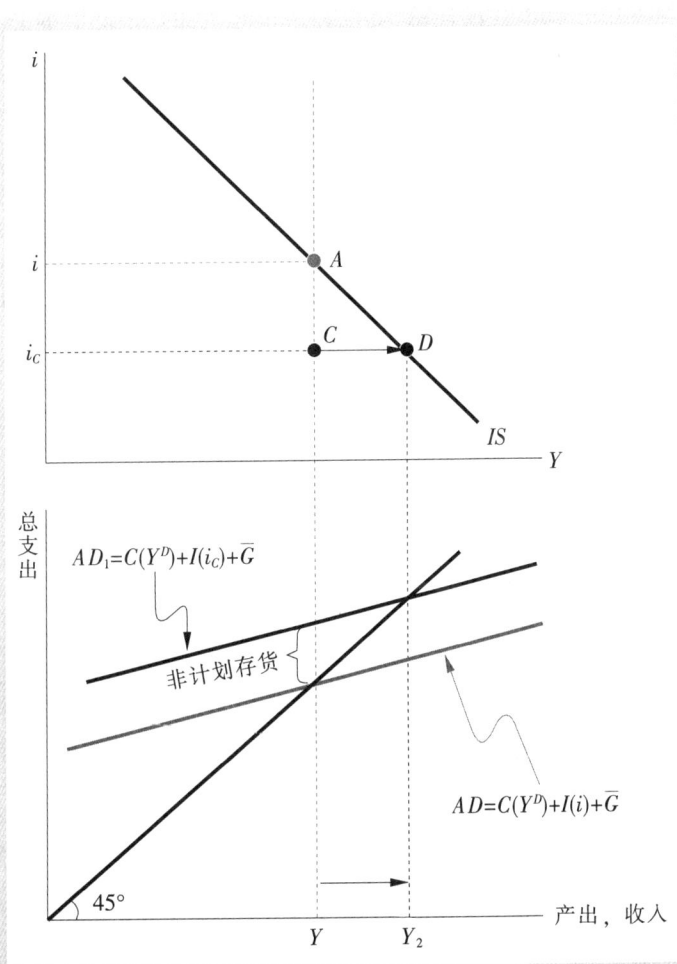

图 7—4　产品市场上的调整

　　注：当经济体位于 C 点时，产品市场上供不应求，存货非计划地减少。企业会增加产出，产出水平从 Y 增加到 Y_2。相应地，经济体从 C 点运动到 D 点，产品市场"在 IS 曲线上"实现均衡。

以上分析是以 C 点为例阐述的。其实，当经济体位于 IS 曲线以下时，经济体都将会自发向右运动，重新实现"在 IS 曲线上"的均衡。感兴趣的读者可以自己画图分析。

小结

➢ 当经济体位于 IS 曲线上时，产品市场处于均衡状态；

➢ 当经济体位于 IS 曲线以上时，产品市场上有效需求不足，经济体将向左运动，逐步实现在"在 IS 曲线上"的均衡；

➢ 当经济体位于 IS 曲线以下时，产品市场上供不应求，经济体将向右运动，逐步实现"在 IS 曲线上"的均衡。

IS-LM 模型中的货币市场失衡

与上面的分析类似，在本节，我们将首先考察如何采用 LM 曲线表示经济体在货币市场上的均衡或失衡情况；然后考察，当货币市场失衡时，经济体如何自发调整。

均衡利率 i 和收入 Y 所有组合点的连线就是 LM 曲线。因此，LM 曲线就把收入与利率的所有组合 $(Y，i)$ 分为三部分：

➢ LM 曲线上的收入与利率组合；

➢ LM 曲线以上的收入与利率组合；

➢ LM 曲线以下的收入与利率组合。

当经济体位于 LM 曲线上时，如图 7—5 中的 A 点，货币市场处于均衡状态，经济体的货币总需求等于总供给，即

$$\frac{M^S}{P} = \frac{M^D}{P} = kY - hi \qquad\qquad (7—2)$$

当经济体位于 LM 曲线以上时，比如图 7—5 中的 B 点，从图形上看，这时经济体的收入水平是 Y_B，且 $Y_B < Y$，利率是 i。因此，经济体的货币总需求就可以表示为：

$$\frac{M^D}{P} = kY_B - hi$$

与 A 点相比，当经济体位于 B 点时，经济体的收入减少，为 Y_B。由货币需求的假说 2 可知，经济体用于交易的货币余额需求将会减少；由于 i 没有变化，由货币需求的假说 3 可知，由于持有货币的机会成本不变，经济体不会持有更多的生息有价证券，从而对货币余额的需求不变。因此，综合而言，经济体的货币需求下降了。以上分析表明，当经济体位于 B 点时，在货币市场上货币需求小于货币供给[3]，即货币市场上有效需求不足，货币市场处于失衡状态。

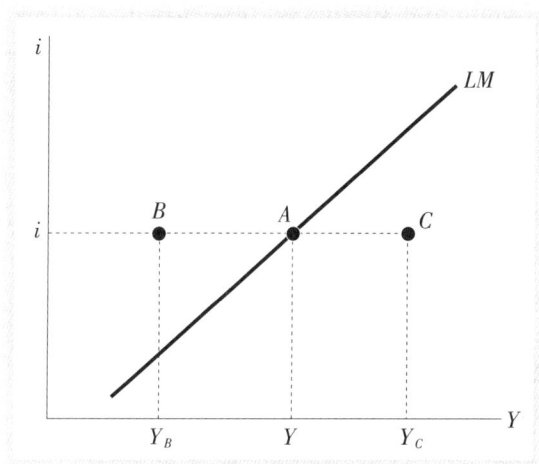

图 7—5　货币市场上的均衡与失衡

注：LM 曲线把空间（Y，i）分成三部分：LM 曲线以上部分、LM 曲线和 LM 曲线以下部分。当经济体位于 LM 曲线上时，货币市场处于均衡状态；当经济体位于 LM 曲线以上或以下部分时，货币市场处于失衡状态。

按照同样的分析逻辑，我们可以证明：当经济体位于 LM 曲线以上时，货币市场上有效需求不足，货币市场处于失衡状态。

当经济体位于 LM 曲线以下时，如图 7—5 中的 C 点，从图形上看，这时经济体的收入水平是 Y_C，且 $Y_C > Y$，利率是 i。因此，经济体的货币总需求就可以表示为：

$$\frac{M^D}{P} = kY_C - hi$$

与 A 点相比，当经济体位于 C 点时，经济体的收入增加了，为 Y_C，而 i 没有变化。因此，货币需求上升了。以上分析表明，当经济体位于 C 点时，在货币市场上货币需求大于货币供给，即货币市场上供不应求，货币市场处于失衡状态。

按照同样的分析逻辑，我们可以证明，当经济体位于 LM 曲线以下时，货币市场供不应求，处于失衡状态。

小结

➤ 当经济体位于 LM 曲线上时，货币市场处于均衡状态；

➤ 当经济体位于 LM 曲线以上时，货币市场上有效需求不足，处于失衡状态；

> 当经济体位于 LM 曲线以下时，货币市场上供不应求，处于失衡状态。

现在，我们考察当经济体在货币市场上处于失衡状态时，经济体如何自发调整？主要讨论当货币市场上货币需求不足时，经济体如何自发调整？当货币市场上供不应求时，经济体如何自发调整？

当货币需求不足时，如图 7—6 右图中的 B 点，这时，经济体里的收入水平偏低，$Y_B < Y$。表现在货币市场上，货币需求曲线将向下平移，如图 7—6 中的左图所示。由于货币供给不变，随着货币需求曲线向下平移，均衡利率水平也从 i 下降到 i_1。均衡利率水平从 i 下降到 i_1 的过程，在图 7—6 的右图中就表现为：经济体沿着箭头所示方向，从 B 点运动到 LM 曲线上的 C 点。这表明，当货币需求不足时，经济体将通过调节货币需求，逐步实现"在 LM 曲线上"的均衡。

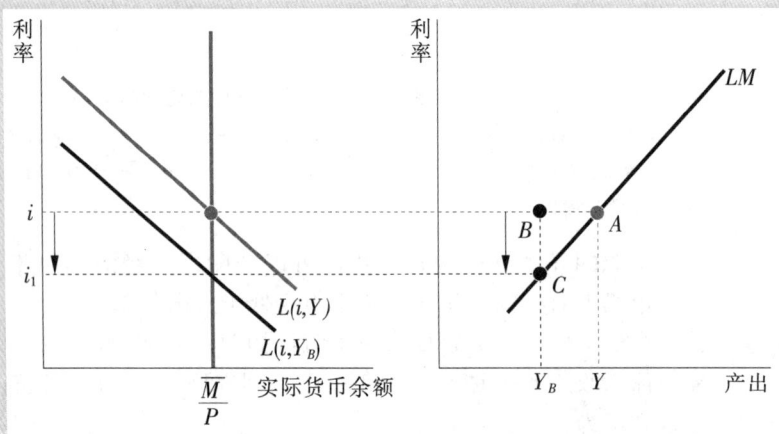

图 7—6 货币市场上的调整

注：当经济体位于 B 点时，与 A 点相比，经济体的收入水平从 Y 减少到 Y_B，货币需求向下平移，均衡利率从 i 下降到 i_1。相应地，经济体从 B 点运动到 C 点，货币市场"在 LM 曲线上"实现均衡。

以上分析表明，当经济体位于 LM 曲线以上时，经济体都将会自发向下运动，重新实现"在 LM 曲线上"的均衡。

当货币供不应求时，如图 7—7 右图中的 C 点，这时，经济体里的收入水平偏高，$Y_C > Y$。表现在货币市场上，货币需求曲线将会向上平移，如图 7—7 的左图所示。由于货币供给不变，货币市场出清的均衡利率水平也随之从 i 上升到 i_2。

在货币市场上，均衡利率从 i 上升到 i_2 的过程，在图 7—7 的右图中就表现为：经济体沿着箭头所示方向，从 C 点向 D 点运动，逐步实现"在 LM 曲线上"的均衡。

以上分析表明，当经济体位于 LM 曲线以下时，经济体将会自发向上运动，重新实现"在 LM 曲线上"的均衡。

小结

➢ 当经济体位于 LM 曲线上时，货币市场处于均衡状态；

➢ 当经济体位于 LM 曲线以上时，货币市场上有效需求不足，经济体将向下运动，逐步实现在"在 LM 曲线上"的均衡；

➢ 当经济体位于 LM 曲线以下时，货币市场上供不应求，经济体将向上运动，逐步实现"在 LM 曲线上"的均衡。

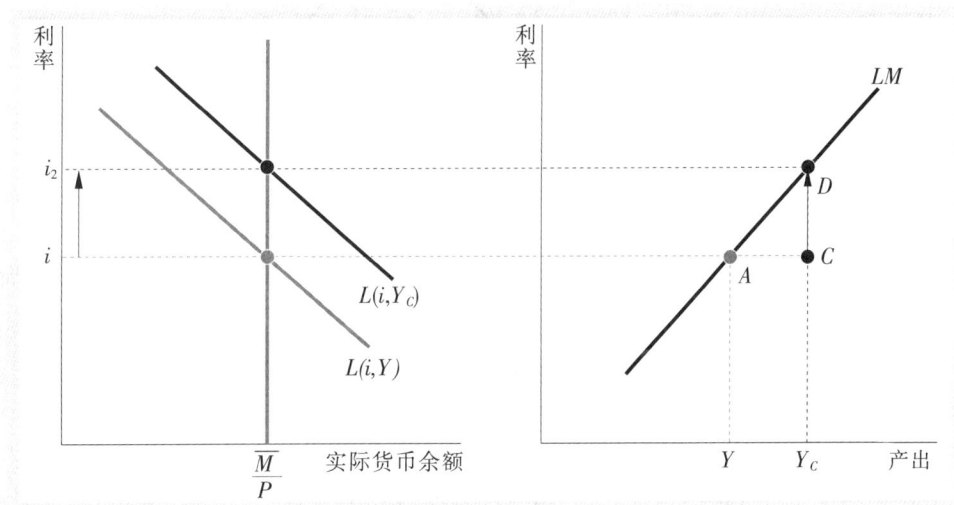

图 7—7 货币市场上的调整

注：当经济体在 C 点时，与 A 点相比，经济体的收入水平从 Y 增加到 Y_C。在货币市场上，货币需求向上平移，均衡利率从 i 上升到 i_2。相应地，经济体从 C 点运动到 D 点，货币市场"在 LM 曲线上"实现均衡。

IS-LM 模型中的市场失衡

通过前面的准备，我们将在 *IS-LM* 模型中考察经济体的状态及其向均衡调整的过程。

其实，由前面的分析可知，只要把图 7—2 和图 7—5 整合在一起，就可以解释产品市场和货币市场同时失衡的情况，如图 7—8 所示。

在图 7—8 中，*IS* 曲线和 *LM* 曲线的交点是 A 点，显然，是产品市场和货币市场同时均衡的点。另一方面，*IS* 曲线和 *LM* 曲线同时也把收入和利率的所有组合（Y，i）分为四部分，见图 7—8 中的 Ⅰ、Ⅱ、Ⅲ和Ⅳ。

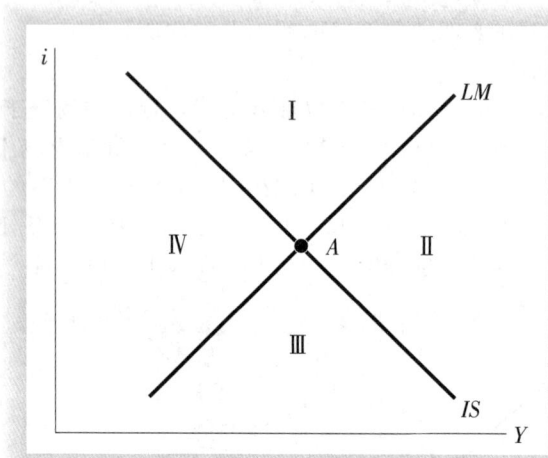

图 7—8　产品市场与货币市场同时均衡与失衡

注：IS 曲线表示产品市场均衡，LM 曲线表示货币市场均衡，因此二者的交点 A 点表示产品市场和货币市场同时均衡。同时，IS 曲线和 LM 曲线把第一象限分为四部分，代表产品市场和货币市场同时失衡的四种情况。

当经济体位于图 7—8 中的 I 部分时，经济体同时在 IS 曲线和 LM 曲线的上方。由"IS-LM 模型中的产品市场失衡"和"IS-LM 模型中的货币市场失衡"两小节中的分析可知，产品市场和货币市场都处于有效需求不足状态。

当经济体位于图 7—8 中的 III 部分时，经济体同时在 IS 曲线和 LM 曲线的下方。由"IS-LM 模型中的产品市场失衡"和"IS-LM 模型中的货币市场失衡"两小节中的分析可知，产品市场和货币市场都处于供不应求状态。

当经济体位于图 7—8 中的 II 部分时，经济体在 IS 曲线的上方，但在 LM 曲线的下方。由"IS-LM 模型中的产品市场失衡"和"IS-LM 模型中的货币市场失衡"两小节中的分析可知，产品市场上呈现有效需求不足，而货币市场则呈现供不应求。

当经济体位于图 7—8 中的 IV 部分时，经济体在 IS 曲线的下方，但在 LM 曲线的上方。由"IS-LM 模型中的产品市场失衡"和"IS-LM 模型中的货币市场失衡"两小节中的分析可知，产品市场呈现供不应求，而货币市场则呈现有效需求不足。

由以上分析可知，在 IS-LM 模型中存在四种类型的产品市场和货币市场同时失衡，分别表示为图 7—8 中的 I、II、III 和 IV。其中 I 部分和 III 部分产品市场和货币市场同时失衡的情况恰好相反；II 部分和 IV 部分产品市场和货币市场同时失衡的情况也恰好相反。

现在，我们在 IS-LM 模型中考察经济体如何从产品市场和货币市场同时失衡到同时均衡的过程。其实，如果把图 7—3、图 7—4、图 7—6 和图 7—7 整合在一起，就得到经济体从失衡状态，比如位于图 7—8 中四种失衡状态中的任何一种，向产品市场和货币市场同时均衡点 A 点的运动轨迹。[4]

为了简单起见，我们假定经济体在货币市场上瞬时出清，在产品市场上缓慢调整。具体而言，不妨假设经济体的初始位置为图 7—9 中的 B 点，这时经济体在产品市场和货币市场上都面临着有效需求不足，经济体将如何调整呢？我们将分如下三步考察：

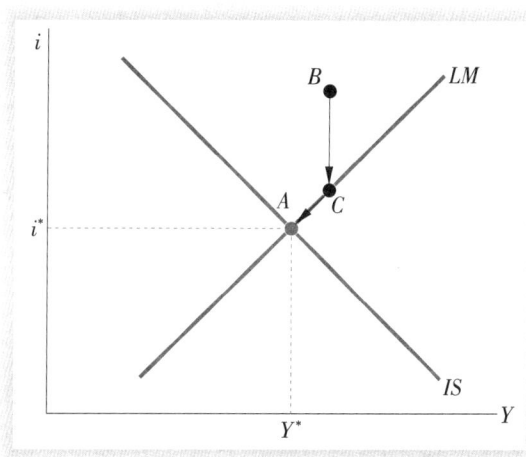

图 7—9 产品市场与货币市场从失衡到均衡的运动轨迹

注：当经济体的初始位置是 B 点时，产品市场和货币市场同时出现有效需求不足，由于货币市场瞬时均衡，经济体沿着箭头方向从 B 点运动到 C 点，货币市场首先实现均衡；然后经济体沿着箭头方向从 C 点运动到 A 点，产品市场和货币市场同时实现了均衡。

1. 货币市场从失衡到均衡。由图 7—6 可知，当经济体位于 LM 曲线上方时，经济体的利率 i 将会向下方运动。由于货币市场瞬时调整，产品市场缓慢调整，在"一瞬间"，我们视收入水平 Y 保持不变。因此，经济体将沿着图 7—9 中前头所示方向从 B 点运动到 C 点，货币市场实现了均衡。

2. 产品市场从失衡到均衡。当经济体运动到 C 点时，货币市场出清，但产品市场仍然处于失衡状态。由图 7—3 可知，当经济体位于 IS 曲线上方时，收入水平 Y 将向左运动。当经济体的收入水平从 C 点缓慢向左运动时，货币市场将会重新失衡。但由第 1 步中的分析可知，货币市场可以瞬时出清，即经济体的利率水平不可能偏离 LM 曲线。因此，经济体将会沿着 LM 曲线按照箭头所示方向从 C 点一直运动到 A 点，产品市场实现了均衡。

3. 把第 1 步和第 2 步的分析整合起来，就是经济体从产品市场、货币市场同时失衡到同时均衡的运动轨迹。在图 7—9 中就表现为，经济体按箭头所示方向，从 B 点运动到 C 点，最后到 A 点。

以上我们考察了在产品市场缓慢调整、货币市场瞬时出清的假定下，当产品市场和货币市场同时呈现有效需求不足时，经济体实现产品市场、货币市场同时均衡的运动轨迹。感兴趣的读者，可以按照同样的逻辑分析当经济体呈现其他三种类型的失衡时，经济体将如何运动到产品市场、货币市场同时均衡的状态。

7.2 从 *IS-LM* 模型到总需求曲线

经过漫长的准备，我们终于可以一睹**总需求曲线**（aggregate demand schedule）的"芳容"了。总需求曲线，就是价格水平与 *IS-LM* 模型中均衡收入水平 Y 之间的组合。从一定意义上说，我们详细地考察 *IS-LM* 模型其实就是为了推导出总需求曲线。

通过前面章节对 *IS-LM* 模型的学习、运用，我们已经具备了推导经济体的总需求曲线，并考察有关总需求曲线性质的一切知识。既然"万事俱备，只欠东风"，下面我们就在 *IS-LM* 模型的基础上推导总需求曲线，进而考察总需求曲线的性质。

总需求曲线的推导

基于 *IS-LM* 模型推导经济体的总需求曲线，简而言之，就是考察当其他条件都不变时，如果经济体的价格水平发生变化，均衡收入水平将会如何变化。

为了分析的方便，假定在初始时刻，经济体里的价格水平为 P，产品市场和货币市场都处于均衡状态，均衡收入为 Y^*，即经济体位于图 7—10 上图中的 A 点。在 *IS-LM* 模型中，价格水平是给定的。既然如此，不妨假设经济体的价格水平从 P 下降到 P'，而其他条件保持不变。这时经济体将会发生什么变化呢？

价格水平从 P 下降到 P'，在货币当局名义货币供给量不变的情况下，意味着经济体的实际货币供给增加了。随着实际货币供给增加，*LM* 曲线将向下平移，如图 7—10 的上图所示，这时 *IS* 曲线与 *LM* 曲线重新相交于 B 点。由第 7.1 节中的分析可知，经济体会自发调整并从 A 点运动到 B 点，产品市场和货币市场重新处于新均衡状态 B 点。相应地，经济体的均衡收入水平就从 Y^* 增加到 Y^{**}。

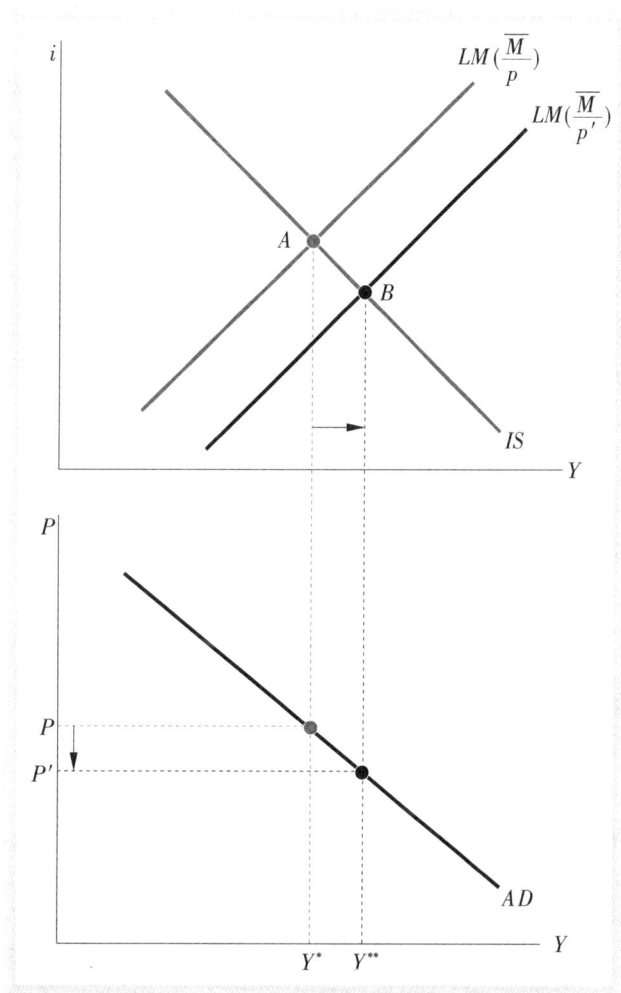

图 7—10 总需求曲线的推导

注：初始时刻，经济体的价格水平为 P，均衡收入水平为 Y^*，即经济体位于 A 点。当其他条件不变时，如果经济体的价格水平从 P 下降到 P'，则意味着经济体的实际货币供给增加，LM 曲线向下平移，收入水平从 Y^* 上升到 Y^{**}，即新价格水平 P' 与新均衡收入水平 Y^{**} 相对应。价格水平与均衡收入水平组合点的连线，就是总需求曲线 AD。

以上分析表明，在 $IS\text{-}LM$ 模型中，当外生的价格水平下降时，经济体的均衡收入水平随之增加，表现在图 7—10 的下图中，给定的价格水平 P' 与相应的均衡收入水平 Y^{**}，就构成了一个点（P'，Y^{**}）。按照同样的逻辑，感兴趣的读者可以自己画图分析，每给定一个价格水平都有一个均衡的收入水平与之对应，即在图 7—10 的下图中有无数个由给定价格水平与均衡收入水平所构成的点。把这些点连接起来，就是总需求曲线。[5]

由总需求曲线的推导过程可知，总需求曲线上每一点所对应的收入（产出）水平，都是产品市场和货币市场同时均衡的收入（产出）水平。当其他条件不变时，经济体的价格水平越低，实际货币供给越多，从而产品市场、货币市场同时均衡时的收入水平就越高。因此，总需求曲线是向右下方倾斜的，如图 7—10 的下图所示。

还需要强调的是，其实在本书第 6 章中，我们早已推导出了总需求曲线的代数表达式。回忆一下 IS-LM 模型均衡收入水平的代数表达式：

$$Y^* = \gamma(\overline{A} + \frac{b}{h}\frac{\overline{M}}{P}) \qquad\qquad (7—3)$$

其中，$\gamma = \alpha_G/(1 + kb\alpha_G/h)$。公式（7—3）表明，均衡收入水平是价格水平 P 的函数，每给定一个价格水平都有一个均衡的收入水平与之对应。而且，公式（7—3）也揭示了总需求曲线是向右下倾斜的，即[6]

$$\frac{\mathrm{d}P}{\mathrm{d}Y} < 0 \qquad\qquad (7—4)$$

总需求曲线的平移

在本小节，我们将着重考察，政府购买、转移支付、自主消费、自主投资以及货币供给等发生变化，将会给总需求曲线带来什么影响。由本书第 6 章中的分析可知，这些因素的变化会使 IS 曲线或者 LM 曲线平移。因此，我们把这些因素划分为两类：一类是造成 IS 曲线平移的；另一类是造成 LM 曲线平移的。下面分别考察这两类因素发生变化对总需求曲线的影响。

造成 IS 曲线平移的因素发生变化（如政府购买变化）对总需求曲线的影响

如图 7—11 所示，在初始状态，经济体的总需求曲线是 AD。由总需求曲线的推导可知，对任意给定的价格水平 P，经济体里都有一个产品市场和货币市场同时均衡的收入水平与之对应。在图 7—11 中表现为，经济体位于 IS 曲线和 LM 曲线的交点 A 点处。

不妨先考察政府购买增加对总需求曲线的影响。在其他条件不变的情况下，随着政府购买增加，IS 曲线向右平移，如图 7—11 的上图所示。IS 曲线平移到 IS′曲线，与 LM 曲线相交于 B 点。这表明，当政府购买增加后，经济体在 A 点则意味着经济体处于失衡状态。因此，经济体将会自发地沿着 LM 曲线向新的均衡状态 B 点运动，并最终到达 B 点。在 B 点，经济体的均衡收入水平是 Y′，大于政府购买增加前的均衡收入水平 Y*。这表明，在任意给定

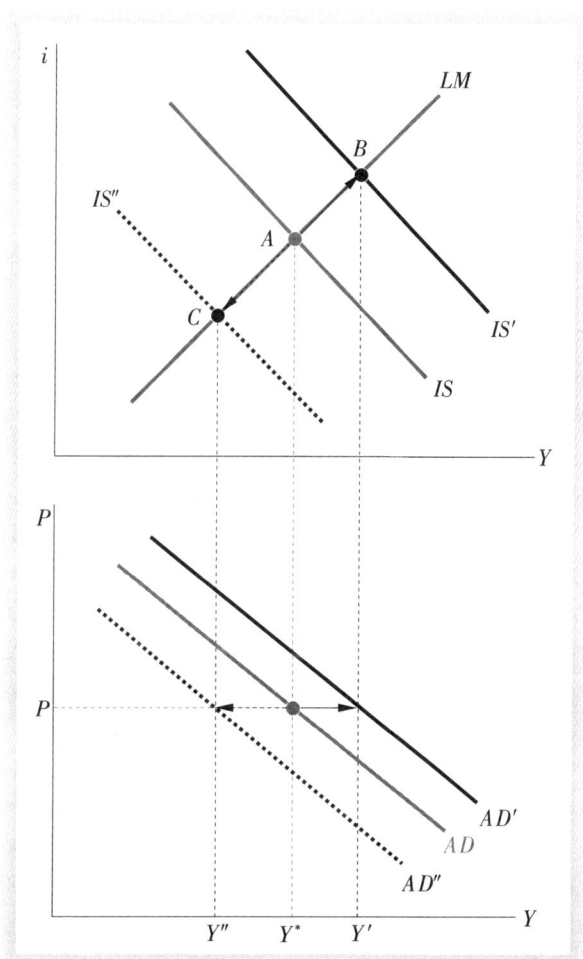

图 7—11　政府购买变化与总需求曲线的移动

注：初始的总需求曲线是 AD。对任意给定的价格水平 P，经济体里都有一个均衡收入水平 Y^* 与之对应。当政府购买增加后，其他条件不变时，IS 曲线向右平移到 IS'，均衡收入水平增加到 Y'。这意味着，在任意给定的价格水平 P 下，政府购买增加后，均衡收入水平也将增加。因此，总需求曲线向右平移。按照同样的逻辑，政府购买减少，总需求曲线向左平移。

的价格水平 P 下，政府购买增加，均衡收入水平也将增加。因此，总需求曲线向右平移。

按照同样的逻辑，我们考察政府购买减少对总需求曲线的影响。在其他条件不变的情况下，随着政府购买减少，IS 曲线向左平移到 IS'' 曲线，与 LM

曲线相交于 C 点，如图 7—11 的上图所示。因此，经济体将最终调整到新的均衡状态 C 点。在 C 点，经济体均衡的收入水平是 Y''，小于政府购买减少前的均衡收入水平 Y^*。这表明，在任意给定的价格水平 P 下，政府购买减少，均衡收入水平也将随之减少。因此，总需求曲线向左平移。

感兴趣的读者，不妨画图分析造成 IS 曲线平移的其他因素变动对总需求的影响，比如政府转移支付、自主消费、自主投资以及税收等。它们的影响与政府购买类似。

造成 LM 曲线平移的因素发生变化（如名义货币供给变化）对总需求曲线的影响

在初始状态，经济体的总需求曲线是 AD。对任意给定的价格水平 P，经济体里都有一个产品市场和货币市场同时均衡的收入水平与之对应。在图 7—12 中表现为，经济体位于 IS 曲线和 LM 曲线的交点 A 点处。

不妨先考察名义货币供给增加对总需求曲线的影响。在其他条件不变的情况下，随着货币供给增加，LM 曲线向右平移到 LM' 曲线，与 IS 曲线相交于 B 点，如图 7—12 的上图所示。这表明，货币供给增加，经济体在 A 点则意味着处于失衡状态。因此，经济体将自发地从 A 点运动到 D 点，然后沿着 LM 曲线向新的均衡状态 B 点运动，并最终到达 B 点。在 B 点，经济体的均衡收入水平是 Y'，大于货币供给增加前的均衡收入水平 Y^*。这表明，经济体在任意给定的价格水平 P 下，货币供给增加，均衡收入水平也将增加。因此，总需求曲线向右平移，如图 7—12 中的下图所示。

按照同样的逻辑，我们考察货币供给减少对总需求曲线的影响。在其他条件不变的情况下，随着货币供给减少，LM 曲线将向左平移，经济体的均衡收入水平是 Y''，小于货币供给减少前的均衡收入水平 Y^*。这表明，在任意给定的价格水平 P 下，货币供给减少，均衡收入水平也将随之减少。因此，总需求曲线向左平移，如图 7—12 的下图所示。

小结

➢ 当其他条件不变时，某种因素造成 IS 曲线向左平移，对总需求的影响是，总需求曲线向左平移；

➢ 当其他条件不变时，某种因素造成 IS 曲线向右平移，对总需求的影响是，总需求曲线向右平移；

➢ 当其他条件不变时，某种因素造成 LM 曲线向左平移，对总需求的影响是，总需求曲线向左平移；

➢ 当其他条件不变时，某种因素造成 LM 曲线向右平移，对总需求的影响是，总需求曲线向右平移。

其实，如果我们仔细对比图 7—11 和图 7—12 就会发现，总需求曲线的移动规律非常简洁：总需求曲线与 IS 曲线、LM 曲线同方向变化。

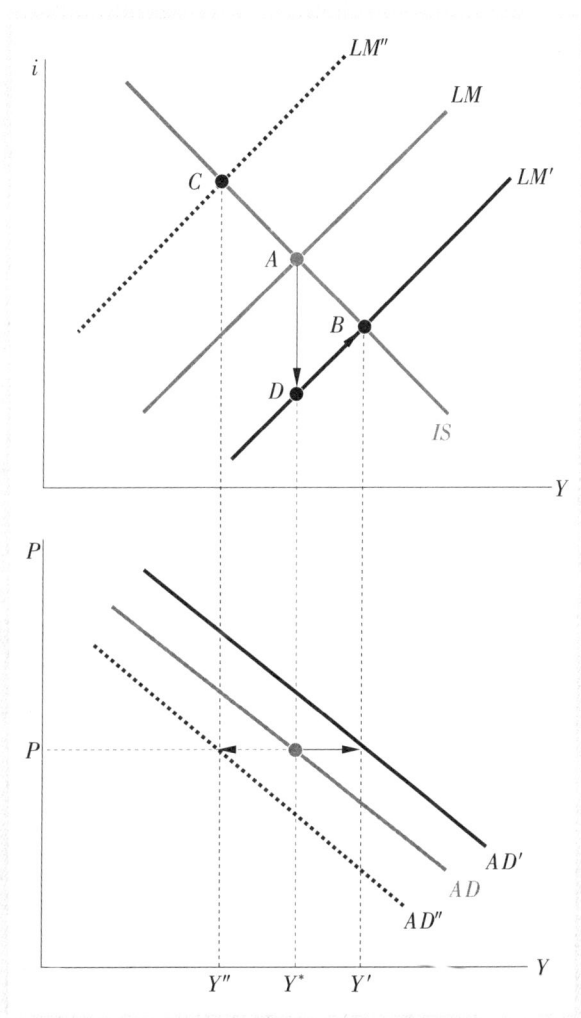

图 7—12   货币供给变化与总需求曲线的移动

注：对任意给定的价格水平 P，经济体里都有一个均衡收入水平 Y^* 与之对应。货币增加，LM 曲线向右平移到 LM'，均衡收入水平从 Y^* 增加到 Y'。这意味着，在任意给定的价格水平 P 下，货币供给增加，均衡收入水平也将增加。因此，总需求曲线向右平移。按照同样的逻辑，货币供给减少，总需求曲线将向左平移。

7.3 需求冲击对总需求曲线的影响

与供给冲击类似，**需求冲击**（demand shock）也是对经济体的一种扰动，其最初的影响是使总需求曲线发生移动。根据总需求曲线移动方向的不同，需求冲击分为以下两类：

> **不利的需求冲击**（adverse demand shock），是指使总需求曲线向左平移的需求冲击；

> **有利的需求冲击**（favorable demand shock），是指使总需求曲线向右平移的需求冲击。

不利的需求冲击

产品市场和货币市场上都可能经历许多不利的需求冲击，比如 2003 年春夏之交，全球（特别是中国）遭受了非典型肺炎（简称"非典"）的冲击。"非典"给人们带来了极大的恐慌，在"非典"肆虐的日子里，人们都尽可能地减少与他人接触的机会，尽可能地减少外出活动。

在"非典"期间，随着人们各种支出活动的下降或停止，IS 曲线向左平移，由第 7.2 节中的分析可知，总需求曲线随之向左平移。因此，"非典"是一次不利的需求冲击，如图 7—13 所示，总需求曲线 AD 向左平移到 AD″。

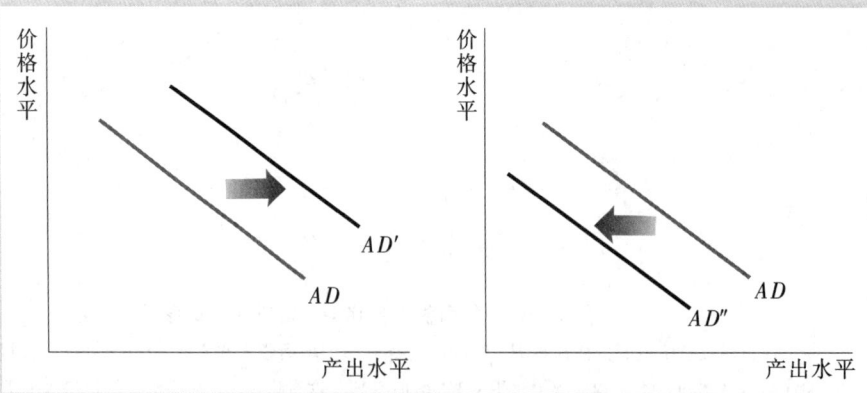

图 7—13　需求冲击对总需求曲线的影响

注：一次有利的需求冲击会造成总需求曲线 AD 向右平移到 AD′；而一次不利的需求冲击则会造成总需求 AD 到向左平移到 AD″。

有利的需求冲击

经济体不仅会遭受不利的需求冲击，还会迎来有利的需求冲击。比如，2001 年 12 月 11 日，中国加入世界贸易组织（World Trade Organization，WTO）。

《人民日报》2001 年 12 月 11 日的评论员文章指出，以"入世"为契机，进一步扩大对外开放。12 月 11 日，我国正式成为世界贸易组织成员。这是我国改革开放和现代化建设的历史必然，也是进一步推进全方位、多层次、宽领域对外开放的重要契机，对我国的经济发展将具有深远的影响。加入 WTO 以后，我国进出口快速增长，如图 7—14 所示。

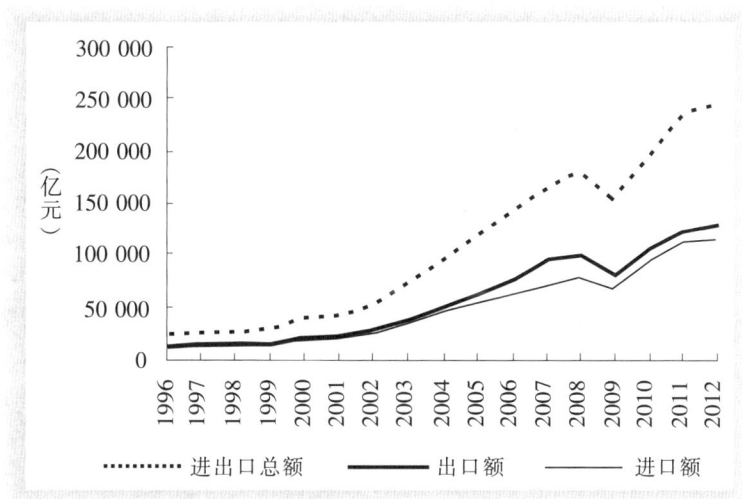

图 7—14　中国加入 WTO 与其进出口

注：2001 年 12 月 11 日，中国加入世界贸易组织。中国进一步扩大对外开放。

资料来源：中经网统计数据库。

随着加入世界贸易组织，中国进一步对外开放，净出口不断增加，特别是 2008 年，中国的净出口为 20 868 亿元，创下了改革开放以来的历史新高。但此后受金融危机影响，净出口连续三年下滑到 2011 年的 10 079 亿元，而 2012 年回升到 14 567 亿元。IS 曲线将向右平移，由第 7.2 节中的分析可知，2008 年金融危机以前，中国面临的是有利的需求冲击，总需求曲线向右平移，如图 7—13 所示，金融危机以前总需求曲线 AD 向右平移到 AD′。

需要强调的是，需求冲击的影响最终将表现为价格水平、产出水平等宏观经济变量的变化以及宏观经济管理的调整等。在后面章节中，将进一步讨论需求冲击所带来的影响。[7]现在只是揭示其最初的影响。

7.4 一个案例:"大萧条"

从一定意义上,现代宏观经济学脱胎于**"大萧条"**（great depression）。在本节,我们将考察"大萧条"的有关事实,然后运用我们已学的分析工具考察"大萧条"的成因。即使是在 70 多年后的今天,理解"大萧条"也是非常重要的。

"大萧条"

股市崩盘

股市崩盘是"大萧条"中最著名的事件。1929 年 10 月 29 日,星期二,道琼斯指数（Dow Jones Indexes）下降了 12%,纽约股市崩盘。[8]在随后的 3 年里,由图 7—15 可知,股市一路走低,到 1932 年 6 月,股市暴跌了 80% 左右,创造了 1914 年以来的最低点。这意味着,在 1929 年初,如果你投资股市 100 元,到 1932 年 6 月,平均而言,你只能够收回 20 元左右。

从更长的历史看,由图 7—15 可知,在 1914—1929 年间,美国股市几乎是一路高歌,按照年末收盘价计算,1914 年的道琼斯指数是 55;1928 年是 300,几乎上升了 6 倍。美国股市崩盘后,从 1932 年起,股市触底反弹,缓慢上升,一直到 20 年后的 1953 年,道琼斯指数才回复到"大萧条"前的水平。也许正因为如此,1929 年 10 月 29 日纽约股市崩盘,作为"大萧条"的始作俑者,人们仍然牢记在心。

在"大萧条"期间,产出水平暴跌

随着股市崩盘,美国产出水平开始下降。为了分析的方便,我们把美国 1929 年的人均 GDP 标准化为 1。由图 7—16 可知,在随后的四年里,美国人均 GDP 持续下降,一直降到 1933 年的 0.7。这意味着,在"大萧条"期间,美国人均 GDP 下降了 30%。

其实,当今的主要发达国家都遭受了这次经济大萧条。从图 7—16 上看,加拿大和美国经济衰退的时间最长,都从 1929 年一直下降到 1933 年;而且下降的幅度最大,人均 GDP 的下降幅度都超过了 30%。

在"大萧条"期间,失业率飙升

由图 7—17 可知,随着产出水平的下降,美国的失业率开始上升,从 1929 年的 3.2%,一直飙升到 1933 年的 25%。这意味着,全国有 1/4 的劳动力处于失业状态,如此高的失业率,也是让人们对"大萧条"记忆深刻的原因之一。

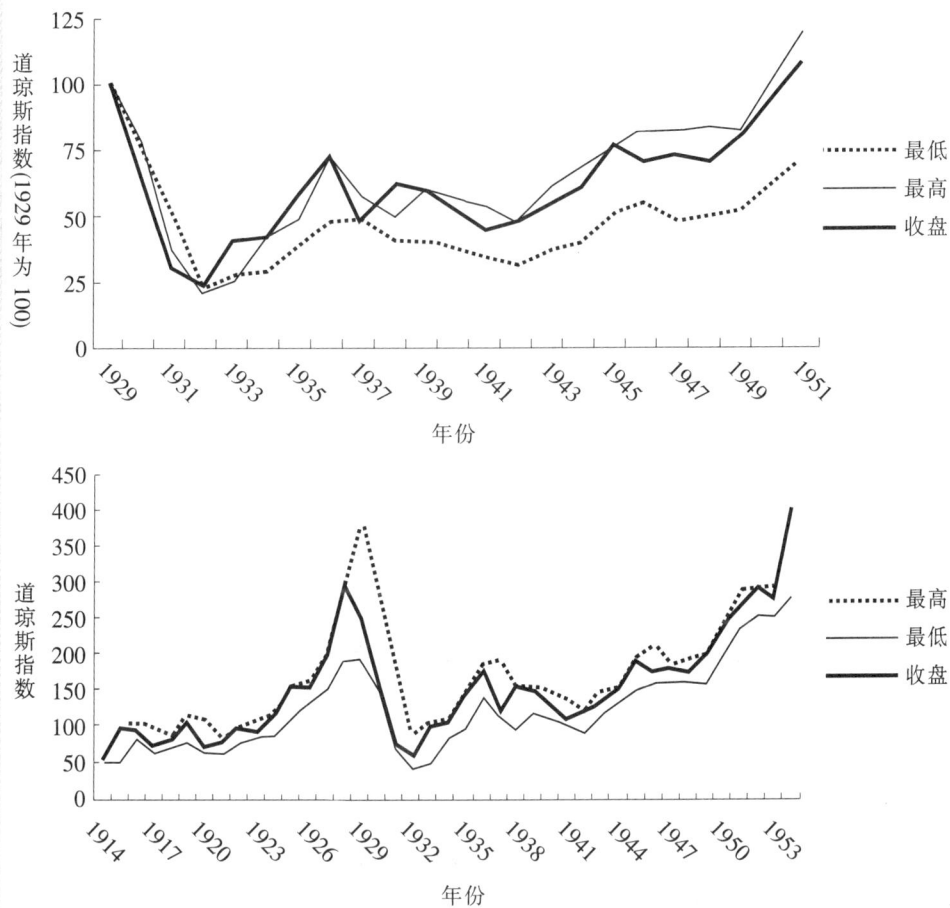

图 7—15   "大萧条"期间的道琼斯指数

注：在"大萧条"中最著名的事件是股票市场崩盘。从 1929 年 10 月到 1932 年 6 月，股市暴跌 80%，创造了 1914 年以来的最低点，然后触底反弹，缓慢回升。

其实，从更长的时间跨度看，美国遭受 25％ 的失业率，是创纪录的。从图 7—17 上看，二战后美国的失业率一直远远低于"大萧条"期间的失业率，即使是 1982 年，美国的失业率也不到 11％。

在"大萧条"期间，投资暴跌

由图 7—18 可知，在"大萧条"期间，美国的投资一直呈现下降的态势。如果把 1929 年的投资标准化为 1，到了 1932 年，美国的投资则只占

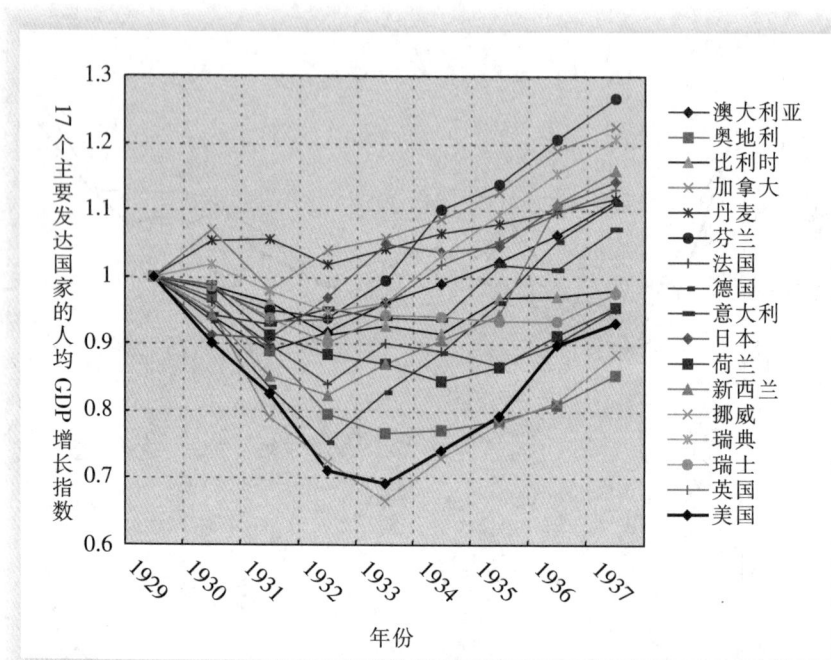

图7—16　当今主要发达国家在"大萧条"期间的人均 GDP 增长指数

注：当今主要发达国家或多或少都遭受了 1929 年经济危机的影响。其中，美国和加拿大受到的影响，无论是在经济衰退程度上还是在持续时间上，都是最严重的。

资料来源：麦迪森（Angus Maddison）：《世界经济二百年回顾》，北京，改革出版社，1997；作者的计算。

1929 年的 14.2％。这意味着，在短短三年间，投资下降了 85％。虽然投资从 1933 年开始回升，但一直到二战爆发，美国的投资都没有恢复到 1929 年的水平。

由于投资下降幅度远远高于产出下降幅度，美国的投资率也呈现下降趋势。在 1929 年，美国的投资率为 17.8％，到了 1932 年则下降到 3.5％。自 1933 年起，投资率开始缓慢上升，但到二战前，一直没有回升到 1929 年的水平。

在"大萧条"期间，名义货币紧缩

由图7—19可知，在"大萧条"期间，美国的货币存量（以 $M1$ 度量）从 1929 年的 260 亿美元一直下降到 1933 年的 190 亿美元。这意味着，在 1929—1933 年间，美国的货币存量下降了 27％。

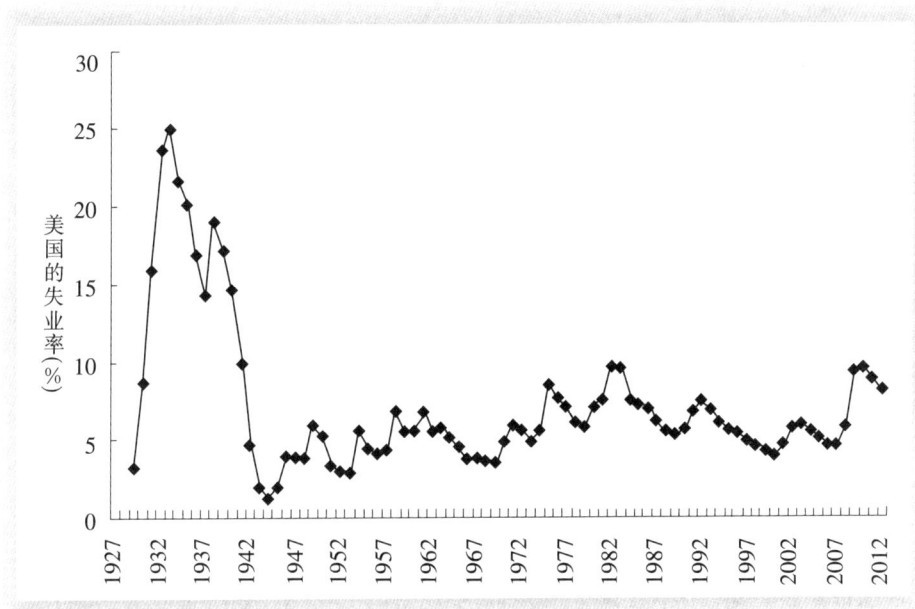

图 7—17 美国的失业率

注：在"大萧条"期间，美国的失业率从 1929 年的 3.2% 一直飙升到 1933 年的 24.9%；而从 1959 年至今，美国的失业率几乎都没有超过 10%。

资料来源：2004 年以前的数据来自《总统经济报告》（2005 年）附表 B35，2004 年以后的数据来自《总统经济报告》（2013 年）附表 B35。

在"大萧条"期间，美国货币存量下降了 27%，主要源于大量银行破产所造成的货币乘数下降。名义货币 $M1$ 等于基础货币 H 乘以货币乘数 m[9]，即

$$M = H \times m$$

如果我们观察图 7—19 的右图就会发现，在"大萧条"期间，美国的**高能货币**（high-power money）呈现略微上升的态势。这意味着，货币存量的减少不是由基础货币的减少造成的；相反，它是由货币乘数的下降造成的。由图 7—20 可知，在"大萧条"期间，美国的货币乘数从 1929 年的 3.7 持续下降到 1933 年的 2.4。在短短 4 年间，乘数下降了 35%。

货币乘数的下降是由银行破产造成的。随着产出水平的大幅度下降，破产银行的数量不断增加。1933 年，20 000 家银行中大概有 4 000 家破产。[10] 银行破产对货币供给的直接影响是：减少了存款，因此减少了货币存量。但银行破产对货币的主要影响是间接的：银行破产提高了**通货—存款比率**（cur-

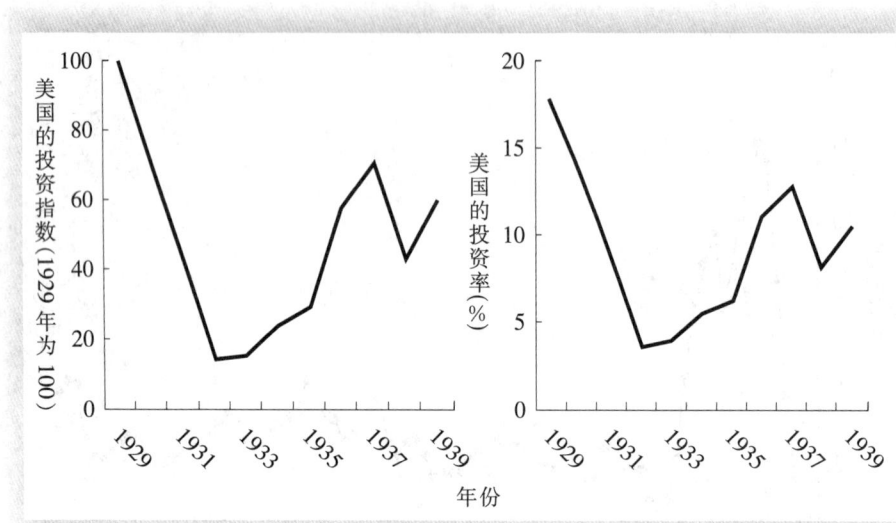

图 7—18 美国"大萧条"期间的投资

注：在"大萧条"中，美国的投资在 1929—1932 年间暴跌了 85%；相应地，投资率也从 1929 年的 17.8% 下降到 1932 年的 3.5%。

资料来源：Dornbusch R.，S.，Fischer and R.，Startz：《宏观经济学（英文版）（第八版）》，大连，东北财经大学出版社，2001；作者的计算。

rent-deposit ratio）。银行倒闭使存款人丧失信心，担心自己存款的银行也会破产，于是将存款变成通货，从而提高了经济体的通货—存款比率。当其他条件不变时，经济体的货币乘数将随着通货—存款比率的提高而下降。另外，即使没有破产的银行，为了应对可能发生的挤兑，也会提高**准备金率**（reserve ratio）。显然，随着准备金率的上升，经济体的货币乘数也会下降。总之，大量银行的破产，通过通货—存款率和准备金率两个渠道降低了经济体的货币乘数。

以上分析表明，在"大萧条"期间，尽管基础货币略微增加了，但由于货币乘数下降了 35%，结果造成美国名义货币存量在"大萧条"期间下降了 27%。

"大萧条"期间，通货紧缩

由图 7—21 的左图可知，在 1929—1933 年间，美国的**消费者价格指数**（consumer price index，CPI）下降了 25%，是一次比较严重的通货紧缩。其实，尽管从 1934 年开始，美国经济体开始复苏，但消费者价格指数却稳定在 80% 左右，一直到二战开始，美国的消费者价格指数都没有恢复到 1929 年的水平。

"大萧条"期间，名义利率一直下降

由图 7—21 的右图可知，自 1929 年起，美国的名义利率一直呈现下降态

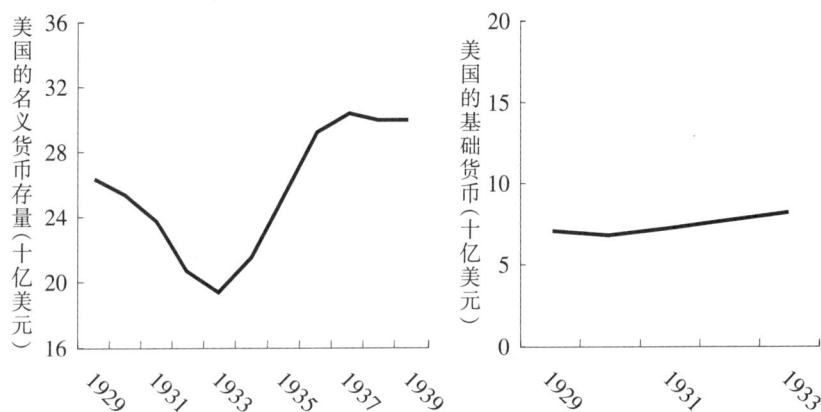

图 7—19 美国"大萧条"期间的名义货币存量

注：在"大萧条"中，美国的名义货币存量（M1）从 1929 年的 260 亿美元下降到 1933 年的 190 亿美元，减少了 27%。但在同期，美国的基础货币并没有呈现下降趋势，反而呈现略微的上升态势。

资料来源：布兰查德：《宏观经济学》，北京，清华大学出版社，2004。

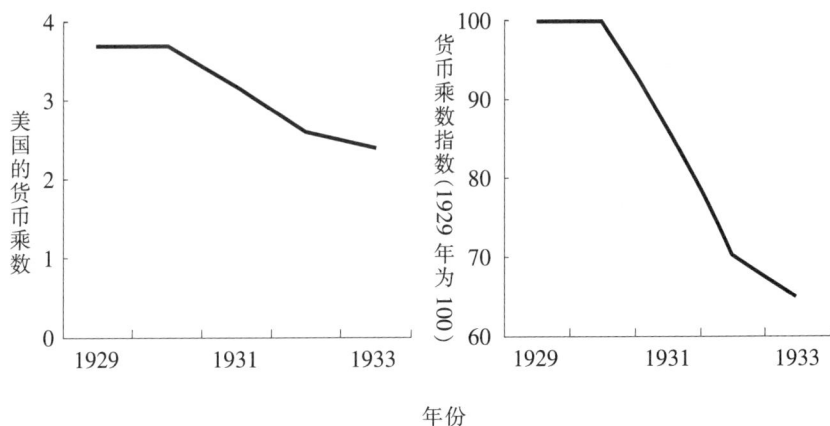

年份

图 7—20 美国"大萧条"期间的货币乘数

注：在"大萧条"中，美国的货币乘数从 1929 年的 3.7 下降到 1933 年的 2.4，下降了 35%。

资料来源：布兰查德：《宏观经济学》，北京，清华大学出版社，2004；作者的计算。

势。1929 年的利率是 5.9%，到 1933 年下降为 1.7%，下降了 71%。其实，

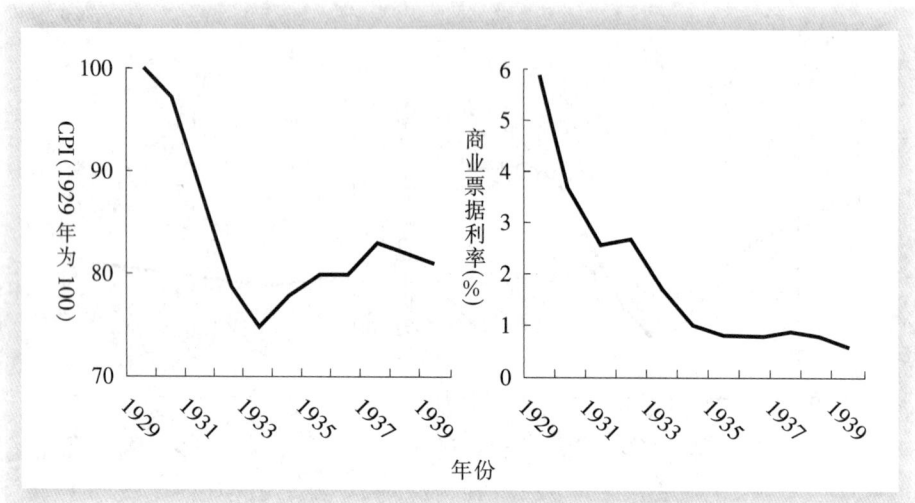

图7—21 美国"大萧条"期间的价格水平与利率水平

注：在"大萧条"中，美国的消费者价格指数从1929年的100下降到1933年的75%；（名义）利率从1929年的5.9%一直下降到1%以下。

资料来源：Dornbusch R．，S．，Fischer and R．，Startz：《宏观经济学（英文版）（第八版）》，大连，东北财经大学出版社，2001，表18—1。

尽管从1934年开始，美国经济体开始复苏，但名义利率却仍然呈现下降态势，从1933年的1.7%一直下降到1939年的0.6%。

需要说明的是，由于在"大萧条"期间美国遭受的是一次非常严重的通货紧缩，美国的实际利率未必是低于1%的。比如，当经济体的通货紧缩率是20%，即使名义利率为零，实际利率也高达20%！

"大萧条"事实小结[11]

➤ 道琼斯指数下降了80%；

➤ 人均产出水平下降了30%；

➤ 失业率从3%上升到25%；

➤ 投资下降了85%；

➤ 名义货币存量下降了25%；

➤ 物价指数下降了20%；

➤ 名义利率从6%下降到接近于零。

尽管到目前为止，人们对"大萧条"并没有一个精确的定义，甚至把其视为宏观经济生活中的一个异常现象，但这次经济危机的程度之深、范围之广、持续时间之长，都让人难以忘怀。这次经济危机提出了两个至今都让人深思的重要问题：为什么会发生"大萧条"？能否防止"大萧条"卷土重来？每当经济衰退时，经济学家常被问及，而且经济学家也常会自问："大萧条"会重现吗？

"大萧条"的成因：对 *IS* 曲线的冲击

人们通常认为，"大萧条"源于 1929 年的股市崩盘。这也许有点夸大其词，但需要强调的是，尽管还有一些其他因素在"大萧条"中起到重要作用，但股市崩盘确实发挥了重要作用。无法否认的是，1929 年 10 月股市的崩盘及其引发的连锁反应，是对经济体的一次严重的不利冲击。

首先我们考察对 *IS* 曲线的冲击。由图 7—15 的下图可知，在 1921—1929 年间，道琼斯指数一路上涨，股市非常繁荣。这反映在 *IS-LM* 模型中，经济体位于图 7—22 中的 *A* 点。但是，1929 年 10 月 28 日，股票价格指数从 298 点下跌到 260 点，第二天进一步下跌到 230 点，两天之内下跌了 23%，比 9 月初的最高点狂跌了 40%。几乎可以肯定的是，股市崩盘是由投机泡沫破灭所致。

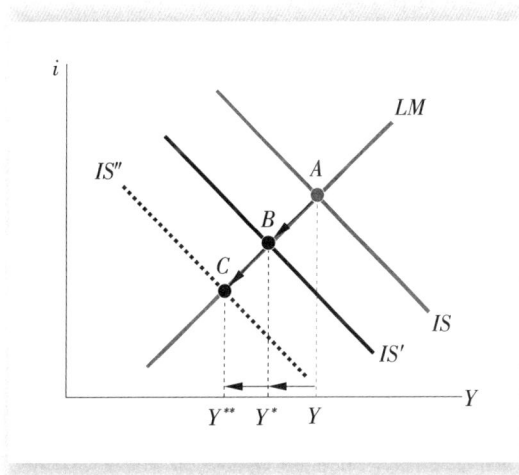

图 7—22 股市崩盘对对 *IS* 曲线的影响

注：假定经济体的初始位置是 *A* 点。股市崩盘减少了财富，增加了经济体的不确定性，*IS* 曲线将会向左平移，经济体则沿着箭头所示方向从 *A* 点移动到 *B* 点。相应地，经济体的产出水平就从 *Y* 下降到 *Y**。信贷渠道不畅和预期通货紧缩等导致 *IS* 曲线进一步向左平移，产出水平进一步从 *Y** 下降到 *Y***。

股市崩盘不仅减少了经济活动主体的财富，而且增加了经济体的不确定性。平均而言，消费者和厂商在股市上的财富蒸发了 80%，而且越来越多的人面临着失业进而遭受没有收入的威胁。面对股市崩盘，消费者和厂商无能力挽狂澜，他们所能做的，除了恐慌就是被动地静观事态发展，并推迟消费和投资。这反映在 *IS-LM* 模型中，如图 7—22 所示，*IS* 曲线将向左平移，经济体从 A 点运动到 B 点，从而导致产出水平从 Y 急剧下跌到 Y^*。

股市崩盘所带来的连锁反应，进而对 IS 曲线带来冲击，还有两点值得强调。（1）"大萧条"期间信贷渠道（credit channel）不畅。银行在信用市场上扮演着特殊的角色，一旦一家银行不再贷款给一家公司，这家公司往往也无法从别的地方得到贷款。在"大萧条"期间，银行面对存款逐渐减少的现状，不得不回收现有贷款，而那些从银行贷款的企业将无法从别的地方获得贷款来源。因此，企业被迫取消投资计划，甚至破产。（2）"大萧条"期间的通货紧缩。由图 7—21 可知，在"大萧条"期间价格指数一路下降，截至 1931 年，通货紧缩率每年都超过了 10%。在这种情况下，人们没有理由不相信通货紧缩会持续下去。在严重通货紧缩的情况下，实际利率远远高于名义利率[12]，比如预期通货紧缩率是 20%，即使名义利率为零，实际利率也会高达 20%！因此，"大萧条"期间，信贷渠道不畅以及预期通货紧缩将会导致 IS 曲线进一步向左平移，如图 7—22 所示，经济体将从 B 点进一步运动到 C 点，从而导致产出水平进一步从 Y^* 下跌到 Y^{**}。

以上分析表明，在"大萧条"期间，1929 年 10 月股市的崩盘及其引发的连锁反应是一次严重的不利冲击，通过多种渠道导致 IS 曲线不断向左平移，产出水平急剧下跌。

"大萧条"的成因：对 LM 曲线的冲击

股市崩盘并引发了一系列的连锁反应，是否会对 LM 曲线产生冲击呢？比如大量银行破产造成货币乘数下降了 35%，进而货币存量下降了 25%，这是否会对 LM 曲线造成冲击呢？

在回答这个问题时，必须明确：IS-LM 模型一直隐含着价格水平不变的假设。只有在这种情况下，货币存量减少，才会造成 LM 曲线向左平移。在"大萧条"期间，经济体的货币存量确实下降了，但是经济体的价格水平同时也下降了。因此，我们现在要考察在"大萧条"期间，经济体的实际货币存量是否变化？如果"大萧条"造成实际货币存量下降或者上升，那么"大萧条"就会使 LM 曲线向左或右移动。

从图 7—23 来看，在"大萧条"期间，美国的实际货币存量并没有呈现大幅度下降，只是略微下降。这意味着，股市崩盘对 LM 曲线的冲击较小，在"大萧条"期间，LM 曲线只是略微向左平移，如图 7—24 所示。

假定经济体的初始位置为图 7—24 中的 A 点，产品市场和货币市场都处于均衡状态。1929 年 10 月 29 日股市崩盘后，实际货币存量略微下降，表现在 IS-LM 模型中，LM 曲线略微向左平移，经济体的产出水平从 Y 略微下降到 Y^*。

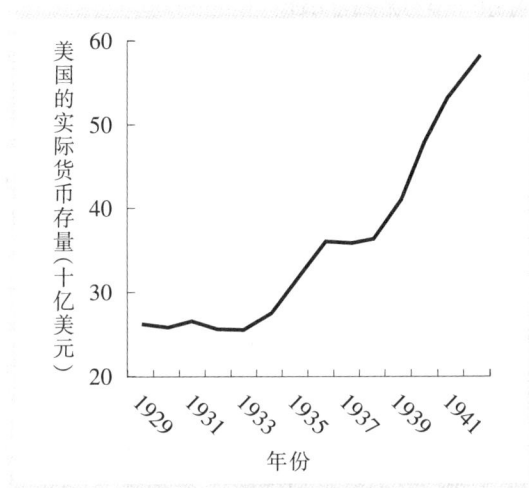

图 7—23 美国"大萧条"期间的实际货币存量

注:美国的实际货币存量(M1)在 1929—1933 年间只是呈现略微下降的态势,1934 年后,实际货币存量大幅度上升。

资料来源:布兰查德:《宏观经济学》,北京,清华大学出版社,2004。

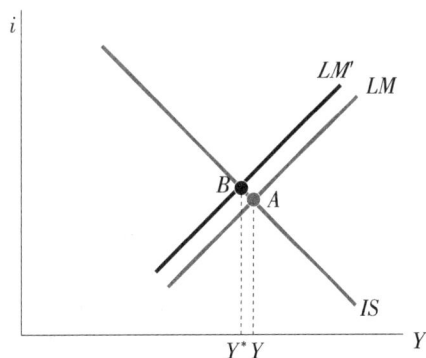

图 7—24 "大萧条"对 LM 曲线的影响

注:假定经济体的初始位置是 A 点。股市崩盘,名义货币存量大幅度下降,同时物价水平也大幅度下降,结果实际货币存量略微下降,LM 曲线会稍微向左平移,经济体从 A 点移动到 B 点。相应地,经济体的产出水平就从 Y 略微下降到 Y^*。

"大萧条"的成因小结

"大萧条"是当今发达经济体所经历过的最严重的经济危机。"这个时期是一个恐惧和黑暗的时期，西方世界与它所知道的最严重的萧条作斗争……有一个明确的预感：尝试对大量失业现象做出科学解释的人，不仅在智力上作出贡献，而且也解决了危及西方文明存在的关键问题"。[13]

通过以上两小节的分析，我们用 IS-LM 模型较好地解释了这次"大萧条"，如图 7—25 所示。我们把股市崩盘视为一次严重的不利冲击，随着总支出大幅度下降，IS 曲线大幅度向左平移；随着实际货币存量略微下降，LM 曲线稍微向左平移。结果经济体的产出水平从 Y 大幅度地下跌到 Y^*。

其实，图 7—25 几乎能够完全揭示"大萧条"各种事实背后的内在逻辑，如图 7—26 所示。

另外，还需要强调的是，到目前为止，我们只是探讨了"大萧条"发生的原因，并没有回答如何能够有效地防止"大萧条"再次上演。在后面章节中，我们将再次回到这个案例。

7.5 本章小结

从一定意义上说，IS-LM 模型是现在宏观经济学的最初面貌，一直是宏

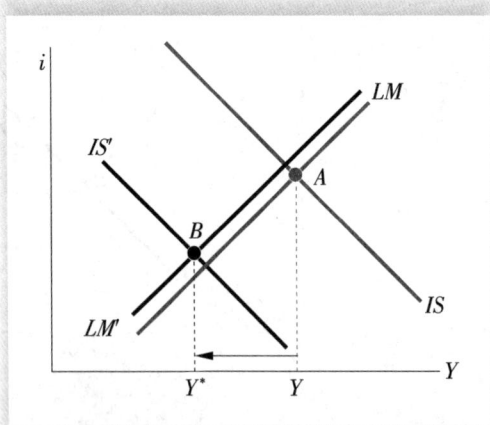

图 7—25 IS-LM 与"大萧条"

注：假定经济体的初始位置是 A 点。股市崩盘，总支出大幅度下降，IS 曲线大幅度向左平移；实际货币存量略微下降，LM 曲线稍微向左平移。结果经济体从 A 点移动到 B 点，相应地，经济体的产出水平从 Y 下降到 Y^*。

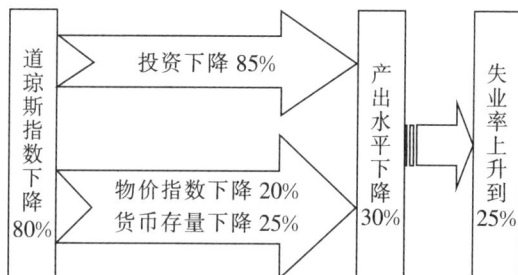

图 7—26 "大萧条"期间典型事实的内在逻辑

观经济学，特别是短期分析部分的核心内容。

在本章，我们更加详细地考察了 *IS-LM* 模型在宏观经济学中的地位：它是总需求曲线背后的故事；它是需求管理的有效分析工具。在后面章节中，我们将进一步探讨 *IS-LM* 模型在宏观经济管理中的作用。

【注释】

[1] 当利率为 i 时，由图 7—3 可知，产品市场上恰好实现了均衡，总支出等于总产出。

[2] 当利率为 i 时，由图 7—4 可知，产品市场上恰好实现了均衡，总支出等于总产出。

[3] 在货币市场上，货币供给是外生给定的，与 A 点相比，并没有发生变化。

[4] 这部分内容已经超出了本书的范围，不便过多阐述。感兴趣的读者，可以根据图 7—3、图 7—4、图 7—6 和图 7—7 把经济体的运动轨迹表示出来。

[5] 由总需求曲线的代数表达式可知，总需求曲线是一条曲线。为了简单起见，在图 7—10 中我们把总需求曲线表示为一条向右下方倾斜的直线。

[6] 对公式（7—3）求导，可得公式（7—4）。

[7] 比如在本书第 10 章，我们将再次回到"非典"冲击。

[8] 1929 年 10 月 29 日是著名的"黑色星期二"。股市的大崩盘作为"大萧条"的起源，人们仍然牢记在心。

[9] 货币乘数的表达式为 $m=(1+cu)/(re+cu)$，其中，cu 和 re 分别是**通货—存款比率**（currency-deposit ratio）和**准备金率**（reserve ratio）。显然，$\frac{\partial m}{\partial re}<0$；$\frac{\partial m}{\partial cu}<0$。这表明，当其他条件不变时，准备金率越低，货币乘数越大；当其他条件不变时，通货—存款比率

越低，货币乘数越大。

［10］转引自布兰查德（Blanchard，2004）。

［11］另外，"大萧条"对国际金融体系和国际贸易等都产生了深远影响。考虑到本书不打算涉及开放宏观经济学部分，我们没有详细阐述，感兴趣的读者可参阅《全球视角的宏观经济学》（杰弗里·萨克斯、费利普·拉雷恩，上海，上海人民出版社、上海三联书店，2004）。

［12］实际利率等于名义利率减去预期通货膨胀率，等价于名义利率加上通货紧缩率。

［13］转引自多恩布什等（Dornbusch，2000，pp. 396 - 397）。

第 IV 篇

宏观经济管理

> 自有经济分析以来，经济政策制定者的作用就是经济学界、新闻界和大众争论的焦点。
>
> ——萨克斯和拉雷恩（2004）

第8章

宏观经济管理的目标

到目前为止，我们已经考察了总供给曲线和总需求曲线背后的经济学故事，现在将尝试"学以致用"：以总供给—总需求及其背后经济学故事为基础，探讨宏观经济管理的目标、原理、实践和争论等。这是宏观经济学中五彩斑斓的领域，各种版本的凯恩斯主义和古典主义登台献艺，两大传统间的争吵声此起彼伏，从来就没有间断过。

自 1929 年经济危机以来，政府在宏观经济生活中的作用越来越大。在我国，随着市场经济日渐成熟，政府行为从微观经济领域退出，并专注于宏观经济领域的监测和调控已是大势所趋。目前，政府立足于宏观经济领域进行经济管理，已成为政府的重要职能之一。

在本章，我们将重点探讨宏观经济管理的目标，即经济增长、物价稳定、充分就业和国际收支平衡。[1] 考虑到在前面章节中，我们已经讨论了经济增长，因此我们将重点考察物价稳定和充分就业问题。

物价稳定和就业问题，是现代宏观经济生活的"通病"。不仅是一个大众话题，充斥着每天的新闻报道，而且几乎每个人都可以在这些问题上说几句。基于此，我们将较严谨地阐述物价稳定和充分就业的度量、对社会的"危害"以及这些目标之间的关系，进一步增进大家对这些问题的理解。

8.1 通货膨胀

在本节，我们开始探讨宏观经济管理的一个目标：物价稳定。考虑到物价稳定主要与通货膨胀或通货紧缩相对应，在本节，我们主要是全方位地考察通货膨胀（或通货紧缩），比如通货膨胀的度量、类型以及对宏观经济的影响。[2]

通货膨胀的度量

既然宏观经济管理的目标表述为物价稳定，那么我们不妨从物价水平的度量开始考察如何度量通货膨胀。

我们对价格指数并不陌生，比如我们在本书第 1 章就提到的消费者价格指数（CPI）、生产者价格指数（PPI）和 GDP 缩减指数等。但在现实宏观经济生活中，我们通常要关注生产、流通、消费与投资等环节的价格变动趋势和变动幅度。因此，价格指数更丰富一些，比如我国统计部门目前所提供的价格指数，主要包括居民消费价格指数[3]；商品零售价格指数[4]；工业品出厂价格指数（生产者价格指数)[5]；原材料、燃料和动力购进价格指数；固定资产投资价格指数及房地产价格指数等，如图 8—1 所示。

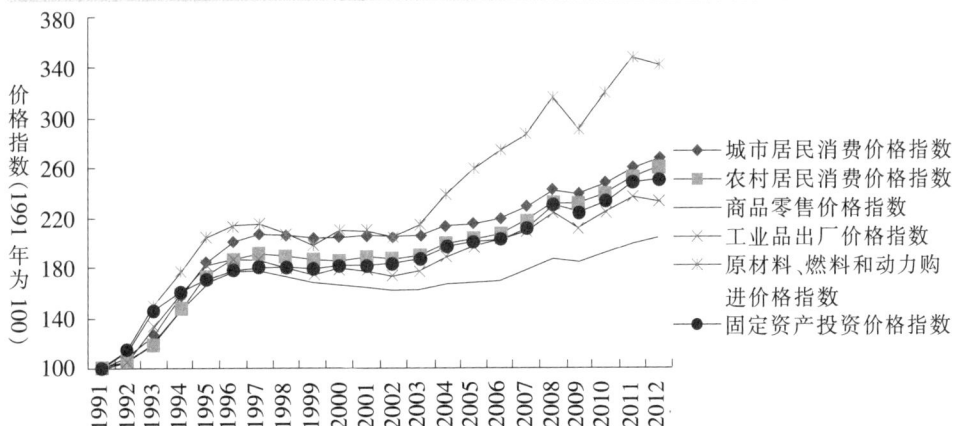

图 8—1　中国各种物价指数

注：在 20 世纪 90 年代初期，我国各种物价指数明显上升；90 年代中后期至今，各种物价指数缓慢上升。

资料来源：中经网统计数据库。

如果把某个时刻，比如 t 时刻的价格水平记为 P_t，那么价格水平的变化率就可以表示为：

$$\pi_t = \frac{P_t - P_{t-1}}{P_{t-1}} \tag{8—1}$$

当 $\pi_t > 0$ 时，称经济体出现了通货膨胀；当 $\pi_t < 0$ 时，称经济体出现了通货紧缩。因此，我们通常采用价格水平的变化率度量通货膨胀。

通货膨胀率在同一经济体里的不同时期不尽相同。我们采用图 8—1 中的六种价格指数度量了我国的通货膨胀，结果见图 8—2。从图 8—2 上看，改革开放以来，我国面临的主要是通货膨胀，但近年来面临的是通货膨胀和通货紧缩的交替。

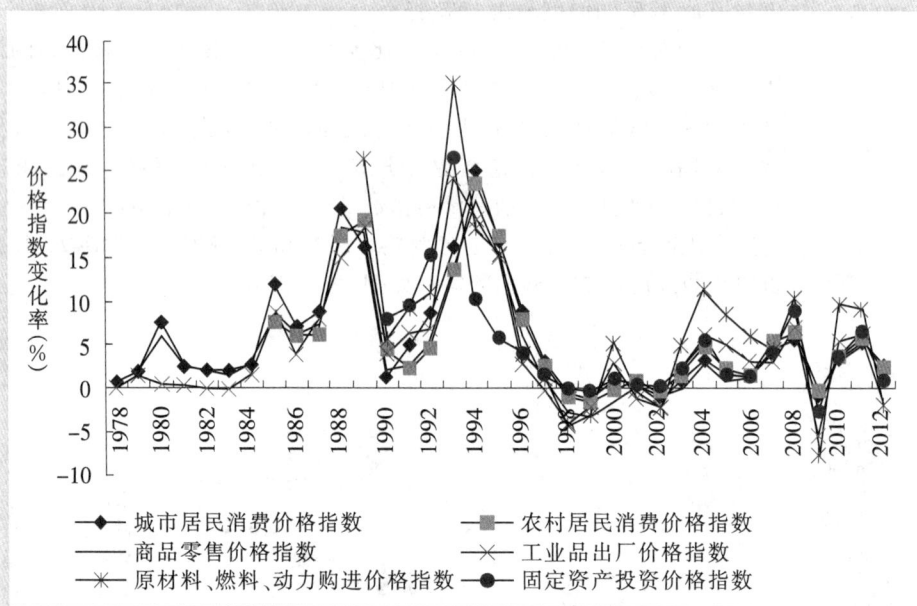

图 8—2　中国各种物价指数的变化率

注：各种价格指数的变化率都显示，改革开放以来我国既存在通货膨胀，也存在通货紧缩。

资料来源：中经网统计数据库。

另外，不同经济体间的通货膨胀率差异较大。图 8—3 给出了全球部分经济体 2010 年的通货膨胀率。从图形上看，个别经济体，比如日本，通货膨胀率是负值，即面临着通货紧缩；相当多的经济体在 2010 年物价较为稳定，通货膨胀率在 5% 以内；一部分经济体在 2010 年物价上升较快，通货膨胀率在 5%～10% 之间；但也存在个别经济体，比如巴基斯坦、尼日利亚等，通货膨胀率超过了 10%。

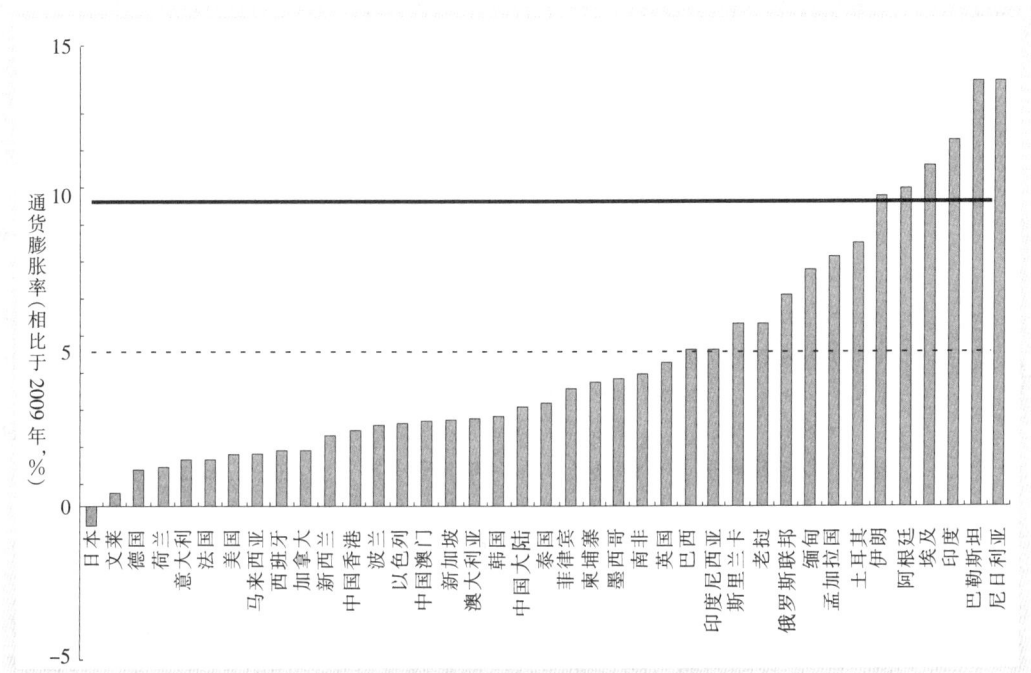

图 8—3　部分经济体在 2010 年的通货膨胀率

注：图中虚线和实线分别表示通货膨胀率为 5% 和 10%。从图形上看，在 2010 年，有些经济体面临着通货紧缩；有些经济体的通货膨胀率低于 10%；有些经济体的通货膨胀率高于 10%。

资料来源：《中国统计年鉴》（2012）附录 2—7 "居民消费价格指数"及作者的计算。

通货膨胀的分类

按照不同的分类依据，通货膨胀被划分为不同的类型。从通货膨胀的成因看，通货膨胀主要取决于三种力量：预期、需求拉动〔可以表示为失业率偏离自然失业率的程度（$u-u^*$）〕以及供给方面的冲击（v）。其实，如果我们将菲利普斯曲线稍加变形，就可以将其表示为这三种力量所带来的通货膨胀，即 $\pi=\pi^e-\beta(u-u^*)+v$。相应地，我们就可以把通货膨胀分为如下三类：

1. π^e：预期带来的通货膨胀。"我们有了通货膨胀是因为我们预期了通货膨胀，而我们预期了通货膨胀是因为我们有了通货膨胀"。[6] 这么拗口的语言无非是为了表明，**通货膨胀是有惯性的**（inflation inertia）。这些惯性产生的原因是，如果物价不断上升，人们就会预期物价将继续上升。当其他条件不变时，这些预期影响了人们所确定的工资和价格，从而影响未来的通货膨胀。

这说明，当人们普遍预期通货膨胀时，就像运动的物体一样，如果没有某种力量阻止它，通货膨胀就会一直持续下去。

2. $\beta(u-u^*)$：**需求拉动型通货膨胀**（demand-pull inflation）。$(u-u^*)$ 表示失业率偏离自然失业率的程度，即周期性失业。由菲利普斯曲线可知，周期性失业将拉动通货膨胀向下或向上运动。具体而言，当经济体的潜在产出水平一定时，如果总需求高涨，则周期性失业下降，通货膨胀上升；反之，如果总需求不足，则周期性失业上升，通货膨胀下降。因此，我们把这种类型的通货膨胀称为需求拉动型通货膨胀，其中 β 刻画通货膨胀对周期性失业的反映程度。

3. v：**成本推动型通货膨胀**（cost-push inflation），表示由于供给方面的冲击造成通货膨胀上升或者下降。比如 20 世纪 70 年代初的石油冲击，石油价格大幅度上升这样的不利冲击意味着 v 是正值，通货膨胀上升。

需要说明的是，尽管在不同时期和不同的经济体里，三种类型的通货膨胀所起的作用不尽相同，也许只是其中一种类型主导着经济体里实际发生的通货膨胀，但是如果没有货币供给量的持续增加，哪种类型的通货膨胀都不会持续下去。

正如图 8—2 和图 8—3 所揭示的，通货膨胀率在不同时期和不同经济体里不尽相同。因此，我们也可以根据通货膨胀率的大小对通货膨胀分类。从这个角度看，至少有一类通货膨胀值得我们注意。我们通常把每天超过 1%、每月超过 50% 的通货膨胀称为**恶性通货膨胀**（hyperinflation）。一个经典的例子是 1923 年的德国，物价平均每月上升 500%。

通货膨胀与利率

当经济体里的物价水平不稳定时，比如存在通货膨胀，将会给我们的宏观经济生活带来什么影响？显然，如果通货膨胀不会产生任何影响，那么在宏观经济管理中也就不会追求物价稳定了。通货膨胀至少在三个方面影响宏观经济生活：

➤ 对宏观经济变量的影响。当存在通货膨胀时，许多重要的宏观经济变量就要区分是**名义的**（nominal），还是**实际的**（real）。

➤ 通货膨胀会带来一定的社会损失。比如，通货膨胀改变了以名义价值规定的资产的实际价值，并可能会对财富再分配。

➤ 通货膨胀会带来一定的收益——**铸币税**（seigniorage）和**通货膨胀税**（inflation taxes）。

在本小节，我们主要考察通货膨胀对宏观经济变量的影响。在后面小节中，我们将探讨通货膨胀的社会损失和收益。

在前面章节中，我们已经接触过实际 GDP 和名义 GDP、实际货币余额和名义货币余额等概念。正如我们在本书第 6 章中所强调的，利率是最重要的宏观经济变量之一。实际上，利率是连接现在和未来的时间价值，在本节我们着重讨论通货膨胀对利率的影响。

假定 2011 年初你在银行存了 100 元，到了 2011 年底，你取出本金和利息，发现一共是 103.5 元。在一年的时间里，你的收入确实增加了 3.5%，但你的消费水平是上升了还是下降了？翻开《中国统计年鉴》（2012），你会很惊讶地发现，在 2011 年，按照消费者价格指数计算的通货膨胀率为 5.4%。看来，与年初 100 元能够买到的东西的数量相比，你年底所拥有的 103.5 元能够买到的东西可能少一些了。这说明，当存在通货膨胀时，人们收入水平的变化与其消费水平的变化可能并不完全同步。看来，当存在通货膨胀时，我们确实有必要进一步细分我们所用的一些宏观经济变量。

我们把用人民币表示的利率（更一般地说，是用国家法定货币表示的利率）叫做**名义利率**（nominal interest rate）；用一篮子商品表示的利率则称为**实际利率**（real interest rate）。在日常生活中我们所看到与听到的利率，几乎都是名义利率，比如银行支付的利率、财经新闻中所报道的利率等。

既然在日常生活中看到的都是名义利率，那么我们如何通过名义利率计算实际利率呢？如果第 t 期的名义利率是 i_t，那么在 t 期存款 1 元，在 $t+1$ 期就可能获得 $(1+i_t)$ 元。按照同样的逻辑，如果用 r_t 表示第 t 期的实际利率，那么在 t 期存款 1 单位一篮子商品，在 $t+1$ 期就可能获得 $(1+r_t)$ 单位一篮子商品。

为了表述的方便，我们不妨假定 1 单位一篮子商品就是 1 个面包。在第 t 期，面包的价格是 P_t，而你却一无所有。为了得到这一个面包，你不得不按照市场名义利率 i_t 向你的好友小张借 P_t 元，而且答应小张，你将在 $t+1$ 期还本付息 $P_t(1+i_t)$ 元。显然，在 $t+1$ 期，这 $P_t(1+i_t)$ 元能买到 $P_t(1+i_t)/P_{t+1}$ 的面包。按照实际利率的定义，我们可以把实际利率 r_t 表示为：

$$1+r_t = \frac{P_t(1+i_t)}{P_{t+1}} \qquad (8\text{—}2)$$

从公式（8—2）来看，名义利率与实际利率之间的关系好像比较烦琐。其实，经过一点较为复杂的代数运算，公式（8—2）就可以重新表示为[7]：

$$r_t \approx i_t - \pi_t \qquad (8\text{—}3)$$

其中，π 是通货膨胀率。公式（8—3）比较简洁，其经济含义也非常明晰：实际利率（约）等于名义利率减去通货膨胀率。从现实看，当债权人和债务人就名义利率达成协议时，一般并不知道贷款期限内的通货膨胀率将是多少。在这种情况下，有时我们把名义利率减去预期通货膨胀率称为**事前实际利率**（ex ante real interest rate）；而把名义利率减去实际通货膨胀率称为**事后实际利率**（ex post real interest rate）。

其实，公式（8—3）非常直观地揭示了存在通货膨胀时，实际利率与名义利率的背离程度。由公式（8—3），我们可以得到三个简单的结论：

> 当通货膨胀率为零时，实际利率等于名义利率；
> 当存在通货膨胀时，实际利率小于名义利率，甚至实际利率为负值；
> 当存在通货紧缩时，实际利率大于名义利率。

区分实际利率与名义利率，会改变我们前面的理论分析吗？比如说，在 IS-LM 模型中，有两个地方用到了利率：在投资函数中，投资主要取决于利率；在货币需求函数中，利率关系到人们对财富持有形式的选择，进而影响到货币需求。在这两种情况下，我们所说的利率是指名义利率还是实际利率呢？

从现实看，企业决定投资数量时，关注的显然是事前实际利率。因此，本书第 6 章中的投资函数就可以重新表示为：

$$I = \bar{I} - b(i - \pi^e)$$

其中，π^e 是企业在投资决策时所预测的未来通货膨胀率。尽管投资取决于事前实际利率，但经济体的 IS 曲线并没有发生实质性变化。感兴趣的读者可以证明，当存在通货膨胀时，IS 曲线可以表示为：

$$Y = \alpha_G(\bar{A} + b\pi^e) - \alpha_G bi \tag{8—4}$$

与本书第 6 章中的 IS 曲线相比，区分实际利率与名义利率后，IS 曲线仍然是名义利率的减函数，只不过 IS 曲线的截距发生了变化，如图 8—4 所示。当经济体存在通货膨胀时，在其他条件不变的情况下，IS 曲线的截距项变大，在图形上表现为，IS 曲线向上平移到 IS''；同理，当经济体里出现通货紧缩时，在其他条件不变的情况下，IS 曲线的截距项变小，在图形上表现为，IS 曲线向下平移到 IS'。

在货币需求函数中，我们考虑的是名义利率。因为在选择其财富持有形式时，人们主要考虑持有货币而不是债券的机会成本：所放弃的利息收入。因此，持有货币的机会成本是两种财富持有形式所支付的名义利率之差，即 $i - 0 = i$，恰好是名义利率。这意味着，即使是考虑到通货膨胀，经济体的 LM 曲线也不会发生任何变化，如图 8—4 所示。

由以上分析可知，当经济体里出现了通货膨胀，区分名义利率和实际利率后，IS 曲线发生了平移；LM 曲线保持不变。因此，厂商预期经济体里将出现通货膨胀时，经济体的均衡产出水平将会增加，如图 8—4 所示，产出水平从 Y 增加到 Y^{**}；反之，经济体的均衡产出水平将会下降，如图 8—4 所示，产出水平从 Y 下降到 Y^*。[8]

通货膨胀的社会损失

通货膨胀没有直接的产出损失。比如你明天早上起来突然发现，经济体中所有用人民币表示的价格都上升了 10 倍，你要购买的产品和服务的价格上

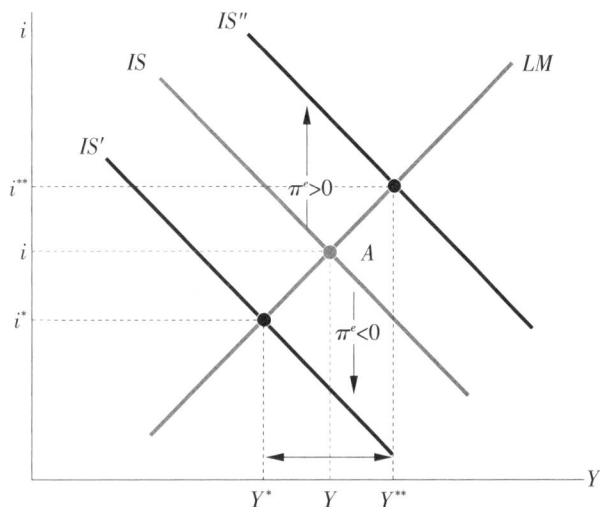

图 8—4　通货膨胀与 *IS-LM* 模型

注：当价格水平不变时，经济体均衡的产出水平和（名义）利率水平分别为 Y 和 i。当存在通货膨胀时，*IS* 曲线向上平移到 IS''，经济体的产出水平增加到 Y^{**}；当存在通货紧缩时，*IS* 曲线向下平移到 IS'，经济体的产出水平下降到 Y^*。

升了 10 倍，你的工资上升了 10 倍。显然，所有价格同时增长了 10 倍，其实就是什么也没有变。因为你的福祉取决于相对价格，而不是总体物价水平。既然如此，在宏观经济管理中为什么要追求物价稳定呢？我们的回答是：尽管相当一部分经济学家认为通货膨胀的社会成本很小，但通货膨胀确实是人们所普遍关注的一个社会问题。

在对通货膨胀损失的度量中，最重要的是把通货膨胀区分为**预期到的通货膨胀**（anticipated inflation）和**未预期到的通货膨胀**（unexpected inflation）。

预期到的通货膨胀的成本非常小。假定一个经济体每年的通货膨胀率都是 5%，而且每个经济活动主体都可以预期到经济体的通货膨胀。在这样的经济体里，借贷双方都知道并一致认为，名义利率将提高 5%，以弥补通货膨胀的影响；劳动合同以及租赁合同也会考虑通货膨胀的影响。简而言之，经济体里所有合约都会考虑通货膨胀的影响。这时，预期到的通货膨胀的社会成本主要包括以下几项：

> **磨鞋底成本**（shoe-leather cost）。较高的通货膨胀带来较高的名义利率，进而减少实际货币余额。人们减少了所持有的货币余额，去银行取钱的次数增加，而且每次的取款量也会少一些。这些费用通常被称为通货膨胀的磨鞋底费，其通常表现为时间成本。

➢ **菜单成本**（menu cost）。由于通货膨胀，人们不得不经常调整价格。调整价格是有成本的，比如调整价格就要印刷并发送新的价目表和价格标签，并需要调整收银机等。这些调整价格的成本通常称为菜单成本。

➢ **扭曲了个人所得税负担**。许多税收没有考虑通货膨胀的影响，比如在所得税中没有把税收等级指数化，如果你的收入是 1 500 元，就刚好不必缴纳所得税。当经济体存在 5％的通货膨胀时，你的工资按照 5％的速度增长，物价水平也按照 5％的速度增长。尽管你的实际收入没有什么变化，但问题是：税收等级通常是按照名义收入度量而不是按照实际收入度量的。因此，通货膨胀将会以税法制定者没有想到的方式改变个人所得税负担。

➢ **给人们生活带来不便**。货币不仅是**交换媒介**（medium of exchange），而且是价值尺度或**计价单位**（unit of account）。当存在通货膨胀时，价值尺度的长度一直处于变化中。虽然每个经济活动主体都知道它在变化，但显然也会给生活带来诸多不便。

尽管预期到的通货膨胀的损失非常小，但通货膨胀未必都是可以预期的。而且未预期到的通货膨胀的影响要大得多：它影响到**财富的再分配**（redistribution of wealth）。可以说，人们厌恶通货膨胀，最重要的原因是，通货膨胀通常是不能够完全预期到的。

通货膨胀的一个重要影响是：使财富的名义价值与实际价值背离。具体而言，长期贷款协议一般规定名义利率，而且这个名义利率通常要考虑到协议期间的预期通货膨胀率。但问题是，如果协议期间的实际通货膨胀率不同于事前预期的通货膨胀率，那么债务人向债权人支付的实际收益就不同于事前双方所预期的：实际通货膨胀率高于预期，则债务人获益而债权人受损；反之，债务人受损而债权人获益。

比如你 2002 年买进 10 年期的政府债券 100 元，票面利率是 2.39％。2.39％的利率主要是考虑到我国在 1997—2001 年间的平均通货膨胀率达 0.35％。你当时也许期望得到 2.04％左右的实际收益。实际上，在 2002—2011 年间，我国实际通货膨胀率为 2.63％。因此，你事后的实际收益是－0.24％，低于预期的 0.35％。这种未预期到的通货膨胀损害了债权人的利益而有利于债务人。

就整个经济体而言，通货膨胀会带来巨大的财富再分配。到 2011 年底，我国国债发行额是 17 100.00 亿元。价格水平每上升 1 个百分点，这些资产的实际价值将减少 397.7 亿元。因此，价格水平的变化会产生巨大的财富再分配。特别是，当政府成为主要的债务人时，这种巨大的财富再分配是在政府与公众之间进行的。

从代际的角度看，普遍的看法是：老年人比年轻人更容易受到通货膨胀的损害，因为老年人拥有更多的名义资产。但是，社会保障补助金的指数化，可以让退休者一定程度上免受非预期通货膨胀的损害。

非预期通货膨胀对财富再分配的影响，为追求物价稳定提供了明确的支持。[9]通货膨胀率波动越大，债务人和债权人所面临的不确定性就越大。由于大多数经济活动主体是**风险规避者**（risk reversion），多变的通货膨胀所造成的不可预测性几乎伤害了每一个经济活动主体。

通货膨胀的收益

通货膨胀通常会给社会带来一定的损失，但也会带来一定的收益，确切地说，能够给政府带来一定的收益。为什么会这样呢？我们不妨从政府的货币发行说起。

在货币银行学里，你也许早就知道了货币供给的详细过程，比如纸币如何走下央行的印钞机，并最终走进公众的钱夹、账户的。为了简化起见，我们不妨先把货币的发行想象为，政府官员把印好的纸币装进直升机，直升机在天上飞来飞去随意撒。在时刻 t 公众持有的货币存量计为 M_t，公众弯腰捡起纸币，到了 $t+1$ 时刻，公众持有的货币增加到 M_{t+1}。因此，在这期间公众的购买力增加了，如公式（8—5）所示：

$$\Delta RM_t \equiv \frac{M_{t+1}-M_t}{P_t} \tag{8—5}$$

公式（8—5）中，ΔRM 和 P 分别表示购买力增量和价格水平。公式（8—5）的经济含义是非常直观的。由于纸币是交换媒介，在其他条件不变的情况下，捡到的纸币越多购买力就越多。这表明，货币的发行是能够带来收入的。

如果略微地整理，公式（8—5）可变为：

$$\Delta RM_t \equiv \frac{M_{t+1}-M_t}{M_t} \times \frac{M_t}{P_t} \Rightarrow \Delta RM = g_M \times \frac{M}{P} \tag{8—6}$$

公式（8—6）中，g_M 是货币存量的增长速度。因此，货币发行的收入等于实际货币余额与名义货币增长速度之积。

这种货币发行收入归谁所有？在现实中，我们好像至今也没有看到天上掉钱，并且公众弯腰捡钱的现象。毕竟，对公众而言，钱是挣来的，不是捡来的。这意味着，货币发行所产生的收入是归政府所有的。通常，我们把政府的这笔收入称为**铸币税**（seigniorage）。

从图 8—5 看，各个经济体的通货膨胀率与货币增长率之间高度正相关，货币增长率每上升 1 个百分点，通货膨胀率大致也上升 1 个百分点。[10]因此，公式（8—6）可以表示为：

$$\Delta RM = \pi \times \frac{M}{P} \tag{8—7}$$

其中，π 是通货膨胀率。因此，公式（8—6）的经济含义还可以表示为：货币发行收入等于通货膨胀率与实际货币余额之积。这笔收入，我们通常称为**通货膨胀税**（inflation tax）。其中，税率就是通货膨胀率，税基是实际货币余额，税率与税基的乘积就是税收总额。

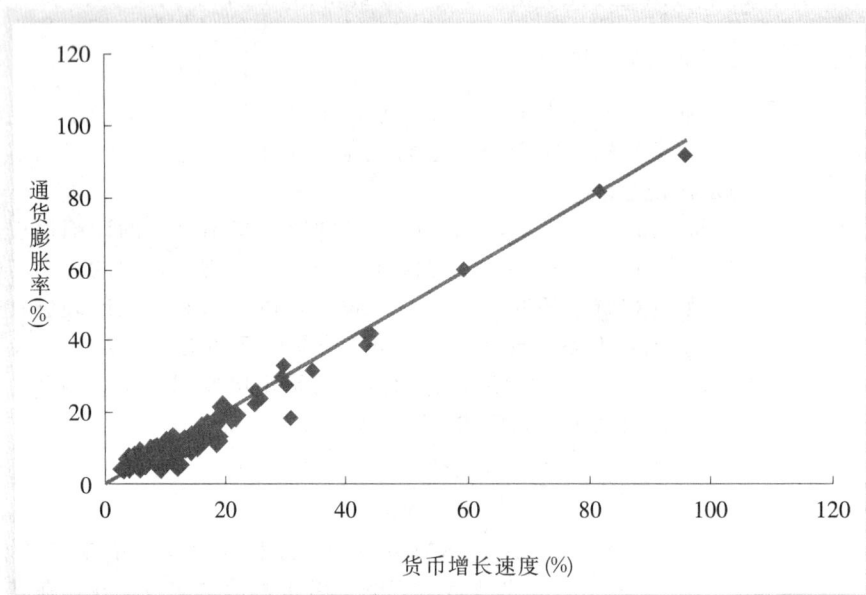

图8—5   80个经济体的平均通货膨胀率与货币增长速度

注：灰色的线是45°线。从图形上看，在1960—1995年间，全球80个经济体的通货膨胀率与货币增长速度几乎相等。

资料来源：巴罗：《宏观经济学（第5版）》，北京，中国人民大学出版社，2001，第154～156页以及表7—1。

为什么把公式（8—7）表示为通货膨胀税？从什么意义上说，政府能够征收到通货膨胀税？政府的收入通常来源于税收和借债，但在一定的情况下，政府可以靠印制纸币来支付其开支。相对于纸币所代表的购买力而言，印制纸币的成本是非常小的，政府用其印制的纸币直接购买到的商品和服务，就是对通货膨胀税的度量。随着政府印制的纸币不断增加，经济体出现了通货膨胀，在没有指数化的情况下，通货膨胀造成了经济体财富的再分配。因此，印制纸币就是政府征收通货膨胀税的方法。当然，通货膨胀税是一种特殊的"税种"。征收通货膨胀税好像无须任何法律的允许，也没有具体的征收机构。只要经济体里发生了通货膨胀，在没有指数化的情况下，公众持有的货币价值就会"贬值"，从而自动缴纳通货膨胀税。

到目前为止，我们介绍了两个密切相关的概念：通货膨胀税和铸币税。

前者是指，通货膨胀引起实际货币余额下跌时，货币持有者所遭受的损失；后者是指，政府垄断纸币印制所获得的收入。印制纸币几乎没有成本，而纸币和硬币都可以换取商品和服务。可以证明，当家庭想保持固定价值的实际货币余额时，通货膨胀税和铸币税相等。[11]当然，从现实看，通货膨胀率与货币增长速度在长期内几乎是相等的，如图 8—5 所示。

　　如果我们仔细观察公式（8—7），就会发现，通货膨胀税的税率与税收规模之间也存在**拉弗曲线**（Laffer curve）。[12]拉弗曲线刻画的是税收收入与税率之间的倒 U 形曲线，其经济含义是：税收收入随着税率的提高而增加；当税率高到某一点时，税收收入达到最大；超过该点，税率再提高，税收收入将会下降。就通货膨胀税而言，通货膨胀率并不是越高越好，存在一个使政府的通货膨胀税收入达到最大的通货膨胀率，超过它，通货膨胀税收入就是减少而不是增加的。如图 8—6 所示，当通货膨胀率为零时，通货膨胀税收入也为零，即拉弗曲线从原点出发。随着通货膨胀率的上升，由公式（8—7）可知，税基（实际货币余额）将下降，当通货膨胀率等于 π^* 时，通货膨胀税收入达到了最大值，为 ΔRM^*。通货膨胀率再上升，通货膨胀税收入将下降，因为较高的通货膨胀不足以抵消税基（实际货币余额）的下降。

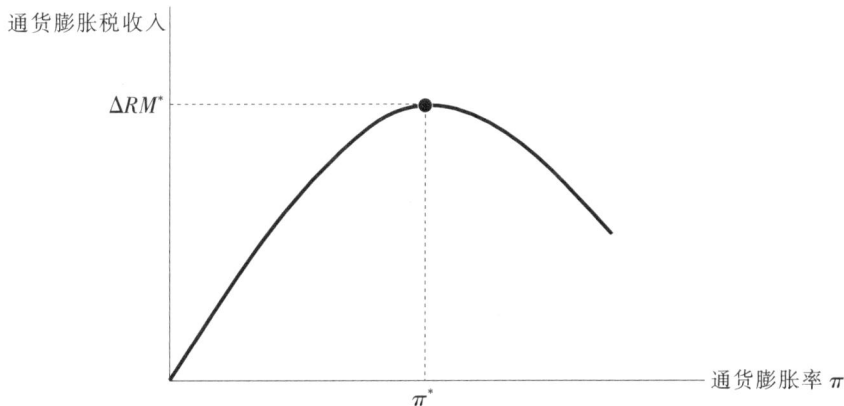

图 8—6　通货膨胀税的拉弗曲线

注：当通货膨胀率等于 π^* 时，通货膨胀税收入最大；当通货膨胀率高于 π^* 时，通货膨胀税收入下降。

　　在现实中，通货膨胀税可以给政府提供多少收入？或者说，政府可以在多大程度上利用通货膨胀税作为其收入的一种来源？从图 8—7 来看，图中的所有国家在 1975—1985 年间都"征收"了通货膨胀税，但它们的程度很不相同。就通货膨胀税所占政府收入比重而言，在样本区间内，玻利维亚的通货膨胀税最为严重，几乎占政府非铸币税收入的 140％；德国的最轻，占政府非铸币税收入的比重不到 4%；美国的比重为 6%。就通货膨胀税占国内生产总值比重而言，在样本区间内，意大利的通货膨胀税最为严重，占其国内生产总值的比重接近 7%；泰国的最低，其比重为 0.95%；美国的比重大致为 1.2%。

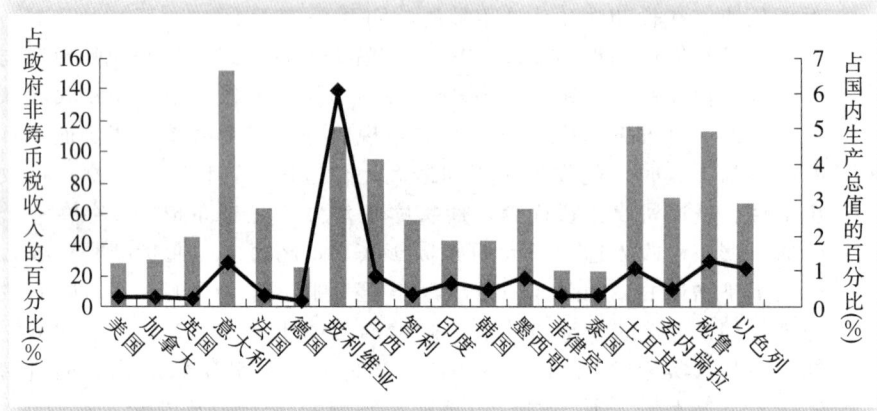

图 8—7　1975—1985 年间部分经济体的铸币税

注：黑色曲线和灰色柱状分别表示各个经济体铸币税收入占非铸币税收入的百分比和占国内生产总值的百分比。图中各个经济体都存在铸币税收入，但其规模不尽相同。

资料来源：杰弗里·萨克斯、费利普·拉雷恩：《全球视角的宏观经济学》，上海，上海人民出版社、上海三联书店，2004。

以上分析表明，政府确实可以通过通货膨胀获得收入，而且只要经济体处于拉弗曲线的上升部分，也许通货膨胀率越高越好。但需要强调的是，通货膨胀是一把"双刃剑"：政府尽管能够获得通货膨胀税收入，但每当大规模"征收"通货膨胀税时，通货膨胀总是会走到极端。

另外，通货膨胀实际上是对货币持有者征税，会产生经济增长的负向激励，从而影响经济增长。如图 8—8 所示，在 41 个高通货膨胀（通货膨胀率超过 40%）时期，人均经济增长速度大幅下滑，此后逐渐回升。

恶性通货膨胀

卡甘（Philip Cagan）将恶性通货膨胀定义为：开始于月物价水平上涨超过 50%，结束于月物价水平上涨低于 50%。据此，人们通常把月通货膨胀率达到 50% 以上的情况称为恶性通货膨胀。[13] 在宏观经济现象中，没有比恶性通货膨胀更具有社会破坏力的了。当然，由于它的极端性，恶性通货膨胀也许是比"正常"通货膨胀更加难得的"自然试验"。

世界历史上有记载的恶性通货膨胀都发生在 20 世纪。据历史记载，在 20世纪以前也曾发生过年通货膨胀率超过 100% 的情况[14]，但都没有达到惊人的

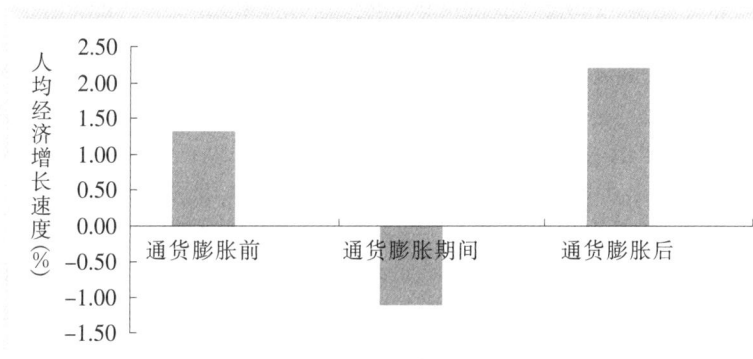

图 8—8　高通货膨胀与经济增长

注：在通货膨胀期间，经济增长速度大幅下降，然后逐渐恢复。

资料来源：威廉·伊斯特利：《在增长的迷雾中求索》，北京，中信出版社，2005。

程度。恶性通货膨胀只存在于 20 世纪后，因为其是纸币成为法定货币的"意外"副产品。恶性通货膨胀必须以货币供给的大量增加为前提，这只能发生在法定货币制度下。因为在金属货币制下，通货膨胀几乎总是被货币与金属供应之间的联系所控制。

到 1990 年为止，世界历史上仅有 15 起恶性通货膨胀（如表 8—1 所示），大致分为三个阶段：1921—1924 年间、1943—1949 年间和 20 世纪 80 年代。

表 8—1　　　　　　　　　　　　　　　　　　15 起恶性通货膨胀

	一战后					二战后					20 世纪 80 年代				
	奥地利	德国	匈牙利	波兰	苏联	中国	希腊	匈牙利	阿根廷	玻利维亚	巴西	尼加拉瓜	秘鲁	波兰	南斯拉夫
开始月份	1921年10月	1922年8月	1923年3月	1923年1月	1921年12月	1947年2月	1943年11月	1945年8月	1989年5月	1984年4月	1989年12月	1987年4月	1988年9月	1989年10月	1989年9月
结束月份	1922年8月	1923年11月	1924年2月	1924年1月	1924年1月	1949年3月	1944年11月	1946年7月	1990年3月	1985年9月	1990年3月	1991年3月	1989年4月	1990年1月	1989年12月
持续时间	11	16	12	13	26	26	13	12	11	18	4	48	8	4	4
平均月通货膨胀	47.1	322	46	81.4	57	79.7	365	19 800	65.95	48.1	68.6	46.45	48.4	41.2	50.9
最大月通货膨胀	134	32 400	98	275	213	919.9	8 550 000	4.19E+16	196.6	182.8	81.3	261.2	114.1	77.3	59.7

资料来源：杰弗里·萨克斯、费利普·拉雷恩：《全球视角的宏观经济学》，上海，上海人民出版社、上海三联书店，2004。

一战结束后，奥地利、德国、匈牙利、波兰和苏联 5 个经济体出现了恶性通货膨胀。所有这些恶性通货膨胀都发生在相当短的时期内，并都出现于一战后的混乱时期。二战结束后，中国、希腊和匈牙利 3 个经济体经历了恶性通货膨胀。这两个阶段的恶性通货膨胀与世界战争或者内战有着千丝万缕的联系。20 世纪 80 年代，阿根廷、玻利维亚、巴西、尼加拉瓜、秘鲁、波兰和南斯拉夫 7 个经济体遭受了恶性通货膨胀。这个阶段的恶性通货膨胀不再源于战争，而是源于外债危机和从计划经济向市场经济转轨的困难。

需要说明的是，20 世纪 90 年代仍然上演着恶性通货膨胀的悲剧，比如图 8—9 中的乌克兰和巴西等。从一定意义上说，这是 20 世纪 80 年代的续集。

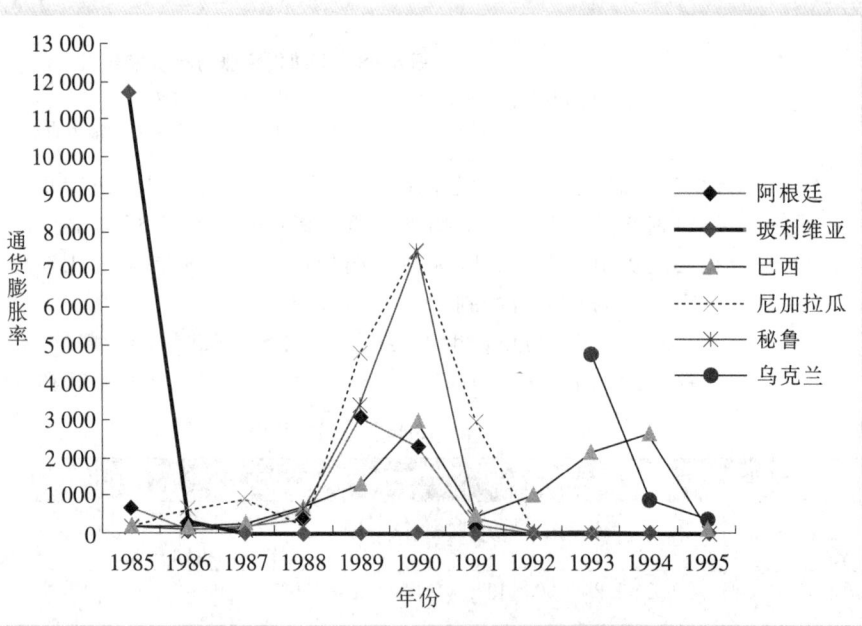

图 8—9　近年来的恶性通货膨胀

注：从图形上看，20 世纪 90 年代仍然存在恶性通货膨胀，比如乌克兰和巴西等。

资料来源：多恩布什等：《宏观经济学（第七版）》，北京，中国人民大学出版社，2000。

尽管经济学家争论通货膨胀的成本是大还是小，但没有人怀疑恶性通货膨胀对社会的危害。在宏观经济现象中，恶性通货膨胀是最有破坏力的。我们很难相信那些遭受恶性通货膨胀的经济体能够运行很长时间，事实上，这些经济体运行得比较糟糕。如果不及时治理恶性通货膨胀，经济体将走向混乱。需要强调的是，恶性通货膨胀的社会成本在性质上与我们前面讨论的一样，只不过这些社会成本由于通货膨胀率及其严重程度而更加明显。

➤ 磨鞋底成本将非常严重。在恶性通货膨胀时期，人们会寻找各种办法来降低自己的实际货币余额。人们不得不经常购物，抢在价格上涨之前到商店买东西。尽管可能是非法的，但越来越多的交易在使用外币。在 20 世纪 80 年代，拉丁美洲发生恶性通货膨胀时，人们将货币换成美元。换成美元的做法如此普遍，以致这种做法有了一个响亮的名字——**美元化**（dolarization）。[15]凯恩斯在描述奥地利遭受恶性通货膨胀时曾说道，在维也纳，兑换银行如雨后春笋般出现在街道的每一个拐角处，在这里，你可以在几分钟之内将克朗兑换成苏黎世法郎，从而避免了去一般银行因路程而带来的可能损失。[16]另外，当现金迅速贬值时，企业竞争者不得不把大量时间用于现金管理，而不是生产，从而降低了经济体的效率。

➤ 菜单成本变大，价格信号越来越没有用。在恶性通货膨胀之下，企业不得不经常变动物价[17]，甚至按照固定物价印制和发送"菜单"都成为不可能。[18]因为价格变动非常频繁，经济活动主体难以估算相对物价，也很难希望相对物价仍然能够正常地反映商品和服务的稀缺程度。因此，在恶性通货膨胀情形下，对市场经济运行至关重要的价格体系会越来越没有效率。

➤ 给人们生活带来的不便骤增。在恶性通货膨胀情形下，交易体系变得越来越没有效率。因为随着物价飞涨，人们用来交换的纸币变得越来越和物品一样沉重时，货币就不能够充分发挥其交换媒介的作用了。另外，随着物价飞涨，以物易物将会增加，甚至更为普遍。

➤ 降低了国家税收的实际收入，降低了通货膨胀税收入。在大多数税制中，税收是按照过去的名义收入来征收的。在低通货膨胀情况下，这种短暂的间隔并无实质性影响，但在恶性通货膨胀情形下，征税的滞后效应将具有重要意义。因为税基是根据过去的名义收入征收的，它们的实际价值随着通货膨胀而下降。这种效应通常被称为**坦齐–奥利维拉效应**（Tanzi-Olivera Effect）。[19]比如税基是按照去年的收入支付，今年的通货膨胀率是 2 000%，那么实际税率大概只有法定税率的1/20。因此，恶性通货膨胀通常会降低政府的实际收入。另外，由图 8—6 可知，恶性通货膨胀也会降低政府的铸币税收入。在短期，政府几乎能够征收它所想要的任何数量的铸币收入；但随着时间的推移，价格调整，实际货币余额下降，政府将会发现同样的货币增长速度所能够产生的铸币收入越来越小。要达到目的，唯一的办法就是不断增加货币供给的增长速度。结果货币的增长速度远远大于使铸币税收入最大化的货币增长速度。

　　总之，在恶性通货膨胀情形下，经济体里的官方货币逐渐失去其价值储藏、计价单位和交换媒介的作用；以物易物变得普遍，其他稳定的货币开始替代经济体里的官方货币；经济体的运行越来越糟糕，恶性通货膨胀的社会成本越来越大，希望通货膨胀停下来的呼声也越来越高。

　　既然恶性通货膨胀的社会危害如此之大，为什么经济体里会出现恶性通货膨胀呢？尽管恶性通货膨胀有点像偶然事件，每次爆发都有自己的特征，但所有的恶性通货膨胀都有着明显的共同点。因此，经济学家在探讨恶性通货膨胀时形成了一个较为一般的理论。

　　法定货币的出现是恶性通货膨胀的基本条件。在金属货币本位制时，贵金属存量的增长率通常不足以支持物价水平的飙升。法定货币出现后，印制面值越来越高的纸币在技术上是可行的，而且几乎没有什么成本。因此，恶性通货膨胀总是发生在法定货币制度下。

　　恶性通货膨胀总是源于巨额财政赤字货币化。从表面看，恶性通货膨胀是由于货币供给的过快增长。当央行发行货币的速度飙升时，经济体里就可能会出现恶性通货膨胀。但问题的关键是，央行为什么会如此大量发行货币？大多数恶性通货膨胀都是从政府的巨额赤字开始的。在通常情况下，政府的收入主要来源于税收与国债。当政府税收不足以支付其开支，并且借债无门时，为了弥补赤字，政府将转向其最后一根稻草——印制钞票，获得铸币税收入。结果可能就是货币供给的飙升和高通货膨胀，甚至是恶性通货膨胀。一旦发生恶性通货膨胀，由坦齐-奥利维拉效应可知，实际税收收入会减少。如果政府无法削减支出，则会"明知山有虎，偏向虎山行"，对铸币税的依赖会进一步自我加强：巨额预算赤字→货币供给飙升→恶性通货膨胀→更大的预算赤字→更快的货币供给。[20]

　　内战、革命和外部冲击等通常是恶性通货膨胀的导火索。巨额预算赤字可以引发物价暴涨，但问题是，在什么情况下巨额预算赤字才成为可能？第一种情况是内战或者革命。[21]当一国不同利益集团之间产生敌对时，征税和借款可能会变得困难，而政府又无法减少开支，印制纸币获得铸币税就成为一种选择。在20世纪80年代以前，内战、革命和严重的社会不安显然是许多恶性通货膨胀爆发的原因，表8—1中的例子都有这些因素的影子。外部极端不利的冲击也不容忽视。比如，一战结束后，奥地利、匈牙利和德国承担了巨额战争赔款，正如凯恩斯指出的，这是一副永世无法还清的赔款枷锁，导致了财政危机。在20世纪80年代，影响预算的极端不利外部冲击不再是战争赔款，而是债务危机。

　　总之，恶性通货膨胀是最具有社会破坏力的宏观经济现象，总是与巨额财政赤字相伴相随。[22]因此，通货膨胀通常是一种货币现象，而恶性通货膨胀却是一种财政现象。

8.2 失业

在本节，我们开始探讨宏观经济管理目标之一：**充分就业**（full employment）。考虑到充分就业主要与失业相对应，在本节，我们主要是全方位地考察失业：失业的度量、类型以及对宏观经济的影响。

失业的度量

既然宏观经济管理的目标表述为充分就业，确切地说，是经济活动主体的充分就业，那么我们不妨从经济活动主体（人口）的度量开始考察失业的度量。

新中国成立后，我国一共进行了六次全国人口普查，分别是 1953 年、1964 年、1982 年、1990 年、2000 年和 2010 年。从普查结果看（见图 8—10），1953 年，中国的总人口为 5.8 亿，到了 2010 年，中国人口增加到 13.4 亿，近六十年内中国人口增加了 131%。

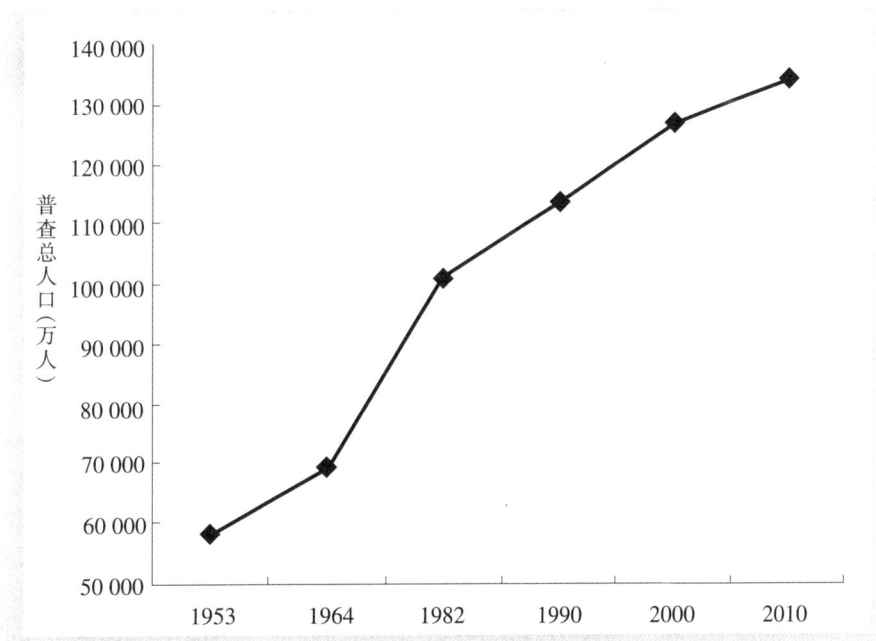

图 8—10 中国六次人口普查数据

注：到目前为止，新中国成立后，一共进行了六次人口普查。中国人口从 1953 年的 5.9 亿人增加到 2010 年的 13.4 亿人。

资料来源：《中国统计年鉴》（2012），表 3—6，北京，中国统计出版社，2010。

　　显然，并非所有人都是劳动力。比如 2010 年，我国人口是 13.4 亿，从年龄构成看：0～14 岁人口占总人口的 17％；15～64 岁人口的比重为 74％；65 岁以上人口的比重为 9％。这意味着，在 13.4 亿人中，可能有 25.47％的人口（儿童和老人）不是劳动力（见图 8—11）。

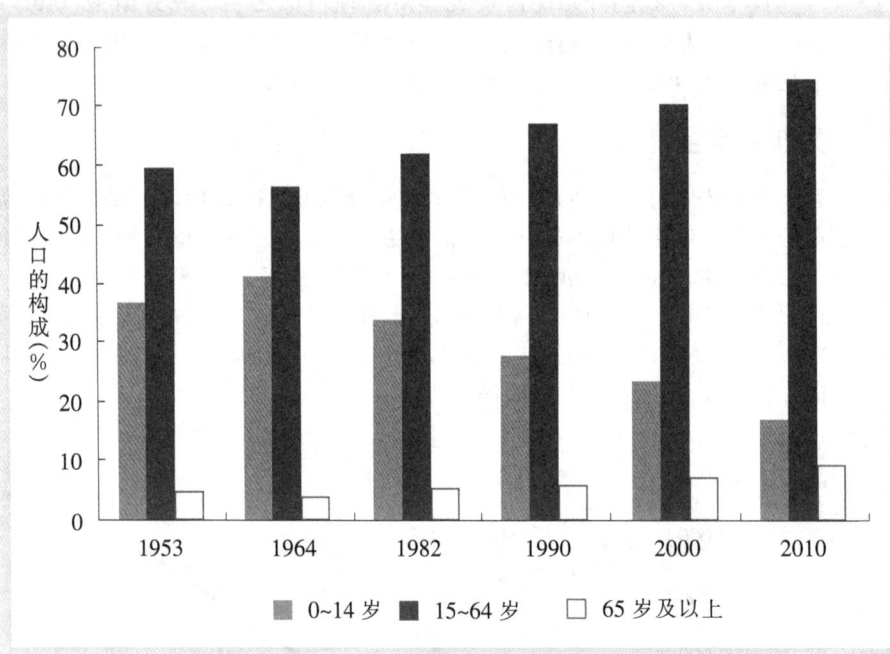

图 8—11　我国人口的年龄构成

　　注：按照第六次人口普查数据，在 2010 年，我国 0～14 岁人口占总人口的 17％；15～64 岁人口的比重为 74％；65 岁以上人口的比重为 9％。

　　资料来源：《中国统计年鉴》(2012)，表 3—6，北京，中国统计出版社，2012。

　　因此，我们要度量失业，首先要度量一个经济体总人口中适合劳动的人口。世界各国一般根据年龄来界定，通常是把 14～65 岁之间的人口定义为劳动年龄人口。在我国，男性 16～60 岁、女性 16～55 岁为劳动年龄人口。[23]当然，并不是所有的劳动年龄人口就是劳动力人口，我们还需要进一步细分劳动年龄人口：劳动力人口和不在劳动力人口。不在劳动力人口主要包括在校学生，家务劳动力者，因病、伤残和服刑等不能够工作的人员以及不愿意工作的人员等。从劳动年龄人口中减去不在劳动力人口就是劳动力人口[24]，如同玩俄罗斯套娃玩具一样，我们可以松口气了，因为劳动力人口由失业和就业人口构成，我们终于看到了这个"最小的套娃"，如图 8—12 所示。失业就是正在找工作而没有工作的劳动力。根据这个定义，失业者要符合三个条件：

有劳动能力；有劳动愿望；没有工作。

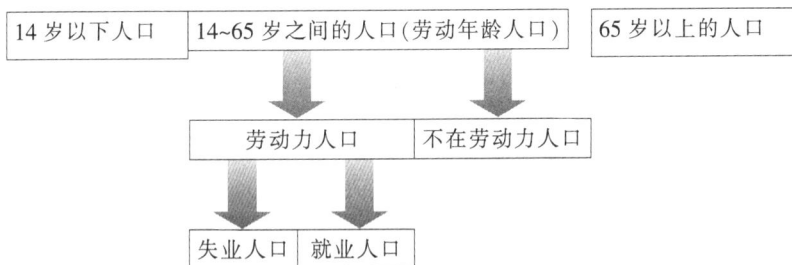

14 岁以下人口	14~65 岁之间的人口（劳动年龄人口）	65 岁以上的人口

劳动力人口　不在劳动力人口

失业人口　就业人口

图 8—12　失业的度量

注：度量失业如同玩俄罗斯套娃：总人口→劳动年龄人口→劳动力人口→失业。

现在，我们把对失业的度量总结如下：

劳动力人口＝劳动年龄人口—不在劳动力人口

劳动参与率＝劳动力人口/劳动年龄人口

失业率＝失业人口/劳动力人口

图 8—11 描述了新中国成立后劳动年龄人口的变动情况。从劳动年龄人口占总人口的比重来看，1953 年为 59%，到了 2010 年则高达 75%；从劳动年龄人口总量上看，1953 年是 3.5 亿人，到了 2010 年则增加到 10.0 亿人，增长了 2.9 倍。另外，在 2010 年，我国劳动力人口（我国称之为经济活动人口）为 7.8 亿人[25]，我们可以计算出我国 2010 年的不在劳动力人口大致为 2.1 亿人。

图 8—13 描述了美国 1961—2012 年间的劳动参与率。从图形上看，美国的劳动参与率是缓慢上升又下降的，从 1961 年的 59% 逐步上升到 1997 年的 67%，再逐步下降到 2012 年的 64%。就性别构成而言：美国男性的劳动参与率呈现下降趋势，从 1961 年的 83% 缓慢下降到 2012 年的 70%；女性的劳动参与率总体看呈现明显的上升态势，从 1961 年的 38% 上升到 2012 年的 58%。从肤色看，白人和其他有色人种的劳动参与率差不多。从年龄构成看，青年人的劳动参与率明显较低，而且从 20 世纪 80 年代开始，年轻人的劳动参与率缓慢下降，进入新千年后，更是大幅度下降。

最后需要强调的是，失业的度量是一件复杂的事情。比如在我国，失业主要是指，城镇登记失业人员，即非农业户口在一定的劳动年龄内（16 岁至退休年龄），有劳动能力，无业而要求就业，并在当地就业服务机构进行求职登记的人员。与此相对应的失业率就是城镇登记失业率。[26]

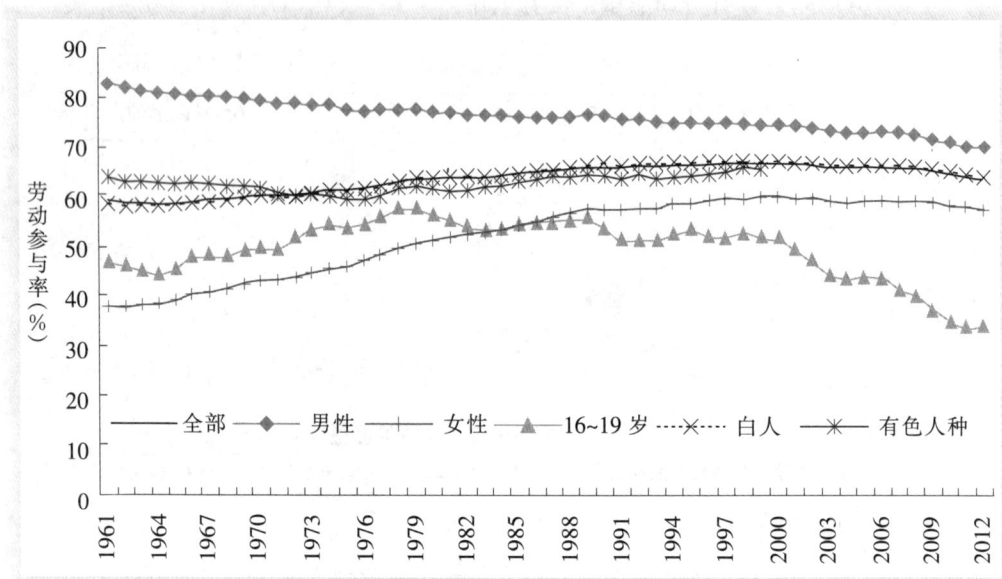

图 8—13　美国的劳动参与率

注：在 1961—2012 年间，美国的劳动参与率缓慢上升，但从性别、肤色和年龄构成来看，各劳动参与率的变动态势不尽相同。

资料来源：2004 年以前数据来自《总统经济报告》（2005）附表 B39，2004 年及以后数据来自《总统经济报告》（2013）附表 B39。

失业的特征

在本小节，我们将分别采用中国、美国以及 G7（"七国集团"，全称是主要工业化民主国家，成员包括美国、加拿大、日本、法国、德国、意大利和英国）等经济体的失业数据，较为详细地考察当今社会失业的一些特征。

按照城镇失业率度量，中国的失业率较低，目前呈现缓慢上升的态势

图 8—14 中的上图显示了中国 1978—2012 年间的失业率。首先我们注意到，尽管采用的是城镇登记失业率，但是我们的经济体里总是存在一些失业。就变动态势而言，改革初期，随着大批下乡知青返城就业，中国的就业问题非常突出，城镇登记失业率高达 5.4％。这是改革开放以来，城镇登记失业率的最高历史纪录。自 1985 年以来，随着中国经济体制改革的中心转移到城市，城镇登记失业率呈现出缓慢上升的趋势。目前，中国城镇登记失业率为 4.1％左右。

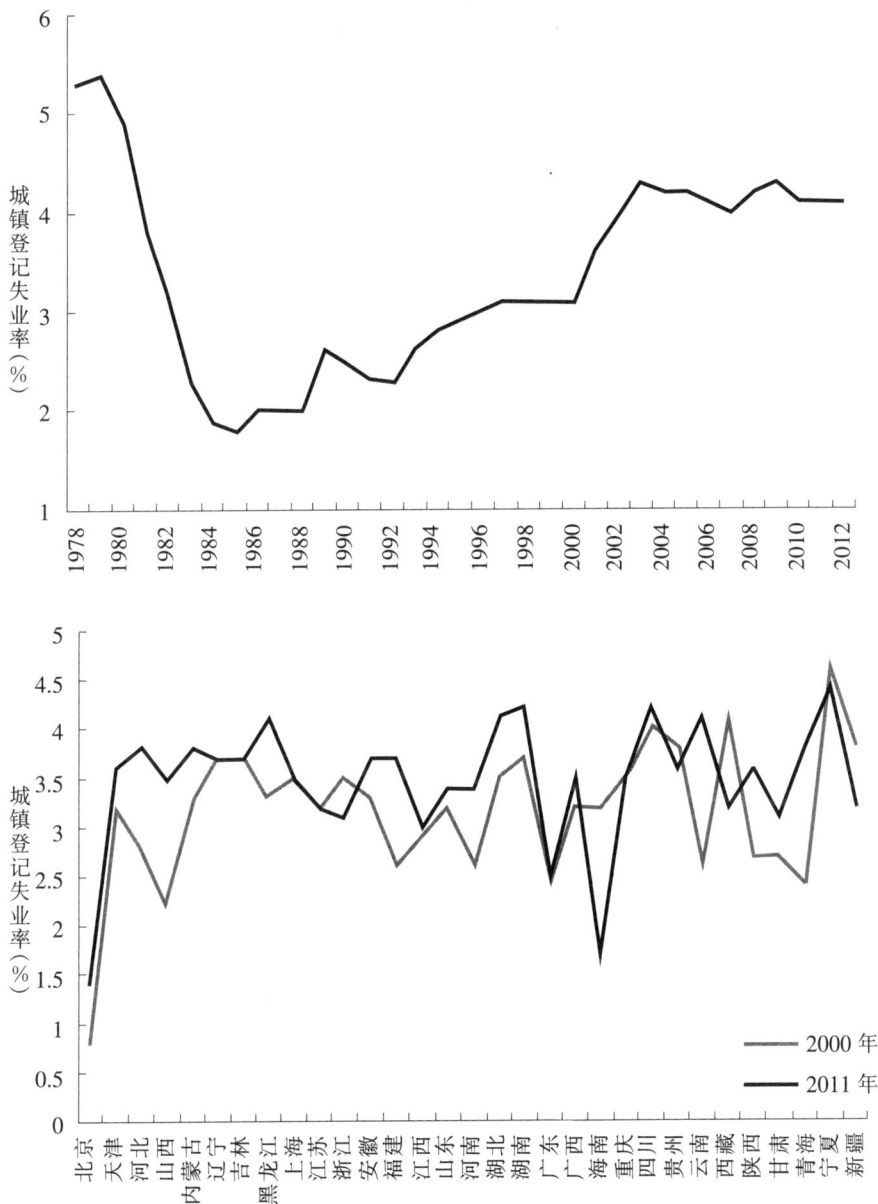

图 8—14　中国的失业率

注：按照城镇登记失业率统计口径，我国的失业率不高，呈现稳定趋势。

资料来源：中经网统计数据库。

图 8—14 的下图显示了 2000—2011 年间中国各省区的失业率。各省区的失业率不尽相同。在 2000 年，北京的失业率最低（为 0.8%），宁夏的最高（为 4.6%），二者的差距是 6 倍。到了 2011 年，北京的失业率仍然最低（为 1.4%），最高仍是宁夏（为 4.4%），二者的差距是 3 倍。从变动趋势看，在 2000—2011 年间，除了浙江、海南、贵州、西藏、宁夏、新疆六个省区外，各省区的失业率都呈现上升趋势。

考虑到美国的劳动力市场和失业统计等比中国更加完善，下面我们将着重基于美国的失业数据揭示失业的一些特征。

美国总是存在失业。从图 8—15 的上图可知，整体而言，在过去的 40 多年里，失业率几乎都高于 4%。特别是 20 世纪 70 年代后，失业率甚至都高于 6%。但从变动态势上看，失业率并没有呈现明显的上升或者下降的态势，而是呈现一种周期性波动。

从失业者的年龄构成看，在美国青年人更容易遭受失业

从图 8—15 的上图可知，在 1961—2012 年间，16～19 岁人口的失业率大概是整体失业率的 2.3～3.5 倍。从变动态势上看，二者之间的差距并没有呈现明显的上升或下降的态势。这意味着青年人高失业的问题一直没有得到解决，也没有进一步恶化。

从失业者的性别构成看，美国男女趋于平等

从图 8—15 的下图看，在 20 世纪 80 年代以前，美国男性的失业率比女性的大概低 1～2 个百分点；20 世纪 80 年代后，二者的失业率趋于一致，在图形上表现为黑色的线与灰色的线趋于重合，在个别时期，男性的失业率反而高于女性的。这一点在年轻人身上表现得更为明显。从图 8—15 的下图看，在 20 世纪 80 年代之前，年轻男性的失业率略低于年轻女性的；但 20 世纪 80 年代后，年轻女性的失业率比年青男性低了 2 个百分点左右。

从失业者的肤色看，白人的失业率明显低于其他有色人种的失业率

从图 8—16 上看，在 1961—2012 年间，白人的失业率大致稳定在 5% 左右；其他有色人种的失业率远远高于白人的失业率，而且波动幅度也更大。

从失业持续时间看，失业率越高，失业持续的时间也就越长

失业持续时间（the duration of unemployment）是指，经济活动主体处于失业状态的平均时间长度。考察失业持续时间可以揭示失业是长期的还是短期的。显然，如果是短期的，则意味着人们可以很快找到新的工作，重新就业。从图 8—17 的下图看，在 1961—2012 年间，失业持续时间不高于 15 周的比重为 70%，这意味着大约 70% 的失业者可以在四个月内重新就业。但需要强调的是，失业持续时间在半年以上的比重高达 10% 左右，这意味着约有 10% 的失业者无法在半年内再就业。

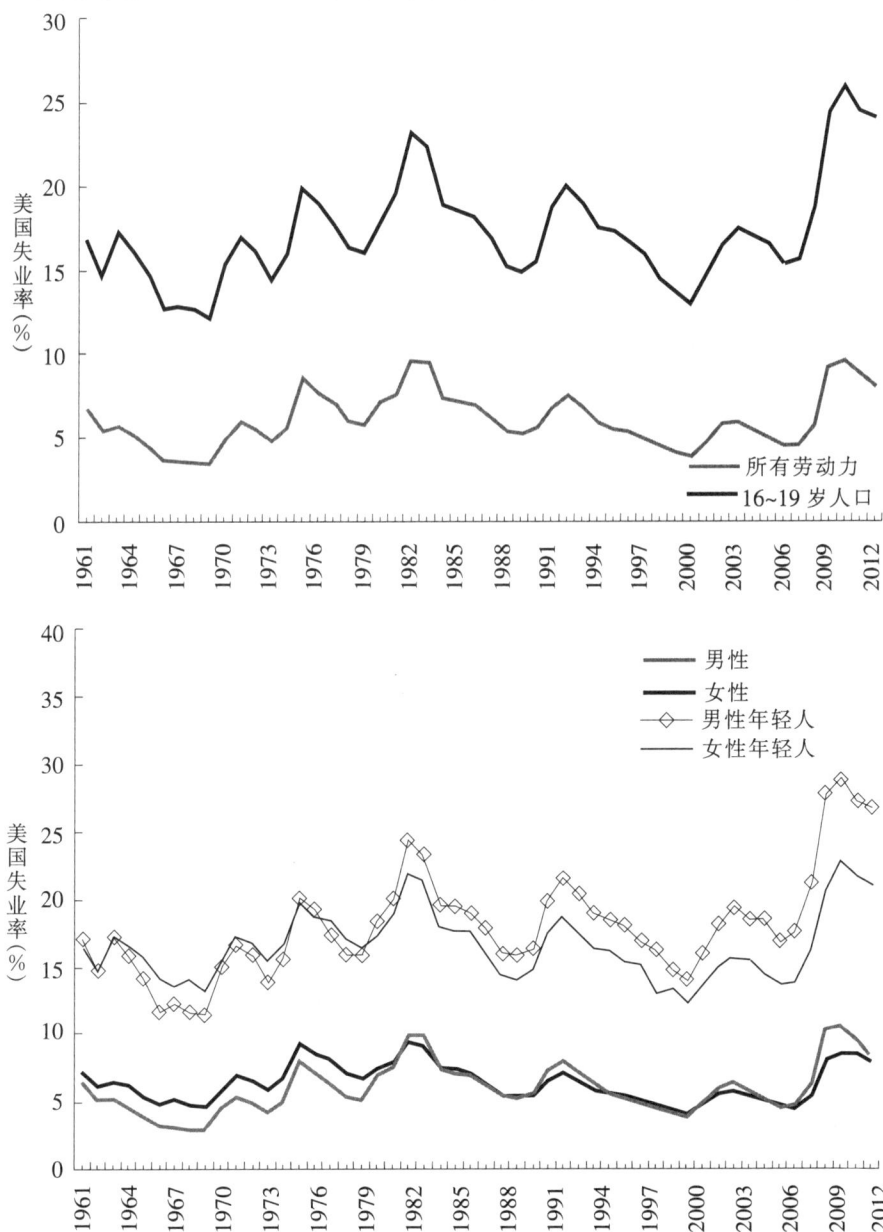

图 8—15　美国的失业率

注：在 1961—2012 年间，美国的青年人更易失业，但男女失业率趋于相当。

资料来源：2004 年以前数据来自《总统经济报告》（2005）附表 B42，2004 年及以后数据来自《总统经济报告》（2013）附表 B42。

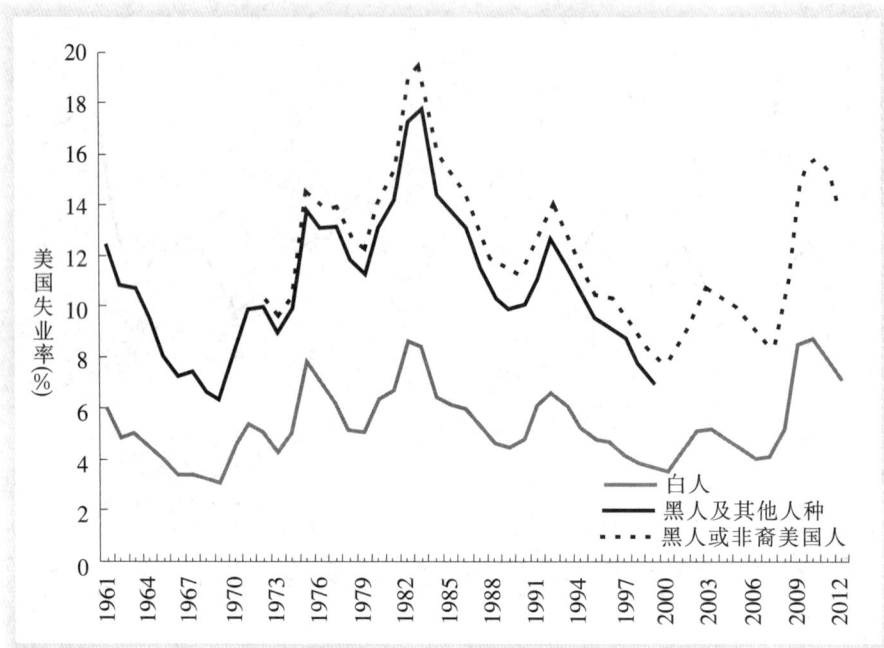

图8—16 美国的失业率

注：在1961—2012年间，美国白人的失业率明显低于其他有色人种的失业率。

资料来源：2004年以前数据来自《总统经济报告》（2005）附表B42，2004年及以后数据来自《总统经济报告》（2013）附表B42，其中黑人及其他人种1999年以后的数据缺失。

图8—17的上图揭示了，失业率与失业持续时间大致同方向变动。当失业率高时，失业持续时间也越长；反之，当失业率低时，失业持续时间也越短。

从G7自1979年以来的失业态势看，各个经济体的失业变动态势大致相同。如图8—18所示，G7成员国的失业率大致都呈现周期性变动。[27] 当然，从失业率的大小看，美国的失业率相对而言较低。这可能反映了美国与西欧国家之间在就业制度和失业保障制度上所具有的重要差异。

现将失业的特征小结如下：

➢ 在任何一个经济体，在任何一个发展阶段，总是存在失业；

➢ 失业总是存在波动；

➢ 根据不同的分类标准，我们可以得到不同的失业分类情况，在每种分类情况下，劳动力人口面临的失业威胁不尽相同。

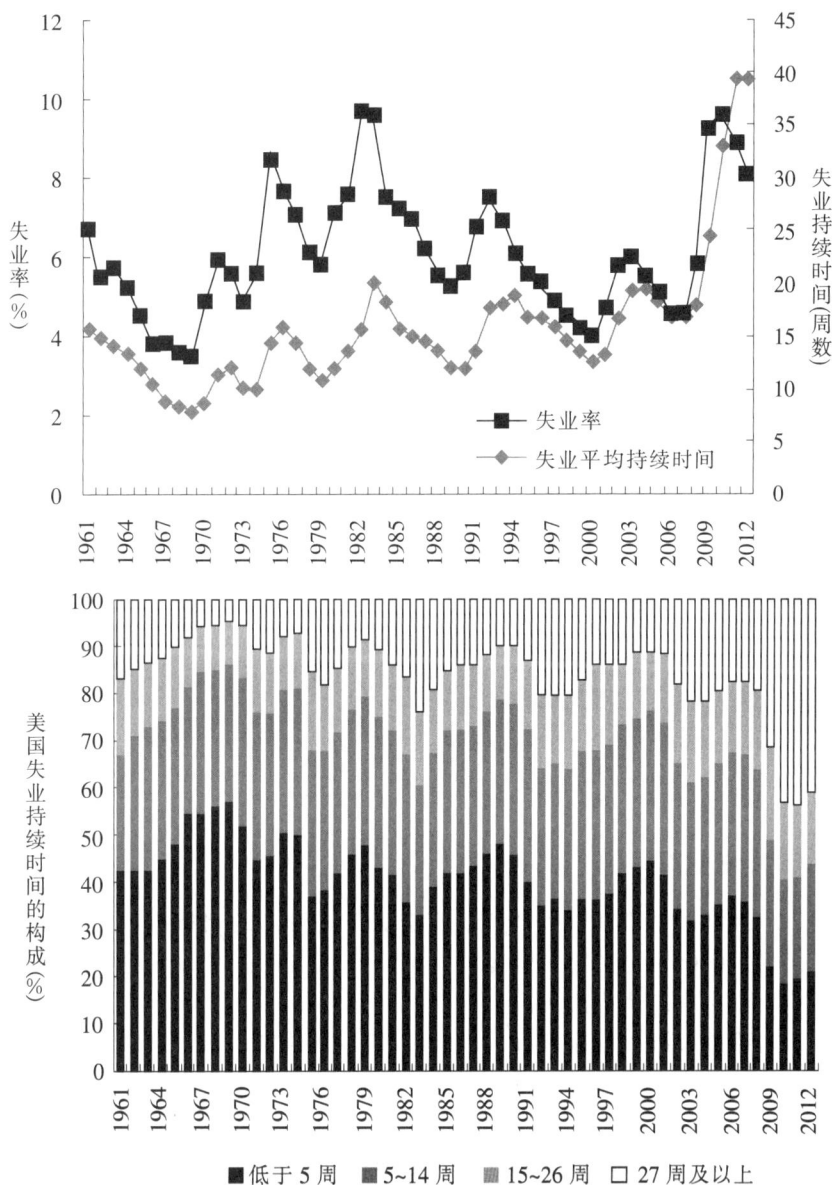

图 8—17　美国的失业率与失业持续时间

注：在 1961—2012 年间的美国，失业率越高，失业持续的时间越长；从失业持续时间构成看，70％的失业持续时间不超过 15 周。

资料来源：2004 年以前的数据来自《总统经济报告》（2005）附表 B42、B44，2004 年及以后数据来自《总统经济报告》（2013）附表 B42、B44。

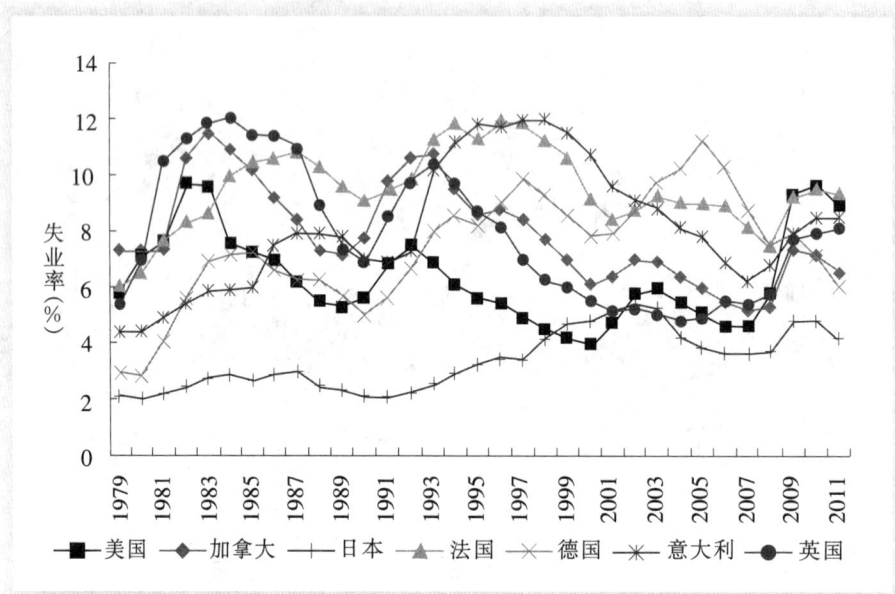

图8—18　失业率的国际比较

注：G7失业率的变动态势大致相同，但在2003年以前日本的失业率一直呈现上升态势。金融危机发生后，各国失业率都明显上升。

资料来源：2003年以前的数据来自《总统经济报告》（2005）附表B109，2004年及以后数据《总统经济报告》（2013）附表B109。

自然失业率

经济体总是存在失业率，而宏观经济管理的目标却是充分就业。一个显而易见的问题是：充分就业的目标是否可望而不可即？这种"门外汉"式的质疑确实有点让人难堪。

既然经济体总是存在失业，我们不妨退守一步，把失业率分为**周期性失业率**（cyclical unemployment rate）和**自然失业率**（natural rate of unemployment）。其中，自然失业率就是"充分就业"时的失业率，是实际失业率所围绕波动的平均水平；周期性失业率则是实际失业率与自然失业率之间的缺口。自然失业率最初由弗里德曼在1968年提出，现在已经是一个标准化的术语。从自然失业率的角度看，宏观经济管理当局追求充分就业，其实就是把经济体的失业率降到自然失业率的水平。下面我们着重探讨自然失业率的决定及对其的度量。

在具体考察自然失业率之前，我们先采用一些符号表达图8—19中的部分内容。设 N、L 和 U 分别表示劳动力人数、就业人数和失业人数，因此我们对失业率 u 的度量就可以表示为：

$$u = \frac{U}{N} \tag{8—8}$$

为了简单起见，我们不妨假定劳动力的增长速度等于人口增长速度，且令 $n=0$；每一期，失业者中找到工作者的比重，即**就职率**（the job finding rate）为 c；每一期，就业者中离职者的比重，即**离职率**（the job losing rate）为 b。现在，公式（8—8）就可以表示为：

$$u_t = \frac{U_t}{N_t} = \frac{U_{t-1} - cU_{t-1} + bL_t}{N_t}$$
$$= (1-c)\ u_{t-1} + b(1-u_t)$$

上式可整理为：

$$u_t = \frac{1-c}{1+b} u_{t-1} + \frac{b}{1+b} \tag{8—9}$$

公式（8—9）揭示了当期失业率与上期失业率之间的关系，如图 8—19 所示。在图 8—19 中，纵轴是 u_t，横轴是 u_{t-1}，从而把公式（8—9）表示成为一条向右上方倾斜的射线。比如当初始失业率为 u_0，则下一期的失业率就为 u_1。知道第一期的失业率，我们如何求出第二期的失业率呢？如图 8—19 所示，我们可以通过 45°线把纵轴的 u_1 映射到横轴上的 u_1，从而求出第二期的失业率。按照同样的方法，我们可以求出以后各期的失业率。如果我们仔细观察图 8—19，就会发现，在我们求解各期失业率的过程中，失业率不断向 u^* 运动。这意味着，给定初始的失业率 u_0，经济体的实际失业率最终达到 u^*。其实，如果初始给定的失业率大于 u^*，按照同样的逻辑，经济体的实际失业率也会最终达到 u^*。[28]

通过以上分析可知，u^* 就是稳定状态的失业率，即自然失业率。下面，我们利用公式（8—9）给出自然失业率的具体表达式：

$$u^* = \frac{b}{b+c} \tag{8—10}$$

公式（8—10）表明，当劳动力的增长速度为零时，自然失业率取决于就职率 c 和离职率 b。具体而言：

➤ 就职率越高，自然失业率越低；
➤ 离职率越低，自然失业率越低。

图 8—20 揭示了，就职率越高，自然失业率越低。假定经济体初始失业率为 u^*，即经济体的实际失业率等于自然失业率。由于政府大力推行"再就业工程"等原因，就职率从 c 提高到 c'。由公式（8—9）可知，当其他条件都

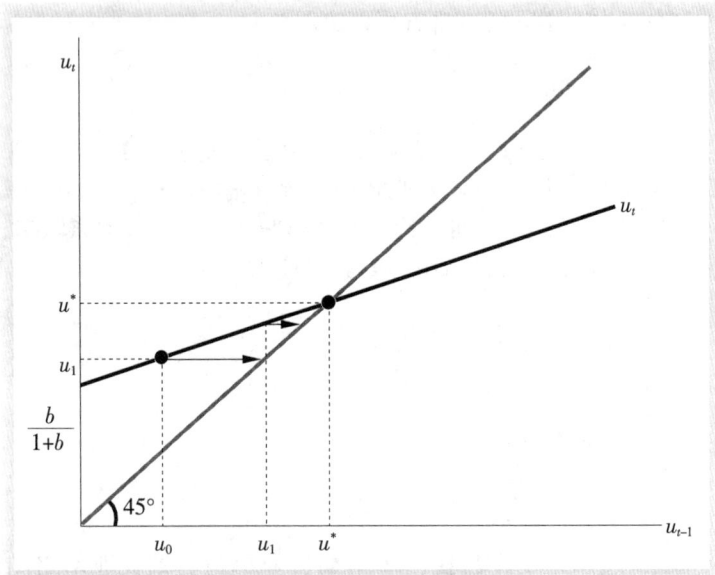

图8—19　失业率的调整

注：当期失业率与上期失业率相关，失业率最终会收敛到一个稳定状态。稳定状态的失业率 u^*，即自然失业率。

不变时，就职率的提高不会影响到截距项，但斜率将变小。因此，在图 8—20 中就表现为 u_t 向下旋转到 $u_t(c')$。这时，经济体的失业率 u^* 就不再是稳定状态的失业率。从图 8—20 看，失业率将会沿着图中箭头所示方向下降到新的稳定状态失业率 u^{**}。

按照同样的方法，感兴趣的读者可以画图分析离职率对自然失业率的影响。[29]

通过以上分析，我们可以把稳定状态的失业率（自然失业率）归因于就职率和离职率。从现实看，在劳动力市场上，每一时段总有一部分就业者失去工作，也总有一部分失业者重新就业。但问题是，在劳动力市场上，为什么会如此？比如说，为什么只是一部分而不是全部失业者重新就业？对这些问题的回答有助于我们真正理解自然失业率。答案是劳动力市场存在的**摩擦**（friction）和**工资刚性**（wage rigidity）。

劳动力市场存在的摩擦

从现实看，每个劳动力有不同的偏好和技能，每个工作岗位的要求也不尽相同；职位空缺和失业者的相关信息通常是不充分的，找工作时不仅需要在你周围地区搜寻，而且有时还要在别的地方搜寻。这一切都意味着，每个

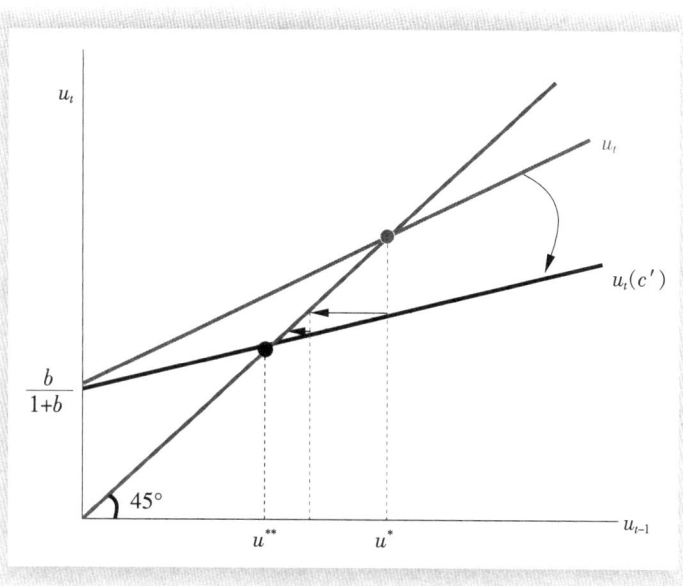

图 8—20 就职率与自然失业率的变动

注：经济体初始的自然失业率为 u^*。当就职率从 c 提高到 c' 时，u_t 旋转到 $u_t(c')$，经济体的自然失业率将会从 u^* 下降到 u^{**}。

人找到与其偏好、技能相匹配的工作岗位是需要时间的。这显然会降低经济体的就职率，造成在某一时间段内只有一部分人就业。由于工人找到一份与其相匹配的工作需要时间而引起的失业，称之为**摩擦性失业**（frictional unemployment）。摩擦性失业总是存在，主要由以下两种原因引起：

➤ **产业结构转移**（sectoral shift）。随着技术进步以及人们需求结构的转变等，产业结构相应地会发生变化。比如经济体三大产业结构的变化、全球范围内的产业转移等。生产在不同行业和不同地区间转移，必然会带来对不同行业和不同地区间劳动力需求结构的变动。比如数码相机的发明减少了对胶卷的需求，结果对生产胶卷的劳动力需求下降了，而对生产数码相机的劳动力需求增加了。这时，相当一部分生产胶卷的劳动力需要寻找新的与其相匹配的工作岗位，这显然需要时间。由于产业结构的转移、升级总是发生，劳动力市场的摩擦也就相应地总是存在。总之，只要企业的劳动力需求结构不断变化，摩擦性失业就无法避免。[30]

➤ **失业保障**（unemployment insurance）等就业政策可能无意中放大了劳动力市场上的摩擦。[31] 失业保障制度让失业者可以继续得到生活来源，保持社会的稳定，甚至社会的公平；而且失业者可以在失业期间较为从容地重新寻找工作或进行再就业培训，进而再就业。但不容否认的是，失业保障制度的负面影响也很明显：失业保障减轻了失业者的经济困难，无意中增加了摩擦失业的数量。因为得到失业保障的失业者寻找工作的压力小了，而且倾向于放弃一些没有吸引力的工作岗位，这都会降低再就业率。[32]现有的大量研究表明，社会保障体系的不同对不同经济体自然失业率之间差异的解释有点不太令人满意；但是领取社保基金的时间长短确实能够很好地解释经济体里的中长期失业。有证据表明，在美国，有许多工人直到失业保险中止，才愿意立刻接受一份工作。

工资刚性

在微观经济学里讲述劳动力市场时，我们总是说，实际工资可以较迅速调整，使劳动力供求相等，劳动力市场出清。但如果实际工资不能够迅速调整，比如在市场出清水平之上保持不变，我们通常称为工资刚性。[33]

如图 8—21 所示，当劳动力市场的工资水平为 w 时，劳动力的市场需求量是 L^D，市场供给量为 L^S，而且 $L^D < L^S$。由于市场交易是自愿的和相互的，

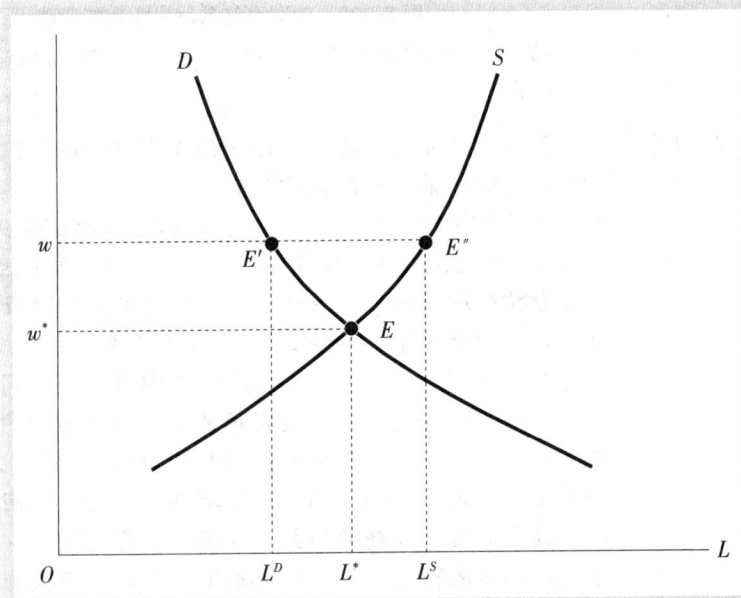

图 8—21　实际工资刚性

注：如果实际工资保持为 w，那么劳动力需求小于供给（$L^D < L^S$），结果出现失业。

交易量只能是需求量和供给量两者中较小的一个，即 L^D。因此，市场交易位于 E'。结果劳动力市场出现**市场过剩**（market surplus），$(L^S - L^D)$ 数量的劳动力无法找到工作，处于失业状态。

当市场过剩时，劳动力的供给方通常要为不足的市场需求展开竞争，愿意以低于 w 的价格出售劳动力。与此同时，企业也会发现，即使它的出价低于 w，也会有人愿意就业。但问题是，由于至少存在下面三种原因，企业的出价可能不会低于 w，从而出现工资刚性。

> **效率工资**（efficiency-wage）。正如福特公司每天 5 美元工资所揭示的那样[34]，高工资意味着低成本，因为高工资促使工人的效率更高。效率工资理论强调工资对工人效率的影响：高工资导致了高效率。工资影响工人效率的渠道主要有四种：（1）工资影响营养水平。在欠发达国家，工资高一点，工人才能支付得起营养更加丰富的食物，健康工人的效率显然更高。（2）高工资减少了劳动力的流动性。工人通常会出于各种原因而辞职，企业支付高于市场出清水平的效率工资意味着，工人并不容易找到类似的就业机会，因此会珍惜现有的工作岗位，结果降低了企业的招工、培训成本。（3）高工资减少了劳动力的**逆向选择**（adverse selection）。[35]如果企业降低工资，高素质的员工就可能跳槽到其他企业，而留在企业里的可能是那些没有什么跳槽机会的低素质员工。因此，支付高于市场出清水平的工资，可能减少这种逆向选择，提高员工的整体素质，进而提高劳动生产率。（4）减少了劳动力的**道德风险**（moral hazard）。[36]企业不可能完全监督工人的努力程度，工人可能努力工作，也可能"磨洋工"，尽管一旦发现就有被解雇的可能性。工资越高，被解雇的代价就越大。因此，企业支付高于市场出清的工资，减少了"磨洋工"，提高了效率。[37]总之，高工资可以通过四种渠道提高员工的劳动生产率。因此，企业发现支付高于市场出清水平的工资是值得的，结果劳动力市场上出现了工资刚性，并造成了失业（如图 8—21 所示）。

> **工会**（labor union）。工资刚性的第二个原因是工会的垄断力量。在工业国家中，工会的重要性不尽相同。[38]如图 8—22 所示，在美国不到 20％的工人参加了工会，但在欧洲的许多经济体里，工会起到了很大的作用，特别是瑞典和丹麦，几乎所有劳动力都加入了工会。工会工人的工资是由工会领导人与企业之间的集体议价决定的，而不是由劳动力市场的供求决定的。集体议价意味着工人存在一定的卖方垄断。几乎所有的研究都认为，工会通过集体意见提高了其工会成员的工资。确切地说，是把工资提高到市场出清水平之上。另外，大量的研究同时还揭示了，工会倾向于保护其成员的工资免于受经济波动的影响。

比如当经济体遭受不利冲击时，工会成员的工作及工资可能不受影响，而非工会成员的就业和工资水平可能就会下降。[39]以上分析表明，工会集体议价，把工资保持在市场出清水平之上，非工会成员承担了高工资所带来的部分代价，比如失业。但需要强调的是，工会对失业的影响取决于工会组织和集体议价的性质。通常"全国性"的工会，比如图 8—22 中的丹麦、瑞典等，倾向于采取能够带来全国低失业率的工资水平；"行业性"的工会一般会选择有利于自己成员的工资水平，造成失业；"企业性"的工会一般会较为灵活地调整实际工资，有利于维持充分就业。

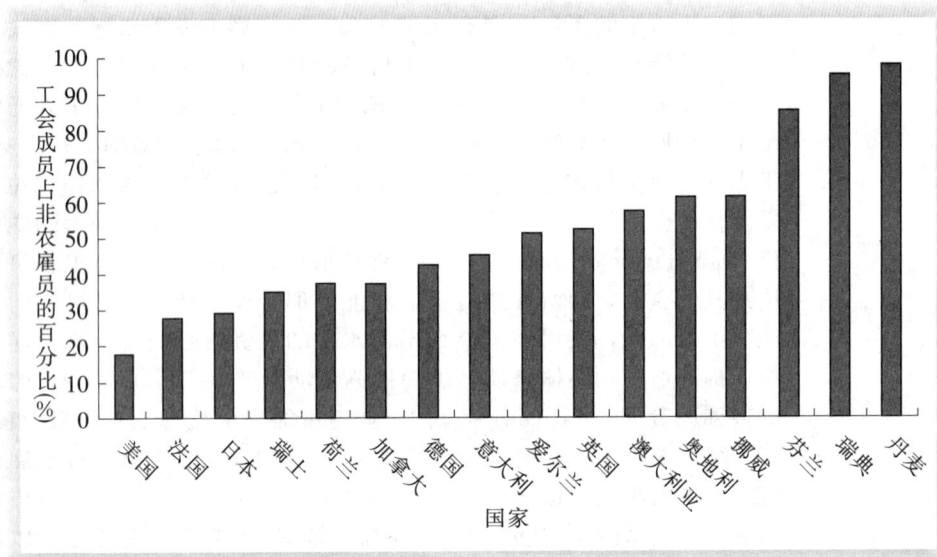

图 8—22 工会化水平

注：在工业化国家中，工会的重要性不尽相同。

资料来源：杰弗里·萨克斯、费利普·拉雷恩：《全球视角的宏观经济学》，上海，上海人民出版社、上海三联书店，2004。

➤ **最低工资法**（minimum wage law）。最低工资也许是对图 8—21 最直观的解释。最低工资立法规定了企业支付雇员工资的法定最低水平，旨在保障所有工人都有一个最低的收入下限，世界上大多数国家都有这种立法。比如美国，自 1938 年起开始实施最低工资法，当时规定最低工资每小时 0.25 美元；1981 年上升为 3.35 美元；1991 年提高到每小时 4.25 美元。在中国，《最低工资规定》已于 2004 年 3 月 1 日起施行（见图 8—23）。显然，当最低工资高于市场出清水平时就造成了工资刚

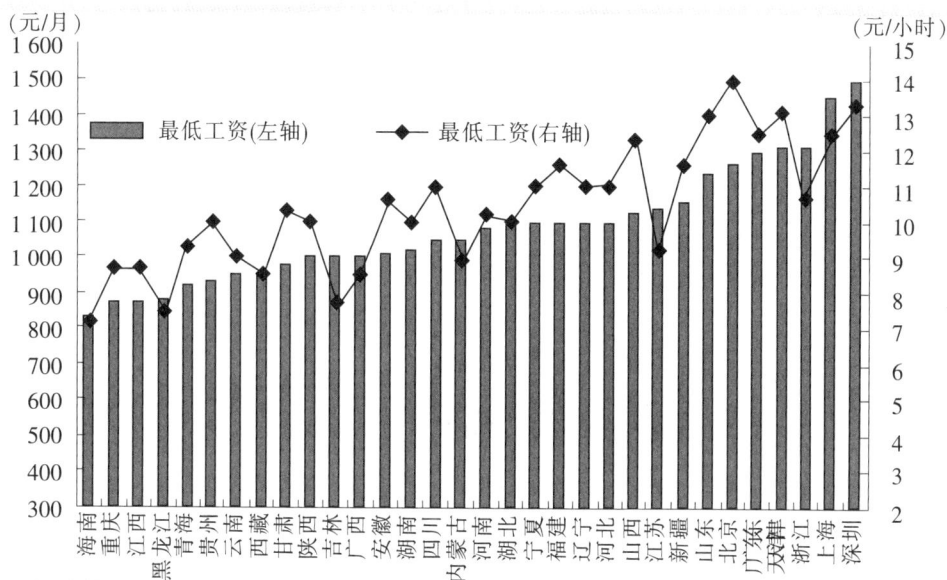

图 8—23 中国省区的最低工资

注：从 2012 年各省执行的最低工资标准来看，深圳特区最高，海南省最低。

资料来源：中新网：《32 省市 2012 最低工资标准一览 深圳最高海南垫底》，网址：http：//finance. chinanews. com/cj/2012/04-27/3849810. shtml，截止日期为 2012 年 4 月 27 日，其中深圳从广东中单列出来。

性。从现实看，存在这种可能性吗？毋庸置疑，对大多数劳动力而言，工资水平远远高于最低工资，但对于一些人而言，特别是对于没有工作经验并缺乏职业技能的青少年而言，可能存在这种情况。大量的研究表明，最低工资确实使青少年的工资高于市场出清水平。[40]比如基于美国的证据表明，最低工资的增加减少了青少年的工作机会，但对劳动力的其他群体并没有什么影响。

到目前为止，我们定义了自然失业率，考察了决定自然失业率水平的两种因素。[41]现在，我们转向考察自然失业率的度量。坦白地说，尽管自然失业率早已成为宏观经济学的一个专业术语，甚至成为一个大众用语，但至今还没有广为接受的度量自然失业率的方法。

一种简单的方法是：计算某年度内的平均失业率。这一方法背后隐含着，长期平均能够熨平的实际失业率围绕自然失业率上下波动。比如美国 1945—2012 年的平均失业率为 5.7％。[42]这一失业率非常接近许多宏观经济学家对美国自然失业率的估计，即 5.5％～6.0％。

图 8—24 显示了美国 1929—2012 年间的实际失业率和 1939—2012 年间的自然失业率。每年的自然失业率是前后 10 年合计 21 年的实际失业率的平均数。

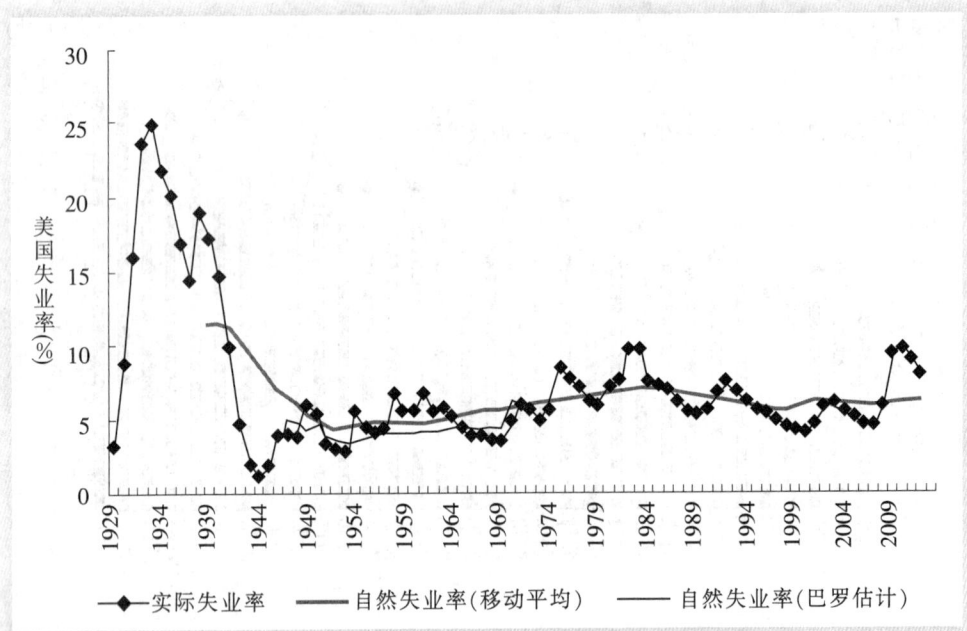

图 8—24　美国 1939—2012 年间的自然失业率

注：巴罗（Barro，1977）按照较为复杂的方法估计了美国 1946—1978 年间的自然失业率；估计结果与移动平均的结果不尽相同，但变动态势大致一致。在 1939—2012 年间，美国的实际失业率围绕着自然失业率上下波动。2012 年以后的失业率设为 5.5％。

资料来源：Barro（1977，tabel 1），2004 年以前数据来自《总统经济报告》（2005）附表 B35，2004 年及以后数据来自《总统经济报告》（2013）附表 B35 和作者的计算。

从图形上看，实际失业率大致围绕着自然失业率上下波动。如果我们仔细观察，则会发现，即使不考虑"大萧条"的影响，自然失业率本身其实也是不断变动的。在 20 世纪五六十年代，美国自然失业率在 4.5％～5.5％之间；70 年代在 5.5％～6.5％之间；80 年代则高达 6.5％～7.0％；90 年代之后不断下降到 4.6％左右；金融危机之后上升到 9.6％，目前已经下降到 8.1％。

更为系统的方法是估计带有预期的菲利普斯曲线，从而确定自然失业率。[43]比如巴罗（Barro，1977）采用这种方法估计了美国 1947—1978 年间的自然失业率，如图 8—24 所示。与第一种方法的估计结果相比，巴罗估计的结果相对而言偏小，但二者的变动态势大致是一致的。

确实，我们很难估计自然失业率，但其对宏观经济管理而言却非常重要。因为宏观经济管理追求充分就业，就是把经济体的失业率降到自然失业率的水平。比如美国 2012 年的失业率大致为 8.1％，由图 8—24 可知，实际失业率高于自然失业率，这意味着美国有必要采取相关的宏观经济政策，降低实际失业率。

失业的损失

对个人而言，失业是一件非常痛苦的事情。失去工作，通常意味着收入下降，生活水平恶化，身心受到伤害。长期找不到工作，往往会打击失业者的自信心，感到自己无用。另外，由于失业分布是不均匀的[44]，失业的痛苦往往由社会中的一部分人来承担，倾向集中于较为贫穷的弱势人群。因此，与通货膨胀所带来的损失相比，失业的损失具有两个特点：

➢ 失业影响到人们的初次收入分配；
➢ 失业的损失分布不均匀。

很难准确度量失业的损失，通常情况下，我们是度量失业所带来的产出损失。

由前面的讨论可知，自然失业率是与宏观经济均衡一致的失业率，源于劳动力市场的摩擦和工资刚性等。显然，所有的自然失业未必都会带来产出损失，比如摩擦性失业。当劳动力跨产业或跨部门流动时，往往是从劳动边际产出低的部门向劳动边际产出高的部门流动，这种资源的**再配置**（reallocation）能够增加社会产出。即使对个人而言，跳槽寻找与其相匹配的工作岗位，也更利于个人的职业发展。因此，我们对失业损失的度量主要是考察周期性失业所带来的产出损失。[45]

周期性失业是指超过自然失业率的失业，它表明经济体处于非充分就业状态。通常我们采用奥肯法则（Okun's Law）来度量周期性失业所带来的产出损失。奥肯法则刻画了失业与产出损失之间的联系，即周期性失业每增加 1%，GDP 相对于潜在产出水平会下降 2%～3%，即

$$\frac{Y-Y^*}{Y^*}=a-\omega(u-u^*) \tag{8—11}$$

其中，Y 和 Y^* 分别是实际产出水平与潜在产出水平；a 和 ω 是奥肯法则中的参数。通常，$\omega=2$。就美国 1959—2012 年间的数据而言，如图 8—25 所示，奥肯法则可以具体表示为

$$\frac{Y-Y^*}{Y^*}=0.76-2.27(u-u^*) \tag{8—12}$$

式（8—12）意味着，在美国，实际失业率每超过自然失业率 1%，GDP 就会下降到潜在产出水平之下 2.27%。在 2011 年，美国的实际失业率是 8.9%，而自然失业率大致为 6.07%，即周期性失业率为 1.83%。按照奥肯法则，在 2011 年，美国的产出损失是 11.96%。美国 2011 的 GDP 为 15.1 万亿美元，产出损失 11.96% 意味着美国的 GDP 损失了 2.051 万亿美元。[46] 这一惊人的数据表明，2011 年美国的周期性失业率为 1.83% 时，失业所带来的产

出损失的程度。

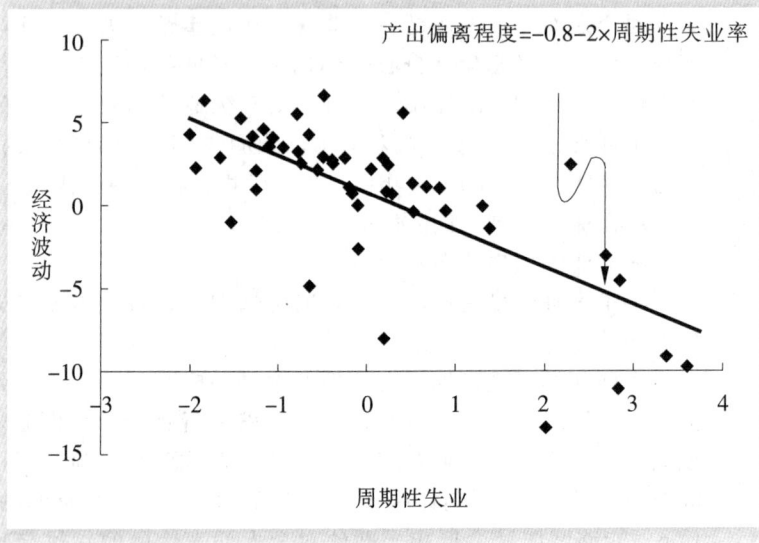

产出偏离程度=-0.8-2×周期性失业率

图8—25 奥肯法则

注：美国在1959—2012年间的数据表明，周期性失业每增加1%，GDP相对于潜在水平下降2%。

资料来源：《总统经济报告》(2013)附表B1、B2、B42以及作者的计算。

当产出低于潜在产出时，产出损失的影响是广泛的。从收入分配的角度看，GDP的损失可以被分解为：失业者损失了工资收入，得到了失业保险；政府损失了税收，还得支付失业保险金；企业也可能损失了利润和资本所得。

当然，失业也是有收益的。失去工作，意味着闲暇增加，闲暇是有价值的。但这些非自愿选择的闲暇时间到底有多大价值？答案也许因人而异，不过我们有时会听到这种表达："当我没有工作时，我的时间一文不值"。

8.3 经济增长、物价稳定和充分就业之间的联系

通过以上分析，我们详细考察了通货膨胀和失业的度量、决定因素以及所带来的社会损失。现在我们尝试总结一下三者之间的联系。我们说"总结"是因为，在前面章节中，已经先后考察了以下三者之间的联系：菲利普斯曲线、奥肯法则和**牺牲比率**（sacrifice ratio）。

菲利普斯曲线

菲利普斯曲线连接失业与通货膨胀，现代版的带有预期的菲利普斯曲线通常表示为：

$$\pi = \pi^e - \varepsilon(u - u^*)$$

其中，π^e 和 ε 分别是预期通货膨胀和参数。如果我们假定，人们根据最近观察的通货膨胀而形成预期通货膨胀。[47]比如，人们根据上一期的通货膨胀率来预期现在的通货膨胀。这时 $\pi^e = \pi_{-1}$，相应地，菲利普斯曲线就可以表示为：

$$\pi - \pi_{-1} = -\varepsilon(u - u^*) \tag{8—13}$$

根据我们前面的定义，确切地说，式（8—13）揭示了非预期到的通货膨胀（$\pi - \pi_{-1}$）与周期性失业率（$u - u^*$）之间的联系。按照美国 1960—2012 年间的实际数据估计，如图 8—26 所示，式（8—13）可以具体表示为：

$$\pi - \pi_{-1} = -0.04 - 0.60(u - u^*)$$

从图 8—26 上看，在 1960—2012 年间，现代版的菲利普斯曲线可能刻画了美国通货膨胀与失业率之间的联系：平均而言，非预期的通货膨胀每上升 1%，周期性失业率下降 0.60%。

奥肯法则

奥肯法则连接失业与经济增长，通常表示为：

$$\frac{Y - Y^*}{Y^*} = a - \omega(u - u^*)$$

就美国 1959—2012 年间的数据而言，如图 8—25 所示，奥肯法则可以具体表示为：

$$\frac{Y - Y^*}{Y^*} = -0.76 - 2.27(u - u^*) \tag{8—14}$$

式（8—14）意味着，在美国，周期性失业率每增加 1%，平均而言，GDP 就会相对于潜在产出水平下降 2%，如图 8—25 所示。

牺牲比率

牺牲比率连接通货膨胀与经济增长，是指 GDP 损失的累计百分比与通货膨胀率下降幅度之比，主要用来度量治理通货膨胀的成本。[48]

比如中国在 1994—1996 年间，以消费者价格指数度量的通货膨胀率从 25% 降至 8.8%。假定其代价是，3 年间产出水平分别低于潜在产出水平 10%、8% 及 6%，GDP 的累计总损失为 24%。因此，牺牲比率为 1.48，即

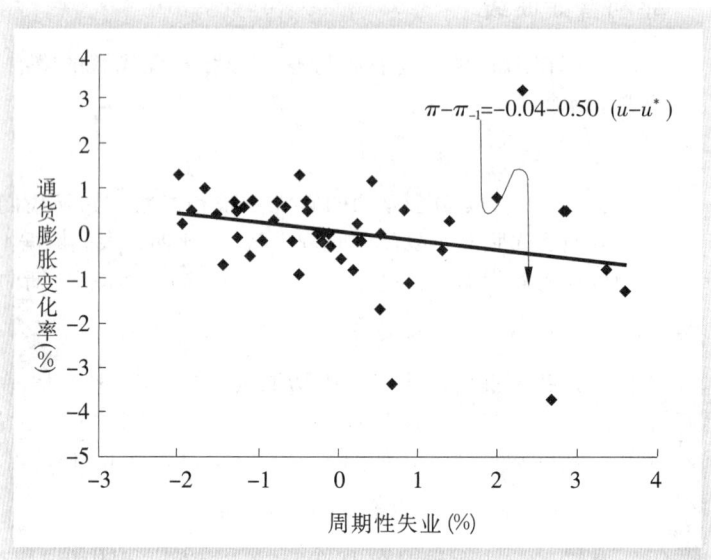

图8—26 菲利普斯曲线

注：美国在1960—2012年间的数据表明，周期性失业每增加1%，非预期的通货膨胀将下降0.58%。

资料来源：《总统经济报告》（2013）附表B42。

$$\frac{24}{25-8.8}=1.48$$

其实，我们也可以通过奥肯法则和菲利普斯曲线推导出牺牲比率的大小。比如在1960—2012年间，根据菲利普斯曲线，美国的通货膨胀率每降低1个百分点，失业率将增加1.7个百分点。再根据奥肯法则，失业率增加1.7个百分点，产出水平将下降3.9个百分点。这意味着美国1960—2012年间的牺牲比率大致为3.9。当然，这种估计是粗糙的。

通常，牺牲比率会随着时间、地点以及降低通货膨胀方式的不同而不同，图8—27揭示了一些经济体的牺牲比率。从图形上看，治理通货膨胀时总是存在经济衰退，但各个经济体的牺牲比率不尽相同。

现在，我们把经济增长、物价稳定和充分就业三者之间的联系总结如下：

➤ 菲利普斯曲线连接失业与通货膨胀，二者负相关；

➤ 奥肯法则连接失业与经济增长，二者负相关，即失业是逆周期的；

➤ 牺牲比率连接通货膨胀与经济增长，二者正相关，即通货膨胀是顺周期的。

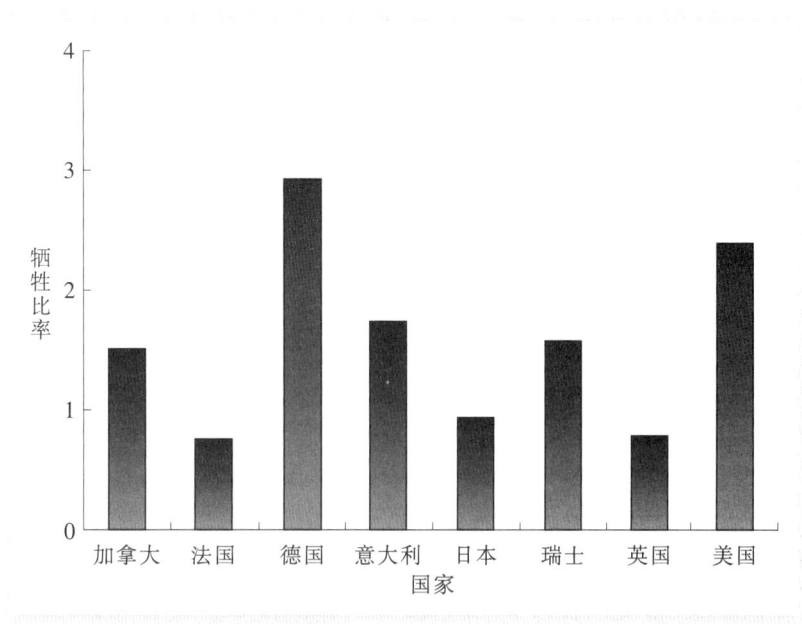

图 8—27 牺牲比率

注：牺牲比率总是存在，但各国的牺牲比率不尽相同。

资料来源：Dornbusch R.，S.，Fischer and R.，Startz：《宏观经济学（英文版）（第八版）》，大连，东北财经大学出版社，2001。

8.4 熨平经济波动

在不考虑开放经济的情况下，我们把宏观经济管理的目标表述为：经济增长、物价稳定和充分就业。由第 8.3 节中的分析可知，无论是通货膨胀还是失业率都随着经济的波动而有规律地变化。从这种意义上说，也许熨平经济波动有利于实现物价稳定和充分就业。因此，在本小节，我们将重点考察有关经济波动的两个问题：如何度量经济波动以及经济波动的成因。

在具体探讨这两个问题之前，一点提醒也许是必要的。经济波动应该是宏观经济理论中最具有争议的领域，不同的学派从不同的视角解释经济波动。如同"盲人摸象"一样，每个学派都坚持认为自己摸到了"大象"，并一直争吵。而事实上，没有人见过真正的"大象"。但这也许是好事情，因为经济波动至今都是宏观经济学中最活跃的研究领域。

经济波动的度量

如何度量经济波动非常重要。如果不同的经济波动没有重要的共性，那么任何研究经济波动并提炼经济波动一般化理论的尝试，都将以失败而告终。如图8—28所示，经济波动不像潮汐或太阳黑子活动周期那样有规律，我们很难找到两次几乎相同的经济波动。这时，如果我们从经济波动持续时间的角度度量，那么将会很难为研究经济波动的成因提供有价值的线索。事实上，我们确实曾经走了这样的"弯路"。

对经济波动的系统探讨始于美国国民经济研究局（NBER）的伯恩斯（Burns）和米切尔（Mitchell）。经济波动的经典定义就是他们给出的。

经济波动是一种基于一国总体经济活动的波动，一个经济波动包括许多经济活动的同时扩张、同时衰退、收缩和复苏，复苏是下一轮扩张阶段的前奏；这一变化次序是重复发生的，而不是阶段性的；从时间上说，经济波动从1年到10年或12年不等，它们无法划分成具有同样特征同样波幅的若干个短期经济波动。

这个定义也许有点烦琐，但确实指出了如何度量经济波动：度量经济波动不是去识别每次经济波动持续的时间，而是要识别主要宏观经济变量之间的**共变**（comovement）。[49] 从这个角度出发，主要宏观经济变量大致可以分为三类：

> 顺周期变量，是指那些与产出同方向变化的变量，即在经济扩张时上升、在经济收缩时下降的变量；

> 逆周期变量，是指那些与产出反方向变化的变量，即在经济扩张时下降、在经济收缩时上升的变量；

> 无周期变量，是指那些与产出变化无关的变量。

在前面的分析中，我们已经知道，通货膨胀是顺周期的，失业率是逆周期的。表8—2给出了主要宏观经济变量的周期特征。

表8—2　　　　　　　　　　美国的主要宏观经济变量及其周期特征

顺周期		逆周期	无周期
高度顺周期	非高度顺周期		
总产量	非耐用品的产出	存货	出口
部门产量	农产品	失业率	
利润	自然资源的生产	破产	
货币存量	长期利率		
物价水平			

资料来源：杰弗里·萨克斯、费利普·拉雷恩：《全球视角的宏观经济学》，上海，上海人民出版社、上海三联书店，2004。

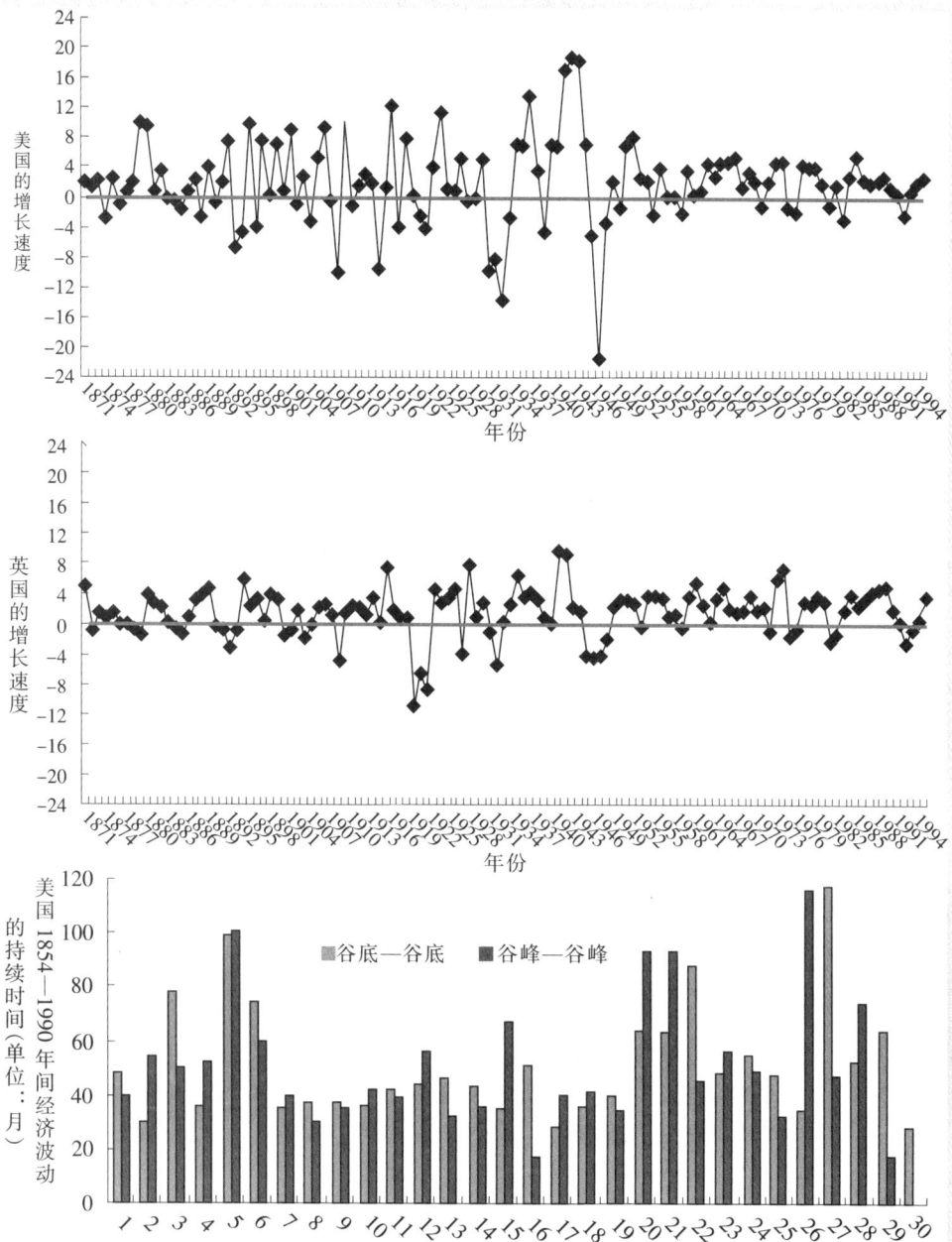

图 8—28　经济波动

注：美国每次经济波动所持续的时间不尽相同；英美的经济波动不尽相同。

资料来源：麦迪森（Angus Maddison）：《世界经济二百年回顾》，北京，改革出版社，1997；杰弗里·萨克斯、费利普·拉雷恩：《全球视角的宏观经济学》，上海，上海人民出版社、上海三联书店，2004。

最后要强调的是经济增长与经济波动。对经济波动的度量最初强调，产出具有一条**平衡增长路径**（balanced growth path）或者基本趋势，经济波动是围绕着这个基本趋势上下波动的。影响经济波动的各种因素不会对平衡增长路径产生任何实质性的影响，即经济波动是围绕着基本趋势暂时性偏离的。这种做法始于伯恩斯和米切尔，一直主宰着人们对经济波动的认识。但到了20世纪80年代初期，人们开始模糊经济增长与经济波动之间的区别。因为相当多的文献都发现，经济波动在很大程度上源于持久性的冲击，并不是对不变趋势的暂时性偏离。换言之，相当一部分冲击不仅影响经济波动，而且也影响经济增长。在这种情况下，我们很难再刻意区分经济增长与经济波动。

经济波动的成因

人们对经济波动成因的探讨大致经历了两个阶段。在第一阶段，也是研究经济波动的最初阶段，主要是探讨经济波动的决定性理论。当时，人们认为，经济波动与自然界中许多周期性发生的现象一样具有规律性，而且每次经济波动都具有相同的特征。正如我们在前面所强调的，这是一条"弯路"，尽管这种尝试易让人着迷。

第二阶段是**冲击—传导**（shock-propagation）假说。这种研究范式认为，经济波动是经济体对一系列冲击的反应，每一次冲击都以一种由经济体结构自身决定的方式传导。前苏联经济学家斯拉茨基（Slutsky）最早采用了冲击—传导范式研究经济波动。他早在1927年就把经济波动视为对冲击的反应，并从这个视角出发探讨经济波动的根源，但不幸的是，他的工作是俄文版的。[50]可以说，冲击—传导范式来源于挪威伟大经济学家弗里希（Frish）在1933年的开创性论文。经过实际经济波动理论的拓展应用，冲击—传导假说已经成为研究经济波动的标准范式。

从冲击—传导范式出发，探讨经济波动的成因，在一定意义上就是探讨：经济体主要遭受了哪些冲击，以及这些冲击如何在经济体里传播。

引起经济波动的冲击主要分为三类：

➤ 供给冲击。供给冲击直接影响经济体的生产，常见的有技术进步[51]、气候变化、自然灾害、发现新的资源以及原材料价格的波动等。

➤ 需求冲击。需求冲击直接影响经济体的需求，常见的有投资变动以及消费变动等。

➤ 政策冲击。政策冲击既影响经济体的需求，也影响经济体的生产，常见的有货币政策变化、财政政策变化以及汇率变化等。

坦白地说，关于冲击类型，人们没有多大争议。冲击的候选名单可以很长，比如 King 等在2005年指出，**消息冲击**（news shock）值得我们在探讨经济波动中进一步关注。但是，冲击是如何在经济体里传播的，或者说经济波动的传导机制问题，不同的经济学派有不同的见解，远没有达成共识，是宏观经济学中五彩斑斓的研究领域之一。凯恩斯学派，特别是新凯恩斯学派，强调经济体里存在一些导致名义或实际价格刚性的非竞争性因素，这些非竞争性因素是理解经济波动机制的关键。新古典宏观经济学派，特别是实际经济波动理论的倡导者则探讨，即使不存在这些非竞争性因素，在一个竞争性经济体里是否会发生经济波动。结果发现，某些类型的冲击会使竞争性经济体发生经济波动。[52]实际经济波动理论的倡导者强调劳动的跨期替代等是理解经济波动机制的关键。

从现实看，任何一个经济体都会遭受各种冲击的影响。一些波动是由需求冲击引起的，一些波动是由供给冲击引起。尽管在完全竞争经济体内可以发生经济波动，但这并不是理解经济波动的全部，强调非竞争性因素的新凯恩斯理论似乎更能够得到实证分析的支持。正如我们一直强调的，对经济波动的这两大类理解也许更多是互补性的，而不是竞争性的。

最后要强调的是，尽管宏观经济理论在经济波动成因上缺乏共识，但对经济波动的度量却都是强调主要宏观经济变量之间的共变，比如通货膨胀与产出同方向变化，失业与产出反方向变化。因此，我们把宏观经济管理的目标表述为物价稳定和充分就业，从经济波动角度看，其实是强调熨平经济波动。

8.5　本章小结

宏观经济管理是宏观经济学中五彩斑斓的篇章，本章只是开了个头，主要考察宏观经济管理的三个目标：经济增长、物价稳定和充分就业。具体而言，主要是阐述通货膨胀、失业和经济波动。

由于通货膨胀与产出水平同方向变化，失业率与产出水平反方向变化，从一定意义上说，追求物价稳定和充分就业，其实就是追求熨平经济波动。

【注释】

[1] 本书主要是考察封闭经济情况，很少涉及开放宏观部分，因此我们不会讨论国际收支平衡问题。感兴趣的读者可以参阅杰弗里·萨克斯、费利普·拉雷恩：《全球视角的宏观经济学》，上海，上海人民出版社、上海三联书店，2004。

[2] 在这一部分，我们没有明确考察通货膨胀的成因。在后面章节中，我们会重点考察，通货膨胀是一个货币现象。

[3] 在我国，目前居民消费价格调查按用途划分为 8 个大类、251 个基本分类。各地每月调查 600～700 种规格产品的价格，并根据近 12 万户城乡居民家庭消费支出构成确定权数。

[4] 在我国，目前商品零售价格按用途划分为 16 个大类、225 个基本分类，各地每月调查 500 种以上规格产品价格，并根据社会商品零售额资料确定权数。

[5] 工业品出厂价格是工业品第一次出售时的出厂价格，（重点）调查对象为全部国有企业和年销售收入 500 万元以上的非国有工业企业，（典型）调查对象为年销售收入 500 万元以下的非国有工业企业。目前《工业品价格调查目录》包括 2 700 种工业出厂产品（5 700 个规格）。编制工业品出厂价格指数所用的权数，用工业品销售额计算。计算资料来源于工业普查数据。若近期没有工业普查数据，采用工业统计资料和部门统计资料来推算。权数一般五年更换一次。

[6] 转引自曼昆（Mankiw，2005，p.342）。

[7] 公式（8—3）成立是有条件的，当通货膨胀率与名义利率都非常高时，采用公式（8—3）计算实际利率可能会产生较大的偏差。

[8] 需要强调的是，我们并不清楚通货膨胀被预期到什么程度。如果通货膨胀已被预期到，其所引发的财富转移将不会引发任何惊讶。

[9] **指数化**（indexation）可以在一定程度上缓解通货膨胀所带来的损失，比如债务指数化、工资指数化等。但通常政府一般不愿意实行指数化，因为"指数化"本身也是有成本的。

[10] 在本书第 9 章，我们将会详细考察通货膨胀是一种货币现象。

[11] $M/P=c$，其中，c 是常数。公式（8—7）两边取自然对数，然后对时间求导可得，货币的增长速度等于价格指数的增长速度（通货膨胀率）。

[12] 经济学家拉弗（Arthur Laffer）在 20 世纪 80 年代初提出，如果美国降低税率，将会带来更多的税收收入。此后，税收收入与税率之间的关系通常称为拉弗曲线。

[13] 月通货膨胀率为 50%，按照复利计算，年通货膨胀率几乎高达 13 000%。

[14] 有时，人们把年通货膨胀率超过 100% 称为高通货膨胀。

[15] 美元化是指，在非美元国家中使用美元进行国内交易。当发生美元化的时候，铸币税收入就开始归美国政府所有。

[16] 转引自布兰查德（Blanchard，2004，p.543）。

[17] 在 20 世纪 80 年代通货膨胀率很高的时候，以色列有这样一个笑话："乘出租车为何比公共汽车还要便宜呢？因为乘坐公交车是在上车时付费，而乘出租车是在下车时付费。"转引自布兰查德（Blanchard，2004，p.549）。

[18] 曼昆（Mankiw，2005）给出了一个较为夸张的例子。在 20 世纪 20 年代德国恶性通货膨胀期间的一个餐馆里，服务员站在桌前，每 30 秒报出一次新物价。

[19] 坦齐-奥利维拉效应的命名来源于坦齐（Vito Tanzi）和奥利维拉（Julio Olivera），两位经济学家强调了税收滞后效应的重要性。

[20] 卡甘模型（Cagan model）描述了这种情况。

[21] 也有观点认为是战争。战争通常会带来大量预算赤字，赤字货币化可能带来恶性通货膨胀。但不可否认的是，如果是两个国家之间的战争，战争本身可以激发人民的爱

国热情，结果征税和向公众借款可能更加容易。

[22] 所有恶性通货膨胀最终都会结束。一旦问题严重到公众难以忍受，政府将鼓起极大的政治勇气进行财政改革，比如税制改革、发行新币、新币汇率盯住国外货币汇率等稳定政策。这些稳定政策减少了政府支出，减少了铸币税收入，重塑了公众预期。但是这些稳定政策通常要经过数次尝试才会成功，比如玻利维亚 6 次尝试都失败了，直到 1985 年 8 月新政府的尝试才奏效。

[23] 在我国，对于从事行政领导工作、科学技术工作和文化工作的人来说，退休年龄另有规定。

[24] 在我国，劳动力人口通常称为经济活动人口，是指在 16 周岁及以上，有劳动能力，参加或要求参加社会经济活动的人口，包括就业人员和失业人员。

[25] 资料来源：《中国统计年鉴》(2012)，北京，中国统计出版社，2012。

[26] 城镇登记失业率就是，城镇登记失业人员与城镇单位就业人员（扣除使用的农村劳动力、聘用的离退休人员、港澳台及外方人员）、城镇单位中的不在岗职工、城镇私营业主、个体户主、城镇私营企业和个体就业人员、城镇登记失业人员之和的比。计算公式为：城镇登记失业率＝城镇登记失业人数／［（城镇单位就业人员－使用的农村劳动力－聘用的离退休人员－聘用的港澳台及外方人员）＋不在岗职工＋城镇私营业主＋城镇个体户主＋城镇私营企业及个体就业人员＋城镇登记失业人数］×100％。

[27] "一般说来，欧美（对失业率）的界定和测算较为严格和系统，日本等亚洲国家的界定和测算就要差一些，因此，前者统计的失业率水平较高，后者较低。……在日本，由于没有把许多失去就业勇气而退出劳动力市场的人口统计入失业人口，因此日本的低失业率就存在'水分'的可能"。（袁志刚，1997，第 19 页。）

[28] 感兴趣的读者，不妨画图分析初始失业率 $u_1 > u^*$ 的情况。

[29] 当然，如果借助导数，我们可以较简便地考察离职率等对自然失业率的影响。

[30] 探讨劳动力市场上的摩擦与失业产生之间的关系，可以一直追溯到 20 世纪初，比如 1909 年英国经济学家贝费里奇（Beveridge）利用当时英国失业者的实例报告考察了这个问题。1970 年，费尔普斯（Phelps）等经济学家提出了职业搜寻理论，增进了人们对摩擦性失业的理解。

[31] 失业保障制度既带有保险的性质，又带有救济的性质。在各个经济体失业保障制度的具体实践中，重点是保险原则还是救济原则，不尽相同。

[32] 其实，失业保障制度不但在一定程度上培养了一些不积极重新就业的失业者，而且也会造就一些**假失业者**（disguised unemployment）。

[33] 工资刚性可以具体化为**名义工资刚性**（nominal wage rigidity）和**实际工资刚性**（real wage rigidity）。

[34] 1914 年福特汽车公司开始向其工人支付每天 8 小时 5 美元的工资。当时流行的工资是每天 2～3 美元之间，福特的工资水平远远高于劳动力市场的（均衡）工资水平。结果，正如图 8—21 所揭示的那样，求职者在福特工厂门外排起了长队。

［35］逆向选择是指，信息多的人以一种不利于信息少的人的方式进行自我选择的倾向。

［36］当不能够完全监督时，人们有选择不当行为的倾向。

［37］福特公司支付每天 5 美元工资，改善了工人纪律，旷工减少了 75%。

［38］工会的重要性随着时间的推移而变化。比如在美国，自 20 世纪 50 年代以来，工会人数急剧下降。

［39］其实工会的存在就把劳动力分为了内部人（工会成员）和外部人（非工会成员）两类。

［40］青少年的工资低主要是因为，青少年由于缺乏劳动技能和工作经验，劳动边际产出低。当然，青少年就业往往具有在职培训的性质。

［41］自然失业率可能还受到实际失业率变化的影响，这种现象称为**失业磁滞**（hysteresis）。磁滞是一个物理学术语，是指一个变量受到某个暂时的外力作用，当外力消失后，变量无法回到初始状态的现象。失业磁滞通常是指，如果一次暂时冲击造成实际失业上升，自然失业率也可能会改变。到目前为止，失业磁滞理论仍然是一种存在争议的理论，但也有部分经济学家相信，失业磁滞主要用来解释欧洲近年来的失业趋势，对美国二战后的自然失业率变化似乎没有提供多少解释。

［42］如果把样本区间缩小为 1959—2004 年间，平均失业率为 5.8%；如果把样本区间扩大到 1929—2004 年间，平均失业率为 7.2%。

［43］当我们用带有预期的菲利普斯曲线度量自然失业率时，自然失业率有时也被称为**非加速通货膨胀率的失业率**（NAIRU）。

［44］在失业特征中，我们详细考察了不同人群所面临的失业率存在较大差异。

［45］当然，如果是由于劳动力市场存在工资刚性，就业机会短缺，一些工人没有工作机会长期失业，也会带来产出损失。

［46］计算方法是：15.1/0.880 4－15.1＝2.051（万亿美元）。

［47］这种假设通常称为**适应性预期**（adaptive expectation）。

［48］因为降低通货膨胀总是伴随着经济衰退。

［49］在经济波动文献中，特别是实际经济波动文献中，人们度量共变的通常做法是：第一步，对所关注的宏观经济变量取自然对数；第二步，采取 $H\text{-}P$ 滤波等对变量（对数形式）做去势处理；第三步，计算所关注变量的统计量，比如相关系数等。如果发现正相关，则顺周期；负相关，则逆周期；不相关，则无周期变量。考虑到这种处理超出了本书的范围，我们没有进一步展开讨论经济波动的度量问题。

［50］斯拉茨基的工作并没有引起人们的注意，确切地说，没有引起英文世界中学者的注意。10 年后，斯拉茨基的工作以英文的形式刊出。

［51］实际经济波动理论特别强调技术进步对经济体的冲击。

［52］感兴趣的读者不妨参阅 King et al.（2005）。

第9章

宏观经济管理政策及其机制

随着我国市场经济的日臻成熟，宏观经济管理早已成为我们身边宏观经济生活中的一个重要组成部分。比如，我们每个人都或多或少地要和银行打交道，如果你留意则会发现，近20年银行存款法定利率好像是呈 W 形变动。确实，如图9—1所示，在1991年4月21日到2011年7月7日之间，我国个人人民币1年储蓄存款法定利率保持在2％～4％的范围内。同期，1年期贷款的法定利率保持在5％～8％的范围内。中国人民银行通过调整存贷款利率，其实就是对我国宏观经济生活进行调控。坦白地说，无论你意识到与否，宏观经济管理已经走进了我们的日常生活，影响着我们的经济决策。在本章，我们将着重探讨常见的宏观经济管理政策及其机制。

在宏观经济管理中，**货币政策**（monetary policy）和**财政政策**（fiscal policy）是两个最常见的宏观经济政策工具。本章将利用 *IS-LM* 模型和 *AS-AD* 模型说明：货币政策与财政政策如何起作用；如何实现我们在本书第8章提出的宏观经济管理目标。

如同看病强调"对症下药"一样，宏观经济管理当局会根据经济体所遭受的冲击类型"对症下药"。比如经济体遭受需求方面的冲击，经济体出现衰退或者过热时，宏观经济管理当局会采取合意的货币政策、财政政策来刺激或减少总需求。这种以调节总需求为核心的宏观经济政策通常称为**需求管理型的宏观经济政策**（demand management policy）。相对而言，需求管理是宏

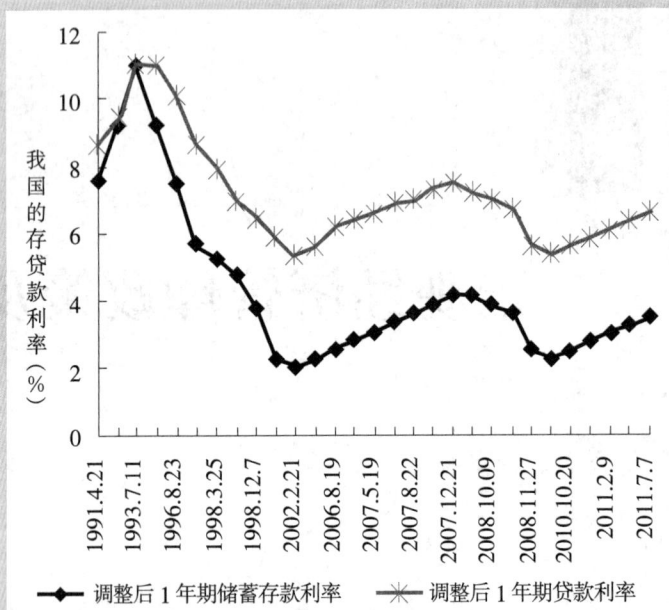

图 9—1 我国近 20 年来的利率变动

注：在 1991 年 4 月 21 日到 2011 年 7 月 7 日之间，我国个人人民币 1 年储蓄存款法定利率保持在 2%～4%的范围内，同期，1 年期贷款的法定利率保持在 6%～8%的范围内。

资料来源：《中国统计年鉴》(1996—2012)。

观经济管理的核心，已积累了大量经验，但当经济体遭受了供给冲击时，如何进行宏观经济管理？我们还知之甚少。更为重要的是，一个经济体如何才能够实现持续增长？落后国家如何才能够赶超发达国家？尽管经济学家已经给出了一个长长的药方列表，但至今我们仍然在迷雾中探索。别忘了，经济增长是四大宏观经济管理目标之首。[1]

本章主要由以下三部分内容构成：（1）利用 IS-LM 模型考察货币政策、财政政策在熨平经济波动中的**传导机制**（transition mechanism）；（2）利用 AS-AD 模型阐述货币政策、财政政策在短期和长期对经济体的影响；（3）经济体遭受供给方面的冲击后，宏观经济管理当局如何治理？将会面临什么难题？

9.1　*IS-LM* 模型中的货币政策

货币政策（monetary policy）是指，中央银行为调节总需求而采取的有关货币供给的选择。正如图 9—1 所揭示的，为刺激我国的总需求，中国人民银行自 1996 年以来连续 8 次降息，但一些学者认为，降息的效果好像并没有达到政策制定者的预期。

在本部分，我们将详细考察货币政策的目标、工具，在此基础上，进一步通过 *IS-LM* 模型阐明货币政策如何影响经济体的总需求。

需要说明的是，涉及我国货币政策的内容，除了已经注明来源的，其他都来自中国人民银行网页中的相关材料，我们没有一一标注，建议感兴趣的读者直接登录中国人民银行的主页 www. pbc. gov. cn。

目标

你也许感到奇怪，在本书第 8 章中不是已经详细地考察了宏观经济管理的四大目标，为什么我们还要明确货币政策的目标呢？因为货币政策的目标有**最终目标**（ultimate targets）和**中间目标**（intermediate targets）之别。

最终目标就是我们在本书第 8 章中考察的经济增长、物价稳定和充分就业等。这些目标当然非常重要，但问题是，央行如何才能够准确有效地实现这些目标？如同我们通过实现一个一个的阶段性目标来实现最终目标一样，央行还需要选择一些中间目标以便更加准确地实现其最终目标。通常，央行的中间目标是货币存量或利率或信贷。

在中国，中国人民银行是中央银行[2]，在国务院的领导下，制定和执行货币政策，防范和化解金融风险，维护金融稳定，负责制定和执行我国的货币政策。按照《中华人民共和国中国人民银行法》规定[3]，我国货币政策目标的明确定义为："保持货币币值的稳定，并以此促进经济增长"。所谓稳定货币比值应有双重含义：人民币汇率稳定和国内物价稳定。

需要说明的是，我们主要关注货币存量这个中间目标，尽管在本章"是货币存量？还是利率？"小节中，我们将讨论其他两种中间目标以及中间目标的选择。

货币总量的构成

在考察货币存量之前，一个显而易见的但需要明确的问题是，货币总量主要由什么构成？在美国，货币总量主要由 M1 和 M2 构成，其中

> M1 包括**通货**（Currency）、**活期存款**（Demand Deposits）、**旅行支票**（Travel's Checks）和**其他支票存款**（Other Checkable Deposits）；

➤ M2 包括 M1、**非机构持有的货币市场共同基金股份**（Money Market Mutual Fund Shares）、**货币市场存款账户**（Money Market Deposit Accounts）**和小额定期存款**（Small Time Deposits）。

图 9—2 给出了美国在 1959—2012 年间的 M1 和 M2。从图形上看，在 1959 年，M1 和 M2 之间的差距并不大，二者之比是 0.47∶1，到了 2012 年，二者之比就变成了 0.23∶1。这表明，在 1959—2012 年间，M1 所占比重呈现下降趋势，M2 中 M1 以外的货币是货币存量的主要构成。

在中国，货币总量主要由 M0、M1 和 M2 构成，即

➤ M0 是流通中通货；

➤ M1 是货币，包括流通中通货和活期存款；

➤ M2 是货币和准货币，包括 M1、储蓄存款、定期存款和其他存款。[4]

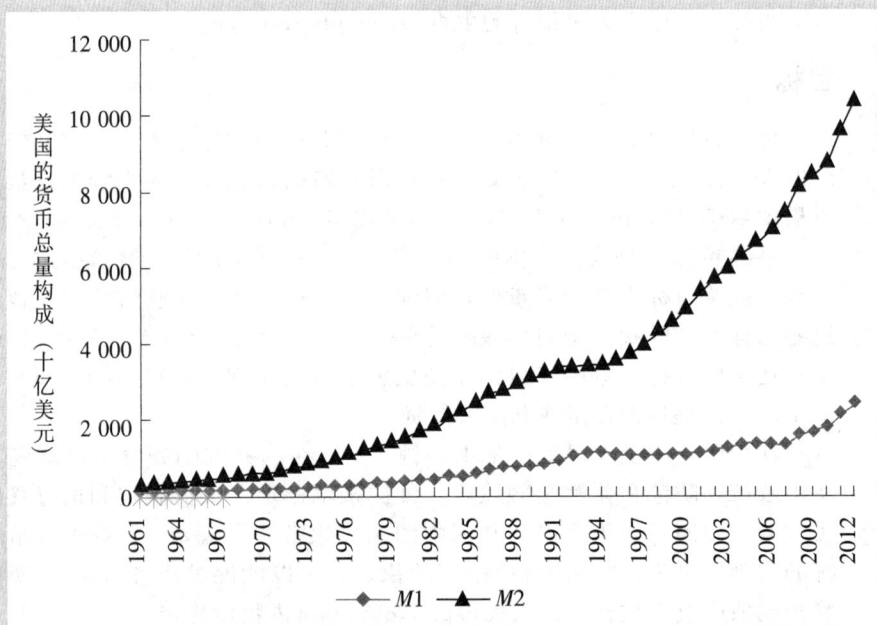

图 9—2　美国的货币总量构成

注：在 1961—2012 年间，M2 所占比重呈现上升趋势。

资料来源：1973 年以前数据来自《总统经济报告》（2005）附表 B70，1973 年及以后数据来自《总统经济报告》（2013）附表 B69。

对比中美货币总量的构成，你也许会感到有点吃惊，好像二者的口径不尽相同。这反映了我国在货币总量构成上的中国特色，或者说还没有完全与国际接轨。

图9—3给出了中国在1990—2011年间的$M0$、$M1$和$M2$。从图形上看，在1990年，$M0$、$M1$和$M2$之间的差距并不是特别大，三者之比为0.17：0.45：1，到了2011年，三者之比就变成了0.06：0.34：1。这表明，在1990—2011年间，在我国$M2$越来越成为最重要的货币存量指标。

如果我们仔细对比中美的货币总量构成就会发现，二者至少有一点是相同的，如图9—4所示。

图9—4是中美流通中的通货与各类存款之比，从图形上看，中美两国的货币总量都主要由各类存款构成。[5]在1990—2011年间的中国，流通中通货所占比重从17%一直下降到6%，这表明中国的货币总量主要由存款构成。在1959—2012年间的美国，流通中通货所占比重一直在12%以内，货币总量仍然主要由存款构成。

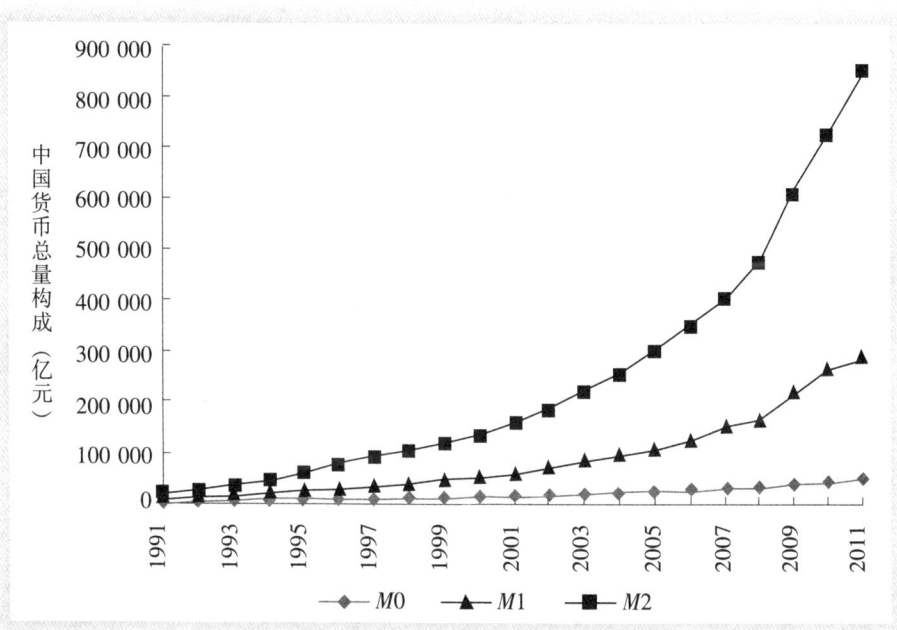

图9—3 中国的货币总量构成

注：在我国，$M2$逐步成为最重要的货币存量指标。

资料来源：《中国统计年鉴》（2012），表19—3，北京，中国统计出版社，2012。

货币存量的确定

流通中的通货是由中央银行供给的，中央银行显然可以直接确定、控制通货的投放量。货币总量主要是由各类存款构成，而中央银行显然不可能直

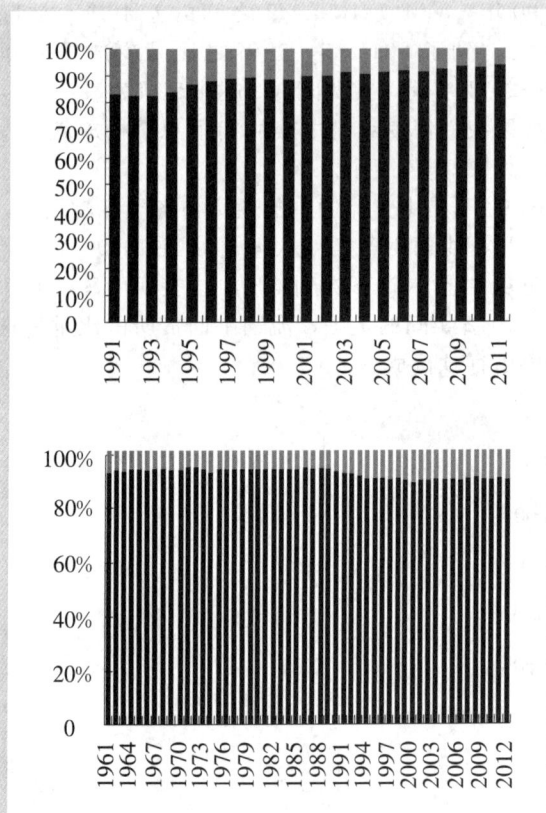

图9—4 中美的通货与各类存款之比

注：在图形中，黑色和灰色分别表示各类存款和通货，上图是中国的，下图是美国的。中美的货币存量都是主要由存款构成。

资料来源：上图来自《中国统计年鉴》（2012）的表19—3；下图中1973年以前数据来自《总统经济报告》（2005）附表B70，1973年及以后数据来自《总统经济报告》（2013）附表B69。

接控制这些存款。因此，在宏观经济管理中，中央银行把货币存量视为中间目标，拟通过控制货币存量来实现最终目标。事实上，中央银行正是通过控制**基础货币**（the money base）的规模来决定经济体的货币总量，如图9—5所示。

基础货币（H），通常被称为**高能货币**（high-power money），是指流通中的通货（C）和银行在中央银行的存款（R）[6]，即

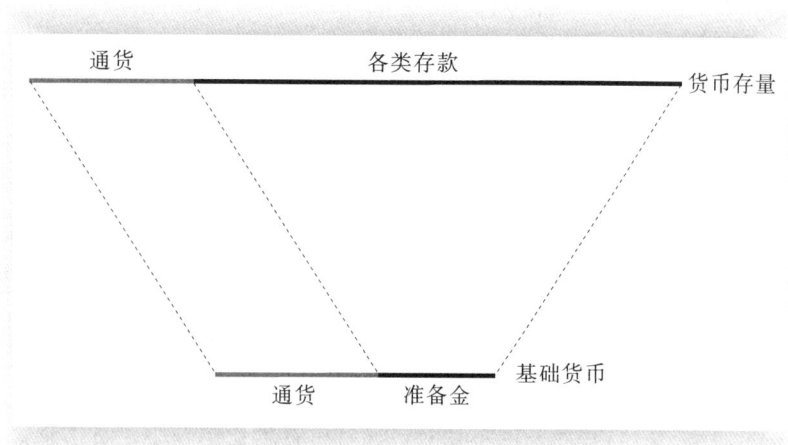

图 9—5 基础货币与货币存量之间的关系

注：基础货币＝通货＋准备金；货币存量＝通货＋各类存款。我们通过货币乘数（m）把基础货币和货币存量连接起来，即每 1 单位基础货币产生 m 单位货币存量。

$$H=C+R \tag{9—1}$$

在确定货币存量的过程中，还将涉及两个新的外生变量：**准备金率**（reserve ratio）和**通货—存款比率**（currency-deposit ratio）。

准备金率（rr）是指银行准备金在存款中所占的比例，即

$$rr=\frac{R}{D} \tag{9—2}$$

通常，准备金率是由银行的经营政策和相关法律规定的。

通货—存款比率（cd）是指人们持有的通货占存款的比例，即

$$cd=\frac{C}{D} \tag{9—3}$$

通货—存款率反映了经济活动主体对其持有的货币形式的偏好。

有了基础货币、准备金率和通货—存款比率这些概念，我们现在就可以描述中央银行是如何通过控制基础货币的规模来决定货币总量的。货币总量除以基础货币得：

$$\frac{M}{H}=\frac{C+D}{C+R} \tag{9—4}$$

公式（9—4）右边分子、分母同时除以存款，整理可得：

$$M = \frac{cd+1}{cd+rr} \times H \tag{9—5}$$

公式（9—5）是连接基础货币与货币总量的桥梁，其中系数（$cd+1$）/（$cd+rr$）就是大家非常熟悉的**货币乘数**（money multiplier），记为 m。因此，公式（9—5）就可以简化为：

$$M = m \times H \tag{9—6}$$

公式（9—6）揭示了，中央银行正是利用货币乘数实现了通过控制基础货币的规模来决定货币总量的。具体而言，当货币乘数不变时，中央银行控制的基础货币每增加 1 单位，经济体的货币总量最终将增加 m 单位。

另外，公式（9—6）同时还揭示了影响货币乘数 m 大小的因素：

➤ 当其他条件不变时，准备金率越小，货币乘数越大；

➤ 当其他条件不变时，通货—存款比率越小，货币乘数越大。

我们将以我国的实际数据来考察货币乘数的变动情况，如图 9—6 所示。

在图 9—6 中的上图中，存款准备金率从 8% 快速上长升到 21%；[7] 通货—存款比率从 12% 下降到 6%。图 9—6 中的下图描述了我国货币乘数近 15 年来的变动趋势。我国货币乘数大致呈现下降态势，从 5.6 一直下降到 3.9。

控制货币存量的三种工具

在前面章节中，我们一直假定中央银行直接控制货币供给。现在你已经感觉到，中央银行并不能够直接控制经济体的货币供给，而是通过控制或影响基础货币供给和货币乘数来控制经济体的货币总量。中央银行有三个控制货币供给的工具：**公开市场业务**（open market operation）、**贴现率**（discount rate）和**法定准备金率**（required reserve rate）。

公开市场业务是中央银行改变基础货币存量的最常用的政策工具。简而言之，中央银行的公开市场业务主要是：央行直接买入债券，支付债券的人民币就一次性地投放基础货币；央行直接卖出持有债券，得到人民币就一次性地回笼基础货币。[8] 在多数发达国家，公开市场操作是中央银行吞吐基础货币、调节市场流动性的主要货币政策工具。通过中央银行与指定交易商进行有价证券和外汇交易，实现货币政策调控目标。中国公开市场操作包括人民币操作和外汇操作两部分。外汇公开市场操作 1994 年 3 月启动，人民币公开市场操作 1998 年 5 月 26 日恢复交易，规模逐步扩大。1999 年以来，公开市场操作已成为中国人民银行货币政策日常操作的重要工具，对于调控货币供应量、调节商业银行流动性水平，以及引导货币市场利率走势发挥了积极的作用。

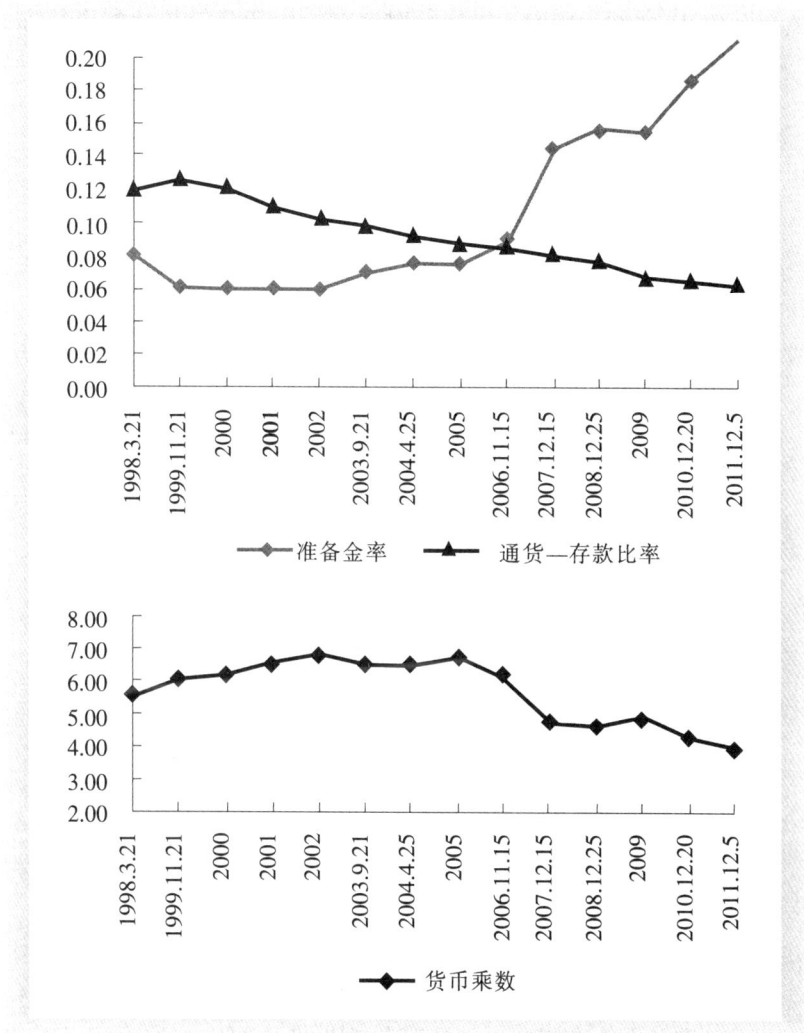

图 9—6 我国近 10 年来的货币乘数

注：在 1998 年 3 月 21 日到 2011 年 12 月 5 日之间，我国的准备金率大幅度上升，同时通货—存款比率呈现下降趋势，结果我国的货币乘数从 5.6 一直下降到 3.9。

资料来源：准备金率来源于中国人民银行网；通货—存款比率来自图 9—4。

贴现率是指中央银行向银行发放贷款时收取的利率。当银行发现自己的准备金不足时，它既可以从中央银行，也可以从其他有多余准备金的银行借入准备金。贴现率越低，所借的准备金就越便宜，银行在中央银行借到的就可以越多。因此，贴现率的下降就可以增加基础货币和货币供给。在过去的近 15 年间，中国人民银行对金融机构贷款的基准利率呈现明显的下降趋势。如图 9—7 所示，无论是 1 年期、6 个月、3 个月还是 20 天以内贷款利率都呈现明显的下降趋势。

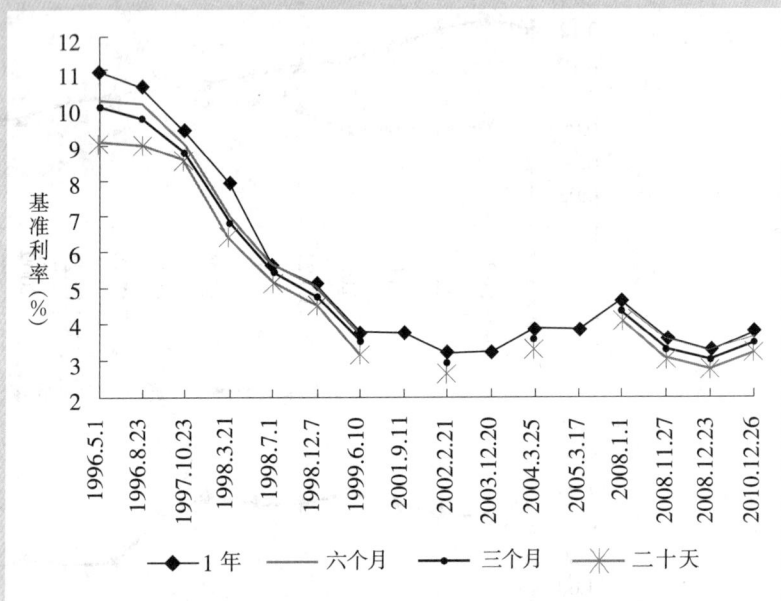

图 9—7　中国人民银行对金融机构贷款的基准利率

注：在 1996—2010 年间，我国的中央银行对其他金融机构贷款的利率呈现明显下降趋势。

资料来源：中国人民银行网（www.pbc.gov.cn）。

还需要补充的是，在美国，把从其他银行借款的成本称为**联邦资金利率**（federal funds rate），所谓**联邦资金**（federal funds）是指一些银行持有的超额准备金。在中国，把从其他银行借款的成本称为银行间的拆借利率。一般来说，同业拆借利率是以中央银行再贷款利率和再贴现率为基准，根据社会资金的供求关系由拆借双方自由议定的，是目前我国为数不多的市场化利率。

法定准备金率是中央银行对银行最低准备金率的规定。法定准备金率的上升提高了准备金率，由前面的分析可知，货币乘数下降，货币供给减少；同理，法定准备金率下降，则货币供给增加。也许由于其"威力巨大"，在三个货币政策工具中，法定准备金率通常是中央银行最少使用的。不过，坦白地说，在过去的近 15 年间，我国的法定准备金率则是大幅度上升，如图 9—8

所示。

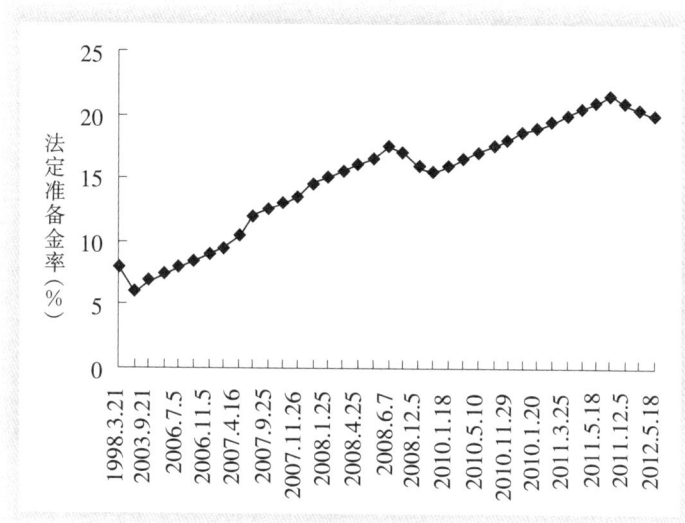

图 9—8　我国的法定准备金率

注：在 1998—2012 年间，我国的法定准备金率呈现明显上升趋势。

资料来源：中国人民银行网（www.pbc.gov.cn）。

最后还要强调的是，尽管中央银行通过上述三种政策工具能够较大程度地影响经济体的货币供给，但中央银行并不能够完全控制货币供给。比如，各银行会根据营业中的实际情况选择持有**超额准备金**（excess reserve），即高于法定准备金率的准备金。显然，超额准备金率越高，货币乘数就越小，结果货币供给就越少。因此，经济体的实际货币供给有时会以中央银行不希望的方式变动。

机制

在本小节，我们将在 IS-LM 框架内考察中央银行通过控制货币供给进行宏观经济管理的详细过程。

如图 9—9 所示，经济体的初始位置是产品市场和货币市场同时处于均衡状态的 A 点，经济体的利率水平为 i^*，收入水平为 Y^*。假定在某一时刻，中央银行在公开市场上直接买入债券，一次性地投放基础货币，从而一次性地增加了经济体的货币供给。由本书第 7 章中的分析可知，货币供给增加，LM 曲线将向右平移。在图 9—9 中表现为，LM 曲线向右平移到 LM'，与 IS 曲线重新相交于 C 点。相应地，经济体的利率水平从 i^* 下降到 i^{**}，收入水平从 Y^* 上升到 Y^{**}。

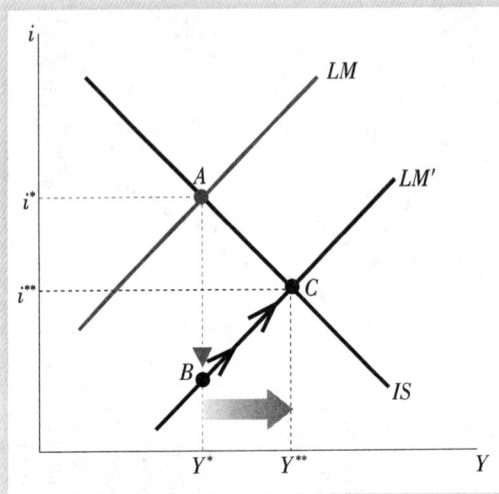

图 9—9 货币政策的传导机制

注：经济体的初始位置是 A 点。当中央银行通过公开市场业务成功增加货币供给后，LM 曲线向右平移到 LM'。经济体将从 A 点运动到 B 点，然后再运动到 C 点。结果经济体的利率水平下降到 i^{**}，收入水平上升到 Y^{**}。

图 9—9 同时还描述了货币供给增加影响收入的详细过程。中央银行在公开市场上买入债券，增加了名义货币总量，在价格既定的情况下，经济体的实际货币供给随之增加，结果 LM 曲线向右平移到 LM'。由于货币市场调整非常迅速，经济体将从 A 点运动到 B 点。在 B 点，货币市场出清；但对于产品市场而言，由于利率水平比较低，产品市场处于失衡状态，确切地说是产品市场上存在过量的总需求。由本书第 7 章中的分析可知，这时企业将会发现其非计划库存下降，企业会增加投资，产出水平上升，经济体将沿着 LM' 曲线如图 9—9 中箭头所示方向运动，并最终运动到 C 点。

需要强调的是，经济体之所以能够沿着箭头所示方向从 B 点运动到 C 点，除了我们一直假定货币市场瞬时出清，还需要说明，为什么利率会不断上升呢？因为在货币市场上，随着收入水平的增加，人们对货币的需求增加，相应地利率随之增加。

以上我们较详细地考察了货币供给增加影响产出的过程，建议大家自己动手分析货币供给减少影响产出的过程。

通常，我们把货币政策的变动对总需求的影响过程称为货币政策的**传导机制**（the transition mechanism）。该传导机制可以概括为以下两步：

1. 货币政策变化导致利率变化，如图 9—9 中从 A 点到 B 点所示。在这个阶段，由于货币供给增加，经济活动主体持有的财富组合出现了失衡。在人们的调整过程中，利率发生了变化。

2. 利率的变动导致总需求发生变化，如图 9—9 中从 B 点到 C 点所示。在这个阶段，由于利率下降，在其他条件不变的情况下，经济体的投资支出会增加。随着投资的增加，经济体的总需求不断增加。当然，利率的变化本身也会影响到经济活动主体的收入水平，从而改变经济体的消费水平。需要说明的是，并没有有力的证据表明，利率的变动确实改变了经济活动主体的消费。

尽管货币政策当局在制定、执行货币政策时所采用的政策工具组合不尽相同，但是货币政策的传导机制大致是一样的。

三个特例

既然货币政策实现其预期目标要经过上述的两步传导机制，那么任何一步传导出现了偏差，货币政策就可能偏离其既定目标。在本节，我们将考察三个特例：（1）**流动性陷阱**（liquidity trap），即货币政策变动并不会改变经济体的利率水平；（2）**银行惜贷**（bank's reluctance to lend），即利率下降，但银行不愿意增加贷款；（3）**古典情形**（classical case），即 LM 曲线是垂直的。

流动性陷阱

当经济体出现流动性陷阱时，LM 是水平的。为什么会出现这样的情况呢？我们不妨回忆一下货币市场中的实际货币需求函数，那是一条关于名义利率的减函数。不妨想象，当名义利率水平变得很低，甚至趋向于零时，会出现什么状况呢？这时候，人们就宁愿持有货币而不去银行存钱。换句话说，在名义利率水平变得很低时，人们的实际货币需求就不会受这个低水平利率的影响，这时，中央银行供给多少货币，公众就持有多少，根本不会改变自己的资产组合。这时候，LM 曲线是水平的，均衡利率通常是一个很低的水平。在这种情况下，中央银行通过公开市场增加或减少货币供给，显然并不能够改变利率，即货币政策的传导机制在第一步的地方出现了失灵，也就无法使经济体的总需求发生变化。因此，货币政策无效，如图 9—10 所示。

流动性陷阱是凯恩斯提出的一种特例，尽管我们一直很少有机会能够观察到这种宏观经济现象，但确实有利于我们对货币政策效果的理解。

银行惜贷

相对而言，银行惜贷是较为普遍的宏观经济现象。我们不妨想一想，如果银行面临的情景是，现有大部分贷款者无力偿还全部贷款，那么银行会因为企业有很强的投资动机就贷款吗？毫不奇怪，银行没有多大的热情去增加有风险的贷款。

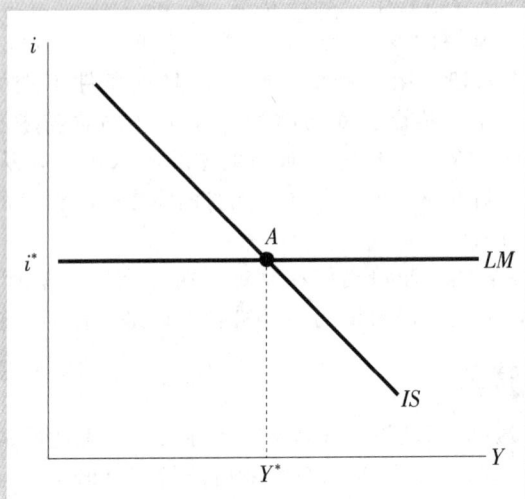

图 9—10 流动性陷阱

注：当经济体出现流动性陷阱时，货币供给增加并不能够改变既定的利率水平，结果货币政策无效。

图 9—11 揭示了我国近年来的短期贷款情况。从图形上看，尽管我国目前的利率水平一直呈现下降的态势，但各种贷款都明显呈现上升态势。

如果银行不愿意贷款给企业，则当企业自有资金不足时，中央银行在公开市场买入有价证券，增加货币供给，成功降低了利率，企业的投资也不会增加。因此，货币政策的传导机制在第二个环节失灵，货币政策无法实现预期效果。

古典情形

流动性陷阱显然是一个极端，现在我们不妨走向另外一个极端，即 LM 曲线是垂直的，而不是水平的。这时货币政策的效果如何？

LM 曲线在什么情况下是垂直的？不妨回忆一下，我们在本书第 7 章中推导出的 LM 曲线表达式：

$$\frac{\overline{M}}{P} = kY - hi$$

显然，当 $h=0$ 时，LM 曲线是垂直的，如图 9—12 所示。当 $h=0$ 时，LM 曲线表达式就变为 $\overline{M} = k\,(\overline{P} \times Y)$，表明名义收入水平取决于货币数量，这就是**古典的货币数量论**（the classical quantity theory of money）。[9]

假定经济体的初始位置是图 9—12 中的 A 点。当货币供给增加，比如从

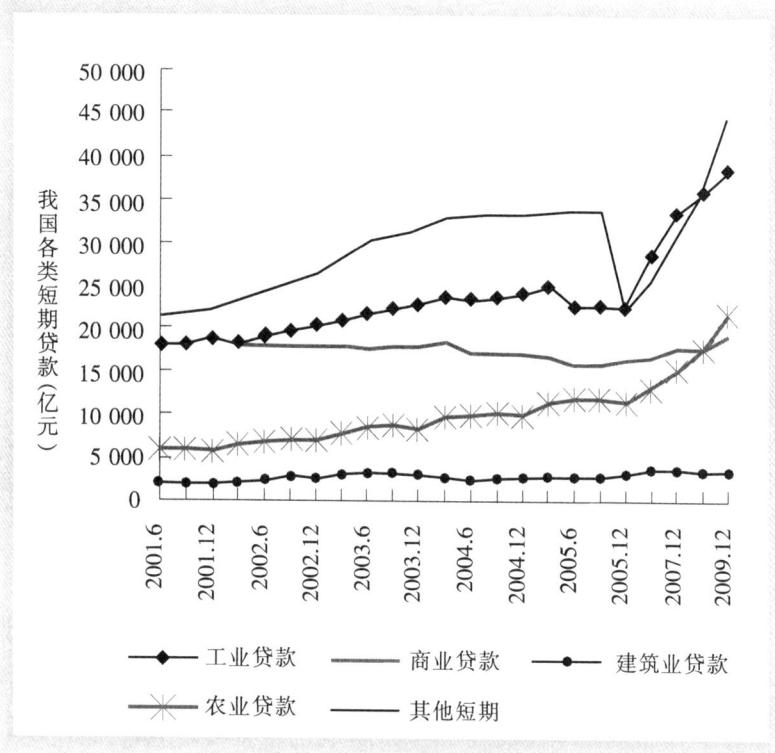

图 9—11 我国短期贷款的变动

注：尽管我国的利率一直呈现下降态势，但是贷款并没有呈现明显的上升态势。

资料来源：《中国人民银行统计季报 200504》；中国经济社会发展统计数据库。

M 增加到 M'，显然，LM 曲线会向右平移，如图 9—12 中箭头所示。这时经济体就从 A 点移动到 B 点，相应地，收入水平就从 Y^* 上升到 Y^{**}。另外，还需要强调的是，在古典情形下，货币政策的效果最大。感兴趣的读者不妨自己动手画图分析，你会发现，当 IS 固定不变时，LM 曲线越陡峭，货币政策的效果越大。

我们最关心的问题是：在古典情形下，货币政策的传导机制是什么？是否还符合本章"机制"小节中概括的两步传导机制？从 LM 曲线垂直的背后逻辑看，当人们持有的货币量与利率无关时，中央银行改变货币供给量，显然无法改变经济体的利率水平，这好像意味着传导机制中的第一步出现了"问题"；既然货币供给变化无法改变利率水平，那么也不会影响到经济体的投资，这好像意味着传导机制中的第二步也出现了"问题"。这是否意味着货币政策的传导机制在古典情形下失灵了？

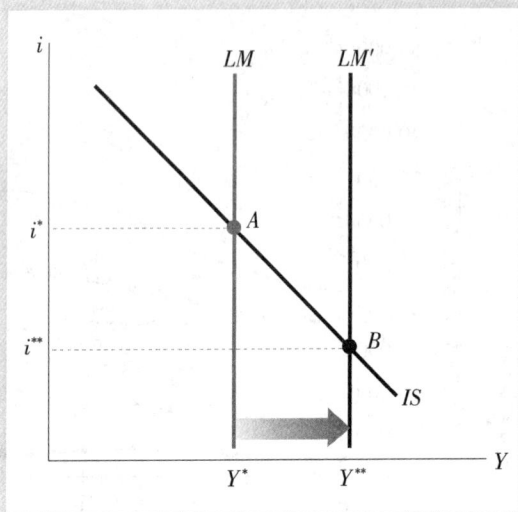

图 9—12　古典情形

注：曲线是垂直的。货币供给增加，曲线向右平移，结果货币政策的效果最大。

之所以让人感到困惑，是因为我们恰好忽视了货币政策的实质。货币政策是总需求管理的核心之一，宏观经济管理当局旨在通过货币政策影响经济体的总需求，最终实现其预期目标。从这种意义上说，本章"机制"小节中概括的货币政策传导机制，其实质无非是，货币供给的改变能够影响到经济体的总需求，只不过是通过利率这个传导渠道罢了。在 IS-LM 模型中，我们隐含的假定是价格水平不变，即 $P=\overline{P}$。在古典情形下，这个隐含的假定就意味着，货币供给的增加或减少，造成经济体的收入水平相应地增加或减少，进而影响到经济体的总需求水平。这表明，在古典情形下，货币供给的改变能够影响到经济体的总需求，只不过是通过收入这个传导渠道罢了。

9.2　*IS-LM* 模型中的财政政策

财政政策（fiscal policy）是指，政府关于支出与税收水平的选择。确切地说，是政府通过选择其收入和支出水平来影响总需求的一种宏观调控手段，而且是与货币政策并重的一种宏观调控手段。

在本部分，我们将通过 IS-LM 模型阐明财政政策如何影响经济体的总需求。

政府购买

在本小节，我们将在 IS-LM 框架内考察政府购买增加实现宏观经济管理最终目标的详细过程。

如图 9—13 所示，经济体的初始位置是产品市场和货币市场同时处于均衡状态的 A 点，经济体的利率水平为 i^*，收入水平为 Y^*。假定在某一时刻，政府购买增加。由本书第 7 章中的分析可知，政府购买增加，IS 曲线将向右平移。在图 9—13 中表现为，IS 曲线向右平移到 IS′，与 LM 曲线重新相交于 B 点。相应地，经济体的均衡利率水平从 i^* 上升到 i^{**}，均衡收入水平从 Y^* 上升到 Y^{**}。

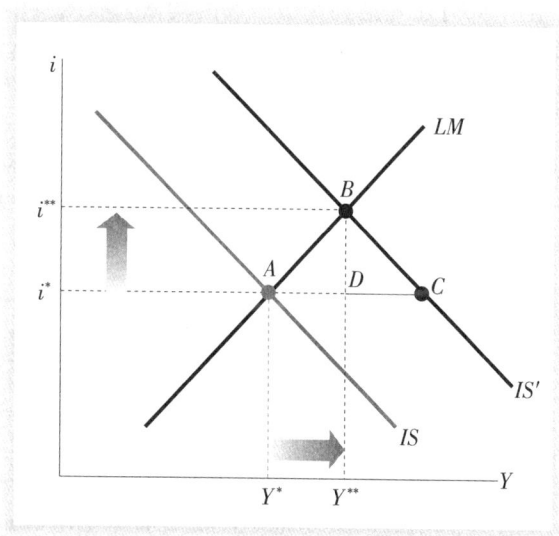

图 9—13 财政政策的传导机制

注：经济体的初始位置是 A 点。当政府购买增加后，曲线向右平移到 IS′。经济体将从 A 点运动到 C 点，然后再运动到 B 点。结果经济体的利率水平上升到 i^{**}，收入水平上升到 Y^{**}，挤出效应为线段 CD。

图 9—13 同时还描述了政府购买增加影响收入的详细过程。随着政府购买增加，IS 曲线向右平移到 IS′。由于货币市场调整非常迅速，经济体将沿着 LM 曲线从 A 点运动到 B 点。在 B 点，货币市场出清，产品市场出清，经济体达到了新的均衡。由本书第 7 章的分析，我们已经知道，收入水平会随着政府购买增加而增加，但问题是，为什么利率水平也随着政府购买的增加而增加呢？其背后的传导机制是什么？

其实，图 9—13 已经给出了答案。当经济体在初始位置 A 点时，政府购买增加了，如果利率保持不变，那么随着 IS 曲线向右平移到 IS'，经济体将会位于 C 点。在 C 点，产品市场显然处于均衡状态，但货币市场不再处于均衡状态。具体而言，随着收入水平的提高，人们对货币余额的需求增加了，而货币供给却保持不变，结果利率上升。在利率提高的情况下，企业计划投资支出下降，产出水平随之下降。显然，只有在 B 点，产品市场和货币市场才都是出清的。

需要强调的是，在考察政府购买增加对收入水平的影响时，如果我们对比 A 点和 C 点，就会发现，收入水平增加了，在图 9—13 中表现为线段 AC。如果我们对比 A 点和 B 点，就会发现，收入水平还是增加了，但在图 9—13 中仅表现为线段 AD。显然，这两个比较所得出的结论是不一样的，在后者中，由于同时还考虑到货币市场的均衡，收入少增加了线段 CD。在宏观经济学文献中，通常用一个专门的术语 [**挤出效应**（crowding out）] 来刻画这种情况，即扩张性财政政策提高了利率所引起的投资减少。

以上我们较详细地考察了政府购买增加影响产出的过程，按照同样的逻辑我们可以自己动手分析政府购买减少影响产出的过程。

通常，我们把财政政策对总需求的影响过程称为财政政策的传导机制。如图 9—14 所示，财政政策的传导机制可以概括为以下两步：

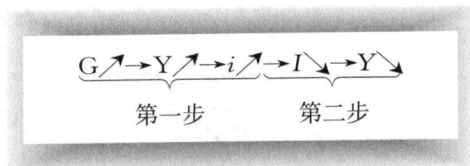

图 9—14　财政政策的传导机制

第一步，财政政策变化导致收入水平变化，如图 9—13 中从 A 点到 C 点所示。在这个阶段，由于政府购买增加，在乘数的作用下，收入水平将会以更大的幅度增加。

第二步，挤出效应，即收入水平的变化将会使货币市场上的均衡利率水平发生变动，因而影响到产品市场的投资水平和收入水平。在图 9—13 中表现为收入水平少增加了线段 CD。

既然挤出效应会抑制财政政策对产出的影响程度，我们将重点讨论决定挤出效应大小的因素。从图 9—14 中可知，挤出效应的大小将取决于以下三个环节：

➢ 利率对收入水平的敏感程度，如图 9—14 中的第二个箭头所示；
➢ 投资对利率的敏感程度，如图 9—14 中的第三个箭头所示；
➢ 收入对投资的敏感程度，如图 9—14 中的最后一个箭头所示。

当其他条件不变时，利率对收入水平的变动越不敏感，即 LM 曲线越平坦，挤出效应就越小。

如图 9—15 的上图所示，我们仍然假定经济体的初始位置是 A 点。随着政府购买的增加，IS 曲线将向右平移到 IS′。由前面的分析可知，这时经济体的挤出效应就可以用线段 CD 表示。如果经济体的 LM 曲线向下旋转，即从 LM 曲线旋转到 LM′，相应地，挤出效应就可以用线段 CE 表示。对比线段 CD 和 CE 可知，当其他条件不变时，LM 曲线变得平坦了，挤出效应下降了。

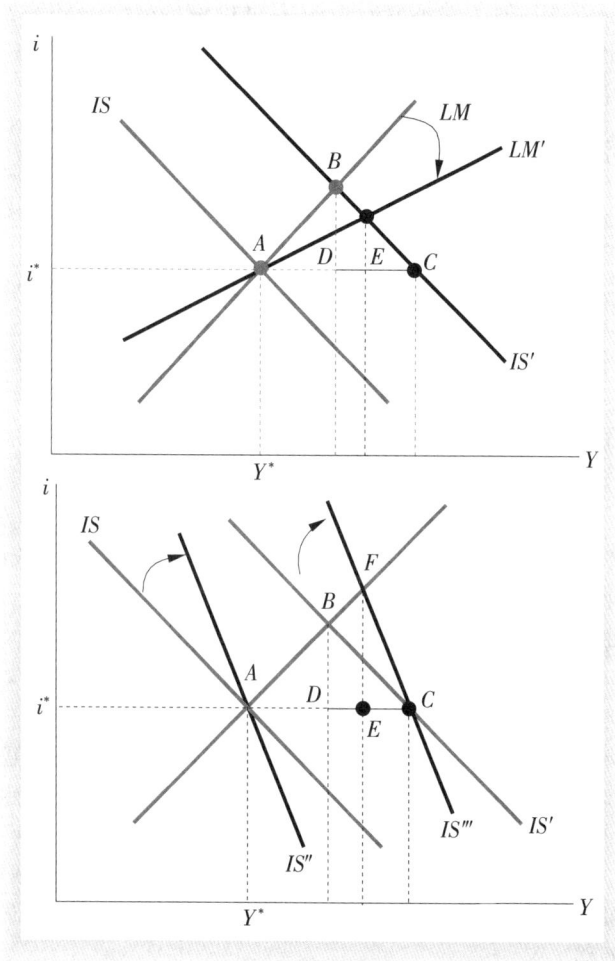

图 9—15　LM 曲线、IS 曲线与挤出效应

注：在其他条件不变的情况下，LM 曲线越平坦，挤出效应越小；IS 曲线越陡峭，挤出效应越小。

当其他条件不变时，投资对利率的变动越不敏感，即 IS 曲线越陡峭，挤出效应越小。

如图 9—15 的下图所示，我们仍然假定经济体的初始位置是 A 点。随着政府购买的增加，IS 曲线将向右平移到 IS'。由前面的分析可知，这时经济体的挤出效应就可以用线段 CD 表示。如果经济体的 LM 曲线保持不变，IS 曲线变得更加陡峭了，即 IS 曲线旋转到 IS''。相应地，政府购买增加后，IS' 曲线将变为 IS'''，这时经济体的挤出效应就可以表示为线段 CE。对比线段 CD 和 CE 可知，当其他条件不变时，IS 曲线就变得更加陡峭了，挤出效应下降了。

当其他条件不变时，收入对投资的变动越不敏感，即投资乘数越小，挤出效应就越小。显然，投资乘数越小，IS 曲线就越陡峭。图 9—15 的下图已经解释了这种情形。

税收

税收也是政府进行宏观经济管理的重要手段。在本小节，我们重点考察税收的变动对均衡收入水平的影响。

在具体考察政府采用税收如何进行宏观经济管理之前，我们不妨再回忆一下 IS 曲线的数学表达式。由本书第 6 章的公式（6—18）可知，IS 曲线可以表示为：

$$Y = \alpha_G(\overline{A} - bi) \tag{9—7}$$

其中，$\overline{A} = \overline{C} + c\,\overline{TR} + \overline{I} + \overline{G}$；$\alpha_G = 1/[1 - c(1-t)]$。

如果我们仔细观察公式（9—7）就会发现，当政府改变税率时，比如税率从 t 下降到 t' 时，乘数 α_G 将会变大，这时 IS 曲线的斜率和截距将会如何变化？显然，截距保持不变，而斜率的绝对值将会变小。从几何的角度看，IS 曲线将会逆时针旋转，如图 9—16 所示。

经济体的初始位置是产品市场和货币市场同时处于均衡状态的 A 点，经济体的利率水平为 i^*，收入水平为 Y^*。假定在某一时刻，政府把税率从 t 下降到 t'，IS 曲线将逆时针旋转到 IS'，与 LM 曲线重新相交于 B 点。相应地，经济体的均衡利率水平从 i^* 上升到 i^{**}，均衡收入水平从 Y^* 上升到 Y^{**}。这时，经济体的挤出效应为线段 CD。

对比图 9—16 和图 9—13，我们会发现，政府减税和政府购买增加的传导机制显然是一样的。尽管一个是 IS 曲线逆时针旋转；另一个是 IS 曲线向右平移。

我们以税率下降为例考察了政府减税对宏观经济的影响，建议感兴趣的读者不妨画图分析，当政府征收**总量税**（lump-sum tax）时，减税是如何影响宏观经济运行的。请留意，这时 IS 曲线将会如何移动。

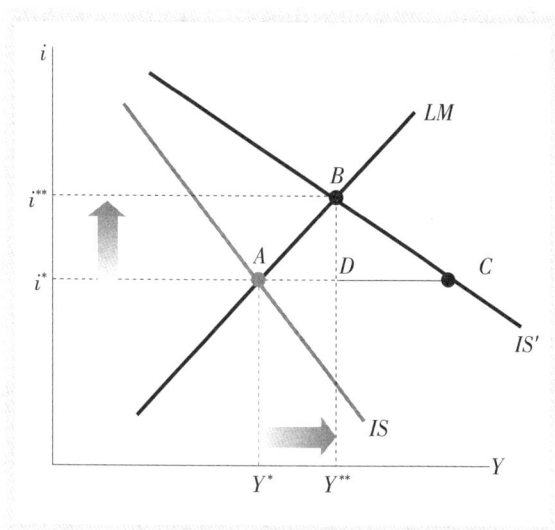

图 9—16　减税的传导机制

注：经济体的初始位置是 A 点。当政府把税率从 t 下降到 t' 后，IS 曲线向右旋转到 IS'。经济体将从 A 点运动到 B 点。结果经济体的利率水平上升到 i^{**}，收入水平上升到 Y^{**}，挤出效应为线段 CD。

转移支付

转移支付也是政府进行宏观经济管理的重要手段。在本小节，我们重点考察转移支付的变动对均衡收入水平的影响。

由公式（9—7）可知，当政府转移支付增加后，比如从 TR 上升到 TR' 时，IS 曲线的斜率不变，但截距将会增加。从几何的角度看，IS 曲线将会向右平移。与政府购买增加一样，如图 9—13 所示，经济体的均衡利率和均衡收入水平均上升。

边际消费倾向

在正常情况下，政府在宏观经济管理中无法直接改变经济活动主体的边际消费倾向，但政府出台的某些政策将会影响到经济活动主体的消费决策，从而间接地影响到边际消费倾向。比如进入 20 世纪 90 年代以来，我国所进行的医疗、住房、教育等方面的改革，不可避免地会影响到经济活动主体的消费决策。

边际消费倾向变动，比如增加，均衡的收入水平等将会如何变化？在回答这个问题之前，不妨先考察边际消费倾向增加对 IS 曲线的影响。由公式 (9—7) 可知，斜率会发生变化，截距也将发生变化。具体而言，斜率的绝对值将会变小；截距变大。从几何的角度看，IS 曲线将会向右平移，而且还将逆时针旋转，如图 9—17 所示。

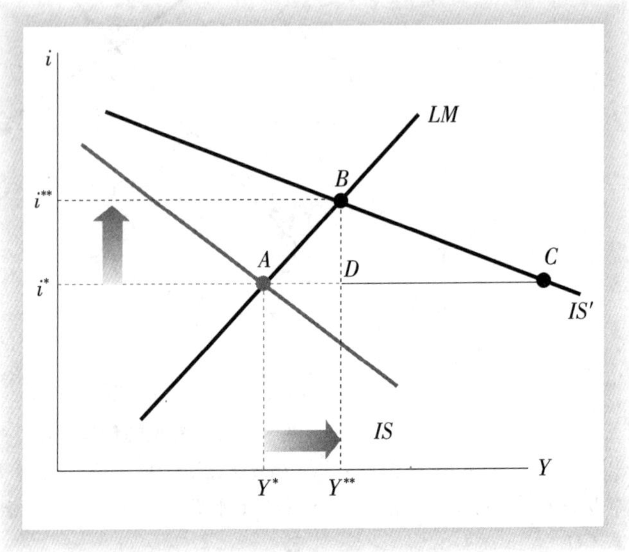

图 9—17 边际消费倾向增加的传导机制

注：经济体的初始位置是 A 点。当边际消费倾向增加后，IS 曲线向右平移并逆时针旋转到 IS′。经济体将从 A 点运动到 B 点。结果经济体的利率水平上升到 i^{**}，收入水平上升到 Y^{**}，挤出效应线段 CD。

经济体的初始位置是产品市场和货币市场同时处于均衡状态的 A 点，经济体的利率水平为 i^*，收入水平为 Y^*。假定在某一时刻，政府采取某些经济政策，经济活动主体的边际消费倾向上升了，IS 曲线将向右平移并逆时针旋转到 IS′，与 LM 曲线重新相交于 B 点。相应地，经济体的均衡利率水平从 i^* 上升到 i^{**}，均衡收入水平从 Y^* 上升到 Y^{**}。经济体仍然存在挤出效应，可以用线段 CD 来表示。

如果我们把图 9—17 与图 9—13、图 9—16 相比，就会发现，从一定意义上说，图 9—17 是图 9—13、图 9—16 的综合。因为图 9—13 刻画了 IS 曲线向右平移的情形；而图 9—16 刻画了 IS 曲线逆时针旋转的情形。

三个特例

在分析货币政策传导机制时，我们考察了三个特例，即流动性陷阱、银行惜贷和古典情形。现在，我们考察这三个特例将会对财政政策带来什么影响。

流动性陷阱

当经济体出现流动性陷阱时，LM 曲线是水平的。在这种情况下，政府执行扩张性的财政政策，比如政府购买增加，IS 曲线将向右平移到 IS′，如图 9—18 所示。

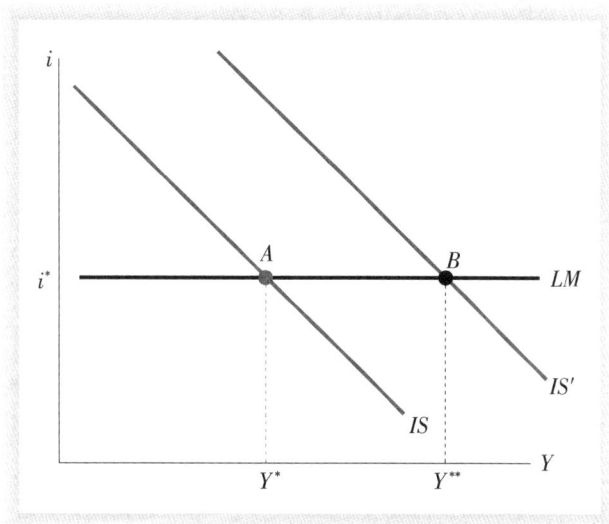

图 9—18 流动性陷阱下的财政政策

注：当经济体出现流动性陷阱，不存在挤出效应，财政政策是最有效的。

经济体的初始位置是产品市场和货币市场同时处于均衡状态的 A 点，经济体的利率水平为 i^*，收入水平为 Y^*。假定在某一时刻，政府购买增加了，IS 曲线将向右平移到 IS′，与 LM 曲线重新相交于 B 点。由于 LM 曲线是水平的，经济体的均衡利率水平保持不变，而均衡的收入水平则从 Y^* 上升到 Y^{**}。显然，这时经济体不存在挤出效应。

对比图 9—18 和图 9—13，我们就会发现，当经济体里出现了流动性陷阱时，财政政策的传导机制仍然成立，只不过挤出效应为零罢了。因而，此时的财政政策是最有效的。

银行惜贷

如果银行不愿意贷款给企业，则意味着，即使政府购买增加带来收入增加，进而导致利率上升，也不会"挤出"企业的投资。因此，当经济体里出现银行惜贷时，财政政策的传导机制仍然成立，只不过挤出效应大大降低罢了。

古典情形

在古典情形下，LM 曲线是垂直的。这时政府购买增加的效果如何？

经济体的初始位置是产品市场和货币市场同时处于均衡状态的 A 点，经济体的利率水平为 i^*，收入水平为 Y^*。假定在某一时刻，政府执行扩张性的财政政策，比如政府购买增加，IS 曲线将向右平移到 IS'，如图 9—19 所示，与 LM 曲线重新相交于 B 点。由于 LM 曲线是垂直的，经济体的均衡收入水平保持不变，而均衡的利率水平则从 i^* 上升到 i^{**}。显然，这时经济体里的挤出效应最大。

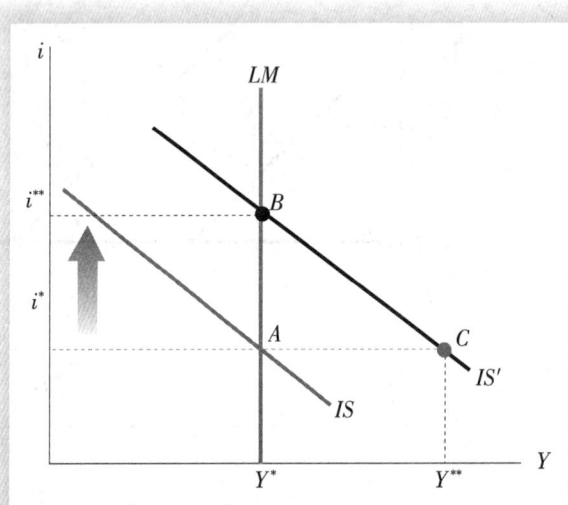

图 9—19   古典情形下的财政政策

注：在古典情形下，LM 曲线是垂直的。政府购买增加，IS 曲线向右平移，结果均衡收入水平不变，而均衡利率则上升了。挤出效应最大。

对比图 9—19 和图 9—13，我们则会发现，在古典情形下，财政政策的传导机制仍然成立，只不过挤出效应恰好完全抑制了政府购买增加对收入的影响。

9.3   *IS-LM* 模型中的货币、财政政策配合

政策组合

我们较为详细地考察了货币政策、财政政策对产出水平和利率水平的影响，如表 9—1 所示。尽管二者都可以最终实现宏观经济管理的目标，但其在宏观经济中的传导过程并不完全相同。比如，在对投资、消费和产出的影响上，二者

具有明显的差异。货币政策主要是通过利率影响投资，进而影响总需求；而财政政策可以通过政府购买、转移支付、税收等直接影响总需求。在宏观管理中，政府到底是选择货币政策还是财政政策？虽然人们对二者孰优孰劣曾经展开了大量讨论，但目前人们更倾向于根据实际经济情况采用二者的组合。

表 9—1　　　　　　　　货币、财政政策对收入和利率的影响

政策	均衡收入	均衡利率
扩张性的货币政策	+	—
紧缩性的货币政策	—	+
扩张性的财政政策	+	+
紧缩性的财政政策	—	—

从政策组合的角度看，至少有下面常见的四种组合：

第一种组合：扩张性的货币政策和扩张性的财政政策

当经济体采取扩张性的财政和扩张性的货币政策后，经济体的收入和利率将会如何变化？由表 9—1 和图 9—20 可知，均衡的收入水平显然是上升的。但问题是，均衡的利率水平将会如何变化？你也许会回答：或上升或下降，甚至不变。确实如此。

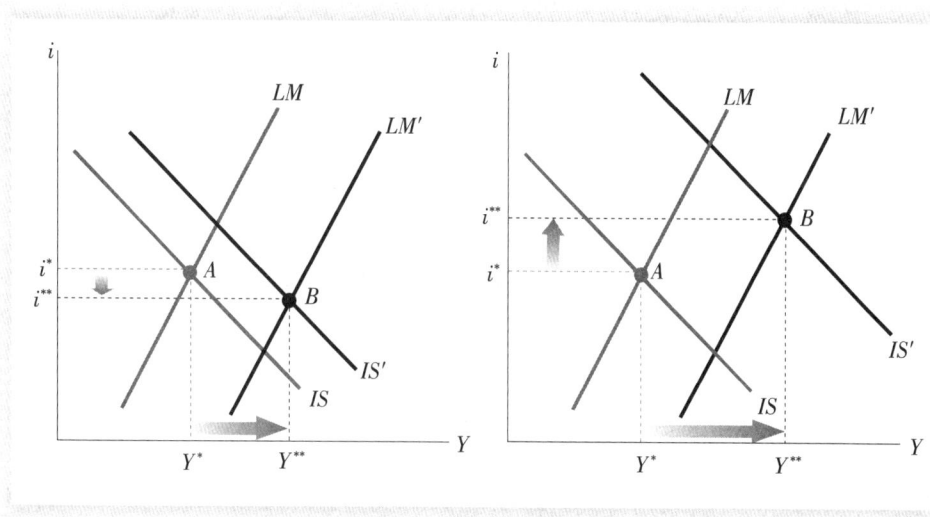

图 9—20　扩张性的财政政策和扩张性的货币政策

注：当经济体里执行扩张性的货币政策和扩张性的财政政策时，均衡的收入水平增加了；但均衡的利率水平既可能上升也可能下降。

经济体的初始位置是产品市场和货币市场同时处于均衡状态的 A 点，经

济体的利率水平为 i^*，收入水平为 Y^*。假定在某一时刻，政府执行扩张性的财政政策和扩张性的货币政策，这时 IS 曲线将向右平移到 IS′；LM 曲线将向右平移到 LM′。如果 LM 曲线向右平移的幅度超过 IS 曲线，如图 9—20 中的左图所示，产品市场和货币市场重新同时位于均衡状态，即 B 点。与 A 点相比，均衡的收入是增加的，均衡的利率水平却是下降的。如果 IS 曲线向右平移的幅度超过 LM 曲线，如图 9—20 中的右图所示，经济体重新在 B 点达到均衡，均衡的收入是上升的，均衡的利率水平也是上升的。

第二种组合：扩张性的货币政策和紧缩性的财政政策

由表 9—1 和图 9—21 可知，均衡的利率水平是下降的，而均衡的收入或是上升或是下降，甚至不变。

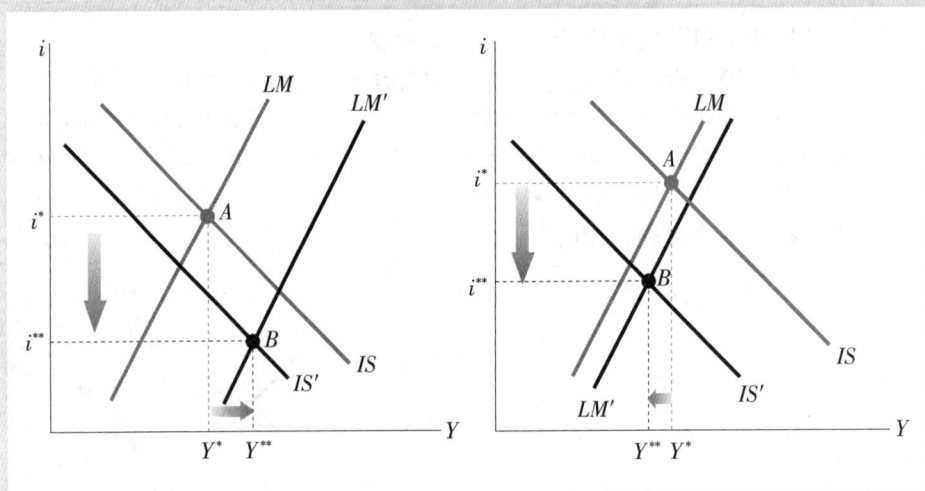

图 9—21 扩张性的货币政策和紧缩性的财政政策

注：当经济体里执行扩张性的货币政策和紧缩性的财政政策时，均衡的利率水平下降了；但均衡的收入水平既可能上升也可能下降。

经济体的初始位置是 A 点，利率水平为 i^*，收入水平为 Y^*。假定在某一时刻，政府执行扩张性的货币政策和紧缩性的财政政策，这时 IS 曲线将向左平移到 IS′；LM 曲线将向右平移到 LM′。如果 LM 曲线向右平移的幅度超过 IS 曲线向左平移的幅度，如图 9—21 中的左图所示，产品市场和货币市场重新同时位于均衡状态，即 B 点。与 A 点相比，均衡的利率水平下降了；均衡的收入水平上升了。如果 IS 曲线向左平移的幅度超过 LM 曲线向右平移的幅度，如图 9—21 中的右图所示，经济体重新在 B 点达到均衡状态，与 A 点相比，均衡的利率水平下降了；均衡的收入水平也下降了。

第三种组合：紧缩性的货币政策和扩张性的财政政策

由表 9—1 和图 9—22 可知，与第二种组合刚好相反，均衡的利率水平是上升的，而均衡的收入或是上升或是下降，甚至不变。

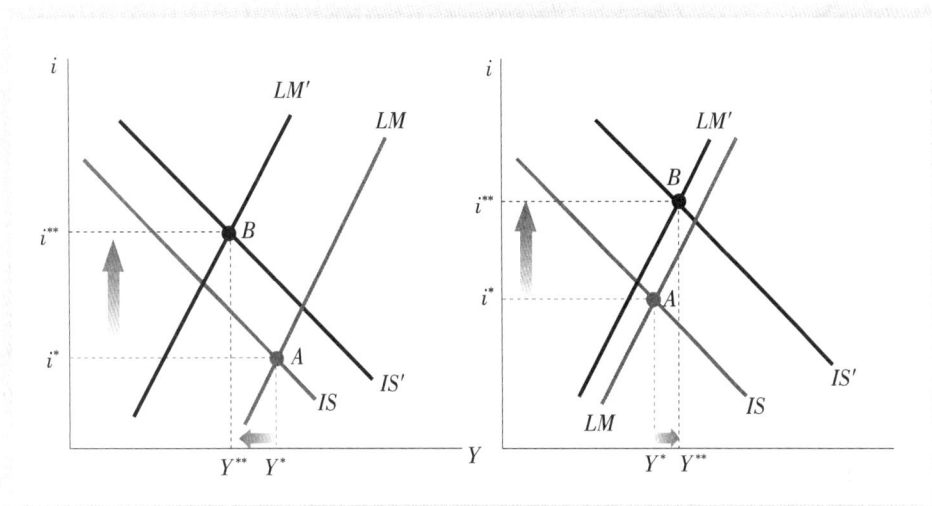

图 9—22　紧缩性的货币政策和扩张性的财政政策

注：当经济体里执行紧缩性的货币政策和扩张性的财政政策时，均衡的利率水平上升了；但均衡的收入水平既可能上升也可能下降。

经济体的初始位置是 A 点，利率水平为 i^*，收入水平为 Y^*。政府执行紧缩性的货币政策和扩张性的财政政策，这时 IS 曲线将向右平移到 IS'；LM 曲线将向左平移到 LM'。如果 LM 曲线平移的幅度超过 IS 曲线，那么如图 9—22 中的左图所示，产品市场和货币市场重新同时位于均衡状态 B 点。与 A 点相比，均衡的利率水平上升了；均衡的收入水平下降了。反之，则如图 9—22 中的右图所示，均衡利率水平上升；均衡收入水平也上升。

第四种组合：紧缩性的货币政策和紧缩张性的财政政策

由表 9—1 和图 9—23 可知，与第一种组合刚好相反，均衡的收入水平显然是下降的，而均衡的利率或上升或下降，甚至不变。

经济体的初始位置是 A 点，利率水平为 i^*，收入水平为 Y^*。政府执行紧缩性的财政政策和紧缩性的货币政策，这时 IS 曲线将向左平移到 IS'；LM 曲线将向左平移到 LM'。如果 LM 曲线平移的幅度超过 IS 曲线，如图 9—23 中的左图所示，产品市场和货币市场重新同时位于均衡状态 B 点：均衡收入是下降的；均衡利率水平却是上升的；反之，则如图 9—20 中的右图所示，均衡收入下降；均衡利率水平下降。

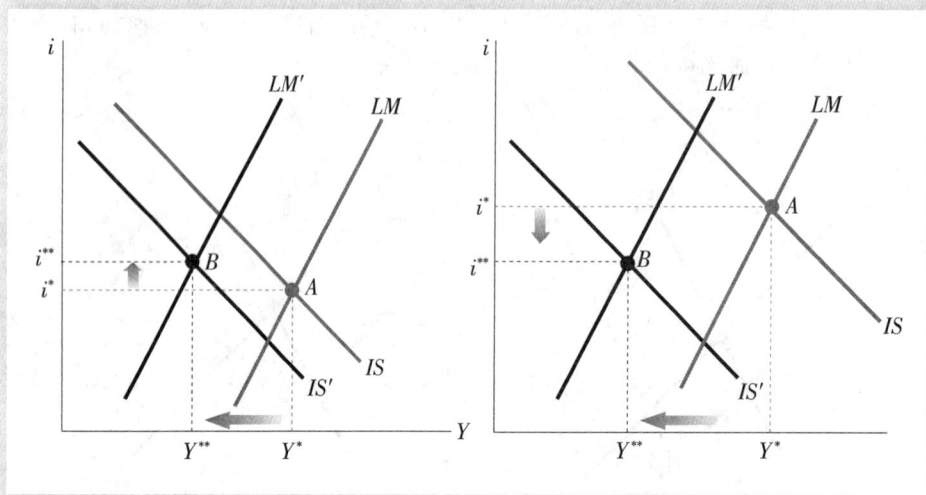

图 9—23   紧缩性的财政政策和紧缩性的货币政策

注：当经济体里执行紧缩性的货币政策和紧缩性的财政政策时，均衡的收入水平下降了；但均衡的利率水平既可能上升也可能下降。

小结

根据财政、货币政策是扩张性的还是紧缩性的，我们依次考察了四种政策组合及其对收入和利率的影响。坦白地说，记住每种组合的宏观经济影响可能并不是一件非常容易的事情，但需要掌握的是：在 IS-LM 模型中，紧缩性的政策导致曲线向左平移；扩张性的政策导致曲线向右平移。

一个例子

在第 9.2 节中，我们在考察财政政策的传导机制时已经发现，采取扩张性的财政政策，总是伴随着挤出效应。我们是否可以通过财政政策和货币政策组合消除挤出效应呢？具体而言，不妨考虑下面的一个例子。

假定经济体为下面的表达式所刻画：

$$C = 100 + 0.8(Y - T)$$
$$I = 900 - 50i$$
$$G = 100 ; \quad T = 100$$
$$M^D / \overline{P} = 0.2Y - 50i$$
$$M^S = 500 ; \quad \overline{P} = 1$$

问题：当政府购买增加到 200 单位时，如果要完全消除挤出效应，货币供给要增加多少？

对于这个问题，我们分为下面几步来求解：

第一步：经济体的 *IS* 曲线

经济体的消费函数可以整理为：

$$C = 20 + 0.8Y$$

把消费、投资和政府购买代入 $Y = C + I + G$，可得经济体的 *IS* 曲线：

$$Y = 5\,100 - 250i$$

第二步：经济体的 *LM* 曲线

由 $M^S = M^D$，可得经济体的 *LM* 曲线：

$$Y = 2\,500 + 250i$$

第三步：经济体初始的稳定状态（如图 9—24 所示）

联立 *IS* 曲线和 *LM* 曲线，可得：

$$\begin{cases} Y = 5\,100 - 250i \\ Y = 2\,500 + 250i \end{cases} \Rightarrow \begin{cases} Y^* = 3\,800 \\ i^* = 5.2 \end{cases}$$

第四步：政府购买增加到 200 单位时，对 *IS* 曲线的影响

政府购买从 100 单位增加到 200 单位，如图 9—24 所示，*IS* 曲线将向右平移到 *IS′*，即

$$Y = 5\,600 - 250i$$

另外，对 *IS′* 曲线而言，当 $i = 5.2$ 时，显然可得 $Y = 4\,300$，即 B 点所对应的 (i, Y) 为 $(5.2, 4\,300)$。

第五步：求出为消除挤出效应，货币供给应增加多少

由前面的分析可知，消除挤出效应，其实就是政府购买增加后保持初始利率水平 $i = 5.2$ 不变。显然，要想做到这一点，我们需要将 *LM* 向右平移到 *LM′*，并经过 B 点。因此，把 $(5.2, 4\,300)$ 代入 $M^S = 0.2Y - 50i$，得：

$$M^S = 600$$

因此，货币供给需要增加：

$$\triangle M^S = 600 - 500 = 100$$

这个例子有两点值得进一步强调：

1. 该例子是扩张性的财政政策和扩张性的货币政策组合的一个具体应用，只不过货币政策扩张得恰到好处，刚好可以完全消除挤出效应罢了。在经济学文献里有一个专门术语刻画这种情况：**货币调节**（monetary accommodation），是指在财政扩张过程中，货币当局增加货币供给，防止利率上升。货币调节有时也称为**预算赤字货币化**（monetizing budget deficit），即货币当局

印制纸币购买债券，政府用该债券弥补预算赤字。

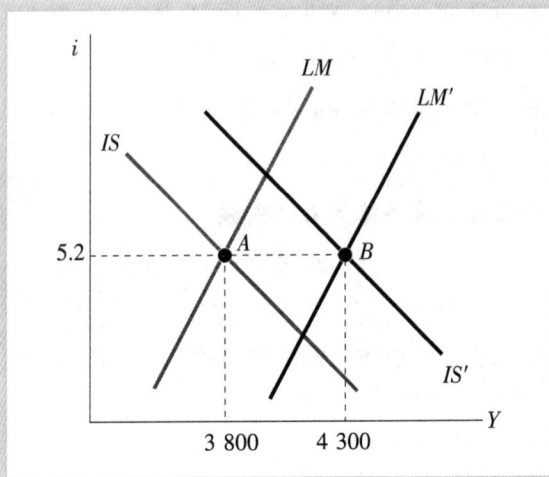

图 9—24 货币调节

注：经济体的初始位置是 A 点，当政府购买增加到 200 单位后，IS 曲线向右平移到 IS′。为防止利率上升，产生挤出效应，LM 曲线必须向右平移到 LM′，经济体重新在 B 点达到均衡。

2. 求解这个问题的方法应该不止上述一种。我们是通过以上五步才最终求解出了货币当局为了进行货币调节，到底需要增加多少货币供给。你也许感到有点烦琐，建议感兴趣的读者不妨继续尝试其他方法求解。

美国的政策配合实践

我们采用 M2 和 M3 的实际增长速度描述货币政策。具体而言，当货币存量快速增长时，表示经济体执行的是扩张性的货币政策；反之则是紧缩性的货币政策。考虑到无论是扩张性的财政政策还是紧缩性的财政政策，最终都会体现在预算赤字上，因此采用预算赤字占 GDP 的比重来描述财政政策。具体而言，所占比重快速增加则意味着扩张性的财政政策；反之则是紧缩性的财政政策。

从图 9—25 上看，在过去的近半个世纪，美国执行的政策组合不尽相同。如果仔细观察图 9—25，你就会发现，整体而言，在 20 世纪 90 年代以前，货币存量的变动态势与赤字所占比重的变动态势几乎是一致的。这反映了美国在 20 世纪 90 年代以前执行的是同时扩张或同时紧缩的政策组合。比如 20 世纪 80 年代中后期，货币存量的增长速度大致逐年下降，赤字所占比重也大致逐年下降。这显然意味着，美国的政策组合是紧缩性的货币政策和紧缩性的财政政策。再比如 20 世纪 80 年代早期，二者几乎都是大幅度上升，这反映了美国的政策组合是扩张性的货币政策和扩张性的财政政策。

由前面的分析可知，当经济体执行"双紧的"政策组合或"双松的"政策组合时，利率水平的变动态势不确定，或上升或下降，甚至不变，取决于政策组合中以谁为主。图9—26给出了美国实际国债利率在过去近半个世纪的变动情况。基于该利率走势，我们也许可以进一步揭示美国执行的"双紧的"或"双松的"政策组合到底是以谁为主的。

进入20世纪90年代后，美国执行的政策组合发生了"根本性"变化。从图9—25上看，你会发现，这时货币存量的变动态势与赤字所占比重的变动态势几乎是相反的，这隐含着美国所执行的政策组合从"双紧"或"双松"转变为"松紧结合"。比如在20世纪90年代货币存量大幅度增加，而赤字所占比重则大幅度减少，这表明美国所执行的政策组合是：扩张性的货币政策和紧缩性的财政政策。由前面的分析可知，当经济体执行这种政策组合时，利率水平的变动态势是确定的，即是下降的。从图9—26上看，在20世纪90年代初期，美国的实际利率水平确实是下降的，但在后期却是上升的。

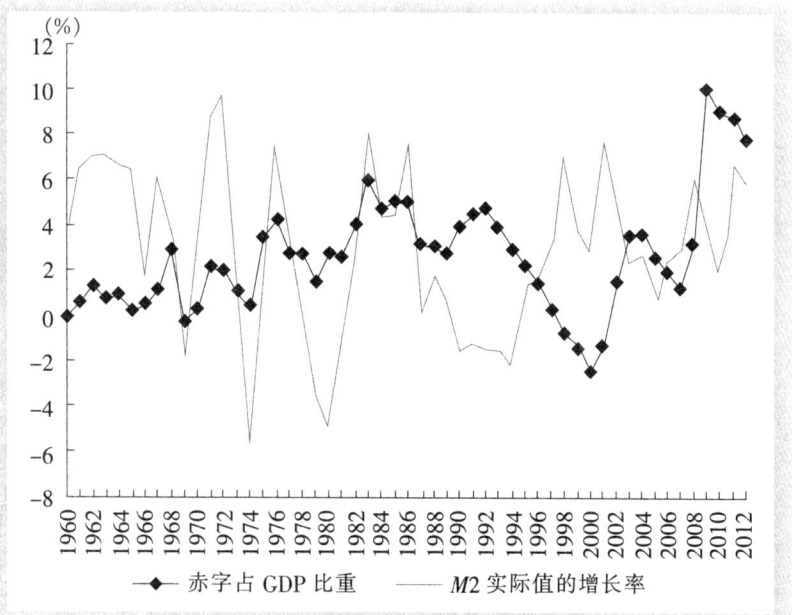

图9—25 美国的财政政策与货币政策配合

注：整体而言，在20世纪90年代之前，美国执行的政策组合是：或同时扩张或同时紧缩；之后，美国执行的政策组合是：松紧结合。

资料来源：2004年以前数据来自《美国总统经济报告》（2005）附表B64、B69和B78，2004年及以后数据来自《美国总统经济报告》（2005）附表B64、B69和B79，以及作者的计算。

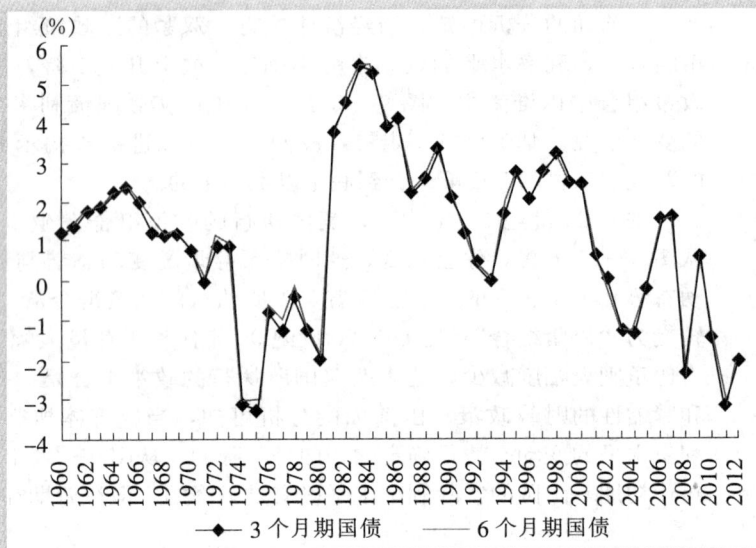

图 9—26 美国国债的实际利率

注：实际利率＝国债率－CPI。

资料来源：2004 年以前的数据来自《美国总统经济报告》(2005) 附表 B64 和 B73，2004 年及以后的数据来自《美国总统经济报告》(2005) 附表 B64 和 B73，以及作者的计算。

再比如，进入新千年后，货币存量大幅度下降，而赤字所占比重则大幅度增加。这表明美国所执行的政策组合是：紧缩性的货币政策和扩张性的财政政策。

总之，利用货币存量和赤字的变动态势，我们发现美国的政策组合一直在变动。特别是，进入 20 世纪 90 年代后，美国所执行的政策组合从"双紧"或"双松"转变为"松紧组合"。

有两点值得进一步思考：（1）为什么美国的政策组合一直在变动？显然，图 9—25 并没有提供相关信息。答案也许隐含在宏观经济管理目标的变动态势上，建议感兴趣的读者不妨考察美国经济增长、通货膨胀、就业等宏观经济指标的走势，应该会有所收获。（2）我们所采取的这两个指标能否反映财政政策和货币政策的走势？比如在当今宏观经济生活中，货币当局好像是通过利率而不是通过货币存量来执行货币政策。在下一节，我们会专门讨论这个问题。

中国的政策配合实践

在图 9—1 中，你已经留意到，自 1996 年起，我国连续 8 次降息；到了

2004 年 10 月我国连续 8 次加息；2008 年金融危机发生后，我国连续 4 次降息；2009 年以后，我国又进入了加息周期。中国人民银行调整利率显然是在进行宏观经济管理。在本小节，我们重点考察我国在宏观经济管理中的政策组合实践。

考虑到数据的可获得性以及我国是 1992 年提出并确立建立社会主义市场经济的目标，本小节着重考察我国近 10 多年来的政策组合实践，如图 9—27 所示。

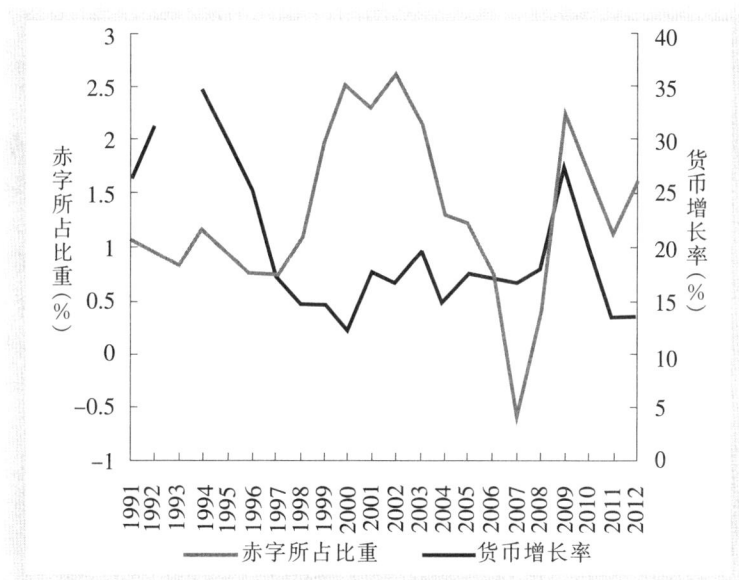

图 9—27 中国的政策组合实践

注：（1）在 1997 年以前，中国的政策组合是稳健的财政政策和紧缩的货币政策；1997 年后，则变为稳健的货币政策和扩张性的财政政策；2002 年后大致是"双紧的"或"双扩的"政策组合。

（2）货币增长率是按可比口径计算的，因 1992 年以前口径与 1993 年口径不一致，故 1993 年未计算增长率。

资料来源：中经网统计数据库以及作者的计算。

从图 9—27 上看，金融危机发生以前，财政赤字所占比重迅速下降；而货币存量的增长率也开始下降，这表明我国采用的政策组合是紧缩性的财政政策和紧缩性的货币政策。金融危机发生以后，财政赤字所占比重迅速上升，而货币存量的增长率也开始上升。从 2009 年开始，财政赤字所占比重下降，而货币存量的增长率也开始下降，这表明我国先采用的政策组合是扩张性的财政政策和扩张性的货币政策，后来采用的政策组合是紧缩性的财政政策和紧缩性的货币政策。

如果我们简单对比中美政策组合的变动则会发现，中美两个经济体都会根据其所面临的宏观经济问题相应地调整其政策组合，进行宏观经济管理。当然，就近 10 多年来的政策组合实践看，中国对政策组合的调整似乎更频繁。

9.4 IS-LM 模型中的货币政策再讨论

到目前为止，我们主要围绕着货币当局如何控制货币供给展开。这似乎与我们平时观察到的中国人民银行调控宏观经济行为不符。比如，自 1996 年以来，中国人民银行通过连续 8 次降息以及最近两年连续加息调控宏观经济，好像并不是通过控制货币供给。没错，我们平时观察到的以及在相关媒体上看到、听到的确实是加息或降息的信息。

货币当局在执行货币政策时到底选择货币存量目标还是利率目标？这确实是一个问题。从美国宏观经济管理的实践看，美联储在这个问题上也是不断变化的。最初，美联储的重心几乎全部放在利率上。到 1959 年，美联储开始公布货币存量数据，货币政策的重心或多或少一直放在如何控制货币供给上。1982 年后，美联储的重心逐步重新回到利率上。

在本节，我们将再次讨论货币政策当局是选择货币存量目标还是利率目标，还是随着经济环境的变化而变化。

货币存量、利率目标不可兼得

显然，如果货币管理当局能够同时控制利率和货币存量，那么，将不存在目标选择问题。但遗憾的是，对货币管理当局而言，是控制货币存量还是利率，犹如熊掌与鱼，不可兼得。

不妨再次回到货币市场，如图 9—28 所示。细心的读者也许已经发现，图 9—28 其实就是本书第 6 章中的图 6—19。

由本书第 6 章中的内容可知：如图 9—28 所示，在货币市场上，货币需求曲线是向右下方倾斜的曲线，货币供给曲线是垂直线，二者的交点处则表示货币市场处于均衡状态。实际货币的供求决定了均衡的利率水平。货币当局显然可以通过增加或减少货币供给来移动货币供给曲线，从而影响均衡的利率水平；但无法移动货币需求曲线，因为需求曲线是由经济活动主体的交易动机、投机动机等决定的。

明白了这一点，现在我们考察货币管理当局是否可以同时控制利率和货币存量。为了分析的方便，不妨假定货币管理当局基于某种考虑，认为其货币目标和利率目标分别是 $\overline{M}'$ 和 i'。这两个目标能够同时实现吗？如图 9—28

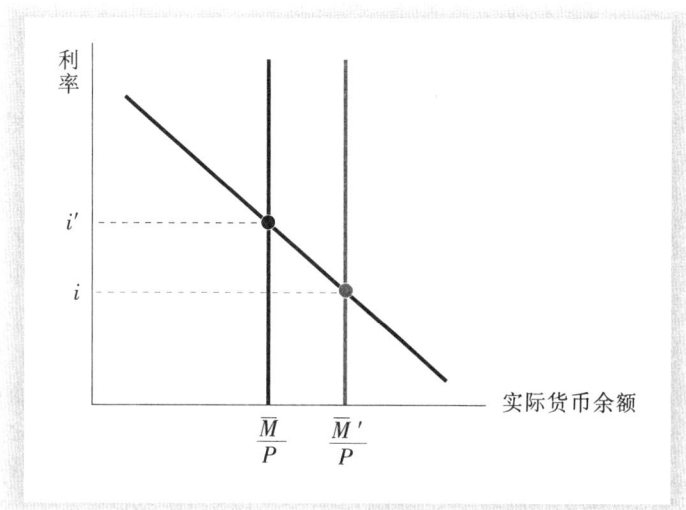

图 9—28 货币存量与利率

注：当货币需求等于货币供给时，货币市场处于均衡状态。如果利率目标是 i'，那么货币存量需要是 $\bar{M}$；如果货币存量目标是 $\bar{M}'$，那么均衡的利率需求是 i。二者不可兼得。

所示，当货币当局把货币目标定为 $\bar{M}'$ 时，均衡的利率水平是 i，而不是 i'；如果货币当局一直把利率稳定在 i' 水平，则经济体的货币存量是 $\bar{M}$，而不能是 $\bar{M}'$。这表明，在不扭曲货币市场的情况下，货币当局如果紧盯货币存量，则会失去对利率的控制；如果紧盯利率，则失去了对货币存量的控制。因此，无法实现同时控制利率和货币存量，二者不可兼得。

是货币存量？还是利率？

既然货币存量目标和利率目标不可兼得，货币当局应该如何选择呢？

从实际操作的角度看，相对而言，货币当局能够更加精确地控制利率。在利率还没有完全市场化的情况下，比如中国目前的情况，货币当局控制利率是非常容易的。即使在利率完全市场化的情况下，货币当局也能够控制利率。别忘了货币管理当局的政策工具，比如公开市场业务。在公开市场上，通过买卖政府债券，可以确定市场利率。比如货币当局想提高市场利率，则可以卖出大量债券，结果政府债券价格下降，利率上升；如果想降低市场利率，则可以买进大量债券，结果政府债券价格上升，利率下降。这样，通过公开市场业务操作能够控制市场利率。

控制经济体里的货币存量，相对而言就没有这么容易了。经济体的货币存量不仅取决于通货和准备金，还取决于货币乘数和流动速度等变量，货币管理当局显然无法控制这些变量。

显然，实际操作的难易并不能够成为货币当局选择的重要依据。因为货币当局进行宏观经济管理的最终目标是熨平经济波动，如果货币存量目标有助于最终目标的实现，那么货币当局是不会由于技术性的原因而不选择货币存量目标的。下面，我们着重分析，货币当局选择哪个目标能更好地熨平经济波动。

对于这个问题，普尔（Poole）早在 1970 年就做了分析。当然这是一个经典的分析，我们不妨从其经典论文开始。在正式开始之前，一点小小的铺垫还是必要的，即当货币当局紧盯利率时，LM 曲线还是向右上方倾斜的吗？

图 9—29 给出了否定的回答。不妨假定经济体初始的收入水平为 Y_0，货币当局的利率目标是 i。在货币市场上，如图 9—29 所示，货币需求曲线为 $M^D(Y_0)$，货币当局为了实现其利率目标，将会把货币存量控制在 $\overline{M}$ 水平上。如果经济体的收入水平增加了，比如从 Y_0 增加到 Y_1，这时货币需求曲线将从 $M^D(Y_0)$ 向右平移到 $M^D(Y_1)$。面对新的货币需求曲线，货币管理当局为了保持利率不变，必然要增加货币供给，使经济体的货币存量增加到 $\overline{M}'$，从而实现货币市场上均衡的利率水平仍然为 i。以上分析表明，随着收入水平从 Y_0 增加到 Y_1，而利率水平保持不变，即 LM 曲线是一条水平线，如图 9—29 中的右图所示。这样我们就有了两条 LM 曲线，一条是向右上倾斜的，一条是水平的。为了表示的方便，在本节以下的分析中，前者记为 $LM(M)$ 曲线，表示货币当局的目标是控制货币存量；后者记为 $LM(i)$ 曲线，表示货币当局的目标是控制利率。

普尔分析的逻辑起点是：货币管理当局宏观经济管理的最终目标是使经济体能够实现一个特定的产出水平，但经济体里的 $LM(M)$ 曲线或 IS 曲线具有不确定性。比如说，货币当局想把经济体的货币存量控制在 M 水平上，但由于货币乘数和流动速度等变量事前无法观察到，结果 $LM(M)$ 曲线既可能是 $LM(M1)$，也可能是 $LM(M2)$，货币管理当局事前并不能够确定哪一条才是真正的 $LM(M)$ 曲线。

如图 9—30 中的上图所示，在经济体里 IS 曲线是稳定的，但货币管理当局事前并不能够确定 $LM(M)$ 曲线是 $LM(M1)$ 还是 $LM(M2)$。当货币管理当局采取货币存量目标时，如果 $LM(M)$ 曲线是 $LM(M1)$，则经济体的产出水平为 Y_1；如果 $LM(M)$ 曲线是 $LM(M2)$，则经济体的产出水平为 Y_2。相对于货币管理当局的最终目标 Y^* 而言，经济体里出现了波动。这表明，在 $LM(M)$ 曲线事前不确定的情况，采用货币存量目标，货币管理当局不仅无法实现产出水平为 Y^* 的最终目标，而且经济体里还出现了波动。当采用利率目标时，

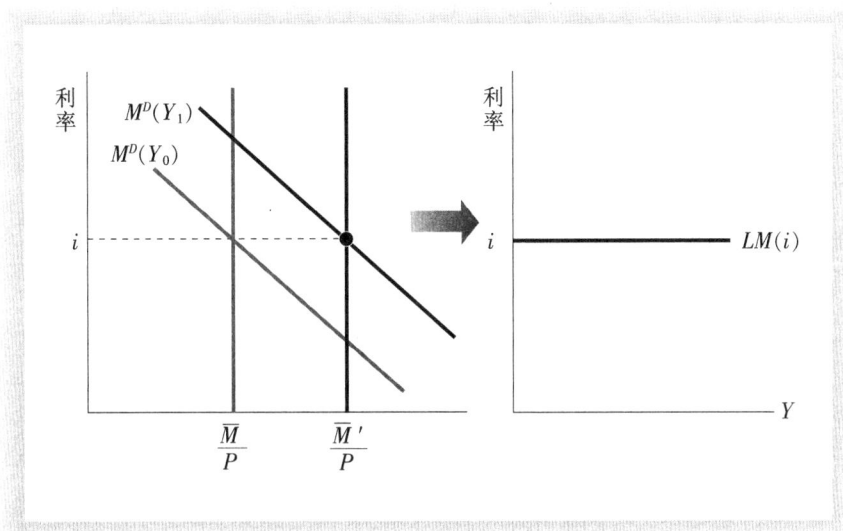

图 9—29 紧盯利率时的 LM 曲线

注：当货币当局的利率目标是 i 时，如果收入增加，货币需求曲线将从 $M^D(Y_0)$ 向右平移到 $M^D(Y_1)$，为了保持利率不变，货币当局相应地会把货币供给增加到 $\overline{M}'$。这意味着 LM 曲线是水平的。

由于 IS 曲线是稳定的，货币管理当局只要把利率控制在 i 水平上，就可以使经济体实现产出水平为 Y^* 的最终目标。

因此，我们可以得到如下结论：当经济体的波动主要是由货币需求等货币市场上的不确定性造成的时，货币管理当局应当采取紧盯利率的货币政策。

当经济体的 $LM(M)$ 曲线是稳定的，但事前并不能够确定 IS 曲线是 IS1 还是 IS2 时，货币管理当局还是应该选择利率目标吗？图 9—30 中的下图考察了这种情况。当货币管理当局采取货币存量目标时，如果 IS 曲线是 IS1 时，经济体的均衡收入水平则为 Y_1；如果 IS 曲线是 IS2 时，经济体的均衡收入水平则为 Y_2。这表明，在 IS 曲线事前不确定的情况下，采用货币存量目标，货币管理当局无法实现产出水平为 Y^* 的最终目标，而且还出现了波动，波动幅度可以表示为 $(Y_1 - Y_2)$。当货币管理当局采取利率目标时，由于 $LM(M)$ 曲线是稳定的，$LM(M)$ 曲线与 $LM(i)$ 曲线的交点所对应的收入水平必然为 Y^*。但遗憾的是，经济体的均衡收入水平取决于 LM 曲线与 IS 曲线的交点。因此，当 IS 曲线是 IS1 时，经济体的均衡收入水平则为 Y_1'；当 IS 曲线是 IS2 时，经济体的均衡收入水平则为 Y_2'。这表明，在 IS 曲线事前不确定的情况下，采用利率目标，货币管理当局也无法实现产出水平为 Y^* 的最终目标，而且还会出现更大的波动（如图 9—30 所示），波动幅度可以表示为 $(Y_1' - Y_2')$。

利率

LM(M2)

LM(M1)

i ————————————— LM(i)

IS

Y₂ Y* Y₁ Y

利率

IS1 LM(M)

IS2

i ————————————— LM(i)

Y'₂ Y₂ Y* Y₁ Y'₁ Y

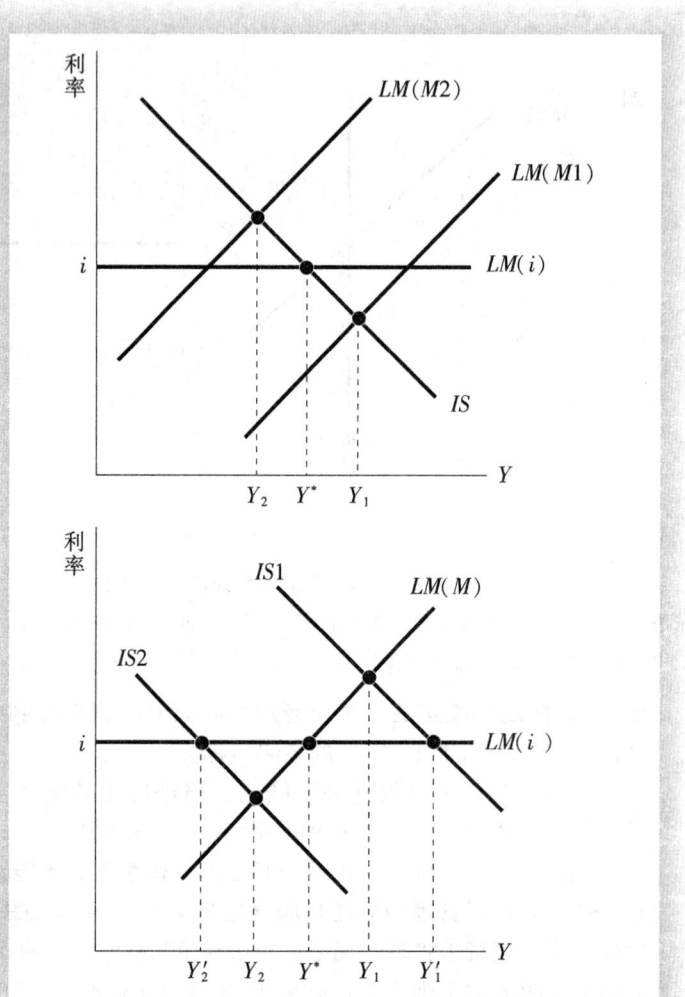

图 9—30　货币存量还是利率

注：当产出水平的波动主要是由货币市场带来的时，货币当局将选择利率目标；当产出水平的波动主要是由 IS 曲线带来的时，货币当局将选择货币存量目标。

因此，我们可以得到如下结论：当经济体的波动主要是由 IS 曲线造成的时，货币管理当局应当选择货币存量目标。

如果把以上两种情况综合起来，我们就会发现普尔的分析其实揭示了，货币管理当局是选择货币存量目标还是利率目标因条件而异。只不过从现实看，随着对货币存量的不可预测性的逐步增加，货币管理当局越来越重视利率目标。

小结

➢ 从实际操作的角度看，货币管理当局能够更加精确地控制利率；

➢ 从经济含义的角度看，正是由于货币存量不可预测性的增加，货币管理当局越来越重视紧盯利率的货币政策。

货币、利率与信贷

尽管货币管理当局无法同时选择货币存量和利率目标，但可以择优选择，进行宏观经济管理，熨平经济波动。看上去还比较完美，但有一个暗含的假定，即利率的变动能够影响到投资，进而影响到总需求。其实，我们已经知道，这一点有时并不一定成立。

不妨看看我们周围的宏观经济世界。如果你有一笔暂时不用于消费的收入，你是直接借给企业，还是存入银行？通常情况下，我们是和银行打交道，银行把存款贷放给企业。当金融机构把储蓄者的资金配置到那些为了未来生产而希望借贷购买投资品的企业时，**金融中介**（financial intermediation）就出现了。人们通常把通过金融机构的借贷规模称为**金融中介广度**（the extent of financial intermediation）。毋庸置疑，经济体中的金融中介广度以及金融中介的运行效率是非常重要的。比如美联储主席伯南克（Ben Bernanke）的研究表明，在"大萧条"时，大部分产量的下降源于银行破产和信贷规模暴跌，而非货币数量的下降。

在前面，我们已经考察过"银行惜贷"对货币政策的影响。"惜贷"是一个具有中国特色的术语，在文献中，通常被称为**信贷配给**（credit rationing）。在当前利率下，人们不能够想借多少就借多少时，信贷（借款）就是配给的。显然，当信贷是配给的时候，利率和货币存量都将会成为一种不可靠的货币政策目标，货币管理当局应该直接侧重于信贷额度，采用**信贷目标**（credit target）。

其实，如果我们仔细观察货币政策的传导机制图，就会发现，与货币和利率相比，信贷显然更能够直接影响总需求。也许，货币政策当局采用信贷目标更便于了解货币政策对总需求的影响。

宏观经济管理的终极目标是经济增长等四大目标。如何选择合适的中间目标来实现经济增长、熨平经济波动，无论是在货币政策管理当局等具体操作层，还是经济学理论界，一直存在以下两种不同的观点：

➢ 货币存量或利率目标，是人们最早发现并深入研究的传统金融理论。比如，凯恩斯学派和货币学派都认为，货币政策的传导过程是通过"货币途径"完成的，如图 9—9 所示。但它确实忽视了金融市场本身的结构问题，毕竟经济体中的金融中介广度以及金融中介的运行效率将关系到利率或货币存量对总需求的影响程度。

> 信贷目标是 20 世纪 50 年代随着信息经济学的发展而提出的，到 80 年代引起广泛注意，美联储在 1982 年恢复了信贷目标。信贷目标也有局限性，毕竟并非所有企业都是靠外部融资来经营的。

在货币政策中，明确中间目标是重要的。理想的中间目标是，货币管理当局能够准确控制的，同时又与宏观经济管理的最终目标有密切联系的变量。从现实看，寻找同时满足这两个标准的中间目标并不是一件很容易的事。货币管理当局必须有所取舍，并对其选择负责。

泰勒规则

货币管理当局选择了中间目标后，接着要做的就是，货币管理当局如何根据现行的经济状况调整中间目标？比如货币管理当局选择了利率目标后，如何调整利率？坦白地说，我们对货币管理当局加息或减息的做法可能早就习以为常。在本小节，我们将强调，货币管理当局的这些做法是遵循一定规则的。

泰勒（Taylor）在 1993 年提出了一个货币管理当局调整利率应该遵循的**简单利率规则**（the interest-rate rule），如公式（9—8）所示：

$$i_t - \pi_t = a + b\pi_t + c(\ln Y_t - \ln \bar{Y}_t) \tag{9—8}$$

公式（9—8）中，等式左边显然是实际利率；等式右边的 a、b 和 c 分别是参数。这表明实际利率取决于经济体的通货膨胀率和产出缺口。具体而言，通货膨胀率越高，实际利率越高；经济越热，实际利率越高。

如果我们进一步假定当经济体处于潜在产出水平时，即当 $\ln Y_t = \ln \bar{Y}_t$ 时，实际利率固定不变，即 $\bar{r} = i_t - \pi_t$，则公式（9—8）可表示为：

$$i_t - \pi_t = \bar{r} + b(\pi_t - \pi^*) + c(\ln Y_t - \ln \bar{Y}_t) \tag{9—9}$$

公式（9—9）中，$\pi^* = (\bar{r} - a)/b$。这时，货币管理当局调整利率应该遵循的规则更加明晰，即当经济体的通货膨胀率超过既定的通胀目标时加息；反之，则减息。当经济体的产出水平超过潜在产出水平时加息；反之，则减息。

公式（9—8）和公式（9—9）所表示的利率规则就是著名的**泰勒规则**（Taylor rule）。基于美国的经验，泰勒发现公式（9—9）中 $b = c = 0.5$ 和 $\pi^* = \bar{r} = 2\%$ 时，泰勒规则能够较好地描述美国采取利率目标以来的货币政策，如图 9—31 所示。

需要强调的是，泰勒规则只是描述了利率应该如何随着经济环境的变化而变化，为宏观经济管理提供了有价值的参考，甚至是一个不错的短期调整货币政策的指南。然而，货币管理当局在实际宏观经济管理中不会轻易承诺遵循某种规则，也不可能机械地遵循某种规则。

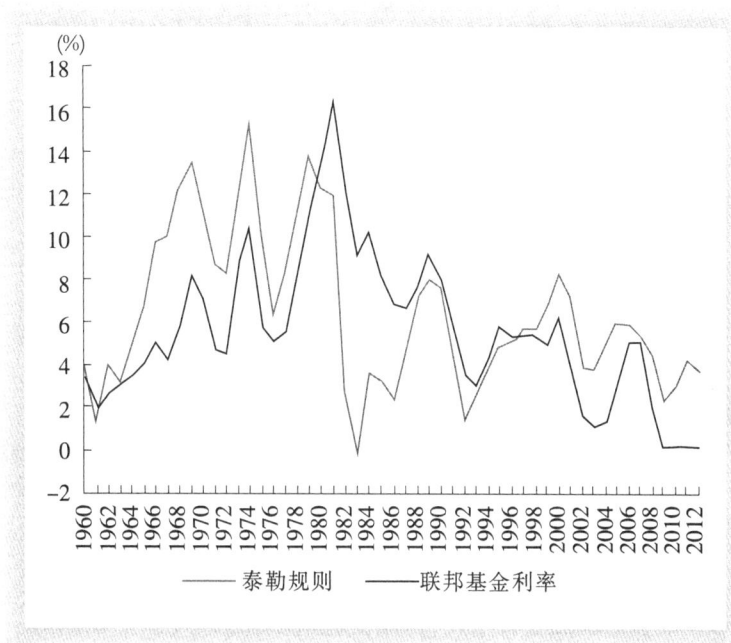

图 9—31　泰勒规则与联邦基金利率

注：泰勒规则反映了美联储的实际行动。通货膨胀率是基于 GDP 缩减指数计算的，GDP 缺口＝ln(实际 GDP 的对数值)－ln(实际 GDP 的关于时间拟合值)。

资料来源：《总统经济报告》(2013) 附表 B1、B2，以及作者的计算。联邦基金利率来源于 Federal Reserve Bank of New York 网站的 Federal Funds Data Historical Search 栏目。

9.5　总供求模型中的需求管理

在 *IS-LM* 模型中，我们是假定物价水平保持不变，显然不能直接分析宏观经济管理当局如何治理通货膨胀，并保持物价水平稳定。但从宏观经济管理的角度看，物价稳定是宏观经济管理的目标之一，宏观经济管理当局不可能一直假定物价水平保持不变，对通货膨胀等视而不见。基于此，在本章以下内容中，我们将采用 *AS-AD* 模型考察宏观经济管理当局如何进行宏观经济管理。

总供求模型概述

总供给曲线表述的是：在每一既定价格水平下，厂商愿意供给的产出水平。从本书第 3 章到第 5 章，我们一直考察总供给曲线背后的故事。如图

9—32所示，长期总供给曲线是垂直的，短期总供给曲线是向右上方倾斜的。总供给曲线的位置取决于经济体的生产能力，特别是在长期，产出水平只取决于经济体的生产能力。

总需求曲线表述的是：在每一既定价格水平下，产品市场和货币市场同时处于均衡的产出水平。在本书第 6 章、第 7 章，我们详细地考察了总需求曲线背后的故事。如图 9—32 所示，总需求曲线是向右下方倾斜的。因为当其他条件不变时，价格水平越高，意味着实际货币存量下降，从而降低对产出的需求。

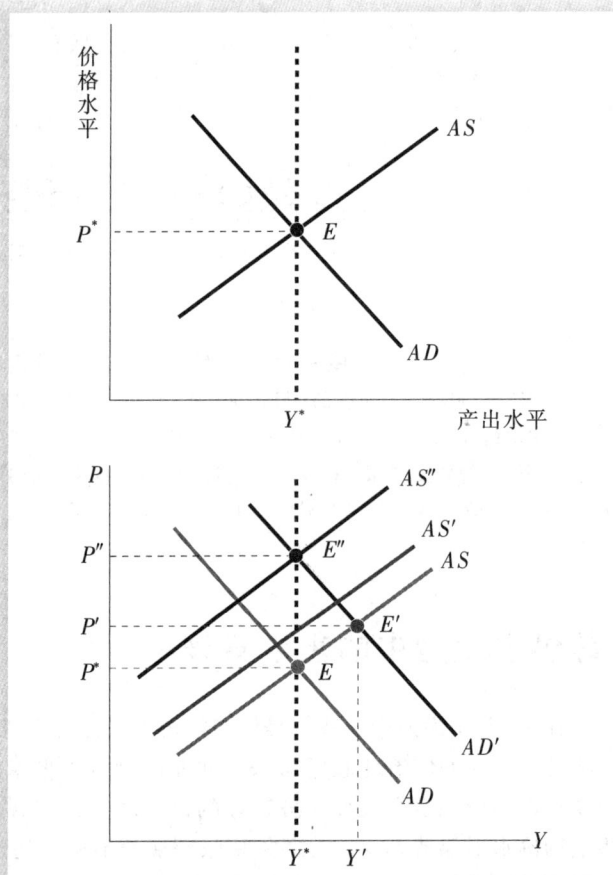

图 9—32　总供求模型与扩张性货币政策

注：经济体的初始位置是 E 点。货币管理当局增加货币供给，总需求曲线 AD 向右平移到 AD′，产出水平和物价水平同时增加；随着经济体的调整，总供给曲线 AS 逐步向上平移到 AS″，经济体最终位于 E″点。货币政策中性。

　　总供给与总需求曲线的交点决定了经济体的均衡产出水平和均衡价格水平。如图 9—32 所示，AS 曲线和 AD 曲线相交于 E 点，相应地，经济体均衡的产出水平为 Y^*，均衡的价格水平为 P^*。由于 AS 曲线和 AD 曲线的交点 E 恰好在长期总供给曲线上，经济体均衡的产出水平 Y^* 同时就是经济体的潜在产出水平。

　　学习过微观经济学的读者可能已经发现，宏观经济学中的总供给—总需求模型非常类似于微观经济学中的供求模型：从几何的角度看，需求曲线向右下方倾斜，供给曲线向右上方倾斜；二者的交点决定了经济体的均衡状态。

　　但值得再次强调的是：在宏观经济学里，供求曲线多了一个定语——"总"，传递着不同的经济学故事。比如价格，在微观经济学里，价格是两种商品的交换比率；而在宏观经济学里，价格是指经济体的物价水平，通常采用 CPI、PPI 或 GDP 缩减指数等度量。

总供求模型中的需求管理

　　我们将在 AS-AD 框架内考察货币政策和财政政策对宏观经济的影响。考虑到扩张性的货币政策和扩张性的财政政策都表现为总需求曲线向右平移，我们重点考察扩张性货币政策所带来的影响。

　　经济体的初始位置是 AS 曲线和 AD 曲线的交点 E，均衡的收入水平和价格水平分别为 Y^* 和 P^*，如图 9—32 所示。在某一时刻，政府执行扩张性的货币政策，比如增加货币供给，这时 AD 曲线将向右平移到 AD'。在短期内，供给曲线保持不变，因此，经济体将从 E 点运动到新的均衡位置 E' 点。相应地，经济体的均衡收入从 Y^* 增加到 Y'。这表明，与采用 IS-LM 模型的结论一致，扩张性货币政策能够使产出水平增加。但值得强调的是，采用 AS-AD 模型，我们还得到一个新的结论：经济体的价格水平不再是保持不变，下一期的价格水平将从 P^* 增加到 P'。

　　价格水平的变化会带来一系列的故事，比如，它将会对总供给曲线带来影响。[10] 回忆我们在本书第 5 章中的讨论可知，随着下一期价格水平的上升，总供给曲线 AS 将会向上平移[11]，比如平移到 AS'。随着总供给曲线的向上平移，经济体的价格水平进一步上升，而产出水平则逐渐回落。显然，当经济体的总供给曲线最终向上平移到 AS'' 后，将保持不变，从而经济体在 E'' 点处稳定下来。以上分析表明，货币管理当局执行扩张性货币政策后，经济体达到新的均衡 E' 点，仅仅是一个短期均衡，如图 9—32 所示。随着总供给曲线的平移，在总需求曲线上将有一系列短期均衡点，最终移动到 E'' 点。

　　在 E'' 点，经济体的均衡产出水平是 Y^*，而均衡的价格水平为 P''。这时，如果与经济体的初始位置 E 点相比，你将会吃惊地发现，货币管理当局采取扩张性的货币政策，其最终只影响到价格水平，而没有影响到产出水平。

　　这种情形实在是太有趣了，以至我们有了一个专门的术语——**货币中性**（neutrality of money）。货币中性是指，货币存量的变化并不会影响到实际变量。为了进一步增进大家对货币中性的理解，我们补充两点：

　　1. **古典二分法**（classical dichotomy）。其实，到目前为止，大家脑海里已经有了许多宏观经济变量，比如 GDP、就业、通货膨胀等。根据度量方式的不同，这些变量可以分为**实际变量**（real variables）或**名义变量**（nominal variables）。实际变量，如我们已经非常熟悉的 GDP、就业、资本存量、实际工资和实际利率等，所有这些变量都是用实物单位（而不是货币单位）衡量的。名义变量，如我们熟知的物价水平、通货膨胀、货币工资等，这些变量都是用货币表示的。把宏观经济变量区分为实际变量和名义变量，现在看来也许没有多少值得大惊小怪的地方，但在宏观经济的发展史上却大有来头。经济学家把这种区分称为古典二分法，是古典宏观经济学的标志。古典宏观经济学认为，货币供给变动并不影响实际变量，即货币是中性的。因此，我们可以不用涉及货币因素而研究实际变量是如何决定的。

　　2. 在更加现实的总供求模型中，货币中性需要增加一个定语——"长期"，即货币在长期是中性的。我们不妨再次观察图 9—32，考察扩张性货币政策对产出水平的影响过程。货币供给增加，AD 曲线将会向右平移到 AD'，价格水平和产出水平分别增加到 P' 和 Y'。但经济体最终达到 E'' 点，结果货币供给增加最终仅仅提高了经济体的价格水平，而没有影响到经济体的产出水平。

总供求模型中的需求冲击与需求管理

　　在上一节中，我们考察了货币中性。一个有待进一步探讨的问题是：货币长期中性是否与经济体的初始位置有关？不妨再回到图 9—32，经济体的初始位置是 E 点。E 点不仅是总供给与总需求的交点，而且恰好处于潜在产出水平上。其实，如果经济体已经处于潜在产出水平上了，宏观经济管理当局有什么理由要采取扩张性的货币政策呢？

　　在本小节，我们将重点考察，当经济体偏离潜在产出水平后，宏观经济管理当局如何进行宏观经济管理及其绩效。

　　我们仍然假定经济体的初始位置是 E 点，如图 9—33 所示，E 点不仅是总供给与总需求的交点，而且恰好处于潜在产出水平上。就宏观经济管理的目标而言，当经济体在 E 点时，宏观经济管理当局确实没有进行宏观经济管理的必要。

　　如果在某一时刻，经济体遭受了一次不利的总需求冲击，如图 9—33 中的左图所示。这时经济体的总需求曲线 AD 将向左平移到 AD'，相应地，经济体将从 E 点运动到 E' 点，经济体的产出水平从 Y^* 下降到 Y'，物价水平从

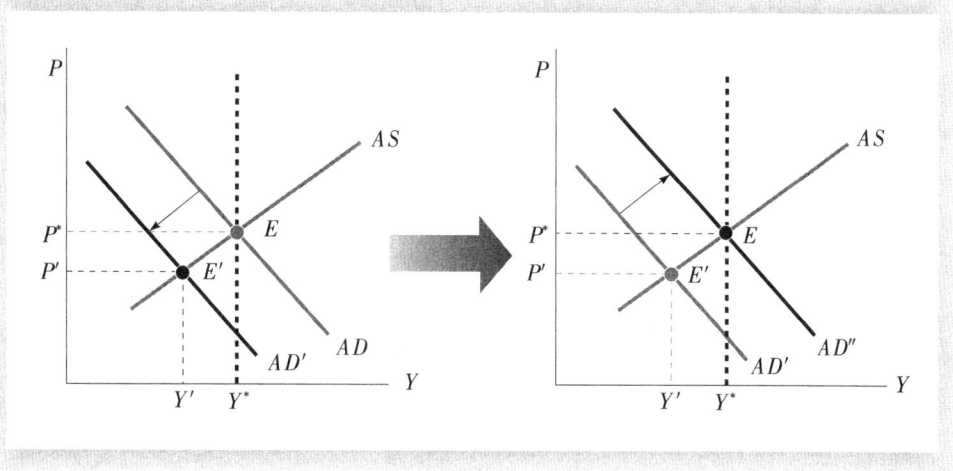

图 9—33 不利的总需求冲击与宏观经济管理

注：经济体的初始位置是 E 点。当经济体遭受一次不利的需求冲击时，总需求曲线 AD 向左平移到 AD'，产出水平、物价水平同时下降。为了治理经济衰退，宏观经济管理当局采取扩张性的货币政策等，总需求曲线 AD' 逐步向右平移，产出水平不断增加，并最终达到潜在产出水平。

P^* 下降到 P'。这表明，不利的总需求冲击给经济体带来了一次衰退。随着经济衰退，经济体的失业率也会相应地增加。

如同医生要"救死扶伤"一样，治理经济衰退是宏观经济管理当局义不容辞的责任。宏观经济管理当局将如何治理这次经济衰退？货币政策和财政政策是常见的选择（至少宏观经济学教材上通常是这么认为的），比如采取扩张性的货币政策或扩张性的财政政策或者二者的组合。考虑到扩张性的货币政策和扩张性的财政政策都会使总需求曲线向右平移，我们不妨假定宏观经济管理当局采取了扩张性的货币政策，结果总需求曲线 AD' 不断向右平移。

如图 9—33 中的右图所示，随着总需求曲线 AD' 不断向右平移[12]，经济体将沿着总供给曲线 AS 不断向右上方运动。相应地，产出水平和价格水平不断增加。如果总需求曲线恰好向右平移到 AD''，并不再向右平移，则经济体重新达到 E 点。这时，物价水平恢复到初始状态，产出水平重新到达潜在水平，就业也相应地重新达到充分就业状态。如果宏观经济管理当局增加的货币供给过多，则总需求曲线达到 AD'' 后，仍然还会向右平移。这时将会出现如图 9—32 描述的情况，经济体最终将达到充分就业状态，但要经历一次通货膨胀。看来，宏观经济管理如同"救死扶伤"一样，"药物"过量，就会出现"过犹不及"。总之，当经济体遭受不利的总需求冲击后，采取扩张性的货币政策、财政政策等，能够治理经济衰退。

我们考察另外一种情形。经济体的初始位置是 E 点，但现在经济体遭受了一次有利的总需求冲击，如图 9—34 中的左图所示。这时经济体的总需求曲线 AD 将向右平移到 AD'。相应地，经济体将从 E 点运动到 E' 点，经济体的产出水平从 Y^* 增加到 Y'，物价水平从 P^* 上升到 P'。这表明，经济体出现了"过热"。

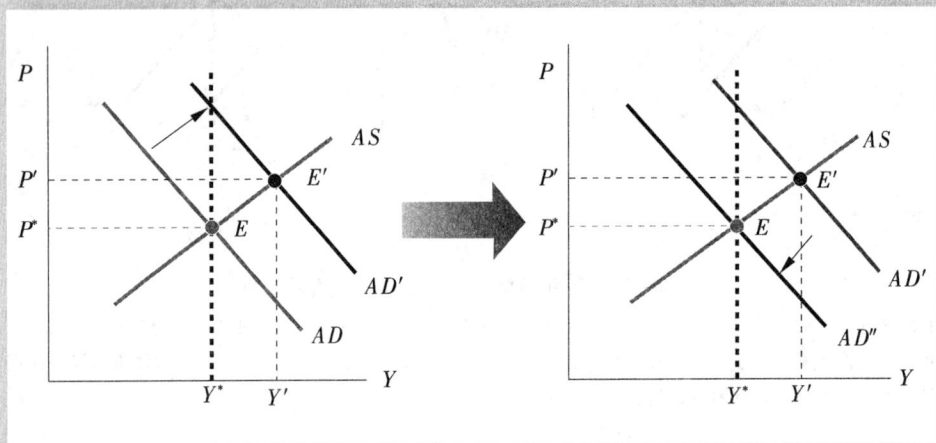

图 9—34　有利的总需求冲击与宏观经济管理

注：经济体的初始位置是 E 点。当经济体遭受一次有利的总需求冲击时，总需求曲线 AD 向右平移到 AD'，产出水平、物价水平同时上升。为了治理经济过热，宏观经济管理当局采取紧缩性的货币政策等，总需求曲线 AD' 逐步向左平移，产出水平不断下降，并最终达到潜在产出水平。

如同治理衰退一样，宏观经济管理当局也将会选择货币政策和财政政策等治理经济过热。最常见的政策选择是：采取紧缩性的货币政策或紧缩性的财政政策或者二者的组合。考虑到紧缩性的货币政策和紧缩性的财政政策都会带来总需求曲线向左平移，我们不妨假定宏观经济管理当局采取了紧缩性的货币政策，结果总需求曲线 AD' 不断向左平移。

如图 9—34 中的右图所示，随着总需求曲线 AD' 不断向左平移，经济体将沿着总供给曲线 AS 不断向左下方运动。[13] 相应地，产出水平和价格水平不断下降，最终产出水平重新达到潜在水平。

小结

➢ 当遭受一次不利的总需求冲击后，经济体将会出现衰退，宏观经济管理当局可以采取扩张性的货币政策、财政政策等治理经济衰退。

➢ 当遭受一次有利的总需求冲击后，经济体将会出现过热，宏观经济管理当局可以采取紧缩性的货币政策、财政政策等治理经济过热。

9.6 总供求模型中的供给管理

在 20 世纪 70 年代之前，人们通常认为，产出水平和价格水平的波动主要是由总需求方面的冲击造成的。但 70 年代后，随着经济遭受的供给冲击越来越频繁，总供给方面的冲击开始大量充斥宏观经济学的舞台。在本节，我们主要考察总供给冲击对经济体的影响及其治理。

供给冲击的影响

在本书第 5 章中，我们已经讨论过供给冲击所带来的初始影响。在本小节，我们将在 *AS-AD* 框架内考察供给方面的冲击对经济体的产出水平和价格水平的影响。

经济体的初始位置是 E 点，如图 9—35 所示。E 点不仅是总供给与总需求的交点，而且恰好处于潜在产出水平上。假定经济体遭受了一次不利的供给冲击，比如欧佩克 20 世纪 70 年代的限产提价。在欧佩克限产提价之前，经济体的短期总供给曲线为 *AS*，限产提价后，能源价格水平上升了 5 倍，这意味着企业生产同一单位产出的成本大幅度上升。因此，石油冲击的最初影响是，经济体的总供给曲线将向上平移，如图 9—35 中的左图所示，向上平移到 *AS′*。相应地，经济体将从 E 点运动到 $E′$ 点，结果经济体的产出水平从 Y^* 下降到 $Y′$，价格水平从 P^* 增加到 $P′$。

与不利的需求冲击相比，不利的供给冲击有自己的"特色"。由图 9—33 可知，当经济体遭受了一次不利的需求冲击后，经济体的产出水平下降，物价水平下降。这意味着物价水平与产出水平同方向变化，即物价水平是顺周期的。而当经济体遭受了不利的供给冲击后，经济体的产出水平下降，但物价水平上升。这表明，物价水平与产出水平反方向变化，即物价水平是逆周期的。

为了进一步增进大家对供给冲击和需求冲击的理解，我们再从失业率和通货膨胀的角度考察不利的需求冲击和不利的供给冲击影响的异同。当经济体遭受不利的需求冲击后，产出水平下降，物价水平下降。这意味着经济体的失业率上升，通货膨胀率下降，二者显然能够被菲利普斯曲线所刻画。当经济体遭受不利的供给冲击后，产出水平下降，物价水平上升。这意味着经济体的失业率上升，通货膨胀率上升。这种情形显然并不能够被简单的菲利普斯曲线所刻画，具有一定的挑战性，以至我们有了一个专门术语——**滞胀**（stagflation）。滞胀是指经济体里高通货膨胀与高失业率并存的宏观经济现象。

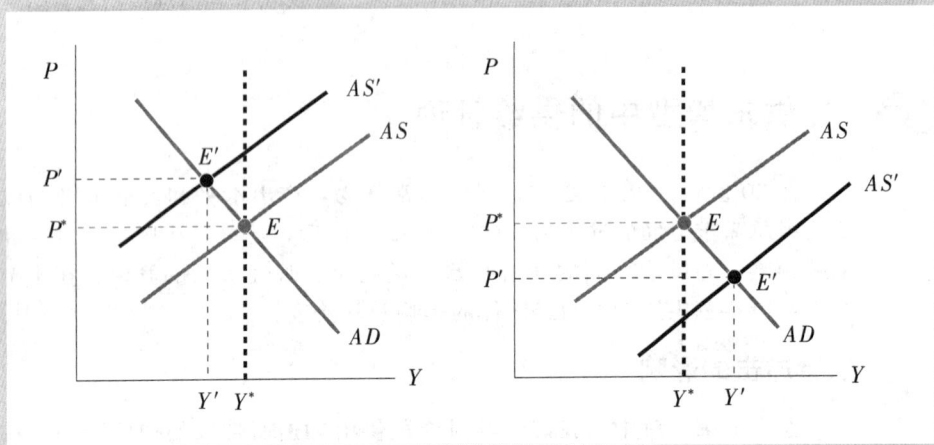

图9—35　有利的总供给冲击与不利的总供给冲击

注：经济体的初始位置是 E 点。当经济体遭受一次不利的供给冲击时，总供给曲线 AS 向上平移到 AS′，产出水平下降，物价水平上升；当遭受一次有利的供给冲击时，总供给曲线 AS 向下平移到 AS′，产出水平增加，物价水平下降。

经济体能够停留在 E′ 点吗？回答显然是否定的。在 E′ 点，经济体的产出水平低于潜在产出水平，失业上升，工资水平下降。随着劳动力市场的缓慢调整，总供给曲线 AS′ 不断向下平移。相应地，经济体沿着总需求曲线 AD 从 E′ 点最终将返回到初始状态 E 点。在这一过程中，产出水平不断恢复性地增长，物价水平不断下降。[14]

第一次石油冲击后，大多数工业化国家出现滞胀。以美国为例，如图9—36所示，美国的经济增长率从1973年的5.8%下降到1974年的−0.5%；通货膨胀率则从6.2%上升到11.0%。正如图9—36所揭示的，自1974年起，美国的经济呈现恢复性增长，物价水平也不断下降。另外，从图形上看，不利的供给冲击发生后，通货膨胀率确实与经济增长率之间反方向变化，即通货膨胀率呈现逆周期。

进入新千年后，世界油价不仅恢复到1982年的水平，而且一路高涨。到了2006年初，世界油价曾一度突破每桶68美元，并保持在每桶65美元左右的高位。尽管世界油价不断创下历史新高，而且许多机构不断预言将会出现滞胀，但事实上，滞胀至今未出现。仍以美国为例，如图9—36所示，进入新千年以来，美国经济持续增长，物价稳定，并没有出现低增长与高通胀并存的滞胀现象。

原因有以下两个：

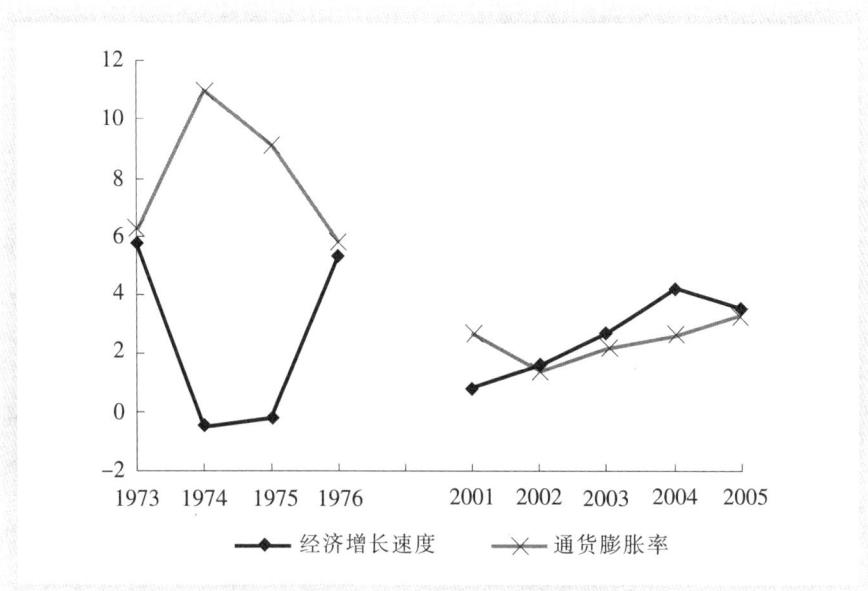

图 9—36　石油冲击对美国经济的影响

注：1973 年，世界油价从每桶 3.11 美元上升到 11.65 美元，美国的经济衰退，通货膨胀率上升；进入新千年后世界油价一路高涨，目前保持在每桶 65 美元左右的高价位，但美国经济持续增长，物价平稳。

资料来源：《总统经济报告》(2006)。

1. 人不可能多次被同一块石头绊倒。石油储备的努力和技术进步已经使经济体对石油冲击不再那么脆弱，在过去的 30 年间每单位实际 GDP 消耗的石油已经下降了 40%。

2. 到目前为止，这轮石油冲击还不够大。尽管世界油价目前不断创下历史新高，但其变化幅度远不如 20 世纪 70 年代初期和 80 年代初期那么大了。

下面我们转入有利的供给冲击给经济体带来的影响。技术进步是最常见的有利的供给冲击，我们分两种情况讨论：

1. 技术冲击不影响潜在产出水平。假定经济体遭受了一次有利的供给冲击，比如 20 世纪 90 年代信息技术的产业化浪潮。如图 9—35 中的右图所示，总供给曲线 AS 向下平移，比如平移到 AS'。相应地，经济体将从 E 点运动到 E' 点，结果经济体的产出水平从 Y^* 增加到 Y'，价格水平从 P^* 下降到 P'。这表明，当经济体遭受有利的供给冲击时，物价水平与产出水平也呈现反方向变化，即物价水平是逆周期的。

为了进一步增进大家对供给冲击和需求冲击的理解，我们有必要从失业率和通货膨胀的角度考察有利的需求冲击和有利的供给冲击影响的异同。当经济体遭受有利的需求冲击后，产出水平上升，物价水平上升。这意味着经济体的失业率下降，通货膨胀率上升，二者显然能够被菲利普斯曲线所刻画。当经济体遭受有利的供给冲击后，产出水平上升，物价水平下降。这意味着经济体的失业率下降，通货膨胀率下降，甚至出现通货紧缩。这种情形显然并不能够被简单的菲利普斯曲线所刻画，具有一定的挑战性，以至我们有了一个专门术语——**新经济**（new economy）。新经济是指，经济体高速增长与低通货膨胀、低失业率并存的宏观经济现象。

同理，经济体不会停留在 E' 点处。在 E' 点，经济体的产出水平高于潜在产出水平，实际就业率超过了充分就业状态，工资水平将上升。随着劳动力市场的缓慢调整，总供给曲线 AS' 不断向上平移。相应地，经济体沿着总需求曲线 AD 从 E' 点最终将返回到初始状态 E 点。在这一过程中，产出水平不断下降，物价水平不断上升。显然，在这一阶段，物价水平也是逆周期的。

2. 技术冲击影响潜在产出水平。当技术冲击影响到潜在产出水平时，该冲击将使经济体长期偏离，而不是暂时偏离其初始状态。如图 9—37 所示，经济体的初始状态是 E 点，在某一时刻遭受一次有利的供给冲击后，总供给曲线 AS 向下平移，比如平移到 AS'；潜在产出水平也向右平移，比如平移到 Y'。相应地，经济体将从 E 点运动到 E' 点，结果经济体的产出水平从 Y^* 增加到 Y'，价格水平从 P^* 下降到 P'。需要强调的是：E' 点恰好处于新的潜在产出水平上。这意味着，经济体不会如图 9—35 中的右图所揭示的那样，重新恢复到其初始状态，即新经济将会是一种长期的状态，而不是如图 9—35 所示的一种短期状态。

图 9—37 中的右图描述了一种更为极端的情形：有利的供给冲击使潜在产出水平大幅度地向右平移。这时，经济体将从初始状态 E 点最终运动到 E'' 点，并停留在 E'' 点。显然，在这种情况下，经济体也将会长期偏离初始状态，只不过偏离的程度更大一些而已。

小结一下供给冲击对经济体的影响

➤ 供给冲击如果影响到潜在产出水平，经济体将会永久偏离其初始状态；否则，只是暂时偏离。

➤ 无论经济体遭受有利的还是不利的供给冲击，经济体的物价水平都是逆周期。[15]

➤ 当经济体遭受不利的供给冲击时，经济体将出现滞胀。

➤ 当经济体遭受有利的供给冲击时，经济体将出现新经济。

也许还值得强调的就是：滞胀和新经济这两个看似不相关的宏观经济现象，却存在内在逻辑一致的解释。二者第一次分别出现在 20 世纪 70 年代和 20 世纪 90 年代，都曾被视为一种异常的宏观经济现象，让宏观经济学家困惑不已。现在看来，供给方面的冲击能够为二者的产生提供一个内在逻辑一致

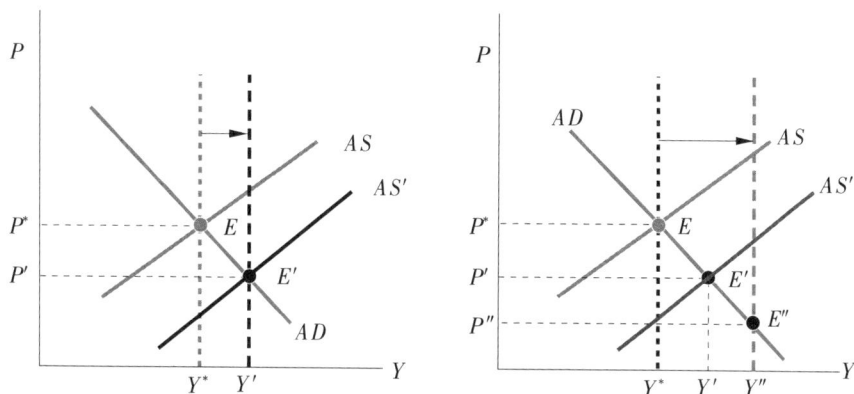

图 9—37　有利的总供给冲击与潜在产出水平移动

注：经济体的初始位置是 E 点。当经济体遭受一次有利的供给冲击时，总供给曲线 AS 向下平移，潜在产出水平也向右平移。经济体的产出水平永久增加，物价水平永久下降。

的解释：当经济体遭受不利的供给冲击时，经济体将出现滞胀现象；当经济体遭受有利的供给冲击时，经济体将出现新经济现象。

总供给冲击下的宏观经济管理

当经济体遭受不利的冲击时，经济体将会出现滞胀。尽管从理论上说，滞胀现象是暂时的，但是宏观经济管理当局不可能熟视无睹。

首先考察，当经济体遭受了不利冲击后，宏观经济管理当局如何进行宏观经济管理。与图 9—35 中的左图类似，在图 9—38 中，经济体的初始位置是 E 点，不仅是总供给与总需求的交点，而且恰好处于潜在产出水平上。经济体遭受了一次不利的供给冲击，总供给曲线向上平移到 AS'。相应地，经济体将从 E 点运动到 E' 点，结果经济体的产出水平从 Y^* 下降到 Y'，价格水平从 P^* 上升到 P'，经济体出现滞胀。

如何治理滞胀？宏观经济管理当局常用的货币政策和财政政策能够发挥作用吗？如同一个有经验的医生面对新的疾病束手无策一样，在 20 世纪 70年代，当经济体第一次出现滞胀时，宏观经济管理当局也是束手无策。反正经济体正在遭受着衰退，干脆采取扩张性的宏观经济政策，比如扩张性的货币政策和扩张性的财政政策。如图 9—38 所示，这时经济体的总需求曲线 AD将逐步向右平移到 AD'。相应地，经济体就从 E' 点运动到 E'' 点，结果经济体

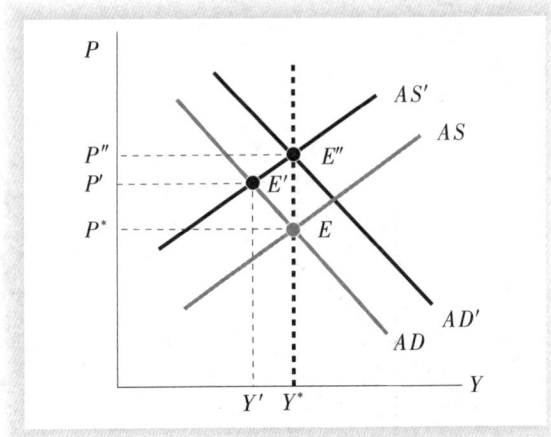

图9—38　不利的总供给冲击与需求管理

注：经济体的初始位置是 E 点。当经济体遭受了一次不利的供给冲击后，总供给曲线 AS 向上平移到 AS'，产出水平下降，物价水平上升。宏观经济管理当局采取扩张性的宏观经济政策，总需求曲线 AD 向右平移到 AD'，经济体运动到 E'' 点，经济体的产出水平恢复到 Y^*，但价格水平进一步上升到 P''。

的产出水平就从 Y' 增加到 Y^*，价格水平从 P' 上升到 P''。与经济体的初始状态相比，经济体的产出水平恢复到初始状态水平，但价格水平却大幅度提高了，从 P^* 上升到 P''。

为了进一步增进大家对采用扩张性宏观经济政策治理不利供给冲击的理解，我们不妨回顾一下采用扩张性宏观经济政策治理不利需求冲击的"效果"。由图9—33可知，当经济体遭受了不利的需求冲击后，采取扩张性宏观经济管理，经济体的产出水平和价格水平都会恢复到初始状态。这意味着，采用扩张性宏观经济政策治理不利的供给冲击，"副作用"比较大：经济体遭受通货膨胀之苦。因此，在治理供给冲击时，如何权衡经济衰退与通货膨胀，一直考验着宏观经济管理当局的智慧。在宏观经济学文献里，有时把治理供给冲击的货币政策和财政政策称为**适应性政策**（accommodating policy）。

最后，我们考察当经济体遭受了有利的供给冲击后，宏观经济管理当局如何进行宏观经济管理。

也许我们需要先回答一个不是问题的问题：宏观经济管理当局需要治理有利的供给冲击吗？或者说，当经济体遭受了有利的供给冲击后，宏观经济管理当局进行宏观经济管理的目标是什么？由图9—37和图9—35中的右图可知，当经济体遭受了有利的冲击后，经济体出现了新经济现象，产出水平增加，就业水平增加，失业率下降，还需要进行宏观经济管理吗？回答是肯定的。因为这些图形还揭示了，当经济体遭受了有利的冲击后，经济体的物价水平是下降的，即出现了通货紧缩。因此，治理通货紧缩，就成为宏观经济管理当局治理有利的供给冲击的首要目标。

在图 9—39 中，经济体的初始位置是 E 点，当经济体遭受了一次有利的供给冲击后，经济体运动到 E' 点，结果价格水平从 P^* 下降到 P'，经济体出现了通货紧缩。

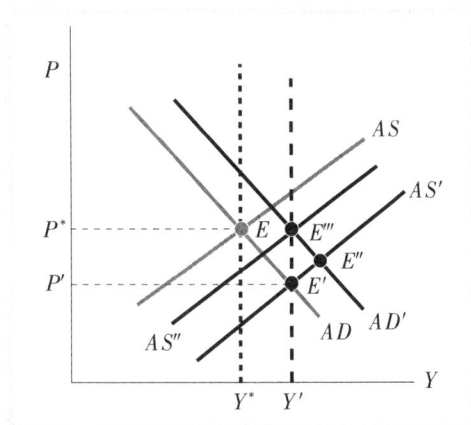

图 9—39　有利的总供给冲击与宏观经济管理

注：经济体的初始位置是 E 点。当经济体遭受了一次有利的供给冲击后，经济体从 E 点运动到 E' 点，经济体出现了通货紧缩。采取扩张性的宏观经济政策，经济体将从 E' 点运动到 E'' 点，并最终运动到 E''' 点。与初始状态相比，经济体的产出水平从 Y^* 增加到 Y'，而物价水平保持不变。

如何治理有利的供给冲击造成的通货紧缩？坦白地说，宏观经济管理当局，特别是我国的宏观经济管理当局，并没有多少治理通货紧缩的经验。要努力提高经济体的价格水平，再次采取扩张性的宏观经济政策，比如扩张性的货币政策和扩张性的财政政策。如图 9—39 所示，这时经济体的总需求曲线 AD 将逐步向右平移到 AD'，经济体就从 E' 点运动到 E'' 点，价格水平相应地不断提高。由前面的分析可知，经济体不可能长期停留在 E'' 点。由于该点所对应的产出水平高于经济体的潜在产出水平，供给曲线 AS' 将会不断地向上平移，如图 9—39 所示，最终将向上平移到 AS''。相应地，经济体也将从 E'' 点运动到 E''' 点。在这一过程中，经济体的价格水平是不断上升的，最终可以上升到经济体初始的价格水平上，而产出水平却从初始的 Y^* 增长到 Y'。当然，如果扩张性宏观经济管理的力度比较大，经济体的价格水平最终完全可以高于初始的价格水平。

在图 9—39 中，我们是以有利的供给冲击影响到经济体潜在产出水平为例阐述的，建议感兴趣的读者画图分析，有利的供给冲击不影响潜在产出水平时，宏观经济管理当局采取扩张性的宏观经济政策将会对经济体产生什么影响？你也许会发现，只要采取扩张性的宏观经济政策，经济体的价格水平最终都将高于其初始水平。

小结一下宏观经济管理当局如何治理供给冲击

> 当经济体遭受不利的供给冲击时，往往会出现滞胀，宏观经济管理当局可以采取扩张性的宏观经济政策治理衰退，但其代价是经济体将出现通货膨胀；

> 当经济体遭受有利的供给冲击时，往往会出现新经济，宏观经济管理当局可以采取扩张性的宏观经济政策治理可能出现的通货紧缩。

9.7 本章小结

进行宏观经济管理是必要的，但问题是，如何进行宏观经济管理？在本章，我们分别采用 IS-LM 模型和 AS-AD 模型考察了宏观经济管理当局进行宏观经济管理的机制及其效果。

最常用的宏观经济管理工具是货币政策和财政政策。货币政策首先影响利率，然后影响总需求，并最终影响到经济体的均衡产出水平；财政政策首先影响总需求，然后影响经济体的产出水平，并最终影响到经济体的利率水平，产生挤出效应。但除了极端情况下，财政政策都会影响到经济体均衡的产出水平。在宏观经济管理中，财政政策和货币政策组合使用是必要的。

IS-LM 模型假定经济体的价格水平是给定的，而物价稳定是宏观经济管理的重要目标之一。因此，我们进一步在 AS-AD 模型中考察了宏观经济管理当局进行宏观经济管理的机制及其效果。

当经济体遭受了需求冲击后，经济体的产出水平偏离其潜在产出水平，价格水平将呈现顺周期变动。宏观经济管理当局采用货币政策和财政政策进行宏观经济管理，在短期内，能够影响到经济体的产出水平，但不会对经济体的长期产出水平产生影响。

当经济体遭受了供给冲击后，经济体的产出水平也会偏离其潜在产出水平，甚至长期偏离，价格水平将呈现逆周期变动，通常会出现滞胀或新经济等宏观经济现象。宏观经济管理当局也可以采用货币政策和财政政策进行宏观经济管理，而且通常是采取扩张性的宏观经济政策。当经济体遭受不利的供给冲击时，采用扩张性的宏观经济政策可以治理经济衰退；当经济体遭受有利的供给冲击时，采用扩张性的宏观经济政策可以治理、预防通货紧缩。

当然，宏观经济管理当局不仅有货币政策和财政政策这两把板斧，还有其他政策工具，比如我们在前面提到的经济增长政策。

【注释】

[1] 通常，人们在讨论宏观经济管理时，往往只是谈论需求管理，很少关注如何进行供给方面的管理，以应对短期的供给冲击，实现长期的经济增长。

[2] 人民银行的历史，可以追溯到第二次国内革命战争时期。1931年11月7日，在江西瑞金召开的"全国苏维埃第一次代表大会"上，通过决议成立"中共苏维埃共和国国家银行"（简称苏维埃国家银行），并发行货币。1948年12月1日，以华北银行为基础，合并北海银行、西四农民银行，在河北省石家庄市组建了中国人民银行，并发行人民币，后来成为中华人民共和国成立后的中央银行。在改革前，中国人民银行既是管理金融的国家机关，又是全面经营银行业务的国家银行，并不是真正意义上的中央银行，更多地行使商业银行的职能。从1984年1月1日起，中国人民银行开始专门行使中央银行的职能。1995年3月18日，全国人民代表大会通过《中华人民共和国中国人民银行法》，首次以国家立法的形式确立了中国人民银行作为中央银行的地位，目前人民银行的职能是"制定和执行货币政策、维护金融稳定、提供金融服务"。

[3] 《中华人民共和国中国人民银行法》根据2003年12月27日第十届全国人民代表大会常务委员会第六次会议《关于修改〈中华人民共和国中国人民银行法〉的决定》修正。

[4] 自2001年6月起，我国已将证券公司客户保证金计入货币供应量（M2），含在其他存款项内。

[5] 所谓各类存款是指，货币总量中的非现金部分。具体而言，在中国就是 M2 减去 M0；在美国就是 M2 减去流通中现金。

[6] 当然也包括银行放在保险箱里的现金。为了简单起见，我们没有考虑这一点。

[7] 准备金率＝法定准备金率＋超额准备金率。1998年3月，我国的法定准备金和超额准备金两个账户合并为准备金账户。

[8] 在我国，中央银行票据即中国人民银行发行的短期债券，央行通过发行央行票据可以回笼基础货币，央行票据到期则体现为投放基础货币。

[9] 在本书第7章中，我们已经较为详细地考察了这个特例。

[10] 价格水平的变化，当然，还会造成实际货币存量发生变化。

[11] 回忆本书第5章的分析，在总供给曲线向上平移的过程中，会发生旋转。在图9—32中，我们忽略了这一点。

[12] 当产出水平低于潜在产出水平时，经济体的总供给曲线也会发生变化。但为了简单起见，在图9—33中，我们假定，总供给曲线保持不变。

[13] 当产出水平高于潜在产出水平时，经济体的总供给曲线也会发生变化。但为了简单起见，在图9—34中，我们假定，总供给曲线保持不变。

[14] 请注意，在这一阶段，物价水平也是逆周期的。

[15] 细心的读者可能已经留意到了，当经济体遭受需求方面的冲击时，无论是有利的还是不利的，经济体的物价水平都是顺周期的。如果你对这一点感到奇怪的话，不妨再仔细观察图 9—34。

第 10 章

宏观经济管理的挑战及其绩效

在本书第 9 章中，我们阐述了宏观经济管理当局采用货币政策、财政政策进行宏观经济管理的机制。很容易，不是吗？你也许已开始"指点江山"，对你周围的宏观经济管理或称赞或批判了，甚至已经加入有关宏观经济管理的争论中去了。

其实，宏观经济管理一直是经济学家、新闻界和大众争论的焦点，甚至成为一个家庭茶余饭后的话题。在当前全球化的时代，宏观经济管理当局的选择不仅关系到本国每个经济活动主体的福利水平，而且直接或间接地影响到其他经济体的福利水平。这样的例子实在太多了，以至就有了"美国打喷嚏，全球就感冒"，"中国感冒，全球就紧张"之类的戏言。

坦白地说，尽管我们已经知道货币政策、财政政策等宏观经济政策的作用机制，但对宏观经济管理当局而言，远远没有"照单抓药，药到病除"这么简单。比如说，宏观经济管理当局是应该积极干预经济生活，还是尽量少干预市场经济的自由运行？如果要进行宏观经济管理，能够实现宏观经济管理目标的最优政策是什么？实际执行的政策是否会偏离最优的政策？如果是，为什么会发生偏离？所有这些问题都是宏观经济管理当局在实际宏观经济管理中所必须面对的问题。

在本章，我们着重探讨宏观经济管理当局应该如何行动的理论。首先介绍我们分析的起点，或者说基准模型：**丁伯根模型**（Tinbergen model）（有关丁伯根的信息见图 10—1）；然后在丁伯根模型的基础上探讨宏观经济管理当局在实际宏观经济管理中所面临的各种挑战；最后我们将看一看宏观经济管理的绩效到底如何。

10.1　经济政策的基本原理

在本书第 8 章，我们讨论了宏观经济管理的目标，比如物价稳定和充分就业等目标，以及偏离这些目标所带来的可能损失。当经济体在宏观经济管理目标所规定的最佳水平运行时，文献有时会称之为经济体位于**极乐点**（bliss point）。在本书第 9 章，我们考察了宏观经济管理当局实现上述目标的政策工具——货币政策和财政政策，以及它们影响经济体的渠道及其机制。

图 10—1　丁伯根

注：丁伯根（Tinbergen，1903—1994），1969 年获得诺贝尔经济学奖。

因此，所谓宏观经济管理就是，当经济体遭受某些冲击而偏离极乐点时，宏观经济管理当局选择适宜的政策工具使经济体恢复到极乐点。从一定意义上说，宏观经济管理就是探讨政策目标与政策工具之间的关系。荷兰经济学家丁伯根最早系统分析了经济政策的基本理论，第一次提出了将政策目标和政策工具联系在一起的正式模型。经济学文献用丁伯根的名字命名这个模型，它实在太重要了，已成为分析经济政策的基准模型。

丁伯根模型

我们考察两种政策目标和两种政策工具的情况。政策目标记为 T_1 和 T_2；政策工具记为 I_1 和 I_2。丁伯根把政策目标表示为政策工具的线性函数，即

$$T_1 = \alpha_1 I_1 + \alpha_2 I_2$$

$$T_2 = \beta_1 I_1 + \beta_2 I_2 \tag{10-1}$$

公式（10—1）中，α 和 β 是参数，表示政策工具对政策目标的影响程度。显然，每个政策目标都会受到两种政策工具的影响。这表明，只要宏观经济管理当局能够控制两个政策工具，在一定情况下，就可以实现宏观经济管理的目标。

其实，只要把宏观经济管理表示成公式（10—1），让你管理你周围的宏观经济，你也会做得很好，不是吗？运用一点线性代数的知识，我们很容易求解公式（10—1）所刻画的线性方程组，从而制定出最佳的政策组合，实现既定的宏观经济管理目标。

当 $\alpha_1 \beta_2 \neq \alpha_2 \beta_1$ 时，最佳的政策组合为：

$$I_1 = \frac{\beta_2 T_1 - \alpha_2 T_2}{\alpha_1 \beta_2 - \alpha_2 \beta_1}$$

$$I_2 = \frac{\alpha_1 T_2 - \beta_1 T_1}{\alpha_1 \beta_2 - \alpha_2 \beta_1} \tag{10-2}$$

公式（10—2）表明，当经济体遭受了一次冲击后，你如果根据公式（10—2）选择政策工具组合，那么就有可能让经济体恢复到宏观经济管理目标所规定的最佳水平，即经济体达到极乐点。

"当 $\alpha_1 \beta_2 \neq \alpha_2 \beta_1$ 时"这个前提条件是什么意思？我们不妨从 α 和 β 的经济含义谈起。正如前面所明确指出的，参数 α 和 β 表示政策工具对政策目标的影响程度。由公式（10—1）可知，当政策工具 I_1 变动一单位时，对政策目标 T_1 和 T_2 的影响分别是 α_1 和 β_1，二者之比为 α_1/β_1，反映政策工具 I_1 对两个政策目标的综合影响程度；当政策工具 I_2 变动一单位时，对政策目标 T_1 和 T_2 的影响分别是 α_2 和 β_2，相应地，政策工具 I_2 对两个政策目标的综合影响就是 α_2/β_2。当 $\alpha_1 \beta_2 \neq \alpha_2 \beta_1$ 时，其实就是 $\alpha_1/\beta_1 \neq \alpha_2/\beta_2$，即两个政策工具对两个政策目标的影响不同。如果我们采用线性代数中的术语，那么"当 $\alpha_1 \beta_2 \neq \alpha_2 \beta_1$ 时"这个前提条件的意思是：政策工具对政策目标的影响线性独立。

以上分析表明，宏观经济管理当局可以采用两个独立的政策工具实现两个政策目标。其实，这个结论完全可以推广到宏观经济管理当局实现 N 个宏观经济目标的情况，即宏观经济管理当局有 N 个政策目标，那么至少有 N 个线性独立的政策工具。这就是著名的**丁伯根原则**（Tinbergen's principles）：要实现多少个政策目标，就必须要有多少个线性独立的政策工具。

为了加深大家对丁伯根模型的理解，下面，我们举一个具体的例子。结合我们前面的内容，不妨设宏观经济管理当局的目标是充分就业（$u = u^* = 5\%$）和物价稳定（$\pi = 0$）；两个政策工具就是货币政策（M）和财政政策（G）。因此，宏观经济管理当局所面临的宏观经济管理问题就可以表示为：

$$u = \alpha_1 M + \alpha_2 G$$
$$\pi = \beta_1 M + \beta_2 G \tag{10—3}$$

假定经济体遭受了一次不利的需求冲击，失业率和物价水平分别为 7% 和 −4%。宏观经济管理当局能够实现充分就业和物价稳定的目标吗？

只要货币政策（M）和财政政策（G）是线性独立的，我们的回答就是肯定的。在当前情况下，宏观经济管理当局要实现充分就业和物价稳定的目标，其实就是：使经济体的失业率下降 2%；同时使通货膨胀率上升 4%。那么，货币政策和财政政策应该如何变化？基于此，我们不妨把公式（10—3）中的变量表示为对初始状态的偏离程度，即

$$\begin{cases} \Delta u = \alpha_1 \Delta M + \alpha_2 \Delta G \\ \Delta \pi = \beta_1 \Delta M + \beta_2 \Delta G \end{cases} \Rightarrow \begin{cases} -2 = \alpha_1 \Delta M + \alpha_2 \Delta G \\ 4 = \beta_1 \Delta M + \beta_2 \Delta G \end{cases} \tag{10—4}$$

显然，我们可以求出这个方程组的解，即

$$\Delta M = -(2\beta_2 + 4\alpha_2)/(\alpha_1\beta_2 - \alpha_2\beta_1)$$
$$\Delta G = (4\alpha_1 + 2\beta_1)/(\alpha_1\beta_2 - \alpha_2\beta_1) \tag{10—5}$$

如果你愿意，不妨把公式（10—5）代入公式（10—4）中的两个方程，你将会看到公式（10—5）是正确的。但问题是，公式（10—5）能够为宏观经济管理当局提供多少有用的信息呢？

公式（10—5）告诉宏观经济管理当局以下信息：当经济体在如图 10—2 所示的 B 点时，如果货币政策和财政政策是独立的，采取货币政策和财政政策能够使经济体到达 A 点，即宏观经济管理当局能够实现充分就业和物价稳定的目标。

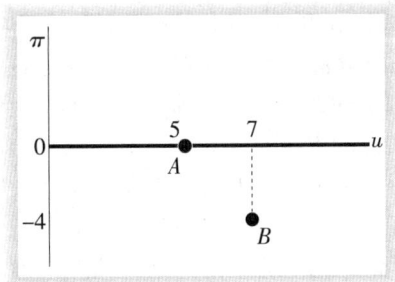

图 10—2　丁伯根模型

注：经济体现在的位置是 B 点，政策目标是 A 点。丁伯根模型揭示了，在一定条件下，宏观经济管理当局采取货币政策和财政政策能够实现政策目标，使经济体到达 A 点。

另外，公式（10—5）还告诉了宏观经济管理当局货币供给应该增加多少，政府支出应该增加多少。比如说，当 α_1、α_2、β_1 和 β_2 分别为 −1.33、

—0.28、0.14 和 0.13 时[1]，公式（10—5）就变为 $\Delta M = -6.4$、$\Delta G = 37.7$。这意味着，宏观经济管理当局为了使失业率下降 2 个百分点且使通货膨胀率上升 4 个百分点，可以采取的政策组合是：货币紧缩 6.4%；财政扩张 37.7%。这种政策组合是否可行？比如说，你就是财政部部长，在人大会议上，你告诉各位代表说，我们通过严谨的计算发现，为了治理当前的通货紧缩和创造更多的就业岗位，今年的财政支出需要增长 37.7%。各位人大代表恐怕不会接受财政支出增加 37.7% 的请求。这表明，丁伯根模型的本质是，从理论上揭示了宏观经济管理当局采用政策工具实现政策目标的理想情况。

仍然继续上面的例子，假定各位人大代表不仅没有接受财政支出增加 37.7% 的请求，而且强调财政赤字规模已经非常大了，今年的财政支出必须保持零增长，即 $\Delta G = 0$。这意味着宏观经济管理当局要实现充分就业和物价稳定两个政策目标，但只有一个政策工具。宏观经济管理当局能够实现既定的政策目标吗？回答是否定的，因为这种情形显然违背了丁伯根原则。

当 $\Delta G = 0$ 时，公式（10—4）就可以整理为：

$$\begin{cases} \Delta u = \alpha_1 \Delta M \\ \Delta \pi = \beta_1 \Delta M \end{cases} \Rightarrow \begin{cases} -2 = \alpha_1 \Delta M \\ 4 = \beta_1 \Delta M \end{cases} \tag{10—6}$$

显然，只要 $\alpha_1 / \beta_1 \neq -0.5$，我们就无法根据公式（10—6）求解 ΔM，即在 α_1 和 β_1 给定的情况下，宏观经济管理当局通常无法出台一项货币政策能够同时实现失业率下降 2 个百分点、通货膨胀率上升 4 个百分点。这再一次验证了，宏观经济管理当局在进行宏观经济管理中要实现既定的政策目标，就必须遵循丁伯根原则。

丁伯根模型的拓展

当政策工具个数小于政策目标时，宏观经济管理当局通常无法同时实现全部的政策目标，但绝对不会无所事事，比如宏观经济管理当局可以在不同的政策目标之间有所权衡取舍，从而使社会损失最小。通常我们用**社会损失函数**（social loss function）度量政策目标偏离极乐点所带来的社会损失。在阐述宏观经济管理目标时，我们已经较为详细地分别考察了失业和通货膨胀等所带来的社会损失，而社会损失函数则是综合度量失业和通货膨胀等所带来的社会损失。

$$L = (\Delta u - \Delta u^*)^2 + \lambda (\Delta \pi - \Delta \pi^*)^2 \tag{10—7}$$

公式（10—7）就是常见的社会损失函数。其中，Δu^* 和 $\Delta \pi^*$ 分别表示宏观经济管理当局要实现充分就业和物价稳定，经济体的失业率和通货膨胀率必须变动的幅度，比如在上一节的例子中，$\Delta u^* = -2$、$\Delta \pi^* = 4$；Δu 和 $\Delta \pi$ 则表示，当宏观经济管理当局不能够同时实现政策目标时，经济体的失业率和通货膨胀率实际的变动幅度；λ＞0是权重，表示失业率和通货膨胀率所带来的社会损失不同，为了简单起见，不妨假定二者所带来的社会损失是一样的，即λ＝1。

只要有损失函数，我们就可以画出相应的无差异曲线图，图10—3给出了社会损失函数的无差异曲线族。在 $\Delta u^* = -2$、$\Delta \pi^* = 4$ 处，由上一节的例子可知，经济体实现了充分就业和物价稳定，这时经济体的社会损失最小，等于零。显然，$\Delta u^* = -2$ 和 $\Delta \pi^* = 4$ 在图10—3中所对应的点就是经济体的极乐点。社会损失为L1的无差异曲线就是，通货膨胀和失业所带来的社会损失为L1的不同组合的连线，即满足下面等式的 Δu 和 $\Delta \pi$ 的点：

$$L1 = (\Delta u + 2)^2 + (\Delta \pi - 4)^2 \qquad (10—8)$$

显然，社会损失为L1的无差异曲线就是，以极乐点为圆心、半径为 $\sqrt{L1}$ 的圆。如果社会损失增大，比如为L2，那么社会损失为L2的无差异曲线就是，以极乐点为圆心、半径为 $\sqrt{L2}$ 的圆，一个更大的同心圆。因此，社会损失函数所应对的无差异曲线族就是一组同心圆，半径越大，社会损失就越大。

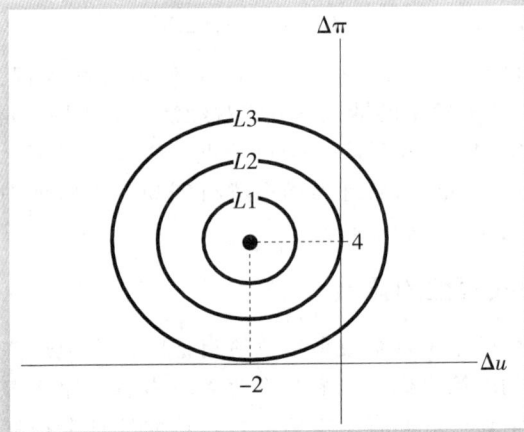

图10—3　社会损失函数

注：社会损失函数的无差异曲线族是同心圆。圆的半径越大，社会损失就越大，即L1＜L2＜L3。

现在，我们考察宏观经济管理当局所面临的政策约束。其实，公式（10—6）已经给出了政策约束，即

$$\Delta \pi = \frac{\beta_1}{\alpha_1} \Delta u \qquad (10—9)$$

公式（10—9）揭示了，宏观经济管理当局在只有一个政策工具却要实现两个政策目标的情况下，两个政策目标通常无法同时实现，但可以权衡，如

图 10—4 所示。

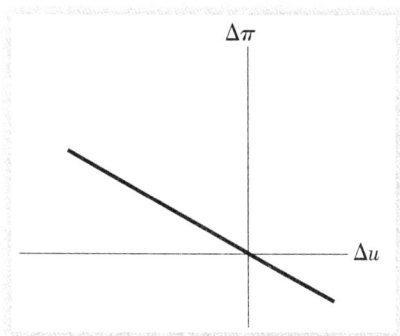

图 10—4　政策约束函数

注：在政策工具个数小于政策目标个数的情况下，宏观经济管理当局面临着政策目标约束。

如果我们假定 α_1 为负数，β_1 为正数[2]，那么 $\Delta\pi$ 就是 Δu 的减函数，如图 10—4 所示。这时，宏观经济管理当局可以增加失业率的代价来降低通货膨胀率；当然，也可以增加通货膨胀率的代价来降低失业率。但问题是，宏观经济管理当局将会如何选择？答案是，选择使社会损失最小的政策组合。

到目前为止，我们已经讨论了社会损失函数的无差异曲线和政策约束曲线，现在终于可以考察宏观经济管理当局的政策目标选择了，如图 10—5 所示。

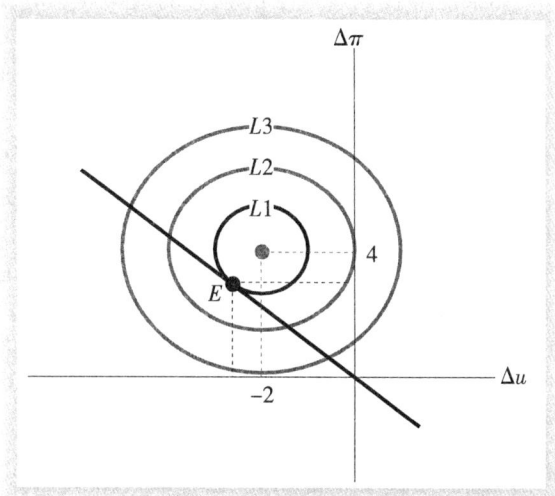

图 10—5　最优政策目标

注：在 E 点，社会损失函数与政策约束曲线相切，社会损失最小。

利用无差异曲线和约束曲线，寻找最优政策组合，其实就是找到二者的切点，如图 10—5 中的 E 点所示。因为当宏观经济管理当局选择 E 点的政策组合时，社会损失最小。正如图 10—3 所强调的，社会损失函数是一组同心圆，圆心是极乐点，损失为零，圆的半径越大，社会损失就越大。在图 10—5 中，政策约束曲线分别与无差异曲线 $L3$ 和 $L2$ 相交，显然，这两个交点所对应的政策组合是可行的，但其带来的社会损失大于 E 点所带来的社会损失。毋庸置疑，圆心的社会损失最小，但其对应的政策组合并不可行。

在 E 点，经济体并没有实现物价稳定，充分就业。与圆心相比可知，这时经济体里仍然存在通货紧缩，但失业率已经降低到自然失业率以下。如果完全消除通货紧缩，失业率就要进一步降低，远远低于自然失业率，此时经济可能过热，社会损失将会更大。

在以上分析中，我们是以 $\Delta\pi$ 是 Δu 的减函数为例分析的。如果 $\Delta\pi$ 是 Δu 的增函数，宏观经济管理当局的最优政策组合是什么？如果感兴趣的话，不妨自己画图分析。

丁伯根模型小结

丁伯根模型是宏观经济管理当局进行宏观经济管理的基准模型。它揭示了，在理想状态下，宏观经济管理的本质是，能否找到足够多的政策工具来实现政策目标：

➤ 如果能够找到足够多的独立的政策工具，那么宏观经济管理当局就能够让经济体在极乐点处运行；
➤ 如果无法找到足够多的独立的政策工具，那么宏观经济管理只能够选择使社会损失最小的政策组合。

在下面三节中，我们将进一步放宽丁伯根模型中的假定。在丁伯根模型中，我们其实隐含着宏观经济管理当局清楚地知道政策工具将会如何影响政策目标，即宏观经济管理当局知道公式（10—1）中的相关参数的真实值。实际情况并非如此，宏观经济管理当局并不知道这些参数值，只是有这些参数的估计值。在下面三节中，我们将重点讨论，由于不能确定参数的真实值，宏观经济管理当局在宏观经济管理中所面临的挑战。

10.2　时滞

在具体考察时滞之前，我们不妨先看一个发生在我们身边的事件——"非典"（或 SARS），然后考察这次"非典"冲击对宏观经济管理所带来的挑战。有关"非典"对我国经济的影响见图 10—6。

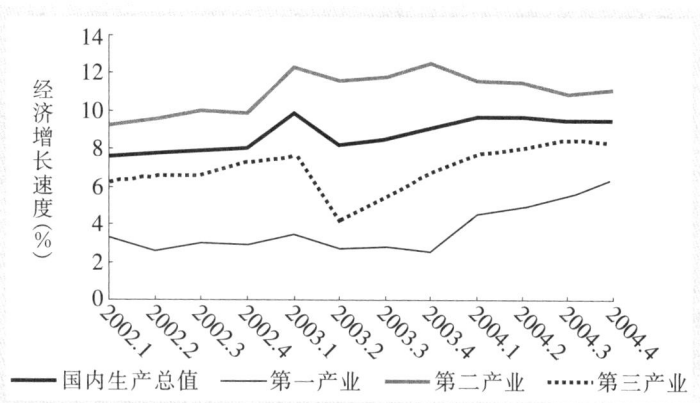

图 10—6　SARS 前后我国的经济增长

注：2002 年底，中国爆发了"非典"，2003 年春进入公众视野，对第三产业造成了很大的冲击，给我国经济增长带来了一定影响。

资料来源：国家统计局，进度数据。

SARS 冲击

自 2002 年第一季度起，中国经济的增长速度持续递增，到了 2003 年第一季度，增长速度高达 9.9%，是 1997 年以来增长最快的一个季度。

就在这时，中国与非典型肺炎不期而遇。[3] 2002 年 11 月 16 日中国广东佛山发现第一起后来称为"非典"的病例，2003 年 2 月 3—14 日，广东发病进入高峰，但病原不清，而且出现家族及医护人员极易被集体传染的现象。2003 年 2 月 18 日中国疾病研究中心宣布，广东严重呼吸道综合征的病原基本可以确定为衣原体；3 月 15 日世界卫生组织（World Health Organization）将此疾病改称为严重急性呼吸系统综合征（SARS）。也许因为广东只是东南一隅，SARS 并没有进入全国人民的视野，我国经济在 2003 年第一季度强劲增长。

2003 年 3 月中旬至 4 月 1 日，网上流传的"北京疫情"部分在现实中得到证实，政府对于非典型肺炎的认识和应对措施经历着艰难而痛苦的转变。4 月 20 日，由于防治"非典"不力，卫生部部长张文康、北京市委副书记孟学农被免职，党中央、国务院明确提出要以对人民高度负责的态度，及时发现、报告和公布疫情，决不允许缓报、漏报和瞒报。卫生部决定，原来 5 天公布一次疫情，改为每天公布。至此，SARS 正式进入全国人民的视野。

SARS 给人们带来了极大的恐慌。人们尽可能减少与他人接触的机会，尽可能减少外出活动。从图 10—6 上看，第三产业受到的冲击最大，增长速度从 2003 第一季度的 7.6%，下降到第二季度的 4.2%，下降了 3.4 个百分点；第二产业的增长速度也从第一季度的 12.3%下降到第三季度的 11.6%，下降了 0.7 个百分点。相应地，我国 GDP 的增长速度也从第一季度的 9.9%，下降到第二季度的 8.2%，下降了 1.7 个百分点。

SARS 的肆虐是暂时的。2003 年 5 月 9 日北京新增病例数首次减至 50 以内，医务人员的感染比例已经呈明显下降趋势。6 月 2 日北京疫情统计首次出现 3 个零：新收治直接确诊病例为零；疑似转确诊病例为零；死亡人数也是零。6 月 13 日世界卫生组织宣布从 13 日起解除对中国河北省、内蒙古自治区、山西省和天津市的旅游警告；6 月 24 日世界卫生组织宣布，北京的"非典"疫情明显缓和，已符合世界卫生组织有关标准，解除对北京的旅行警告，同时将北京从"非典"疫区名单中排除。从图 10—6 上看，我国经济从 2003 年第三季度开始复苏，到第四季度，大致已经恢复到 SARS 爆发前的水平。

SARS 是一次不利的冲击，确切地说，应该是一次不利的需求冲击，由上一章中的相关分析可知，这时经济体的产出水平和价格水平都会下降，宏观经济管理当局会采取扩张性的政策进行治理。从我国宏观经济实践看，在 2003 年，我国确实施行的是扩张性的政策，鼓励固定资产投资。但到了 2004 年，我国经济出现了"过热"现象，于是赶紧采取紧缩性政策，抑制固定资产投资成为这一轮宏观经济管理的重中之重。2004 年 4 月，江苏铁本钢铁有限公司成为中央宏观调控"点刹车"的对象：其位于江苏省常州市的投资 100 多亿元、占地 9 000 亩（实际占地 6 500 多亩）且设计产能达 800 万吨钢铁的在建项目因"盲目投资"等原因被叫停。

当然，SARS 给我们带来了很多启示，在本小节，我们着重考察 SARS 对宏观经济管理的启示：人们认识、承认、治理 SARS 需要时间，正是由于这些时间的存在，宏观经济管理才面临着一系列挑战。不是吗？遭受 SARS 冲击后，我国的宏观经济管理有点类似于"过山车"，正在致力于拉动处于谷底的经济，却突然发现经济体正处于一个谷峰，于是赶紧开始抑制经济的"过热"。

时滞的分类

弗里德曼强调政策工具对政策目标的影响具有长期的和变化的滞后效应，即政策工具存在时滞。所谓**时滞**（lag）是指，从经济体遭受冲击到宏观经济管理当局采取行动影响政策目标的过程。通常可以分为以下两个阶段：**内部时滞**（inside lag）是指，从经济体遭受冲击到宏观经济管理当局采取行动的过程；**外部时滞**（outside lag）是指，政策工具对政策目标影响的时间。其中内部时滞分为认识时滞、决策时滞和行动时滞，如图 10—7 所示。

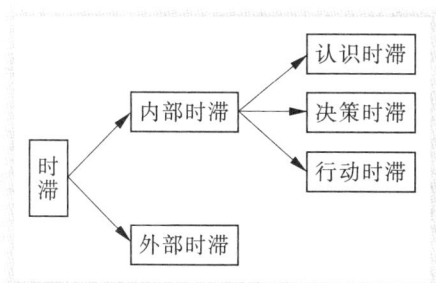

图 10—7　时滞的分类

认识时滞，是指从经济体遭受冲击到宏观经济管理当局认识到需要采取行动的过程。正如我们在 SARS 肆虐的日子里，很难判断这一冲击是暂时的，还是会持续一段时间，尽管几乎每个人都可以做出"事后诸葛亮"式的评论。再比如，当 1973 年底发生第一次石油冲击时，许多人都认为石油卡特尔（oil cartel）不会继续存在[4]，欧佩克的石油禁运冲击是暂时的，原油价格很快就会下降。宏观经济管理当局也在观望，直到 1974 年底，美国失业率高达 8％ 以上时，宏观经济管理当局才开始行动。认识时滞确实是客观存在的。当然，你也许会质疑，如果我们能够预测经济体将会遭受的冲击，那么就可以未雨绸缪，缩短认识时滞，甚至不存在认识时滞。坦白地说，一般情况下，甚至在很好的预测之下，外生冲击仍然具有很大的不确定性。在政策目标经常受到宏观经济管理当局控制范围之外的冲击影响的情况下，怎么可能会不存在认识时滞？

决策时滞，是指从宏观经济管理当局认识到需要采取行动到政策决策的过程。行动时滞是指从政策决策到实施的过程。我们不妨从操作层面看决策时滞和行动时滞。比如，货币政策当局一旦认识到需要进行宏观经济管理，相关委员会就会开会讨论、制定货币政策，并通过公开市场业务的方式立刻行动。因此，货币政策的决策时滞和行动时滞比较短。财政政策的决策时滞和行动时滞相对就较长。比如调整税率，要经过相应的立法部门的讨论、批准；再比如调整政府支出等，调整财政预算也需要经过相应的法定程序。

外部时滞，是指宏观经济管理当局开始行动，但政策工具影响政策目标需要一段时间。如同生病吃药一样，通常不是像"药到病除"那样立竿见影，而是像"病来如山倒，病去如抽丝"一样，政策工具通过各种传导机制影响政策目标也需要一个过程。其实，我们在上一章中已经详细地讨论了这种过程。比如货币供给增加，在货币市场上，利率下降；在产品市场上，利率下降，导致投资增加，进而产出水平增加。

时滞的影响

为了分析的方便，我们不妨假定经济体的增长速度为零[5]，如图 10—8 所示，产出水平是一条直线。如同我国遭受 SARS 冲击一样，经济体在时刻 t_0 遭受了一次暂时的不利冲击，在没有任何宏观经济管理的情况下，经济体从 t_0 到 t_1 期间的产出水平将如图 10—8 中的虚线所示，先下降，然后再恢复到初始水平。

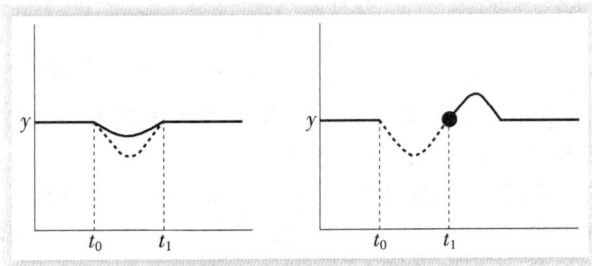

图 10—8　时滞可能带来的影响

注：经济体在时刻 t_0 遭受了一次不利冲击，如果不进行宏观经济管理，经济体将如虚线所示，t_1 时刻恢复到初始状态。当不存在时滞时，进行宏观经济管理将熨平经济波动，如左图所示；当存在时滞时，则可能进一步增加经济体的波动，如右图所示。

面对遭受不利冲击的经济体，宏观经济管理当局不会坐视不管。下面，我们将分两种情况讨论宏观经济管理当局进行宏观经济管理的情况：

1. 不存在时滞。在经济体遭受不利冲击的时刻，宏观经济管理当局立刻就采取扩张性的宏观经济政策，治理经济衰退。如图 10—8 左图中的实线所示，与虚线相比，宏观经济管理当局的及时行动确实能够相对熨平经济波动。

2. 存在时滞。这时，宏观经济管理当局不会在时刻 t_0 就采取扩张型的宏观经济政策。如同宏观经济管理在治理 SARS 冲击时一样，不妨假定宏观经济管理当局在不利冲击所带来的影响足够大时，才采取扩张性的宏观经济政策，而相关政策组合在时刻 t_1 才开始发挥作用。结果将会怎么样呢？也许将会如图 10—8 中的右图所示，经济体出现了更大的经济波动。

以上分析表明，时滞可能使宏观经济管理变得更加困难，宏观经济管理当局旨在稳定经济的努力可能会产生破坏经济稳定的效果。

最后需要补充的是，我们只是强调稳定经济的努力可能会破坏经济稳定，而不是一定会破坏经济稳定。当经济体遭受一次持久的、严重的不利冲击时，即使存在时滞，积极的宏观经济管理也将会稳定经济，而不是破坏稳定，如

图 10—9 所示。

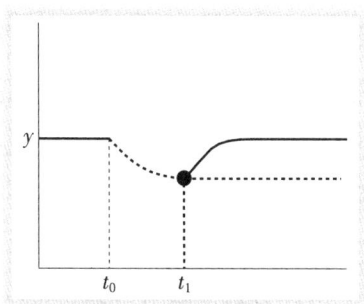

图 10—9　较持久的不利冲击中的时滞影响

注：经济体在时刻 t_0 遭受了一次较持久的不利冲击，如果不进行宏观经济管理，经济体将如虚线所示运行。经济体里存在时滞，比如在 t_1 时刻，扩张性的经济增长政策拉动经济重新恢复到初始水平。

财政政策和货币政策的时滞

宏观经济管理最重要的政策工具是财政政策和货币政策，二者在时滞方面各有千秋。

内在时滞是困扰财政政策的核心问题。通常情况下，政府支出和税收的改变需相关立法部门审批，在美国需要参众两院和总统的批准，在中国需要人大的审批。烦琐的立法程序不可避免地会引起延误，错失宏观经济管理的最佳良机，使得财政政策无法有效地稳定经济。

货币政策的内在时滞相对而言就短很多。通过公开市场业务等，中央银行可以在很短的时间内施行货币政策，但却有相当长的外部时滞。由货币政策的传导机制可知，货币政策通过改变货币供给影响利率，利率影响投资发挥作用，这显然需要时间。美国的经验是，货币政策的外部时滞大概是 6 个月。

10.3　不确定性

时滞从本质上讲是一种不确定性，即宏观经济管理当局知道政策工具的乘数大小，但不能够确定政策工具对政策目标影响发生的时间。从现实看，宏观经济管理当局在准备执行货币政策或财政政策时，显然并不能完全确认相关乘数的大小，只不过是有一个根据经验数据估计的数值。因此，在本小节，我们进一步拓展，如果宏观经济管理不能确定政策工具的相关乘数大小，那么将会怎么样？

布雷纳德（William Brainard）在这方面做出了开创性的贡献，本小节将围绕布雷纳德 1967 年的一篇经典论文展开。

不确定环境下的决策：一个简单模型

为了简单起见，我们考察宏观经济管理当局只有一个政策目标和一个政策工具的情况，政策工具对政策目标的影响仍然是线性的，即

$$y = aP + \varepsilon \tag{10—10}$$

其中，y 和 P 分别是政策目标变量（比如产量）和政策工具变量（比如政府支出或货币供给量等）。公式（10—10）刻画了宏观经济管理当局所面临的两种不确定性：

1. 乘数不确定性，即宏观经济管理当局在制定、执行宏观经济政策时，并不知道 a 的确切值。通常情况下，宏观经济管理当局会借助**计量经济学**（Econometrics）的工具得到 a 的估计值 $\bar{a}$。显然，我们没有理由相信实际值一定等于估计值，即 $a = \bar{a}$。如果 $a < \bar{a}$，则政策工具的作用微弱，并不能达到预期效果；同理，如果 $a > \bar{a}$，那么政策效果将会超出预期。a 对政策目标的影响是通过乘以政策工具实现的，有时也叫**乘法不确定性**。

2. 另一种不确定性是 ε，刻画影响政策目标而不受政策工具影响的变量，比如自然灾害、SARS 以及美国遭受"9·11"恐怖袭击等。ε 是一个随机变量，宏观经济管理当局在制定、执行宏观经济政策时，并不知道 ε 的确切值。ε 可正可负，对政策目标直接产生影响，有时也叫**加法不确定性**。

不确定性将会给宏观经济管理带来什么影响？你的第一反应就是，当存在不确定性时，宏观经济管理当局并不能够确保政策目标 y^* 一定能够实现，即政策工具变量 y 未必一定等于 y^*。但为了更加直观地表述不确定性对宏观经济管理所带来的挑战，我们还是不妨先引入社会损失函数。社会损失函数仍然是二次型的，即

$$L = (y - y^*)^2 \tag{10—11}$$

现在，"万事俱备，只欠东风"了。在以下部分，我们将分三步考察不确定性对宏观经济管理所带来的挑战：第一步，没有不确定性时的决策；第二步，存在不确定性时的决策；第三步，比较前两步的决策，明确不确定性对宏观经济管理的挑战。

第一步，经济体里不存在不确定性。这意味着宏观经济管理当局知道 ε 和 a 的确切值。这时，宏观经济管理当局最优的政策工具变量是多少呢？这个问题显然难不倒你。

$$\min_P L = \min_P (aP + \varepsilon - y^*)^2$$

对 P 求导，然后令一阶必要条件等于零。就得到，当不存在不确定性时，宏观经济管理当局的最优政策工具变量，即

$$P^* = \frac{y^* - \varepsilon}{a} \tag{10—12}$$

把公式（10—12）代入公式（10—10）可知，$y = y^*$。这表明，经济体不存在不确定性的情况，只不过是丁伯根模型的一个具体应用罢了，宏观经济管理当局采用一个政策工具能够实现一个预期的政策目标。

第二步，经济体里存在不确定性，即宏观经济管理当局并不知道 ε 和 a 的确切的值。这时，宏观经济管理当局最优的政策工具变量是多少呢？这个问题显然有点难。

由于 ε 和 a 都是随机的，政策目标变量 y 也是随机的。因此，y 的波动情况，即标准差 σ_y 就可以表示为[6]：

$$\sigma_y^2 = P^2 \sigma_a^2 + \sigma_\varepsilon^2 \tag{10—13}$$

其中，σ_a 和 σ_ε 是两种不确定性的标准差。公式（10—13）揭示了，政策目标的波动 σ_y^2 是政策工具变量 P^2 的增函数。这意味着，当乘数具有不确定性时，旨在熨平经济波动的政策工具却能够使经济产生波动。因此，当经济体里存在不确定性时，宏观经济管理当局的目标就不再是一个，而是两个，即实现 y^* 和熨平波动 $\sigma_y = 0$。由丁伯根原则可知，一个政策工具无法实现两个政策目标，宏观经济管理当局需要在这两个目标之间进行权衡。

其实，我们也可以从社会损失函数中直接推导出这一点。由于 ε 和 a 都是随机的，预期社会损失函数就可以表示为：

$$\begin{aligned} EL &= E(y - y^*)^2 \\ &= (\bar{y} - y^*)^2 + \sigma_y^2 \end{aligned} \tag{10—14}$$

其中，$\bar{y} = \bar{a}P + \bar{\varepsilon}$ 是政策目标变量的期望；$\bar{a}$ 和 $\bar{\varepsilon}$ 分别是 a 和 ε 的期望。公式（10—14）表明，预期社会损失将由两部分构成：预期政策目标偏离最优政策目标所带来的损失和政策目标波动所带来的损失。

有了以上准备工作，我们现在可以回答：当经济体里存在不确定性时，宏观经济管理当局最优的政策工具变量是多少？公式（10—14）对 P 求导，然后令一阶必要条件等于零，得：

$$P^{**} = \frac{\bar{a}(y^* - \bar{\varepsilon})}{\bar{a}^2 + \sigma_a^2} \tag{10—15}$$

如果我们仔细观察公式（10—15）就会发现，经济体的两种不确定性对宏观经济管理的影响并不一样。公式（10—15）中只有 $\bar{\varepsilon}$ 的身影，这意味着，

宏观经济管理当局可以对加法不确定性的确切值不予理会[7]，只要知道其平均值或估计出其平均值就够了。对宏观经济管理当局而言，这具有重要意义，在选择政策工具时，只需假定 ε 处于均值水平。换而言之，加法不确定性 ε 并不影响政策工具的选择。这是一个非常重要的结论，以至它有一个非常响亮的名字——**确定性等价**（certainty equivalence）。

第三步，比较以上两步的结果，以便我们进一步明确不确定性对宏观经济管理所带来的挑战。为了方便比较，我们不妨把公式（10—15）化简为：

$$P^{**} = \frac{P^*}{1 + (\sigma_a / \bar{a})^2} \qquad\qquad (10\text{—}16)$$

公式（10—16）明确揭示了乘法不确定性对宏观经济管理的影响：宏观经济管理当局应该更加谨慎，或者说少干预为佳。因为 $P^{**} < P^*$。[8]

另外，公式（10—16）还揭示了，确定性只不过是不确定性的一个特例。当不存在乘法不确定性时，$\sigma_a = 0$，因此，$P^{**} = P^*$。

小结：不确定性对宏观经济管理的挑战

➢ 当经济体里存在乘法不确定性时，宏观经济管理当局应该更加谨慎，少干预为佳；

➢ 当经济体里存在加法不确定性时，宏观经济管理当局可以不予理会，只需假定其处于平均水平就可以了，因为加法不确定性具有确定性等价的性质。

不确定环境下的决策：一个例子

假定你是央行行长，正在制定货币政策，面临的条件为：

$$y = aM$$
$$L = (y - y^*)^2$$

如果已经知道货币政策 $a = 5$，为了实现 $y^* = 600$，你将会发行多少货币？这个问题非常容易，你立刻把问题表示为：

$$\min_M L = \min_M (5M - 600)^2$$

当 $M^* = 120$ 时，你就能够实现 $y^* = 600$ 的目标，而使社会损失为零。

上面的例子也许太脱离实际了，我们不妨再接近现实一点。虽然你现在就是央行行长，但让人烦恼的是，你不知道这次货币政策的货币乘数是多少。怎么办？交给你手下的经济学家，让他们提交一份关于货币乘数的研究报告。一周后，你收到了两份研究报告。

一份研究报告说，根据历史经验，这次货币乘数 a 为 4 或 6，每个值的概率各为 0.5。这时，为了实现 $y^* = 600$，你将会发行多少货币？

如果你认为货币乘数 a 具有确定性等价，则 $\bar{a}=0.5\times4+0.5\times6=5$，和你刚刚求解的问题一样，$M^*=120$。但不同的是，现在你面临着不确定性。当 $M^*=120$ 时，经济体的产出水平为 480 或 720，相应的预期社会损失则高达 14 400，而不再为零。社会损失是否太高了？哪个环节出了问题呢？

还好，你想起宏观经济学课上所学的内容，乘数不确定性不具备确定性等价的性质。重新求解，把问题表述为：

$$\min_M EL=\min_M \{0.5\,(4M-600)^2+0.5\,(6M-600)^2\}$$

令一阶必要条件等于零，可得：

$$M^{**}=\frac{6\,000}{52}=115.4$$

与 $M^*=120$ 相比，在面临乘法不确定性的情况下，你确实应该更加谨慎，少干预。因为 $M^{**}=115.4$ 时，预期社会损失为 13 846，低于 $M^*=120$ 的社会损失。

另一份报告是一位计量经济学家主笔撰写的。他写道，根据我国 1978—2005 年间的 GDP 和货币存量数据，采用最小二乘法，估计结果为 $y=5M$，其中估计系数的 T 值等于 4.8（即 $\sigma_a/\bar{a}=1/4.8$），能够通过显著性水平为 1% 的检验。基于这份研究报告，为了实现 $y^*=600$，你将会发行多少货币？

代入公式（10—16），可得：

$$M^{**}=\frac{120}{1+(1/4.8)^2}=115$$

至此，你终于可以做出决策了：为了实现 $y^*=600$，你将把货币存量控制为 115，而不是 120，略微保守了些。

另外，你还可以思考另外一个问题：在你制定货币政策的过程中，是否存在时滞？建议根据第 10.2 节的内容，自己动手分析一下。

不确定环境下的决策：图解

现在，我们几何地分析不确定性对宏观经济管理提出的挑战。宏观经济管理当局无法用一个政策工具实现两个政策目标，必须有所权衡，以实现预期社会损失最小。

由公式（10—14）可知，预期社会损失函数是同心圆，如图 10—10 所示。显然，在 $y=y^*$、$\sigma_y=0$ 处，经济体不仅实现了政策目标，而且不存在波动，这时经济体的社会损失最小（等于零），即经济体的极乐点。预期社会损失为 L1 的无差异曲线就是满足下面等式的 y 和 σ_y 的连线：

$$L1=(y-y^*)^2+\sigma_y^2$$

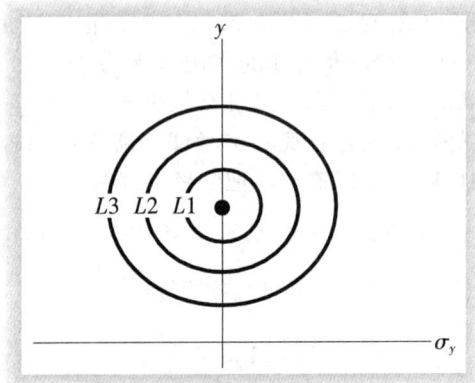

图 10—10 预期社会损失函数

注：预期社会损失函数的无差异曲线族是同心圆。圆的半径越大，预期社会损失越大，即 L1＜L2＜L3。

显然，社会损失为 L1 的无差异曲线就是，以极乐点为圆心、半径为 $\sqrt{L1}$ 的圆。如果社会损失增大，比如为 L2，那么社会损失为 L2 的无差异曲线就是，以极乐点为圆心、半径为 $\sqrt{L2}$ 的圆，一个更大的同心圆。因此，预期社会损失函数所对应的无差异曲线族就是一组同心圆，半径越大，社会损失越大。

现在，我们考察宏观经济管理当局所面临的政策约束。为了简化起见，我们假定不存在加法不确定性，即宏观经济管理当局知道 ε 的确切值。当政策工具 $P=0$ 时，政策目标变量 $y=\varepsilon$。政策工具每增加 1 单位，政策目标变量 y 就增加 $\bar{a}$ 单位；但同时 σ_y 也将增加 σ_a 单位。因此，政策约束函数为：

$$y=\varepsilon+\frac{\bar{a}}{\sigma_a}\sigma_y$$

政策工具乘数通常都是正数，因此，y 就是 σ_y 的增函数，如图 10—11 所示。对宏观经济管理当局而言，这意味着越接近政策目标 y^*，经济体的波动 σ_y 就越大。宏观经济管理当局将会如何选择？答案是，使社会损失最小的政策。

至此，我们已经讨论了预期社会损失函数的无差异曲线和政策约束曲线，现在可以考察宏观经济管理当局的政策目标选择了。

利用无差异曲线和约束曲线，寻找最优政策目标组合，其实就是找到二者的切点，如图 10—12 中的 A 点。因为当宏观经济管理当局选择 A 点的政策目标组合时，预期社会损失最小。这时经济体能够实现的政策目标是 y^{**}，

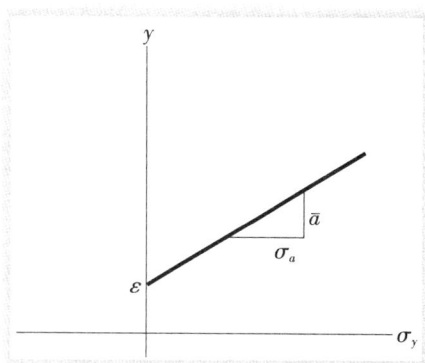

图 10—11　政策约束曲线

注：政策工具每增加 1 单位，y 增加 $\bar{a}$ 单位，σ_y 增加 σ_a 单位。

而不是 y^*，相应的经济体的波动水平为 $\sigma_{y^{**}}$。当然，宏观经济管理当局可以实现政策目标 y^*，如图 10—12 中的 B 点。与 A 点相比，经济体的波动水平为 σ_{y^*}，显然更大，因为 $\sigma_{y^*} > \sigma_{y^{**}}$；预期社会损失也更大。因为 B 点在无差异曲线 $L2$ 的外面，这意味着，B 点所在的同心圆半径大于 $L2$ 的。正如图 10—10 所强调的，预期社会损失函数是一组同心圆，半径越大，预期社会损失就越大。

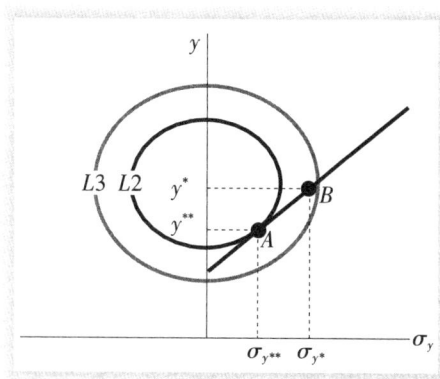

图 10—12　宏观经济管理当局的最优选择

注：A 点是约束曲线与无差异曲线的切点，预期社会损失最小。宏观经济管理当局如果要实现政策目标 y^*，经济体的波动更大，而且预期社会损失也更大。

宏观经济管理当局的最优选择是 y^{**}，而不是 y^*，这具有很强的经济含义，值得我们进一步强调。由于政策工具乘数通常都是正数，政策目标是政策工具的增函数，如图 10—13 所示。当 $y^* > y^{**}$ 时，显然 $P^* > P^{**}$。这意味着，宏观经济管理当局选择 A 点，而不是 B 点，会更加谨慎些，更少干预经济。

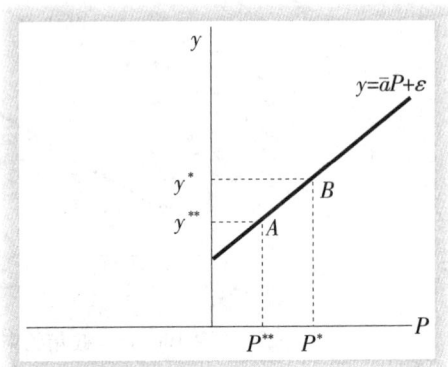

图 10—13　政策目标与政策工具

注：当 $y^* > y^{**}$ 时，$P^* > P^{**}$。

我们采用图解的方法得到了与数理模型一致的结论：当经济体里存在乘法不确定性时，宏观经济管理当局应该更加谨慎，少干预些为佳。

10.4　卢卡斯批判

在丁伯根模型中，我们通过一些参数（比如货币乘数等）连接政策工具和政策目标，而且通常认为这些参数是稳定的。在 20 世纪 60 年代，通过弗里德曼和布雷纳德等人的工作，人们已经认识到，这些参数并不如想象中那样稳定。由于不知道乘数的确定值，而且政策工具通常要经过一个滞后期才会影响经济运行，宏观经济管理当局要想成功地稳定经济运行，必须具有准确的预测能力。

棘手的经济预测

一种有用的预测工具是**计量经济模型**（econometric model）。计量经济模型是指对经济体进行统计学的描述，旨在预测和政策分析等。这些模型可能由许多方程组成，每一个方程描述经济体的某一部分。比如货币政策，随着货币存量的增加，经济体的产出水平也会相应增加。在本章"不确定环境下的决策：一个例子"小节中，给出了一个计量经济学模型的具体估计结果，即 $y = 5M$。基于此，我们就可以做预测了：2006 年，经济体的货币存量 M 为 10 个单位，经济体的产出水平为 50 个单位。

　　这种预测有多精确？要给出事前的判断实在太困难了。因为预测的精确度取决于计量经济模型 $y=5M$ 和外生变量 M 的正确性。但给出事后的判断是一件比较容易的事。因为从事后的角度看，我们只要比较预测值和实际值就可以做出判断。

　　1987 年 10 月 14 日，英国国家气象服务中心预报："小阵雨，时有晴天，微风"。第二天英国却遭遇了过去两个世纪以来最严重的暴风雨袭击。与天气预报一样，经济预测也没有达到完美的境地。

　　图 10—14 给出了美国的实际经济增长率及预测增长率的情况。从图形上看，有三种预测来源，即美国国会预算办公室、政府和蓝筹股预测。这三种预测与实际值相比，有时预测非常准确，比如 1993—1995 年间，4 条线几乎是重叠在一起的；但有时预测却是错误的，比如没有预测到 1990—1991 年间的经济衰退。

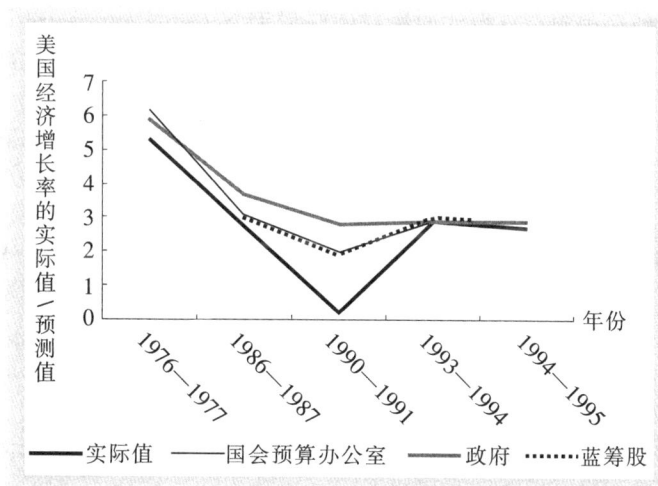

图 10—14　预测有多准？

注：经济预测没有达到完美的境地，特别是在经济的重要转折点上更是如此。

资料来源：多恩布什等：《宏观经济学（第七版）》，北京，中国人民大学出版社，2000。

　　无法准确预测经济运行中的拐点，比如衰退等，并不值得大惊小怪。因为宏观计量经济学模型通常是采用到目前为止的数据进行估计的，并不能够保证模型中的相关参数永远保持不变，比如在海湾战争期间可能会发生变化。即使如此，谁又能够事前预测到海湾战争呢？

　　下面我们再次回到 1929 年"大萧条"的例子，看一看即使我们采用现在的预测技术，可否做到"事后诸葛亮"[9]？

"大萧条"不可预测

在 20 世纪 20 年代，美国的两个著名学府——哈佛大学（Harvard University）和耶鲁大学（Yale University）都提供经济分析预测服务，但它们对大危机的预测都太乐观了。

1929 年 10 月 29 日，纽约股市崩盘。1929 年 11 月 2 日，哈佛大学认为，当前的衰退并不是危机的前兆；到 12 月底，其仍然坚信美国经济将在 1930 年春季复苏，全年将是一个不错的年景。耶鲁大学的著名经济学家费雪更乐观。在 10 月 28 日，费雪报告，股市没有任何暴跌的先兆；从股市崩盘到 1931 年底，他一直都乐观地预言经济将很快复苏。[10]

没错，哈佛大学和耶鲁大学提供的预测确实太乐观了。但是，我们采用现在的预测技术是否可以做得更好呢？"大萧条"过去近半个世纪后，哈佛大学的多明库兹（Dominguz）和耶鲁大学的费尔（Fair）、夏皮罗（Shapiro）重新采用现在流行的**向量自回归模型**（vector autoregressive model），基于费雪教授等当年采用的数据和现在所具有的历史数据，重新预测美国经济在"大萧条"期间的走势，如图 10—15 所示。

图 10—15 的 A 图是采用 1920 年以来的历史数据和哈佛大学构造的指数进行外推预测。实线是美国实际工业产出指数，虚线是预测值。图形中的 1 到 6 分别表示从 1929 年 1 月、2 月、3 月、4 月、5 月和 1930 年 6 月开始预测。从图形上看，显然，即使采用现在的预测技术，无论是在股市崩盘之前还是之后，都无法预测"大萧条"。B 图是采用 1920 年以来的历史数据和费雪构造的指数进行外推预测，仍然无法预测"大萧条"。

图 10—15 的 C 图和 D 图分别采用 1908 年 5 月和 1891 年 1 月以来的数据进行外推预测，还是无法预测"大萧条"。

总之，即使采用现在的预测技术，我们也不能够比当时的哈佛大学和耶鲁大学的学者做得更好。这确实有点让人难堪!? 不过也有助于人们铭记：谨慎不仅是一种美德，因为在许多领域，我们确实力不从心！

卢卡斯批判

在"大萧条"期间，经济活动主体的行为发生了变化。当经济体遭受冲击后，经济活动主体的行为也会发生变化。同样，宏观经济管理当局采用货币政策、财政政策等进行宏观经济管理，经济活动主体的行为也可能发生变化。这是宏观经济管理的另一个挑战：有效的宏观经济管理需要预测经济主体在宏观经济管理期间的行为，基于历史数据的估计并不能给出准确的答案。

这个挑战为卢卡斯所识别、强调。卢卡斯（Lucas，1976）在其经典论文

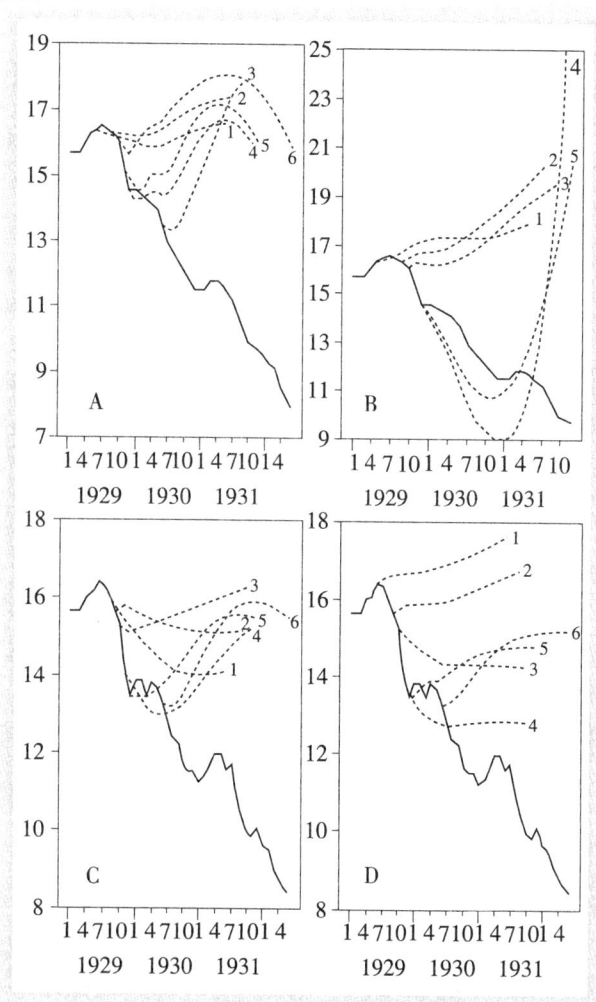

图 10—15 对"大萧条"的预测有多准确?

注:在四幅图中,实线是实际工业产出指数,虚线是预测值。即使采用现在的预测技术,我们还是无法预测"大萧条"。

资料来源:A 图、B 图、C 图和 D 图分别来自多明库兹等(Dominguez et al.,1988)中的图 3、图 4、图 7 和图 9。

《对经济计量政策评价的一个批评》(Econometric Policy Evaluation:A Critique)中指出,现有的计量经济学模型并不能够用于政策评价研究。因为如果政策发生变化,那么连接政策目标和政策工具的参数也会发生变化,而基于历史数据的宏观计量模型却不能够识别。这就是著名的**卢卡斯批判**（Lucas critique）。

卢卡斯批判的核心是如何处理预期。在卢卡斯之前，人们通常认为预期的形成过程主要是一个适应性预期的过程：对某变量未来值的预测是以史为鉴。[11]卢卡斯认为这种简单做法忽视了人们具有的**前瞻性**（forward-looking），存在重大缺陷。具体而言，经济活动主体是理性的，其预测没有可能不是理性的。当政策规则等发生变化后，具有前瞻性的经济活动主体的预期形成也就可能随之改变。

卢卡斯批判在理论上非常具有洞见性，大多数经济学家都接受了这一点，而且开拓了可以克服卢卡斯批判的评价政策变动的方法，比如**均衡经济波动模型**（equilibrium-business-cycle approach）或者**真实经济波动模型**（real-business-cycle approach）。但令人困惑的是，对卢卡斯批判的直接检验，即直接检验政策变化是否真的会引起回归系数发生变化，却没有提供多少有利的证据。比如布兰查德在 1984 年发现，1979 年 10 月，美联储宣布其从紧盯利率转向货币存量，但刻画人们行为的菲利普斯曲线（相关系数）直到 1982 年以后才发生显著变化。为什么在政策变化后的两年里，人们的行为并没有发生显著变化？因为政策制定者可能缺乏充分的信誉，公众并不会立刻相信，相应的行为也不会立刻发生变化。又是一种时滞！[12]

10.5　规则与相机决策

到目前为止，我们对宏观经济管理的讨论都隐含着宏观经济管理当局的行为发生在某一个时点上。而事实上，宏观经济管理是一系列的行为，是一个较长时期内的系列行为。于是宏观经济管理当局和越来越多的经济学家都认识到，如何在一个时期内选择政策工具从而使社会损失最小的重要性。

具体而言，宏观经济管理当局是按照**规则**（rule）还是**相机决策**（discretion）行事呢？按照规则行事，是指宏观经济管理当局事先宣布政策如何对各个情况做出反应，并承诺始终遵循这种宣布；后者则是指，宏观经济管理当局在事件发生后自由做出判断，优化每个时点上的政策工具选择。

规则既可以是消极的，比如规定货币每年增长 3%；也可以是积极的，比如：

$$\Delta m/m = 3\% + (u - 5.5\%)$$

在这一规则下，如果失业率是 5.5%，那么货币供给按照 3% 的速度增长；如果失业率没有超过 5.5%，那么每增加 1 个百分点，货币供给增长速度也将提高 1 个百分点。

其实，我们对这种积极的规则并不陌生，我们前面提到的泰勒规则，就是一种积极的规则，即

$$i_t - \pi_t = 2 + 0.5(\pi_t - 2) + 0.5(\ln Y_t - \ln \bar{Y}_t)$$

在这一规则下，利率显然是随着经济体的波动和通货膨胀情况的变化而变化。

宏观经济学家就经济政策是应该按照规则实施还是相机决策存在争议。但由于下述几个理由，现在的政策分析更倾向于强调规则的重要性，特别是积极规则的重要性。

动态不一致：一个简单模型

我们考虑宏观经济管理当局主要关注两个政策目标：物价稳定和充分就业。社会损失函数仍然是二次型的，即

$$L = (u - \bar{u})^2 + a(\pi - \bar{\pi})^2 \tag{10—17}$$

其中，$\bar{u}$ 和 $\bar{\pi}$ 分别是目标失业率和目标通货膨胀率。与以前的社会损失函数相比，公式（10—17）最大的变化是，出现了一个新的参数 a，$a \geq 0$，刻画经济体的通货膨胀和失业偏离政策目标时影响社会福利的相对程度。显然，当 $a = 1$ 时，表明二者的影响程度是一样的；当 $0 \leq a < 1$ 时，表明失业率偏离自然失业率将会带来更大的社会损失；当 $a > 1$ 时，表明通货膨胀将带来更多的社会损失。

因此可以说，我们引入参数 $a \geq 0$，社会损失函数更具有一般性。一个有意思的问题是：从几何的角度看，这时社会损失的无差异曲线是什么形状的呢？是圆形还是椭圆形？建议读者动手分析。

经济体的菲利普斯曲线为：

$$\pi = \pi^e - \varepsilon(u - u^*) \tag{10—18}$$

其中，π^e 和 u^* 分别表示预期通货膨胀率和自然失业率。我们在前面章节中已经讨论过这种带预期的菲利普斯曲线。在这里，我们再次强调人们形成预期的两种方式：

适应性预期（adaptive expectation），即经济活动主体是**后顾的**（backward-looking），根据过去的通货膨胀信息形成预期，比如 $\pi^e = \pi_{-1}$。

理性预期（rational expectation），即经济活动主体是**前瞻的**（forward-looking），根据一切有用信息形成预期，比如 $\pi^e = E(\pi \mid I_t)$。卢卡斯批判其核心就是强调经济活动主体是理性预期的。

下面，我们将重点考察，当经济活动主体是理性预期时，将对宏观经济

管理的方式带来什么挑战？具体而言，在理性预期情况下，规则与相机决策孰优孰劣？

第一种情况，宏观经济管理当局承诺按照一定的规则供给货币，而且严格遵守该承诺。比如该规则为 $\Delta m/m = 3\% + (u - 5.5\%)$。

这时，经济活动主体对通货膨胀的理性预期 π^e 是多少呢？由于经济活动主体知道宏观经济管理当局遵守的货币供给规则，因此，$\pi^e = \pi$。你是否有点吃惊？如果吃惊的话，不妨回忆一下我们前面的一个结论：通货膨胀是一种货币现象，如图 10—16 所示。

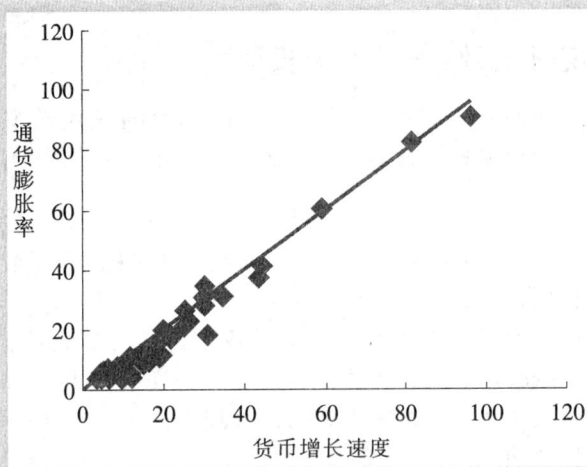

图10—16　80个经济体的平均通货膨胀率与货币增长速度

注：灰色线是45°线。从图形上看，在1960—1995年间，全球80个经济体的通货膨胀率与货币增长速度几乎相等。

当 $\pi^e = \pi$ 时，由公式（10—18）可知，$u = u^*$。相应的社会损失函数就变为：

$$L = (u^* - \bar{u})^2 + a(\pi - \bar{\pi})^2$$

宏观经济管理当局所面临的问题就可以表示为：

$$\min_{\pi} L = \min_{\pi}(u^* - u)^2 + a(\pi - \bar{\pi})^2$$

易知，$\pi^* = \bar{\pi}$。

这表明，当按照规则行事时，宏观经济管理当局能够实现既定的通货膨胀目标 $\pi^* = \bar{\pi}$，而且经济体处于充分就业状态，即 $u = u^*$。

第二种情况，相机决策。尽管宏观经济管理当局宣布其宏观经济管理目标是物价稳定和充分就业，但会根据当时的经济情况，"该出手时就出手"，可能会偏离所宣布的政策目标，从而优化每个时点上的政策工具选择。

为了简化起见，把菲利普斯曲线代入社会损失函数，宏观经济管理当局所面临的问题重新表示为：

$$\min_{\pi} L = \left\{ \left(\frac{\pi^e - \pi}{\varepsilon} + u^* - u \right)^2 + a(\pi - \bar{\pi})^2 \right\}$$

一阶必要条件是：

$$\pi^* = \frac{1}{1 + a\varepsilon^2} \pi^e + \frac{\varepsilon}{1 + a\varepsilon^2} (u^* - \bar{u}) + \frac{a\varepsilon^2}{1 + a\varepsilon^2} \bar{\pi} \qquad (10—19)$$

公式（10—19）给出了，当经济活动主体的预期 π^e 给定时，宏观经济管理当局所选择的最优通货膨胀率。显然，最优通货膨胀率 π^* 是预期通货膨胀 π^e 的增函数，如图 10—17 所示。

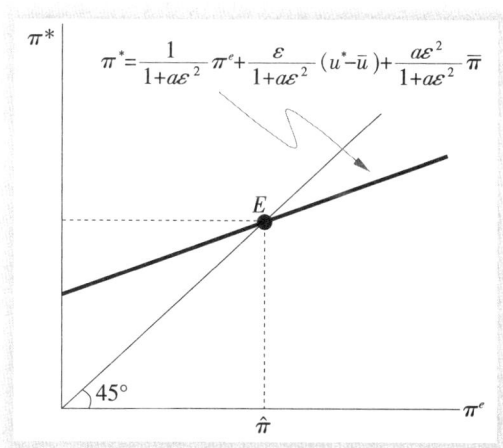

图 10—17 预期通货膨胀的形成

注：在 E 点，预期通货膨胀率等于最优通货膨胀率，等于 $\hat{\pi}$。

在图 10—17 中，最优通货膨胀率是一条向右上方倾斜的直线。除非宏观经济管理当局的目标失业率 $\bar{u}$ 远远高于自然失业率 u^*，否则直线的截距就大于零；斜率等于 $1/(1 + a\varepsilon^2)$，显然小于 1。这意味着，最优通货膨胀率一定会与 45°线相交，即图 10—17 中的 E 点。

显然，如果宏观经济管理最终要求解出最优通货膨胀率 π^*，那么就不能不考虑经济活动主体的预期。如何求解经济活动主体的预期通货膨胀呢？其实，图 10—17 已经给出了求解之道。如果仔细观察图 10—17 就会发现，E 点是唯一的稳定状态。在 E 点，显然 $\pi^e = \pi^*$。代入公式（10—19），得：

$$\pi^e = \pi^* = \bar{\pi} + \frac{u^* - \bar{u}}{a\varepsilon} \qquad (10—20)$$

这表明，当相机决策时，宏观经济管理当局最优的选择并不一定是实现既定的通货膨胀目标，比如选择一个较高的通货膨胀率（$\pi^* > \bar{\pi}$），把失业率降低到自然失业水平以下（$\bar{u} < u^*$）。显然，这种高通货膨胀的政策选择偏离了宏观经济管理当局最初宣布的政策目标。

令人感兴趣的是，宏观经济管理当局相机决策，偏离其宣称的政策目标，选择较高的通货膨胀率（π^*），最终会如愿以偿，把失业率降低到自然失业率以下吗？把公式（10—20）代入菲利普斯曲线，自然可得 $u = u^*$。这意味着，答案是否定的。

现在，我们比较以上两种情况的异同

当按照规则行事时，宏观经济管理当局开始宣称通货膨胀目标是 $\bar{\pi}$，最终其所选择的还是 $\bar{\pi}$。这意味着，宏观经济管理当局言行一致。这种现象，宏观经济学文献通常称之为行为具有**时间一致性**（time-consistency）。

当相机决策时，宏观经济管理当局开始宣称通货膨胀目标是 $\bar{\pi}$，最终其所选择的却是 π^*，而不是 $\bar{\pi}$。这意味着，宏观经济管理当局言行不一致。这种现象，宏观经济学文献通常称之为行为具有**时间不一致性**（time-inconsistency），或者**动态不一致**（dynamic inconsistency）。

但就失业率而言，二者是一致的。当按照规则行事时，经济体的失业率将处于自然失业率水平；当相机决策时，尽管宏观经济管理当局想把失业率降低到自然失业水平以下，但最终还是处于自然失业率水平上。

货币政策具有动态不一致，是一种非常有趣的宏观经济现象，最早为基德兰德和普雷斯科特（Kydland and Prescott，1977）、巴罗和戈登（Barro and Gordon，1983）等人所发现、强调。

关于动态不一致，还有以下三点值得强调：

1. 货币政策的动态不一致，本质上是源于宏观经济管理当局在灵活性与承诺可信之间的权衡。当宏观经济管理当局按照规则行事，并成为一种可信的承诺时，其行为必然是具有时间一致性的。而严格按照规则办事，有时难免会缺乏一定的灵活性。当相机决策时，宏观经济管理当局具有足够的灵活性，可以做到"该出手时就出手"，但并不能够保证言行一致。就公式（10—20）而言，如果宏观经济管理一直把失业率保持在自然失业率水平上，那么即使是相机决策，也能够做到使其行为具有时间一致性；否则，采取相机决策必然使其行为具有时间不一致性。

2. 动态不一致为通货膨胀提供了一个新的解释。在本书第 8 章，我们曾经讨论过通货膨胀的来源，动态不一致性又提供了一个新的来源。当宏观经济管理当局可以相机决策时，宏观经济管理当局就有动机"制造"通货膨胀。

3. 动态不一致其实是一种较为普遍的现象。大家想一想，我们身边的人、企业以及相关组织等是否不时上演着言行不一致的行为？翻一翻手边的报纸或者浏览一下网络新闻，也许一不小心就能够发现一个言行不一致的个案。当然，基德兰德和普雷斯科特这两位诺贝尔经济学奖得主更敏锐，他们发现并规范地描述了宏观经济管理当局的动态不一致行为。

动态不一致：图解

动态不一致主要源于，宏观经济管理当局尽管谋求长期利益，但总想从事短期行动，难免与经济体的长期利益不一致。下面，我们以带预期的菲利普斯曲线为例，几何地阐述动态不一致。

在图 10—18 中，向右下方倾斜的曲线是带预期的短期菲利普斯曲线。宏观经济管理当局宣布零通货膨胀政策，如果公众认为宏观经济管理当局的承诺是可信的，则预期通货膨胀也等于零。因此，经济体的政策目标就如图 10—18 中的 A 点所示。

菲利普斯曲线刻画的就是，通货膨胀与失业率之间的一种（短期）取舍关系。当相机决策时，宏观经济管理当局完全可以沿着菲利普斯曲线按需调整通货膨胀率和失业率的不同组合。比如说，通过接受小幅度的通货膨胀来减少失业率，这样宏观经济管理当局就会让经济体移动到 B 点。这时，经济体的失业率为 $\bar{u}$，通货膨胀率为 $\hat{\pi}$。

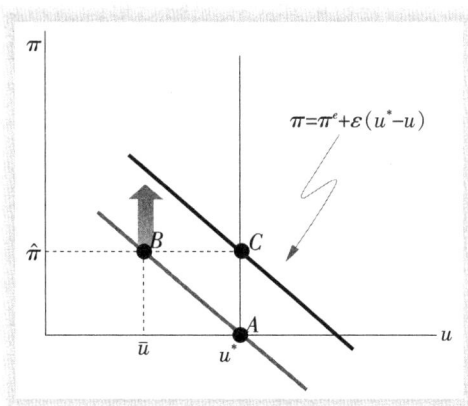

图 10—18　动态不一致

注：宏观经济管理当局宣称政策目标是 A 点。在短期内，有动机偏离 A 点而选择 B 点；公众预期到通货膨胀为 $\hat{\pi}$，菲利普斯曲线向上平移，经济体最终到达 C 点。

当经济体在 B 点时，对公众而言，特别是对理性预期的公众而言，他们能够预期到经济体的通货膨胀水平上升到 $\hat{\pi}$，即 $\pi^e = \hat{\pi}$。因为我们没有理由相信，宏观经济管理当局能够长期"欺骗"公众；也没有理由相信，公众的预期会长期遭受系统性的偏差。

当公众的预期通货膨胀从零上升到 $\hat{\pi}$ 后，经济体的短期菲利普斯曲线将向上平移 $\hat{\pi}$ 个单位。在图 10—18 中就表现为灰色的菲利普斯曲线向上平移到黑色的菲利普斯曲线。这时，经济体的通货膨胀水平还是 $\hat{\pi}$，但失业率重新恢复到自然失业率水平，即为图 10—18 中的 C 点所示。

对比 A 点和 C 点，就会发现，宏观经济管理当局宣称的是零通货膨胀政策，即 A 点，但其相机决策时，经济体却到达了 C 点。这有点让人难堪。是啊，理性的、出于良好动机的宏观经济管理当局却让经济白白遭受了一次通货膨胀，而且自己言行不一致，信誉受损。

为什么菲利普斯曲线能够很好地刻画宏观经济管理当局的动态不一致行为呢？如果你再仔细观察图 10—18，也许就发现了其中的奥妙：短期菲利普斯曲线是向右下方倾斜的，而长期菲利普斯曲线却是垂直的，即通货膨胀与失业率之间的替代关系在短期是存在的，而在长期却是不存在的。

动态不一致：解决方案

解决动态不一致问题并不是一件容易的事。目前，至少有以下三种解决方案：

第一种方案：宏观经济管理当局按规则行事

由前面的分析可知，按规则行事确实可以避免动态不一致问题。但问题是，谁制定规则？谁对规则的正确性负责？有没有保打天下的规则呢？

第二种方案：任命一个厌恶通货膨胀的宏观经济管理当局

比如，美国总统提名、任命一个反感通货膨胀的人士出任美联储主席；再比如，在中国，由反感通货膨胀的人士出任中国人民银行行长，以及由反感通货膨胀的官员、学者组成货币政策委员会等。

这个方案可行吗？我们不妨再次回到本章的那个简单模型。经济体的社会损失函数是：$L=(u-\bar{u})^2+a\,(\pi-\hat{\pi})^2$。如果宏观经济管理当局比较厌恶通货膨胀，那么他们所认为的社会损失函数就可以表示为：

$$L=(u-\bar{u})^2+a'(\pi-\hat{\pi})^2$$

其中，$a'>a$，即在宏观经济管理当局看来，通货膨胀会带来更大的社会损失。这时，宏观经济管理当局所认为的最优通货膨胀率确实会下降。因为由公式（10—20）可知，最优通货膨胀率 π 是 a 的减函数，a 的增加必然带来通货膨胀率的下降。图 10—19 更加直观地揭示了这一点。

从一定意义上说，图 10—19 就是图 10—17 的比较分析。E 点是经济体的初始状态。如果任命一个更加厌恶通货膨胀的宏观经济管理当局，即 a 增

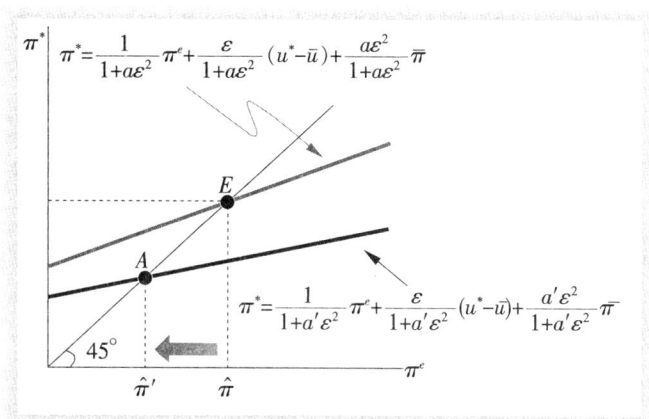

$$\pi^* = \frac{1}{1+a\varepsilon^2}\pi^e + \frac{\varepsilon}{1+a\varepsilon^2}(u^*-\bar{u}) + \frac{a\varepsilon^2}{1+a\varepsilon^2}\bar{\pi}$$

$$\pi^* = \frac{1}{1+a'\varepsilon^2}\pi^e + \frac{\varepsilon}{1+a'\varepsilon^2}(u^*-\bar{u}) + \frac{a'\varepsilon^2}{1+a'\varepsilon^2}\bar{\pi}$$

图 10—19　动态不一致的解决方案

注：当宏观经济管理当局更加厌恶通货膨胀时，a 上升到 a'。经济体的均衡状态相应地从 E 点运动到 A 点，最优通货膨胀也随之从 $\hat{\pi}$ 下降到 $\hat{\pi}'$。

加到 a'，那么在图 10—19 中就表现为，曲线 π^* 更加平坦，而且还可能向下平移，即从灰色线变化为黑色线。结果经济体的均衡状态就从 E 点运动到 A 点，相应地，经济体的通货膨胀水平也就从 $\hat{\pi}$ 下降到 $\hat{\pi}'$。这意味着，任命一个更加反感通货膨胀的宏观经济管理当局确实能够降低经济体的通货膨胀水平，从而在一定程度上避免动态不一致问题。

第三个方案：加强央行的独立性

我们一直采用宏观经济管理当局，具体而言，宏观经济管理当局也许是中国人民银行、财政部、国务院等国家机构。但问题是，如果采用相机决策的方式管理宏观经济，谁拥有货币政策的相机决策权并对其行为负责，才能够避免动态不一致问题呢？尽管还存在争议，但现有的文献倾向于认为，增加中央银行的独立性，有利于避免动态不一致问题。

央行的独立性主要体现在两个方面：（1）**政治上的独立性**（political independence），即央行行长和相关委员等是否由政府任命，政府官员是否在央行任职等。比如，在美国，美联储理事、主席等由总统任命，但其任期是 14 年，即使总统不满意他们的决策，也不能够撤回任命。（2）**经济上的独立性**（economic independence），即运用政策工具时是否受到限制等，比如弥补财政赤字等。哈佛大学的艾莱斯纳和萨默斯（Alesina and Summers，1993）从上述两个方面出发，提供了 16 个经济体在 1955—1988 年间央行独立性的度量[13]，并采用该度量考察央行独立性与宏观经济绩效之间的关系。

在图 10—20 中，横轴度量央行的独立性，数值越大，央行的独立性越强;纵轴度量的是宏观经济绩效。如果你看一眼图 10—20,就会吃惊地发现,央行的独立性与通货膨胀密切相关,而与其他宏观经济变量无关。

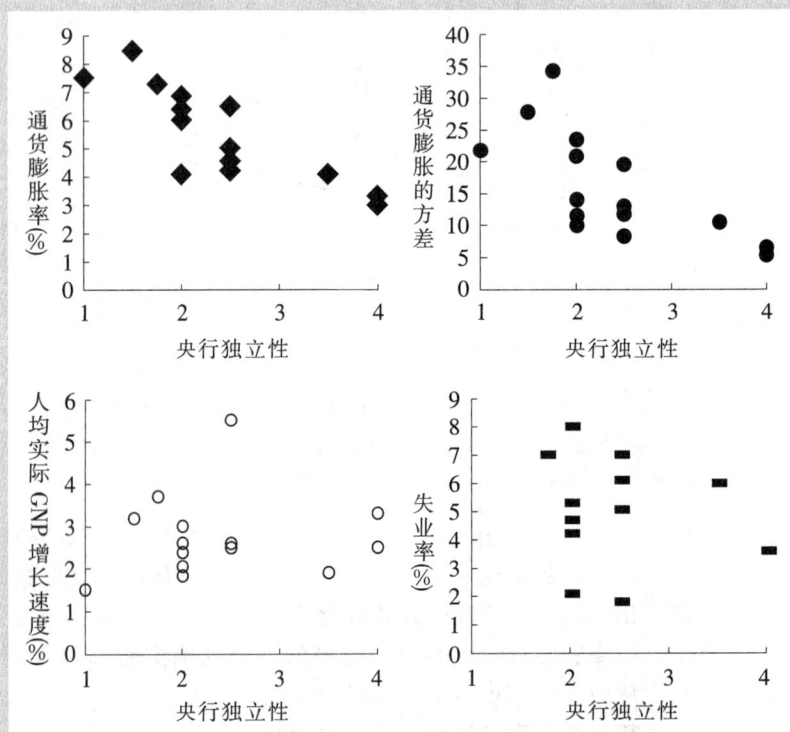

图 10—20 央行独立性与其经济绩效

注:在 1955—1988 年间,央行独立性与通货膨胀负相关;而与实际经济变量无关。

资料来源:Alesin, A. and L., Summers, 1993, "Central Bank Independence and Macroeconomic Performance: Some Comparative Evidence," *Journal of Money, Credit and Banking*, 25, pp. 151 - 162.

图 10—20 中上面两幅图分别刻画央行独立性与通货膨胀率、通货膨胀率的波动(方差)之间的散点图。从图形上看,显然,央行的独立性越强,通货膨胀率越低,而且通货膨胀率的波动性越小。而下面的两幅图则分别刻画央行独立性与人均实际 GNP 增长率、失业率之间的散点图,二者并没有呈现随着央行独立性的增加而上升或下降的变动态势。看来,央行的独立性有望为宏观经济管理提供"免费午餐":能够降低通货膨胀而不会对实际经济活动产生明显的影响。

央行的独立性为什么能够在一定程度上解决动态不一致问题?至少中央银行独立于政治(选举)周期,明确授权与通货膨胀作斗争,有利于对其行为更加负责。

图 10—20 是非常了不起的发现。这一发现促使新西兰等国家修改自己的法律，赋予中央银行更大的独立性。但同时需要强调的是，央行的独立程度是一个复杂的问题，增进央行的独立性也非一日之功。比如在上述 16 个经济体中，德国央行的独立性最强，这显然与德国曾经遭受的恶性通货膨胀经历有关。

政治经济周期

从现实看，经济政策决策与政治考虑之间通常是互动的，甚至是密不可分的。因此，政治家难免会把经济政策用于其政治目的，比如选举目的等。当政治家把经济政策用于政治目的时，其对宏观经济政策的选择通常是相机决策的，而非按照规则行事。

在经济学文献中，为选举利益而操纵经济的文献有一个非常响亮的名字——**政治经济周期**（political business cycle），是经济学家和政治学家广为关注的题目。诺德豪斯（Nordhause，1975）在政治经济周期方面做出了开创性的研究。

在美国存在政治经济周期，如图 10—21 所示。图 10—21 记录了美国半个世纪以来民主、共和两党执政时期的经济增长率。具体而言，前两幅图形分别是民主党六次执政和共和党七次执政时期的增长纪录；最后一幅图是两党执政时期的平均增长速度。从图形看，民主和共和两党执政期间的经济增长记录呈现不同的模式：民主党执政的第二年经济通常是高速增长；而共和党执政的第二年经济通常是低速增长，甚至是负增长。

一种可能的解释是，在美国，两党对通货膨胀和失业率的偏好不同，即两党所认为的社会损失函数不同：

$$L_R = (u - \bar{u})^2 + a_R(\pi - \bar{\pi})^2$$
$$L_D = (u - \bar{u})^2 + a_D(\pi - \bar{\pi})^2$$

其中，$a_R < a_D$，这意味着，共和党更加不喜欢通货膨胀。因此，正如图 10—19 所揭示的，共和党选举上台后选择紧缩性的政策，并愿意承受由此带来的衰退和失业率上升[14]；而民主党选举上台后，往往选择扩张性的政策，并愿意承受由此带来的快速增长和较高的通货膨胀。

不可否认，政府为了政治利益可能选择相机决策，但无论如何总有一些因素会抑制政府的这种相机决策：（1）中央银行的独立性。显然，正如图 10—20 所揭示的，央行的独立性越强，政府操纵经济政策的空间就越小。（2）政府不可能放纵自己，如果十分公开地"相机选择"宏观经济政策，操作经济体的衰退和复苏，那么难免会被公众贴上恶意操纵的标签，失信于民。（3）巨大的外部冲击可能让政府无暇顾及其他。

就中国而言，部分学者认为中国也可能存在改革经济周期，如图 10—22 所示。图 10—22 记录了我国按照中国共产党全国代表大会（简称"党代会"）和

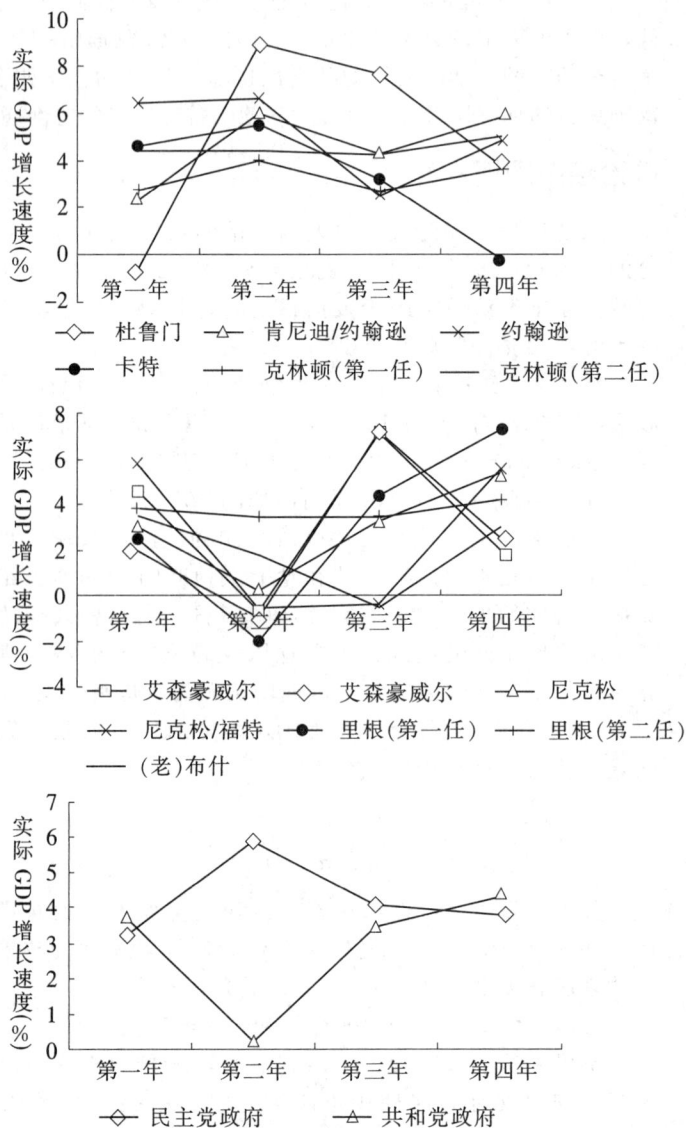

图10—21 美国1948—2000年间的经济增长：按照总统任期划分

注：民主党执政的第二年、第三年经济高速增长；共和党执政的第二年通常低增长，甚至负增长。

资料来源：N·格里高利·曼昆：《宏观经济学》（第5版），北京，中国人民大学出版社，2005。

"五年计划"划分的 1978—2012 年间的经济增长速度。

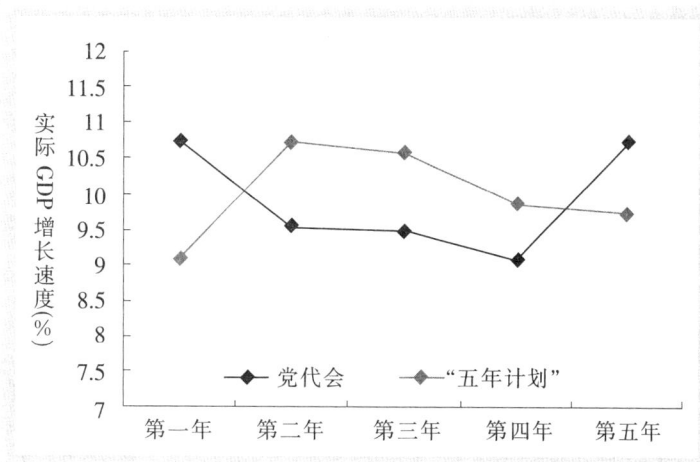

图 10—22　中国 1978—2012 年间的经济增长：按照党代会和五年计划划分

注：按照党代会划分，我国经济增长呈现 U 形；而按照"五年计划"划分，则呈现倒 U 形。

资料来源：中经网统计数据库和作者的计算。

　　我国五年召开一次中国共产党全国代表大会，在 1978—2012 年间，我国一共召开了 8 次中国共产党全国代表大会，即从党的十一大到党的十八大。因此，按照中国共产党全国代表大会，就把我国 1978—2012 年间的经济增长分为 7 个阶段，第一阶段就是十一大期间的经济增长，其他阶段依此类推。图 10—22 中的黑色曲线记录了 7 次中国共产党全国代表大会召开后的第一年到第五年的平均实际 GDP 增长速度。从图形上看，党代会召开后的第一年，平均而言，经济高速增长，在随后的第二、三、四年，经济增长放慢，但到了最后一年，即下一届党代会即将召开时，经济重新高速增长。这样，在党代会期间，中国经济增长速度就呈现 U 形。

　　如果对比图 10—21 和图 10—22 就会发现，中国共产党全国代表大会期间的经济增长模式类似于美国共和党执政期间的增长模式。从这种意义上说，中国也存在类似美国的政治经济周期，但更多的学者更愿意称之为中国存在改革经济周期。因为自 1978 年以来，中国走了一条渐进改革之路，而重大改革措施的出台、推行都是通过中国共产党全国代表大会等完成的。中国共产党全国代表大会的召开，往往伴随着新的改革措施出台，从而推动经济快速增长；但恰恰由于渐进改革，经济改革过程中一部分环节的改革先行造成了原有体制内部的不适应性，改革措施对经济的推动作用越来越小，经济增长随之放慢。[15]

图 10—22 中的灰色曲线是按照"五年计划"划分的中国在 1981—2012 年间的经济增长。从图形上看,按照"五年计划"划分的经济增长呈现倒 U 形,与按照中国共产党全国代表大会划分的增长模式恰好相反。为什么会这样?二者传递的是相同的信息还是不同的信息?

我们的回答是:二者传递的是相同的信息。在中国,"五年计划"与中国共产党全国代表大会在时间上是错开的,如图 10—23 中的上图所示。如果你

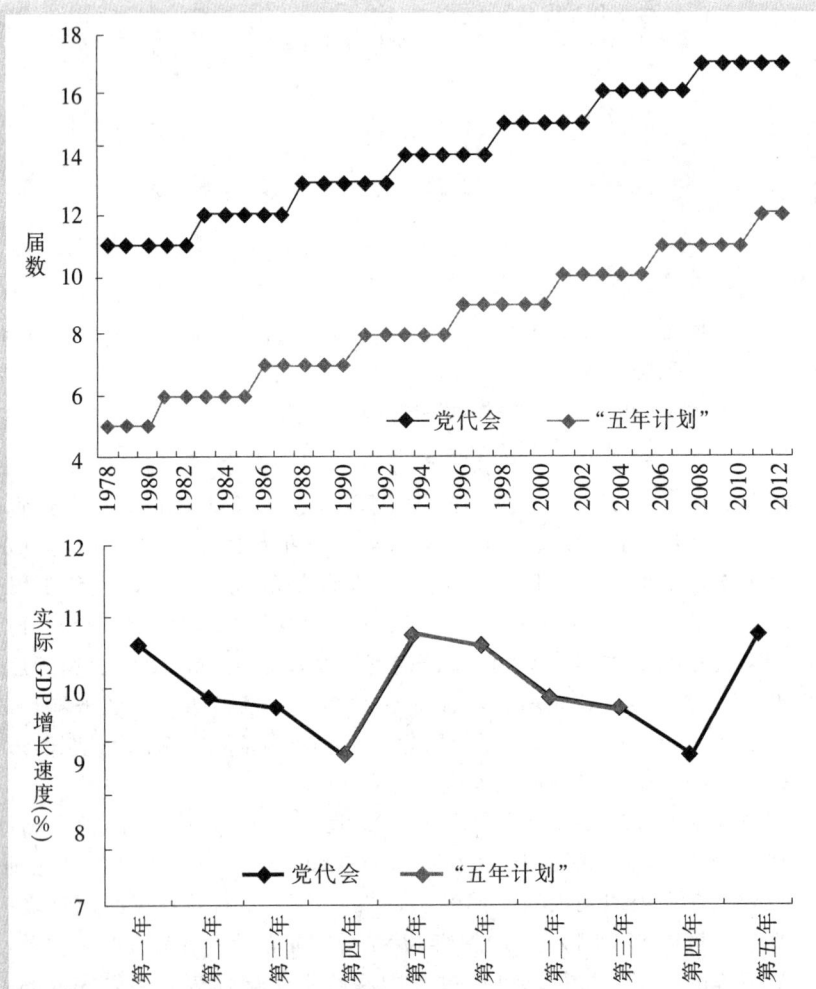

图 10—23 中国的党代会和"五年计划"

注:在中国,党代会和"五年计划"是错开进行的:"五年计划"的第一年是从党代会的第四年开始的。如果按照这个顺序重新排列按照党代会和"五年计划"划分的经济增长模式,则二者传递的信息是一致的。

资料来源:中经网统计数据库和作者的计算。

仔细观察图 10—22 就会发现，尽管"五年计划"和中国共产党全国代表大会的时间跨度都是 5 年，但是"五年计划"的第一年恰好是中国共产党全国代表大会召开后的第四年。比如党的十五大后的五年，是从 1997 年 9 月 19 日到 2002 年 11 月 15 日；而"十五计划"却是从 2001 年到 2005 年。因此，我们按照先后顺序重新排列按照中国共产党全国代表大会和"五年计划"划分的经济增长，如图 10—23 中的下图所示。在下图中，我们重复给出了两次中国共产党全国代表大会期间的平均增长速度，而"五年计划"期间的增长速度从中国共产党全国代表大会的第四年开始排列，结果黑色曲线和灰色曲线完全重合，即按照中国共产党全国代表大会和"五年计划"划分传递的信息是一致的。

10.6　李嘉图等价

在以上章节中，我们主要探讨了货币政策所面临的挑战，现在转入财政政策所面临的挑战。我们已经知道，政府支出增加，在短期内 IS 曲线向右平移，进而 AD 曲线向右平移，经济体的产出增加，失业率下降。

但问题是，政府的支出源自政府的收入，而政府收入主要源自税收，当政府的支出超过税收时，就需要向公众借款为预算赤字融资。[16]政府借款的累计就是政府债务。因此，政府支出增加，进而债务增加，真的能够带来产出增加吗？在本节，我们将对此作详细考察。

政府债务规模

评价政府债务规模并不是一件非常容易的事，我们不妨从国际比较开始。图 10—24 给出近 20 年来经济合作与发展组织（Organization for Economic Cooperation and Development，OECD）国家的政府总债务占 GDP 比重的变动情况。从图形上看，政府债务是一个普遍的宏观经济现象。

整体而言，近 20 年来，OECD 国家和欧元区的政府债务占 GDP 的比重居高不下，保持在 75% 左右。具体而言，澳大利亚的政府债务最小，目前大概为 13%；而日本的政府债务一路高涨，目前已经高达 175%，成为 OECD 国家中债务最沉重的经济体。如此高的债务已经开始困扰这些发达国家。例如欧盟国家之间签订的《欧洲联盟条约》中，就明确规定政府债务的上限是 60%。

中国也存在政府债务。但令人遗憾的是，我们没有找到中国的政府债务余额数据，仅找到了每年发行的国家财政债务和外债余额，大致能够反映中国的内外债情况，如图 10—25 所示。从图形上看，国家发行的政府债务逐年上升。1985 年，发行 89.8 亿元，占 GDP 的 1%；而到了 2004 年，发行却高达 6 879 亿元，占 GDP 的比重也上升到 5%。由于这只是当年债务发行数量，

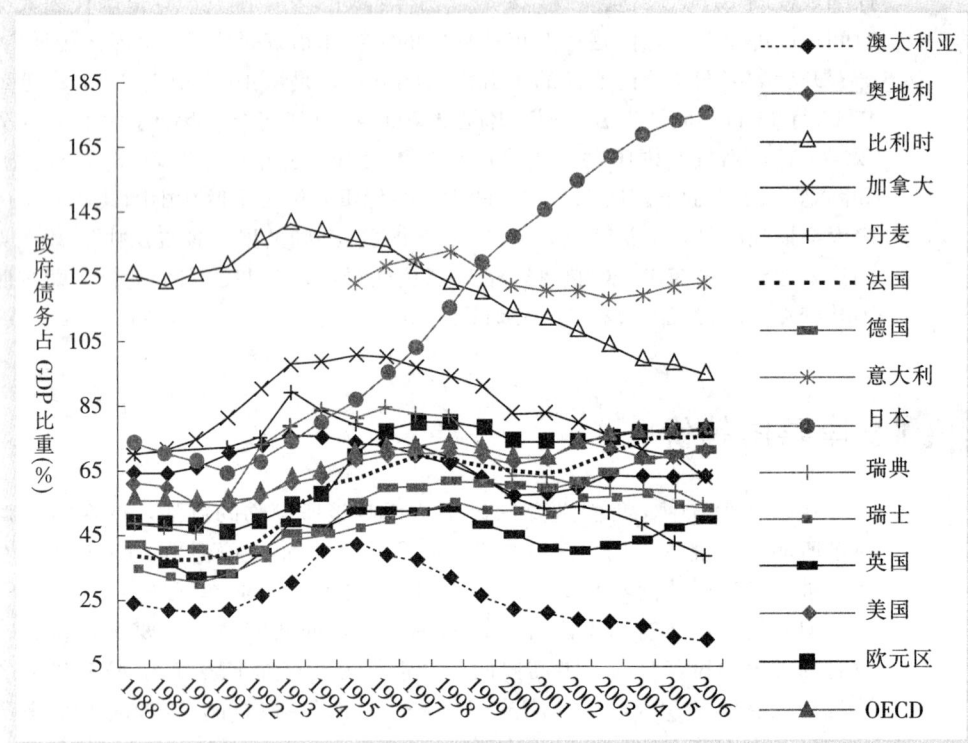

图 10—24　OECD 国家的政府债务规模

注：OECD 国家都存在政府债务，整体而言，近 10 年来一直维持在 75%。其中，日本的最高，2006 年政府债务占 GDP 的比重高达 175%；澳大利亚的最低，2006 年为 13%。

资料来源：《OECD 经济展望》（2006），国务院发展研究中心技术经济研究部译校，北京，中国财政经济出版社，2007。

而不是累计的债务总额，我们很难判断中国的政府债务规模。幸好，我们还是找到了我国累计的外债余额。从图 10—25 中的灰色曲线可知，我国的政府外债占 GDP 的比重近年来一直维持在 15%。因此，与 OECD 国家的政府债务规模相比，中国的债务至少不是最低的。

政府债务与动态不一致

在处理政府债务上，政府也面临着动态不一致问题。动态不一致其实就是一个"相机"选择政策的问题。我们不妨看中美两个国家的例子。[17]

亚历山大·汉密尔顿（Alexander Hamilton）是美国的第一任财政部长。那时美国刚刚获得独立，百业待兴。汉密尔顿最先遇到的问题之一就是，如何处置"独立战争"期间所积累的政府债务？[18] 如图 10—26 所示，当时政府

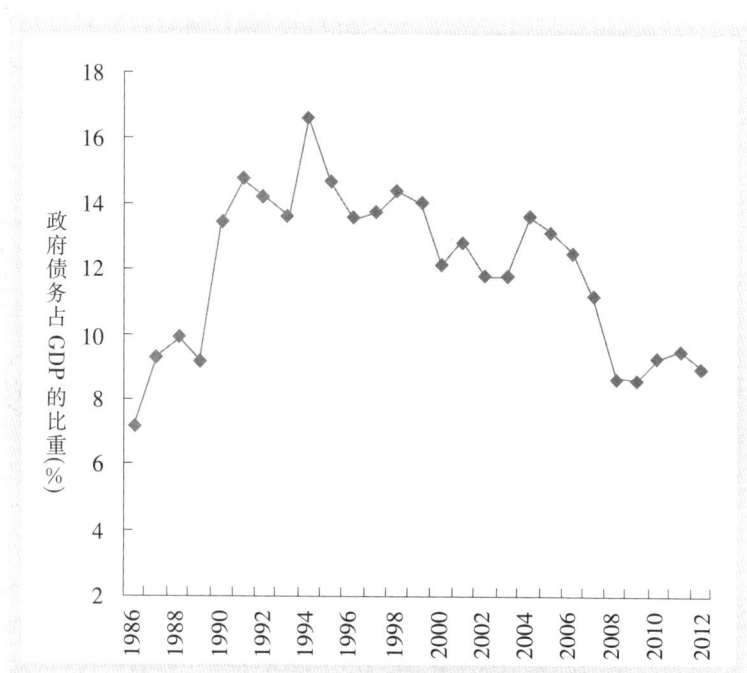

图 10—25　中国的政府债务规模

注：累计外债占 GDP 的比重近年来一直保持在 9％左右。

资料来源：中经网统计数据库。

债务所占 GDP 的比例在 40％左右。在发行政府债券时，政府承诺战争结束后偿还债务，但战争结束后，许多美国人"相机决策"，建议不偿还这些债务。因为偿还债务就要收税，收税总是不太受欢迎。

汉密尔顿反对拒付债务的动态不一致政策。因为他知道，国家很可能在未来什么时候还会再一次借款。确实，如图 10—26 所示，独立后的美国政府多次借款，特别是在随后的战争期间。1790 年，在提交给议会的第一份关于公共信用的报告中，汉密尔顿写道：

> 如果维护公共信用的确如此重要，自然而然下一个问题就是：用什么手段实现它？对这个问题的回答是：凭借良好的信誉；凭借一个准时实施的合约。各州和个人一样关注它们的承诺受到了尊重和信任，反之，则是那些采取相反行为的人的结局。

因此，汉密尔顿建议国家对偿还其债务的政策规则做出承诺。在美国，这个建议已经保持了 200 多年。就公共债务而言，现在每一个人都认识到，政府应该对其固定的政策规则做出承诺。

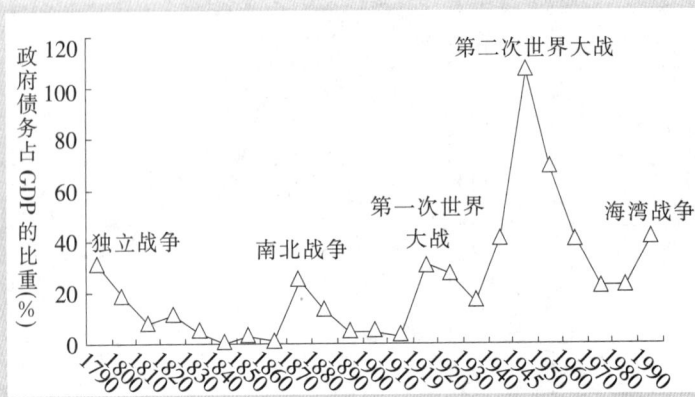

图 10—26 美国政府的债务规模

注：在美国，债务的增加主要来自战争。

资料来源：巴罗：《宏观经济学》(第 5 版)，北京，中国人民大学出版社，2001。

新中国成立后，也遭受了类似的考验。新中国成立不久就爆发了朝鲜战争，在"抗美援朝"中，苏联为中国提供了不少援助，但所有这些都必须偿还。在 1959—1961 年间，我国遭受了"大饥荒"。令人惊讶的是，在这种情况下，中国毅然履行偿还苏联外债的义务，在 1959—1961 年间继续出口粮食到苏联，三年累计出口 396 万吨粮食。可以想象，在"大饥荒"期间，这396 万吨粮食可以挽救多少生命。

以上两个案例都表明，为了维护国家信誉，国家对偿还其债务的政策规则做出承诺，政府债务是要偿还的。

李嘉图等价

既然国家债务是要偿还的，那么政府发行债务、扩大政府支出，将会对经济带来什么影响？至少在短期内会增加经济体的产出吗？

对这个问题的回答，因经济活动主体是否具有前瞻性而异。下面，我们将分两种情况讨论：

1. 经济活动主体不具有前瞻性。这时，经济活动主体是根据当期的可支配收入进行消费，正如我们在本书第 6 章中讲述的，政府支出增加至少在短期内带动经济体的产出增加，而且还具有乘数效应。其实，这也是对政府债务的传统观点，如图 10—27 所示。

2. 经济活动主体具有前瞻性。前瞻性的消费者能够意识到政府债务是要偿还的，政府当前的借款意味着未来更高的税收。[19]如果具有足够的前瞻性，理性的消费者会把未来的税收等贴现到现在的税收。因此，在前瞻性的消

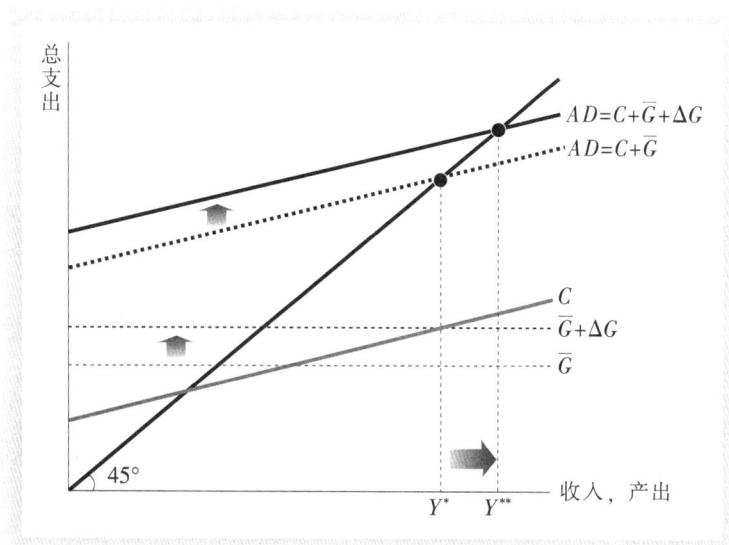

图 10—27　对政府债务的传统解释

注：当政府借债增加支出时，如果消费保持不变，那么经济体的总支出增加，经济
体的均衡产出（收入）水平增加。

费者看来，政府债券的正面写着"面值 1 000 元；5 年后，政府还本付息1 400
元"；背后就隐含着"5 年后，政府要增加税收 1 400 元，税收现值是1 000
元"，即政府债券并非净财富，平均而言，不会让经济活动主体变富或变穷。

　　政府债务等于未来的税收，这个观点是由李嘉图（David Ricardo）第一
次提出来的。因此，人们把这个观点命名为**李嘉图等价**（Ricardian Equiva-
lence）。在理性预期引入宏观经济学后，李嘉图等价成为一个非常重要的命
题，甚至成为考察财政政策的基准。但考虑到对这个命题的挖掘、普及工作
是由巴罗（Barro，1974）完成的[20]，人们有时也把政府债务等价于未来税
收称之为**巴罗-李嘉图等价**（Barro-Ricardo Equivalence）（有关巴罗与李嘉
图，见图 10—28）。

　　巴罗-李嘉图等价的含义是，政府发行债务，扩大政府支出，并不会影
响总支出，如图 10—29 所示。

　　与图 10—27 相比，在图 10—29 中，相同的是，政府发行债务、支出增
加 ΔG；不同的是，前瞻性的消费者会意识到，政府未来税收增加额的现值
是 ΔG，从而储蓄增加 ΔG，以支付未来的税收。结果，消费的减少正好抵
消了政府支出的增加，经济体的总支出不变，相应地，均衡产出水平不变。

　　就储蓄而言，政府借债 ΔG，公共储蓄下降 ΔG，但私人储蓄恰好增加

ΔG。因此，经济体的总储蓄保持不变。由前面的经济增长理论可知，经济体的长期（潜在）产出水平也不会发生变化。

李嘉图（David Ricardo，1772—1823）　　巴罗（Robert Barro，1944—　）

图 10—28　巴罗-李嘉图等价

注：政府债务等价于未来税收，由李嘉图、巴罗提出并证明。

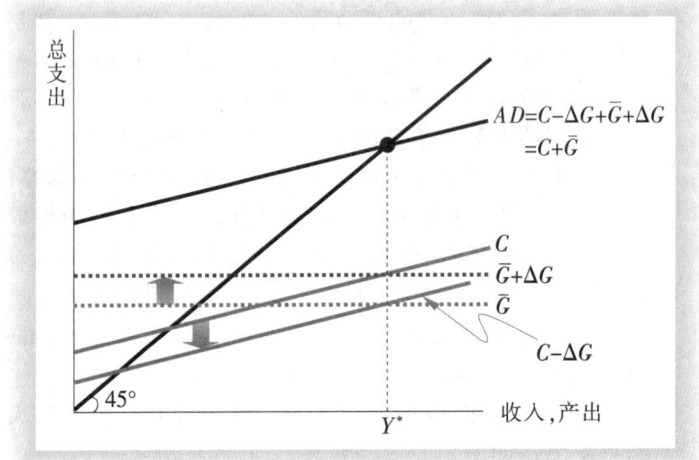

图 10—29　政府债务与李嘉图等价

注：当政府借债 ΔG 增加支出时，前瞻性的消费者会意识到，政府未来税收增加额的现值就是 ΔG，从而增加储蓄 ΔG，即消费下降 ΔG。因此，经济体的总支出水平不变，相应地，均衡产出（收入）水平不变。

最后要强调的是，巴罗－李嘉图等价绝不意味着所有财政政策都无效。比如，中国 2005 年的个人所得税改革：调高起征点，显然是一种减税行为，尽管减税幅度还远没有人们预期的那么大。如果消费者了解到，这种减税并不要求未来税收的增加，他就会感到自己可支配收入增加，并增加消费。

对李嘉图等价的争议

确切地说，李嘉图等价的本质是，在政府开支不变的情况下，税收时间路径的改变并不影响消费。这是一个颇有争议的命题，反对的声音或说其局限性主要集中在以下三点：

1. 经济活动主体缺乏远见。李嘉图等价的前提条件之一就是经济活动主体具有足够的前瞻性，其消费不是基于当期收入，而是基于其未来的一生收入。不可否认，在现实中，确实存在缺乏远见的经济活动主体；但也确实存在具有远见的经济活动主体。

在一项有趣的研究中，坎贝尔和曼昆（Campbell and Mankiw，1989）基于美国 1953—1986 年间的数据发现，当期收入和考虑未来的持久收入对人们消费行为的解释能力平分秋色，为 50%：50%。这意味着，在消费方面，缺乏远见和具有远见的消费者可能各占一半。

2. **流动性约束**（liquid constraint）。即使一个人具有远见，基于其一生收入来规划其消费，但当前收入低微，借款无门的话，他也只能够按照当期收入安排其消费，从而表现得缺乏远见。现实生活中，这样的例子很多。比如在校大学生，特别是许多来自农村的大学生，其现在的收入通常远远低于其毕业后的平均收入水平，但贷款往往是杯水车薪。

因此，如果经济体的信贷市场不完善，那么经济活动主体无法或只能够部分借款消费，无论他一生的收入是多少，当期的收入决定了他的消费。流动性约束限制了其前瞻性。

3. 生命有限。从现实来看，人的生命是有限的，政府债务的债权人未必是将来的纳税人。因此，如果现在的债权人不考虑身后事的话，那么他没有理由不认为政府债务是净财富。对于这一点，巴罗给出了非常漂亮的答复：个人的生命是有限的，但家族却可能无限延续。不是吗？"虽我之死，有子存焉；子又生孙，孙又生子；子又有子，子又有孙；子子孙孙无穷匮也。"当年的愚公就是这么认为的。

代与代之间确实存在联系。现有文献至少发现了两种代际转移纽带：（1）家庭式的纽带——**遗产**（bequest），即父母因关心子女或因控制子女而留遗产给他们；（2）社会式纽带——**社会保障**（social security），特别是**随收随支**（pay-as-you-go）的社保制度，即将当前工作的一代人的纳税，作为支付退休人员的退休金。

10.7　宏观经济管理的绩效

尽管面临着诸多挑战，世界各地的宏观经济管理当局仍然积极地运用现有知识努力改善经济的运行状况。在本节，我们将初步考察宏观经济管理带来了多大的经济绩效。

宏观经济管理是否熨平了经济波动？

宏观经济管理当局追求物价稳定和充分就业，其实就是强调熨平经济波动。自宏观经济管理当局积极进行宏观经济管理以来，宏观经济的运行是否更加平稳？从图10—30上看，答案是肯定的。

在图10—30中，我们给出了主要工业国家人均实际GDP增长速度在1871—1994年间的波动情况，其中，灰色和黑色曲线分别是每10年的均值和**标准差**（standard deviation）。标准差度量了人均实际GDP增长速度的波动性：标准差越大，波动性越大。

图10—30中的6幅图传递着一个共同的信息：二战后，人均实际GDP增长速度每10年的标准差明显变小；从绝对值上看，几乎是近百年来最小的。这表明，二战后，这些国家的宏观经济更加稳定，而且是近百年来最稳定的。

为什么近半个世纪来，宏观经济运行更加平稳了呢？部分答案可能是运气。20世纪前50年，经历了两次世界大战；而后50年相对而言是和平时期。部分答案是宏观经济管理。1936年凯恩斯出版了《通论》，宏观经济学诞生，宏观经济管理的理念逐渐广为接受，特别是二战后，各国都积极进行宏观经济管理。

在中国，也存在类似现象，如图10—31所示。1978年改革开放以来，中国越来越注重采用经济手段进行宏观经济管理，相应地，人均实际GDP增长速度每5年的标准差明显变小，而且是越来越小。这表明，随着市场经济的逐步建立，中国政府宏观经济调整日臻成熟，宏观经济运行得更加平稳。

从国际比较的角度看，由图10—31中的最后一幅图可知，改革开放以来，中国人均实际GDP增长速度的稳定程度与美国的大致相同。

总之，政府进行宏观经济管理确实能够使经济运行更加平稳，至少对经济增长这个指标而言是如此。[21]

宏观经济管理是否增进了福利？

不错，自宏观经济管理当局积极进行宏观经济管理以来，宏观经济的运行

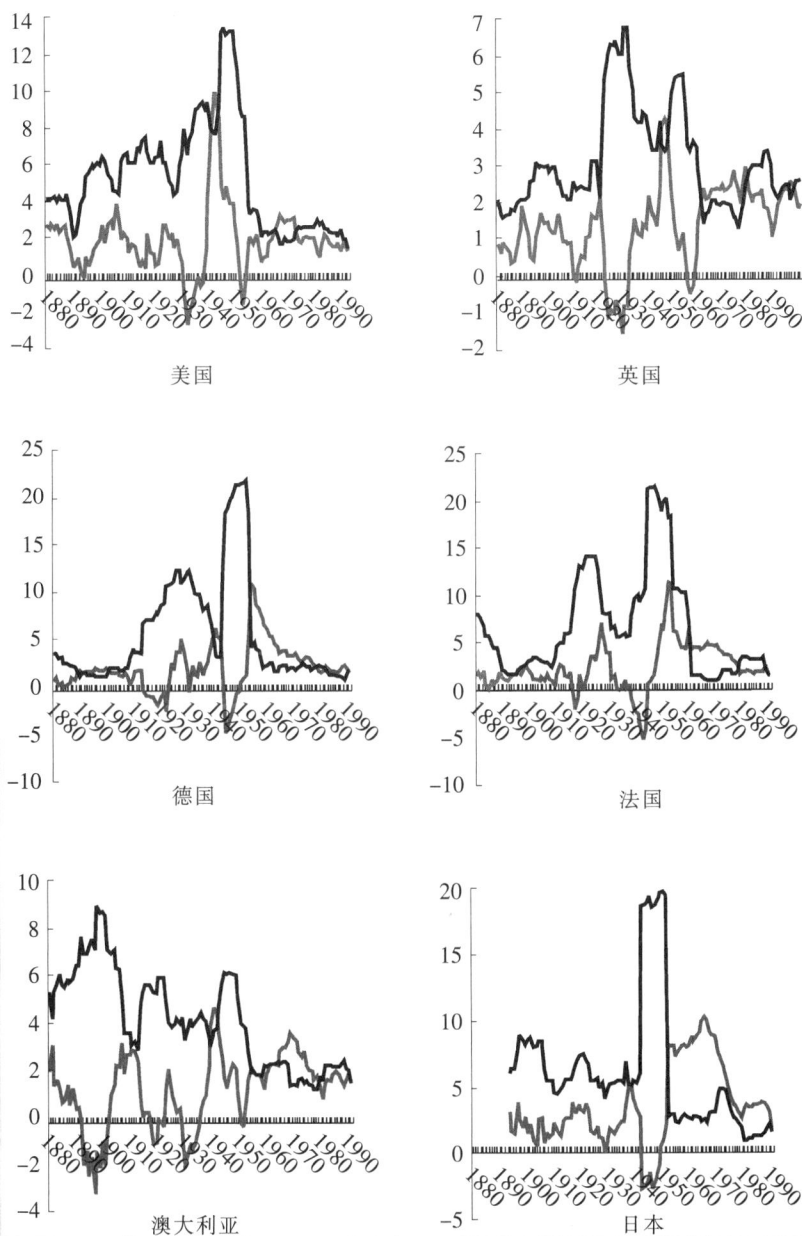

图 10—30　主要工业国家的宏观经济绩效

注：灰色和黑色曲线分别是人均实际 GDP 增长速度每 10 年的均值和标准差。二战后，各国的标准差明显变小。

资料来源：麦迪森（Angus Maddison）：《世界经济二百年回顾》，北京，改革出版社，1997；作者的计算。

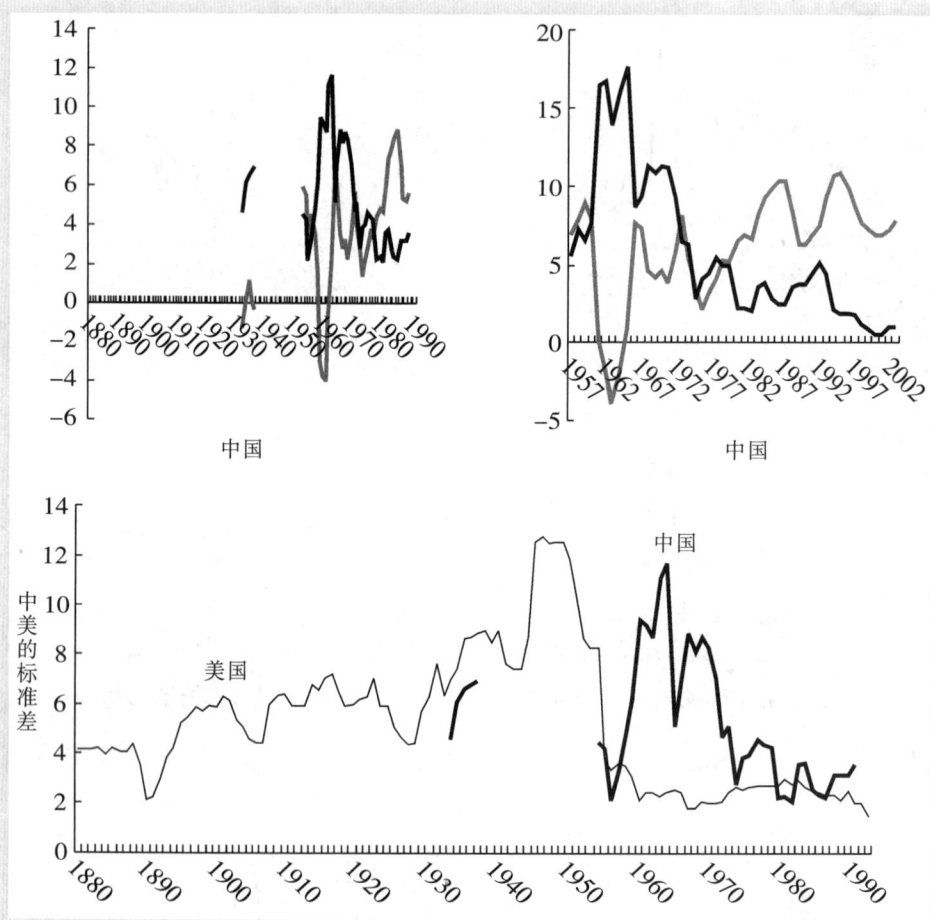

图 10—31 中国的宏观经济绩效

注：灰色和黑色曲线分别是人均实际 GDP 增长速度每 5 年的均值和标准差。改革开放以来，中国的标准差明显变小。

资料来源：第一幅图的资料来源于麦迪森（Angus Maddison）：《世界经济二百年回顾》，北京，改革出版社，1997；第二幅图的资料来自《中国统计年鉴》（2005），北京，中国统计出版社，2005。

确实更加平稳了，从社会福利的角度看，这将会增进多少社会福利呢？我们不妨从一个常用的社会福利函数开始讨论：

$$U(c) = \frac{c^{1-\theta}}{1-\theta} \tag{10—21}$$

其中，$\theta > 0$，是相对风险规避系数；c 是消费值。公式（10—21）就是宏观经济学中常见的**相对风险规避效用函数**（constant-relative-risk-aversion utility），其边际效用为 $c^{-\theta}$，即消费每增加 1 单位，经济体的福利水平将增加 $c^{-\theta}$ 单位。

为了考察熨平经济波动所带来的福利，我们对公式（10—21）稍作变形，即在平均消费 $\bar{c}$ 处进行 2 阶泰勒级数展开并求其期望，得：

$$EU(c) \approx \frac{\bar{c}^{1-\theta}}{1-\theta} - 0.5\theta\bar{c}^{-1-\theta}\sigma_c^2 \qquad (10—22)$$

其中，$\bar{c}$ 和 σ_c^2 分别是消费的均值和方差。公式（10—22）的第二项度量了波动（方差）所带来的福利损失为 $0.5\bar{c}^{-1-\theta}\sigma_c^2$。显然，经济体运行越平稳，方差就越小，经济体的福利损失就越小，当 $\sigma_c^2 = 0$ 时，福利损失为零。这意味着，进行宏观经济管理，熨平经济波动增进的社会福利水平为 $0.5\bar{c}^{-1-\theta}\sigma_c^2$。

为了更加直观地度量宏观经济管理所增进的福利水平 $0.5\theta\bar{c}^{-1-\theta}\sigma_c^2$，我们不妨换一个角度考察，即平均消费水平 $\bar{c}$ 要增加多少经济体的福利水平才会增加 $0.5\theta\bar{c}^{-1-\theta}\sigma_c^2$。通过一些简单的代数运算，你就会得到结论[22]：宏观经济管理当局进行宏观经济管理，熨平经济波动所增进的社会福利水平相当于平均消费水平 $\bar{c}$ 增加了 $0.5\theta\,(\sigma_c/\bar{c})^2$。

按照卢卡斯（Lucas，1987）的估计，$\theta = 5$、$\sigma_c/\bar{c} = 1.5\%$。这意味着，美国成功地进行宏观经济管理增进的福利水平相对于平均消费水平增加了 0.06%。[23]这个估计结果确实有点让人吃惊：宏观经济管理增进的福利水平竟然如此之低！

10.8　本章小结

在本章，我们围绕宏观经济管理应该积极还是消极，是相机决策还是按规则实施展开讨论，依次讨论了宏观经济管理中所面临的各种挑战。

对于宏观经济管理的任何特定观点，没有绝对的支持，也没有绝对的反对；最终的选择也许取决于宏观经济管理当局从经济、政治上权衡各种观点。但值得明确的是，宏观经济管理可能确实使经济运行得更加平稳。

1929 年经济"大萧条"，在没个头绪处，突然间峰回路转，宏观经济学诞生。天地开阔，河出伏流，一泄汪洋。然而还未来得及一览美景，转眼又大起大落，"白云深处不知归路"。在宏观经济之旅中，我们看到了宏观经济大厦在理性预期革命中轰然坍塌，却又在熊熊烈焰中得到了洗礼和重生；看到了最革命的思潮席卷大地，带来了电闪雷鸣，同时又展现出震撼人心的美丽。一路走来，宏观经济学提供了许多见识，也留下了许多未解的问题；一路走来，我们看到了宏观经济学如何艰难地走来，却更加坚定了对胜利的信念。对于现在的经济学学者以及未来的经济学学者而言，仍要躬行，寻找未解问题的答案，拓展我们的知识，增添宏观经济之旅的新风景；对于宏观经济管理当局而言，运用现有的知识努力改善经济运行，仍然会经常夜不能寐。

【注释】

[1] 这些参数的具体数值是相应的弹性值，比如 $\alpha_1 = -1.33$ 就意味着货币每增长 1%，失业率就下降 1.33%。

[2] 这么假定意味着货币供给增加，失业率下降，而通货膨胀率上升。显然，这与我们在本书第 9 章的结论是一致的。

[3] 本章引用的有关非典型肺炎的原始材料来源于《中国内地抗击"非典"大事记》，http://www.sina.com.cn，2003 - 06 - 25。

[4] 学过微观经济学的读者对这个结论也许并不陌生。如果你感兴趣，不妨再看看《图解微观经济学》（欧瑞秋、王则柯，北京，中国人民大学出版社，2005）中的相关内容。

[5] 按照同样的分析逻辑，如果你愿意，完全可以放弃该假定。

[6] 在这里，我们隐含着经济体里的两种不确定性是独立的。

[7] 如果两种不确定性之间相关，那么我们要适当修订这个结论。

[8] 如果你读过数理统计或计量经济学的话，那么对 $\sigma_a \sqrt{a}$ 一定不陌生，它是 a 的 T 值的倒数。

[9] 这部分内容主要参考了哈佛大学的多明库兹（Dominguez）和耶鲁大学的费尔（Fair）、夏皮罗（Shapiro）（Dominguez, Fair, and Shapiro, 1988）在《美国经济评论》（*The American Economic Review*）上发表的一篇非常有趣的论文。

[10] 如果你对这些预测感兴趣的话，建议直接阅读 Dominguez 等（1988, pp. 606 - 608），那里有更加详尽的材料。

[11] 在处理预期通货膨胀时，我们曾经采用过适应性预期，即 $\pi^e = \pi_{-1}$。

[12] 对卢卡斯批判的检验仍然存在争议。比如 Lindé（2001）认为，如果采用实际经济波动方法，就可以识别卢卡斯批判。

[13] 这 16 个经济体分别是：西班牙、新西兰、澳大利亚、意大利、英国、法国、丹麦、比利时、挪威、瑞典、加拿大、荷兰、日本、美国、德国和瑞士。

[14] 其实，政治经济周期假说认为，政治家在上台初期选择紧缩性政策，经济衰退，可以归咎于上届政府；但当选举迫近时，进而采取扩张性政策，以确保经济繁荣，失业率下降，获得选民的支持。结果，政策决策的过程就成为经济波动的一个来源。

[15] 林毅夫等（1996）从"活乱"循环的视角对此做了详细分析；徐现祥（2005）

直接从改革经济周期的视角考察了我国的最优经济增长。

[16] 当然，你还可以补充说，向中央银行借款或通货膨胀也可能会成为政府为赤字融资的一个选择。

[17] 美国的例子来自曼昆（Mankiw，2005）中的案例研究：《亚历山大·汉密尔顿与前后不一致性》。

[18] 通常，战争期间政府的债务激增。

[19] 当然，政府在偿还债务上还有一个选择：发行新债偿还旧债。但这种"击鼓传花"式的游戏能够持续多久呢？

[20] 巴罗在其 1974 年的经典论文中，采用公式表述从而使李嘉图等价流行起来。

[21] 在卢卡斯（Lucas，2003）看来，这种宏观经济绩效主要归因于供给方面的政策，而非需求方面的政策。

[22] 计算公式是：$0.5\theta\overline{C}^{-1-\theta}\sigma_C^2/(\overline{C}\times\overline{C}^{-\theta})$。

[23] 当然有些文献质疑这个估计结果，卢卡斯（Lucas，2003）进行了很好的讨论。

参考文献

1. Alesin, A., and L., Summers. Central Bank Independence and Macroeconomic Performance: Some Comparative Evidence. *Journal of Money, Credit and Banking*, 1993, 25: 151 - 162

2. Barro R., and X., Sala-i-Martin. *Economic Growth*. New York: McGraw-Hill, 1995

3. Barro. Are Government Bonds Net Wealth? *Journal of Political Economy*, 1974, 81: 1095 - 1117

4. Barro, R., and D., Gordon. A Positive Theory of Monetary Policy in a Natural Rate Model. *Journal of Political Economy*, 1983, 91: 859 - 610

5. Barro. Unanticipated Money Growth and Unemployment in United States. *American Economic Review*, 1977, 67: 101 - 115

6. Barro, R. Rational Expectations and Macroeconomics in 1984. *American Economic Review Papers and Proceedings*, 1984, 74: 179 - 182

7. Blanchard, O. The Lucas Critique and the Volcker Deflation. *American Economic Review Papers and Proceedings*, 1984, 74: 211 - 215

8. Brainard, W. Uncertainty and the Effectiveness of Policy. *American Economic Review*, 1967, 57: 411 - 425

9. Campbell, J. and G., Mankiw. Consumption, Income, and Interest

Rates：Reinterpreting the Time Series Evidence. *NBER Macroeconomics Annual*，1989，4：185 - 216

10. Cecchetti，S. The Frequency of Price Adjustment. *Journal of Econometrics*，1986，31：255 - 274

11. Dominguez，D.，R.，Fair，and M.，Shapiro. Forecasting the Depression：Harvard versus Yale. *American Economic Review*，1988，78：595 - 612

12. Dornbusch R.，S.，Fischer and R.，Startz. 宏观经济学（英文版）（第八版）. 大连：东北财经大学出版社，2001

13. Fisher I. I Discovered the Phillips Curve. *Journal of Political Economy*，1973，81：496 - 502

14. Friedman，M. The Lag in the Effect of Money Policy. *Journal of Political Economy*，1961

15. Hall，R. and C. Jones. Why do Some Countries Produce so Much More Output than Others? *The Quarterly Journal of Economics*，1999，114：83 - 116

16. King，R. and S. Rebelo. Resuscitating Real Business Cycles. *NBER Working Paper*，2000，No. 7534

17. Kwan，Y. and G. Chow. Estimating Economic Effects of Political Movements in China. *Journal of Comparative Economics*，1996，23：192 - 208

18. Kydland，F. and E.，Prescott. Rules Rather Time Discretion：the Inconsistency of Optimal Plans. *Journal of Political Economy*，1977，85：473 - 491

19. Lindé，J. Testing for the Lucas Critique：A Quantitative Investigation. *American Economic Review*，2001，91：986 - 1005

20. Lucas，R. Econometric Policy Evaluation：A Critique. Carnegie Rochester Conferences on Policy，No. 1；*Journal of Monetary Economics*，1976，Suppl：19 - 46

21. Lucas，R. *Models of Business Cycles*. Oxford：Basil Blackwell，1987

22. Lucas，R. On the Mechanics of Economics Development. *Journal of Monetary Economics*，1988，22：3 - 42

23. Lucas，R. Making a Miracle. *Econometrica*，1993，61：251 - 272

24. Lucas，R. Some Macroeconomics for the 21st Century. *Journal of Economic Perspectives*. 2000，14：159 - 168

25. Lucas，R. Macroeconomic Priorities. *American Economic Review*，2003，93：1 - 14

26. Nordhause, W. The Political Business Cycle. *Review of Economic Studies*, 1975, 42: 169 - 190

27. Phillips A. W. The Relation between Unemployment and the Rate of Change of Money Wage Rates in the United Kingdom, 1861 - 1957. *Economica*, 1958, 25: 283 - 299

28. Poole W. Optimal Choice of Monetary Policy Instruments in a Simple Stochastic Macro Model. *Quarterly Journal of Economics*, 1970, 84: 197 - 216

29. Romer, P. Increasing Returns and Long Run Growth. *Journal of Political Economy*, 1986, 94: 1002 - 1037

30. Taylor, J. Discretion versus Policy Rules in Practice. *Carnegie-Rochester Conference Series on Public Policy*, 1993, 39: 195 - 214

31. Young, A. The Tyranny of Numbers: Confronting the Statistical Reality of the East Asian Growth Experience. *The Quarterly Journal of Economics*, 1995, 110: 641 - 680

32. 蔡昉,林毅夫. 中国经济. 北京:中国财政经济出版社,2003

33. 蔡昉,王德文,都阳,王美艳. 改革以来的经济增长结构变化及其可持续性 [工作论文]. 北京:中国社会科学院人力资源研究中心,2005

34. 多恩布什,费希尔和斯塔兹. 宏观经济学(第七版). 北京:中国人民大学出版社,2000

35. 樊纲. 宏观经济学与开放的中国(序). 载杰弗里·萨克斯,费利普·拉雷恩. 全球视角的宏观经济学. 上海:上海三联出版社、上海人民出版社,2004

36. 贾庆旺,贾俊雪. 中国潜在产出与产出缺口的估算. 经济研究,2004(5)

37. 凯恩. 中国的大饥荒. 北京:中国社会科学出版社,1993

38. 梁小民. 宏观经济学纵横谈. 北京:三联书店,2002

39. 林毅夫,蔡昉,李周. 中国的奇迹:发展战略与经济改革. 上海:上海三联出版社,1996

40. 麦迪森. 世界经济二百年回顾. 北京:改革出版社,1997

41. 欧瑞秋,王则柯. 图解微观经济学. 北京:中国人民大学出版社,2005

42. 查尔斯·琼斯. 经济增长导论. 北京:北京大学出版社,2002

43. 杰弗里·萨克斯,费利普·拉雷恩. 全球视角的宏观经济学. 上海:上海三联出版社、上海人民出版社,2004

44. 舒元. 中国经济增长分析. 上海:复旦大学出版社,1992

45. 布赖恩·斯诺登等. 现代宏观经济学指南. 北京:商务印书馆,1998

46. 吴敬琏．当代中国经济改革．上海：上海远东出版社，2004

47. 熊祖辕，喻东．中国失业问题的简便测量．统计研究，2004（7）

48. 徐现祥．渐进改革经济中的最优增长．数量经济技术经济研究，2005（8）

49. 许宪春．中国国民经济核算．经济学季刊，2002，2(1)

50. 威廉·伊斯特利．在增长的迷雾中求索．北京：中信出版社，2005

51. 袁志刚．失业经济学．上海：上海三联出版社，1997

52. 巴罗．宏观经济学（第5版）．北京：中国人民大学出版社，2001

53. 布兰查德．宏观经济学．北京：清华大学出版社，2004

54. N·格里高利·曼昆．宏观经济学（第五版）．北京：中国人民大学出版社，2005

图书在版编目（CIP）数据

图解宏观经济学/徐现祥编著.—2版（修订本）.—北京：中国人民大学出版社，2014.7
（图解经济学丛书/王则柯主编）
ISBN 978-7-300-17710-6

Ⅰ.①图… Ⅱ.①徐… Ⅲ.①宏观经济学-图解 Ⅳ.①F015-64

中国版本图书馆 CIP 数据核字（2013）第 131373 号

图解经济学丛书
王则柯　主编
图解宏观经济学（修订版）
徐现祥　编著
孙洛平　校
Tujie Hongguan Jingjixue

出版发行	中国人民大学出版社				
社　　址	北京中关村大街 31 号		**邮政编码**	100080	
电　　话	010－62511242（总编室）		010－62511770（质管部）		
	010－82501766（邮购部）		010－62514148（门市部）		
	010－62515195（发行公司）		010－62515275（盗版举报）		
网　　址	http://www.crup.com.cn				
	http://www.ttrnet.com（人大教研网）				
经　　销	新华书店				
印　　刷	涿州市星河印刷有限公司		**版　　次**	2008 年 4 月第 1 版	
规　　格	185 mm×240 mm　16 开本			2014 年 7 月第 2 版	
印　　张	25 插页 1		**印　　次**	2018 年 12 月第 2 次印刷	
字　　数	469 000		**定　　价**	59.00 元	